孔令宏学术文丛　卷四

孔令宏　著

道学思想史·宋明卷

巴蜀书社

图书在版编目(CIP)数据

孔令宏学术文丛. 卷四,道学思想史. 宋明卷/孔
令宏著. —成都:巴蜀书社,2021.1
(中国当代学人文丛)
ISBN 978 − 7 − 5531 − 1449 − 1

Ⅰ. ①孔… Ⅱ. ①孔… Ⅲ. ①道教 − 思想史 − 研究 −
中国 − 宋代 ②道教 − 思想史 − 研究 − 中国 − 明代 Ⅳ.
①B95

中国版本图书馆 CIP 数据核字(2021)第 017471 号

孔令宏学术文丛．卷四 道学思想史．宋明卷

KONGLINGHONG XUESHU WENCONG. JUANSI DAOXUE SIXIANGSHI. SONGMINGJUAN

孔令宏 著

责任编辑	沈泽如 邱沛轩
封面设计	有品堂—刘俊
出 版	巴蜀书社
	(成都市锦江区三色路 238 号新华之星 A 座 36 楼
	邮编 610023)
	总编室电话:(028)86361843
网 址	http://www.bsbook.com
发 行	巴蜀书社
	发行科电话:(028)86361852
照 排	成都木之雨文化传播有限公司
印 刷	四川南方印务有限公司
成品尺寸	170mm×240mm
印 张	21.25
字 数	450 千
版 次	2023 年 2 月第 1 版
印 次	2023 年 2 月第 1 次印刷
书 号	ISBN 978 − 7 − 5531 − 1449 − 1
定 价	75.00 元

本书若出现印装品质问题,请与印刷厂联系

总　序

　　《孔令宏学术文丛》（以下简称《文丛》）出版在即，按例，需为丛书写一篇总序。我从1988年开始涉足学术，迄今已有三十又四年。《文丛》就是对此前工作的一个总结，共涉及道教学术研究的四个领域。

　　第一，道教的历史研究。

　　道家、道教史是其他几方面研究的基础。《以道统术　以术得道——道家衍变讲论》是通史，该书认为，仅仅把道家视为哲学，把道教视为宗教，认为二者之间有鸿沟的观点，都是偏颇的。二者间的共同性远远大于差异性，道、学、术的三重互动关系，是贯穿二者的逻辑红线。

　　地域道教史是我用力比较多的领域。《文理灿然——江西道学文化史》对江西地区的道学文化史进行了全面的论述，而《凤凰涅槃：近现代浙江道教研究》属于断代史著作。通过对地域道教史的梳理，我们可以具体地理解道教与地方社会、地域文化的关系。

　　道教思想史是我研究道教史的另外一个领域。道家与道教的关系是一个长期困扰中国哲学乃至中国传统文化相关学科的一个重大问题，学者们已做了不少探讨，但这些探讨或偏于综合性而失之于空泛，或只涉及问题的某一个侧面而失之于狭隘。对东汉道教产生到南北朝道教发展成熟而成为与儒、佛鼎足而立的传统文化三大组成部分这一关键时期，道教与道家的关系缺乏系统、深入的探讨，相关问题仍未得到令人满意的解决。《道学思想史——先秦六朝卷》力图解决这个问题，该书认为，如果说在葛洪之前，道家与道教还是各自独立存在的话，从葛洪开始，情况就发生了显著的变化，二者开始融通，到了南朝齐梁时期，二者就完全融为一体了。由于道教把道与术结合起来，二者之间由于双向交通而有了学的雏形，这样，有道而少术的道家自然失去了独立存在的价值，不得不融会到道教中。《道学思想史·宋明卷》提出，宋明时期是道教思想经过晚唐和五代十国的转型，道、学、术从多方面展开而达到圆融，从而达到高度发达的时期，它在中国哲学史、思想史、文化史上都具有重要的意义。

第二，道教哲学。

《道教哲学纲要》指出，作为中国哲学的组成部分，道教哲学是以道为本源与本体，为道教的终极信仰目标及其实现方法进行哲理论证和解释的学说。道教的哲学精神规定了道教哲学的基本特点，它是道、学、术三者的统一，对道教哲学的探讨，必须联系学、术，尤其是要联系术来展开，深入挖掘各种术的哲学意蕴。在道教的信仰中，道具象化为神，神学哲学是道教哲学的核心内容之一，而其实质依然是以道为本体的本体论和以道为本源的宇宙发生论相结合的形上体系，这被向形而下贯穿于道教的生命哲学、心性哲学、伦理哲学、文化哲学、政治哲学中。

第三，儒道关系。

《宋代的儒道关系》的导论部分，对理论体系的"形式要素"和中国哲学的研究方法做了探讨。上篇分析了理学诸家与道家、道教的关系，详细考证了道家、道教对理学诸家的影响。下篇运用大量历史文献资料梳理了道家、道教哲学思想的演变，考察了朱熹纳道入儒的表现和手法。

第四，道教专题研究，涉及内丹、养生、水文化等方面。

丹鼎派、符箓派是道教的两大宗派。前者与科学技术关系密切，研究价值很高。为此，我与韩松涛合著了《南宗五祖研究》。南宗五祖，学术界多注重张伯端和白玉蟾的研究，对其他三人几乎略而不论。过去，对既有的张伯端的研究成果，往往将其与后世内丹著作联系起来解读，存在着明显的过度诠释的现象。该书解决了这些问题，"历史考述篇"重在考证南宗的传承谱系和主要人物的生平、著作，力求弄清历史真相。"思想与实践篇"重在阐述南宗五祖的思想及其内丹实践，力求挖掘内涵以求明体，梳理方法以求达用。

《金华永驻——内丹学新论》对内丹的研究更加全面，对内丹的概念、内丹术的形成、内丹学的形成、内丹的哲理、内丹三要素、内丹的性与命、内丹功法的分类、内丹修炼的条件、内丹修炼的步骤、内丹的特点与意义、内丹的科学研究等方面做了全面的阐述，很多内容发前人所未发，具有较高的学术价值，对内丹的修炼实践也具有很强的指导意义。

我出生于农村，天资一般，父亲是教师，母亲是农民，没有显赫的家学和富贵的背景，有的只不过是在父母和老师教育下的感恩、本分、踏实。《文丛》中的好几部著作没有获得任何资助，因此对零酬劳参与其中撰写的朋友、学生深感愧疚。学术无止境，我能做到的，只有努力向前辈学习、看齐，尽到最大的努力，确保学术产出的质量。希望诸君不吝批评指正。

是为序。

孔令宏

2022 年 10 月 28 日于杭州陋室

目　录

第一章　晚唐至北宋时期的道教思想

第二章　南宋至明代中期的道教思想（上）

第三章　南宋至明代中期的道教思想（中）

第四章　南宋至明代中期的道教思想（下）

第一章
晚唐至北宋时期的道教思想

道教在唐代堪称国教，唐代是其发展的黄金时期之一。但是，如同大唐的国运在安史之乱之前为上升期，其后为衰落期一样，道教在唐代的发展，也可大致以此划界。此前上溯至隋代，为道与术的结合时期，此后下延至北宋，为道与术的汇聚时期——以重玄哲学为代表的道的阐述被深化，并与政治、外丹、内丹、科仪等术紧密结合，其典型表现，一是外丹开始衰落，内丹开始兴起；二是众多的斋仪、醮仪被整合，奠定了后世科仪的基本体系，这主要是由张万福、杜光庭来完成的（笔者在相关著述中已有阐发[①]，本书不再赘述）；三是《道藏》编纂所呈现出来的道教整体知识体系，与南北朝时期的道教学发生了很大的变化。

第一节　唐末至北宋内丹术的形成

内丹术究竟是什么时候形成的，这是一个颇具争议的问题。出土的战国时期的《行气玉佩铭》（据推测为公元前 380 年之物）上刻有四十五个字："行气：吞则蓄，蓄则伸，伸则下，下则定，定则固，固则萌，萌则长，长则复，复则天，天其本在上，地其本在下。顺则生，逆则死。"[②] 这与后世内

---

① 孔令宏：《道教概论》，浙江大学出版社 2013 年版；孔令宏、韩松涛、王巧玲：《浙江道教史》，中国社会科学出版社 2015 年版。

② 李零：《中国方术考》，东方出版社 2001 年版，第 344－345 页。

丹周天功颇为相似，故有人把它作为内丹术形成的证据。这显然是不可取的，因为《行气玉佩铭》本身已经标明它是"行气"术，是方术的一种。

东汉桓帝延熹八年（165），边韶所著《老子铭》中已有"存想丹田"之说，此后张仲景《金匮要略·痉湿暍病脉症》、荀悦《申鉴·俗嫌》都提到了"丹田"一词，大致是指下丹田。葛玄在《老子节解》中提到的"泥丸""绛宴""丹田"，实指上、中、下三丹田。葛洪在《抱扑子内篇》中提到的"真人守身炼形之术"，实际上已经是内丹功法，其中《地真》篇有"上丹田""中丹田""下丹田"的说法，描述了三丹田的位置。《黄庭经》有"玄丹""子丹""丹田"等说法，《黄庭内景经》有"三田之中精气微"的言论，这表明晋代道教中人已经把凝精炼气看作炼丹了。"内丹"一词目前不知道是谁第一个提出①，杨立华把它出现的时间定在陶弘景之后、张果之前，即536—705年之间②。但是，"内丹"一词的出现不等于内丹术的形成。

"内丹"一词的出现，是相对于金丹而言的。金丹以炼制药物服食延寿为能事，有火法和水法两种，火法为主流。内丹一词出现后，金丹于是被改名为"外丹"。南北朝时期，内修炼养之术已经有了比较大的发展，但它们只是金丹术或斋醮科仪之术的陪衬。内丹一词虽然在这一时期出现，但仅根据这一点并不足以说明此时内丹已经成为一种独立的道教修炼术，而且，除此之外，也没有其他证据来说明南北朝至唐初内丹术已经形成。

从历史事实来看，内丹是在外丹之后出现的。魏伯阳《周易参同契》是汉代金丹术的著名经典，其中含有一些可以解释为内丹修炼的内容。虽然葛洪、陶弘景已经注意到这个问题，但因为他们选择、看重的方术恰好是魏伯阳所反对的，他们的理论倾向与《周易参同契》不同，这使得他们并未对《周易参同契》表现出推崇之意。

唐代是内丹术继续酝酿的时期。明《道藏》收题为唐代一行、罗公远、叶静能注的《真龙虎九仙经》③虽可以归入早期内丹作品，但它带有明显的密教色彩。

---

① 南朝时，僧人慧思引道入佛，"借外丹力修内丹，欲安众生先自安"（《南岳思大禅师立誓愿文》，《新修大正大藏经》，佛陀教育基金会印赠，第791页），此文学界已经考证为后出，不足信。苏元朗所提"内丹"，同样如此。

② 杨立华：《匿名的拼接》，北京大学出版社2002年版，第51页。

③ 《真龙虎九仙经》，又名《天真皇人九仙经》，《道枢》卷三十一《九仙篇》引光辩大师叶法善、永元真人罗公远说，当即此书，与明《道藏》本题署不同。

在唐高宗、唐睿宗、唐玄宗时期，刘知古著有《日月玄枢论》① 并上书于朝，倡导"神仙大药，无出《参同契》"，反对用五金八石之类的矿物药炼丹，实际上是倡导内丹修炼。"如果要真正追寻内丹学的缘起，刘知古的《日月玄枢论》是极为重要的向导和路标，将道教追求肉体成仙、长生不死引向以心炼神丹，突出了精神自觉的意义和价值，《日月玄枢论》起到了巩固并加深这一新型学说的作用。"②

活动于唐玄宗和武则天时代的张果，是一个既烧炼外丹，也实践内修的道士。他似乎精通《阴符经》③ 和《参同契》④，著作有《玉洞大神丹砂真要诀》《气诀》《神仙得道灵药经》《太上九要心印妙经》（此书实为宋真宗之后的人托名的伪作）、《三论元旨·道宗章》《道体论》⑤《休粮服气法》《大还丹契秘图》等。张果身后有许多关于他的神话传说，后来进一步被列入俗传"八仙"之一，与钟吕为伍，说明他的思想确实与内丹有一定的关系。

隋唐以来，金丹术在道教诸术中占据主导地位，但很快盛极而衰。这有多方面的原因：其一，安史之乱让李唐王朝开始走下坡路。其二，唐代至少有六个皇帝服食金丹中毒而死，皇帝之外的王公贵胄服食金丹中毒者更多。金丹烧炼服食不但不能成仙，反而让人中毒，大大降低了金丹术的社会公信力，迫使道教界反思金丹术乃至成仙之途。其三，在安史之乱前，唐代社会心理的倾向是外向的、奔放的、积极的，安史之乱改变了人们的社会心理倾向。佛教从武则天时代开始，势力大涨，传播更广，影响更大，佛教主张万法唯心，这进一步促成了社会心理的内向化。在这一社会背景下，本来早就开始的内修方术的金丹化被加速并大体完成，内丹的概念出现了，而且被扩散，一些内炼方术被附上为丹之名。例如作于元和十三年（818），托名吴筠序的《南统大君内丹九章经》谈论的只是上清派的存神之术，与修心类作品《太清元道真经》⑥ 出于同一作者，即南统樊大君。此外，有些道书还把服气称为内丹。概括起来，隋唐时期流行的内丹可以分为三类，其一，为男女合

---

① 《全唐文》收，《道藏阙经目录》卷下著录，《道枢》卷二十五《日月玄枢篇》存其说。
② 强昱：《刘知古的〈日月玄枢论〉》，《中国道教》2002 年第 2 期。
③ 一些托名他的有关《阴符经》的著作，如《集注阴符经》《阴符经太无传》尚待确证。
④ 陈国符：《道藏源流考》下册，中华书局 1963 年版，第 287 页。
⑤ 此书尚存疑，有争议。
⑥ 《太清元道真经》声称唐壬元戊戌岁南统樊大君降授于孟谪仙，孟谪仙口传王虚元，虚元写为三篇。所谓南统大君就是南统樊大君。

气之阴丹。这是房中术在新时代赶时髦的说法,它把体内的阴丹称为内丹,把体外的金丹称为外丹。其二,为炼"气中之气"之内丹,重在炼气养命。这是服气术的发展,即从摄取外气到关注内气,进而把胎息称为内丹。其三,为养性与服气结合的内丹,重在炼神养性。例如,幻真先生《胎息经注》云:"假名胎息,实曰内丹。"① "修道者,常伏其炁于脐下,守其神于身内,神炁相合而生玄胎,玄胎既结,乃自生身,即为内丹。"② 这是把存思守一、养性与服气结合起来,以"胎息"为追求的目标之一。后两类逐渐合一,讲究凝神入气穴,性命双修。

这样一来,历史进入了外丹、内丹术并行发展的阶段。在这个过程中,出现了以《上洞心丹经诀》为代表的著作。它说:"欲求神仙,当得至要,至要在宝精、行炁、服食大药。虽云行炁,而行炁有数十法,大要在还精补脑;虽云服气,而服气之法百余事,大要在胎息;虽云服药,而服药之方千余条,大要在金液还丹。"③ 这里把宝精行气视为内丹,把服药视为外丹。它所说的"宝精"显然不是男女合气之术:"其法须于子后午前六阳之时为之,或子后丑前,或身中阳生之时而为之,善矣。于此时入靖,或不拘行住坐卧亦可。须当内外贞白,专气致柔如婴儿,然后自玉堂尾闾起火行气,直过夹脊双关,上入三山,直至玉京山,久则自然脑满,三一九室之妙道,实在于斯焉。"④ 服气大致与葛洪所说的行气胎息一致。对于外丹、内丹并用的问题,它在介绍第一转丹(外丹)后,指出:"按此服饵一转丹法,若非志慕长生,心无疑虑,内丹脑满,不可轻服。若浮躁性情,又多疑惑,反致殃害。何故?若常人不修内丹,脑髓虚耗不满,服此则骨精有损,反致枯燥。若心疑虑,心火一发,烟焰烧身,不可救矣。"⑤

《上洞心丹经诀》又把内丹称为阴丹,把外丹称为阳丹,说:"盖内修者,阴丹也;外修者,阳丹也。阴丹就而命延,阳丹就而升腾。故修道之士有内丹者,可以延年;得外丹者,可以升天。内丹成而外丹不应,外丹至而

---

① 《道藏》第 2 册,文物出版社、上海书店、天津古籍出版社 1988 年版(以下略注),第 869 页。
② 《道藏》第 2 册,第 868 页。
③ 《道藏》第 19 册,第 396 页。
④ 《道藏》第 19 册,第 396 页。
⑤ 《道藏》第 19 册,第 403 页。

内丹未充，皆未能升举。"① 内丹成再服外丹，这是内外丹双修者的观点。把身体内部精气运转结丹之事称为内丹、阴丹②，显然是隋唐以来的观点。

此后，道教学者们继续推进了内丹术的探讨。司马承祯、罗公远、羊参微（著《元阳子金液集》《还丹金液歌》）、张元德（著《丹论诀旨心鉴》）、林太古（著《龙虎还丹诀颂》）、董师元（著《龙虎元旨》）、陶植（著《陶真人内丹赋》《还金述》）等，都在理论上对内丹术有所概括，表明内丹修炼在唐代已有不小的影响。其中，司马承祯和吴筠把《本际经》《海空经》的道性论与成玄英、李荣、王玄览的本心论结合起来，完成了道教心性论哲学的建构，并初步把它贯彻于形而下，与上清派茅山宗的清修之术结合起来，为内丹术的勃兴奠定了坚实的理论基础。司马承祯的《坐忘论》提出的炼形成气、炼气成神、炼神合道的三阶段论，对后世内丹术的发展具有指导性意义。

晚唐时期的陶植著《还金述》。他认为，性主处内而情主营外，汞主治内而金主营外，用金来制汞即"推情合性之义也，含精养神，修性合真之道也"③。他说："凡言水银可以为金丹者，妄人也；言朱砂可以驻年者，不知道也。"④ 他的主导倾向是内丹。陶植等道教学者在司马承祯和吴筠之后，把心性论贯彻到了内丹术中，把哲理与实践做了更加紧密的结合。

晚唐成书的《通幽诀》说："气能存生，内丹也；药能固形，外丹也。"⑤《通幽诀》还主张，天符照耀，精气流行化成之"自然还丹"。这是用内修术语解说外丹，是内丹兴盛后，外丹反借内丹之语，说明外丹已经开始衰落了。

---

① 《道藏》第 19 册，第 396 页。此书多引《抱朴子》，当为唐末或更后期的作品。
② 《云笈七签》卷五十六《元气论》说："《太清诰》云，许远游与王羲之书曰：'夫交梨火枣者，是飞腾之药也。君能剪荆棘云人我，泯是非，则二树生君心中，亦能叶茂枝繁，开花结实。君若得食一枝，可以达景万里，比则马矣。但能养精神、调元气、吞津液，液精内固，乃生荣华，喻栊根壮叶茂，开花结实，胞孕佳味，异殊常品。心中种种，乃形神也；阴阳，乃日月也；雨泽和风，甘露润沃，溉灌也；气运息调，荣枝叶也；性清心悦，开花也；固精留胎，结实也；津液沉畅，佳味甜甘也。古仙眘重，传付于口，今以翰墨宣授，宜付奇人。'"（华夏出版社 1996 年版，第 328 页。）按照这里所说，阴丹一词已经出现在东晋许迈（字远游）与王羲之的书信中。但此书是假托，原出于《真诰》云林右英王夫人口授答许长史（许谧）之语："玉醴金浆，交梨火枣，此则腾飞之药，不比于金丹也。仁侯体未真正，秽念盈怀，恐此物辈不肯来也。苟真诚，未一道，亦无私也，亦不当试问。""火枣交梨之树，已生君心中也。心中犹有荆棘相杂，是以二树不见不审，可翦荆棘，出此树单生其实，几好也。"（《道藏》第 20 册，第 503 页。）可见，许迈实为许谧之误。
③ 《道藏》第 19 册，第 286 页。
④ 《道藏》第 19 册，第 286 页。
⑤ 《道藏》第 19 册，第 155 页。

到五代后蜀时期,彭晓(?—955)在承继《周易参同契》发展内丹修炼思想方面做出了突出贡献。他的主要著作有《还丹内象金钥匙》一卷、《真一子保秘诀》一卷、《还丹内象龙虎诀》一卷、《周易参同契分章通真义》三卷、《周易参同契鼎器歌明镜图》一篇。他研读《周易参同契》深有所得,著有《周易参同契分章通真义》(947年刊行),借《参同契》发挥自己的内丹思想。他的《周易参同契分章通真义》虽然不是现存最早的《参同契》注①,但以《参同契》为内丹经典,大概始于是书。该书在研究《参同契》学术史中享有很高地位,南宋之后的注疏,大体上没有突破其窠臼。彭晓还著有《还丹内象金钥匙火龙水虎论》,倡导性命双修,提出了"仙道""鬼道"学说,顺应了内丹思想逐渐兴盛发展的历史趋势。正如他所说:"故修丹术士,炼纯阳出阳精,取而服之,变为纯阳之身,是以就天,乃从其类也,故名之曰上升九天;天上无阴,乃纯阳阳涛之境,出乾坤阴阳之表,故寿限无数也。"② 不过,他仍然沿袭了传统的长生不死、即身成仙的旧观念,体现了过渡时期内外丹共存的特点。

五代后蜀人所撰《大还丹照鉴》(一名《照鉴登仙集》)一卷,为《正统道藏》洞神部众术类所收录。此书正文前有五方歌诀,咏述真水、真金、真火、真木、真土之别名异号,认为外丹黄白术"错认铅汞,妄求赤白"③,非成仙登真之道。全书分三十四章,大抵以歌诀形式泛论修炼铅汞成丹之要旨,即假天地日月造化之原理阐述坎离龙虎阴阳五行之说。

上述著作从不同侧面向内丹术靠近。但要判定内丹术的形成,还必须具备以下三个要素:

第一,得道成仙的终极目标及其人身内求的路径。借天道而明人道是道家、道教的根本观念。《周易》天、地、人三才之道在《周易参同契》中被具体化为合大易、黄老、炉火而言丹道。天道与丹道的同一,使得炼丹的过程成为和天地造化同途的过程,让人与道永恒长存而长生不死。对此,唐代诸多丹经从不同角度做了阐述,如《太清元极至妙神珠玉颗经》认为:"三才相连,厚地高大。冲和在中,万物之先。"④ 人的生命与天地阴阳五行、四

---

① 陈国符《〈道藏〉经中外丹黄白法经诀出世朝代考》认为,《道藏·太玄部》所收无名氏(容)注本、阴长生注本均为唐代注本。

② 《道藏》第20册,第48页。

③ 《道藏》第19册,第304页。

④ 《道藏》第18册,第665页。

时八卦的运行变化遵循同一个规律，因此人的修炼与天地造化同途。所以，丹道的周天符火进退与《周易》卦爻变化必须相配合。《通幽诀》认为，道生阴阳，阴阳生五行，五行合而为还丹，还丹之理同于天地造化之理。《陶真人内丹赋》认为，修丹者法天地阴阳之两仪，取象《周易》八卦，混阴阳之变化，顺日月之厘度，交媾水火，降伏龙虎，九还七返，可成还丹。《金碧五相类参同契》①同样假借乾坤坎离、四象五行、日月阴阳消息之理等来阐述丹道修炼。由此可以说明隋唐道教的炼丹术与东晋葛洪、南朝陶弘景时的炼丹术相比已有了很大的不同。天人同理，故炼丹的核心在于把这具体化到以元气（即炁）为本源的本源论，即宇宙发生论。基于《道德经》"道生一，一生二，二生三，三生万物"②的观点，道教认为，"一"即元气，元气生生不息而造化无穷。人得天地钟秀之气而最灵，也最能体悟宇宙生化之规律而遵循之。人不仅可以认识自然，还能驾驭自然。在众多的丹经中，《参同契》对元气生机论的原理阐发得颇为透彻，这是它能在唐代得到人们关注和重视，逐渐成为显学的重要原因之一③。

第二，哲理与心性的合一。虽然，初唐的重玄学为内丹奠定了坚实的哲理基础，但却没有解决肉身如何成仙的问题，也没有为此开出实践之方。作于晚唐的《太清金液神丹经》④之序说："恋生谓之弱丧，欣死谓之乐无。乐无所乐，有不足有。恋有则甚惑，乐无亦未达。达观兼忘，同归于玄。既曰兼忘，又忘其所忘，心知泯于有无，神精凝于重玄，此穷理尽性者之所体也。"⑤它否定恋生，也否定欣死，主张兼忘而归于玄，进一步把玄也忘掉，在心中泯灭有无，把神、精凝于重玄，从而穷理尽性。这可以视为把重玄思想与正在兴起的内丹思想相结合的一种尝试。而盛唐的司马承祯等茅山宗的道教学者继承了上清派的传统，把传统道教的内修方术与作为时代思潮的重

---

① 原题阴长生注，陈国符先生《〈道藏〉经中外丹黄白术经诀出世朝代考》认为出自唐代。金正耀通过对各种文献资料的推论排比，认为见于《道藏》中的《金碧五相类参同契》署名阴长生注，实为初唐元阳子自注。

② 陈鼓应：《老子注译及评介》，中华书局1988年版，第233页。

③ 章伟文：《〈周易参同契〉的沉寂与显扬之因探究》，《中国道教》2013年第5期。

④ 曾达辉认为，永嘉之乱后，南渡祭酒融合了流传江南固有的道经和传说，重新编写天师道的经传，当中包括根据《神仙传》及葛洪所藏丹经而作的《马君传》；唐宋之际，《马君传》内的炼丹经书被割裂，独立成篇，附以葛洪所撰记述两篇，拼凑成《太清金液神丹经》。（曾达辉：《〈太清金液神丹经〉与〈马君传〉》，《清华学报》第36卷第1期。）

⑤ 《道藏》第18册，第746页。

玄心性理论结合起来，为内丹的诞生铺平了道路。正是缘于这样的发展与结合，才使得后来的道教学者以注解《周易参同契》《阴符经》，重新解读《老子》为契机，把重玄学的以庄解老转变为以老解庄，以本体论统帅本源论转变为以本源论为基础谈本体论，在形而上的层面重构哲理；促使后来的道教学者们把传统道教的诸多内修之术按照哲理体系进行改造、综合，并与心性论相结合，形成了步骤分明、秩序井然的修炼方法体系。这样一来，内丹术就逐渐形成并开始向内丹学转变。

第三，人身的探究。人身内求而炼丹，人身结构如何？从何处下手？如何操作？这些问题，其实在中医学和内修方术中已有相关探讨，关键在于从内丹修炼的角度给予解释并进行适应性的调整。前述的丹田概念即为这样的成果之一。原题阴长生注《金碧五相类参同契·铅汞章》说："铅汞并是下元命门之根，为橐籥中所产，生于肾；左肾主壬，右肾主癸，肾之二气合而为一体，是铅汞本一体，一象铅，一象汞，上下飞分南北离宫，坎户相配，相随上下翻变与铅汞。汞者，阳，为木，亦名婴儿，又曰日魂，又曰日精。铅者，为金，亦名姹女。故经云：坎男离女为夫妇，水火为大药。此者，真男、真女、真水、真火、真铅、真汞要妙神用也。"[①] 在这里，"真水、真火、真铅、真汞"等概念随铅汞理论的发展而出现，并与"命门"关联起来，"命门""橐籥""肾"成为一体，"铅汞并是下元命门之根"，以命门为水火的雏形已经具备。接下来，还需要对药物、火候做出说明，并仿效外丹丹药在炉鼎中升华凝结的过程，以为精气（药物）通脊入脑（"还精补脑"，即后来说的通督脉），前降小腹（后来说的通任脉）而结丹。约成书于唐代的《胎息精微论》中的《胎息神会七返内丹诀》终于提出了留精回炁补脑的技术路线，认为胎息即为内丹法："内丹者，津、水、唾、血、精、脑、炁是也。夫欲养神先须养炁，夫欲养炁先须养脑，夫欲养脑先须养精，夫欲养精先须养血，夫欲养血先须养唾，夫欲养唾先须养水。水者五华之津液、元炁之精华，在人口中牙齿之旁，则名水也……津液在口中则名水，及咽下到肺即唾，唾色白，故象于金。缘肺中唾属金，常被心脉来铄，其唾流入心则化为血，血色赤，象于火。缘心中属火，常被肾水来克，其血流入肾，则化为精，精色滋，故象于水。缘肾中精属水，常被脑脉来克，脾炁应脑为泥丸，泥丸是土，有两条脉下彻肾精，其精在肾，谓精流入泥丸则为脑，脑色黄，

---

① 《道藏》第19册，第76页。

故象于土也。脑有两条脉，夹脊降到脐下三寸，是名炁海。脑实则炁海王，王则元炁盛，盛则清，清则神生，故水能长养万物。水竭则万物枯干……房中之术百数，妙在还精补脑。"① 具体的技术路线，唐代中期司马承祯最早指出了督脉为内炼之要。《道枢》"归根篇"转述司马承祯《天隐子》存想之法："五日为一候，焚香静室，存想其身，从首至于足，自足至于丹田，溯上于脊脉，入于泥丸……行之者七，则气从于脊脉上彻于泥丸矣。此修养之大纲也，于是又有要妙焉。"② 虽然这里所述的是存想，还不是内丹，但所提及的内气运行路线自"丹田溯上脊脉，入于泥丸"，就是督脉通道。司马承祯把这提高到"修养之大纲"的理论高度，说明了它的重要意义。这对此后内丹术建立气通督脉的观点无疑具有启示意义。王卜雄曾指出："这一论点孕育着内丹术系统的产生，并且奠定了内丹术系统的发展主线。"③ 此后，《云笈七签》"元气论"述服气法："存想（元气）入肾，入命门穴，循脊流，上溯入脑宫，又溉脐下至五星。五脏相逢，内外相应。"④ 这里所述的是唐代流行的以五脏气交为内丹的功法，路线是由肾而至命门穴，经脊柱上入于脑宫（即泥丸宫），向下至脐下（应指丹田）、五星（即五脏），这显然是任、督二脉的循环。

以术合道是道教的根本特点。判断一种独立的道术是否形成，一是看它是否把术与道直接联系起来，是否把术作为实现外在或内在超越的手段；二是看它是否通过这种术建立了天道与人道之间的紧密联系，例如性命理论；三是看它是否形成了有步骤、有秩序的修炼方法，是否形成了具有系统性和整体性的体系。对照这三个标准，可以看出，唐代和五代时期的诸多内丹著作还没有就心、神、性、形、气、命等范畴展开系统的论述，对火候的探讨尤其欠缺，更没有提出具体的结丹路线；一些初步的成果是借助于《周易参同契》为代表的外丹烧炼的道理来阐述《黄庭经》一系的内炼之术，并趋向于把它们改造为以周天搬运为特点的修炼方法。所以，虽然唐代和五代内丹术已经在酝酿中，但作为完整的术还没有形成。这个工作是由五代宋初的钟吕—陈抟学派完成的。

---

① 《道藏》第 13 册，第 445－447 页。
② 《道藏》第 20 册，第 674 页。
③ 王卜雄、周世荣：《中国气功学术发展史》，湖南科学技术出版社 1989 年版，第 413 页。
④ 《道藏》第 22 册，第 391 页。

在钟吕稍前或与钟吕同时，崔希范著有《崔公入药镜》一卷，对内丹理论和功法做了全面系统的论述，描述了结丹、运河车、架鹤桥、把握火候等诸多方面。该书为三言韵语，共八十二句，文字简炼，易读易记，被后世内丹家作为常用口诀，并对催生内丹学起了重大作用。吕洞宾曾经作诗赞扬它说："因看《崔公入药镜》，令人心地转分明。"① 后来的刘海蟾、张伯端、石泰、白玉蟾以及全真道北宗的一些支派均受过它的影响。

经过中唐以来道教学者持续不断的努力，晚唐时期内丹术的理论逐渐趋于成形。到唐末五代至北宋初期，诞生了钟吕—陈抟学派，他们以《道德经》《周易参同契》《阴符经》的思想为主体，通过沟通《庄子》与佛教禅宗，消化吸收了佛教心性论的一些思想，再纳入儒家的一些伦理道德观念，借鉴、改造外丹学的理论模型，初步把内丹学的理论体系建构起来了。他们中的代表人物主要有钟离权、吕洞宾、施肩吾、陈抟、谭峭、张无梦、刘海蟾、陈景元等。

与此同时或稍后的内丹代表性著述还有：洛阳通玄观道士刘希岳（字修峰，号朗然）于988年自序的《太玄朗然子进道诗》，其在后世内丹中颇有影响，它的词句屡屡被引用；高先（字象先）于1014年所著《真人高象先金丹歌》，对后世也有一定的影响；稍晚一点的由陈朴于1078年所著的《陈先生内丹诀》一书，出现了与后世内丹颇为一致的功法。

第二节 钟吕学派对内丹理论的初步建构

关于钟离权、吕洞宾的生卒年代已难确考，或以为他们是唐代末年至北宋初年或五代时人②，尚值得商榷。钟离权，咸阳人，字云房，号正阳真人，为俗传八仙之一。他曾师从王玄甫学习符箓、丹诀、周天火候和青龙剑法等。

---

① 《道藏》第36册，第478页。

② 北宋仁宗至神宗时期张师正所作的《倦游杂录》中有《钟离权诗》："邢州开元寺一僧院壁，有五代时隐士钟离权草书诗二首，笔势遒劲，诗句亦佳。诗其一曰：'得道真僧不易逢，几时归去愿相从。自言住处连沧海，别是蓬莱第一峰。'其二曰：'莫厌追欢语笑频，寻思离乱可伤神。闲来屈指从头数，得见升平有几人？'后刘从广至邢州，访此寺，遂命刊勒此诗于石。"（《宋元笔记小说大观》第1册，上海古籍出版社2001年版，第740页。）

他的著作有《秘传正阳真人灵宝毕法》①（简称《灵宝毕法》）、《破迷正道歌》《还丹歌》《赠洞宾丹诀》等②。吕岩（798？—？），字洞宾，号纯阳子，京兆（今陕西西安）人，唐会昌年间（841—846）举进士不第，浪迹江湖，善剑术，传说百余岁面容仍犹如儿童，步履轻疾，顷刻数百里，是俗传八仙中最具有影响的人。他的著作，据宋代书目著录有《九真玉书》《纯阳真人金丹诀》《吕公窑头坯歌》等，元代有关吕洞宾的传记所述尚有《传剑集》（或称《述剑集》）、《真常集》《丹诀演正论》《心易》《仙统秘诀》《吕洞宾自传》等，此外，见于记载的尚有《吕公沁园春》《纯阳真人大丹歌》《纯阳真人玄牝歌》《金丹诗诀》《纯阳真人药石制》《黄帝阴符经集解》《敲爻歌》《百字碑》《了三得一经》《肘后三成篇》等，这些是否为他的著作，尚待考证。清人汪象旭将他的文章和诗词辑录为《吕祖全书》，但其中有不少是后人附会的著作，而且真伪难辨。钟离权、吕洞宾的著作流行于世，大约是在北宋末年。《宣和书谱》卷十九说钟、吕有"问答语及诗成集"，此问答语应当就是《道藏》所收录的《钟吕传道集》以及南宋曾慥所辑录的《道枢》节录（又名《传道篇》）。《道枢》所录钟吕之说尚有《灵宝篇》《百问篇》《肘后三成篇》《修真指玄篇》《众妙篇》等等。至于钟、吕之间的关系，一般人认为钟离权是吕洞宾的师父③，也有人认为吕洞宾只是钟离权的道友。但不管怎么说，他们俩的关系非常密切，两人的思想也大同小异。

施肩吾，字希圣，号华阳子，溢浦（又名溢江、溢水，今江西九江一带）人，北宋真宗时期修道于洪州（今江西新建县）西山，世称华阳真人④。他的著作有《华阳真人秘诀》《三住铭》《西山群仙会真记》⑤《修真元图》

---

① 韩国的道教文献《海东传道录》《五洲衍文长笺散稿》均提到钟离权将《灵宝毕法》等书授予新罗人崔承佑、金可纪、僧慈惠三人。

② 据宋明道书记载，钟离权的著作尚有《指玄篇》和《指玄三十九章》等，但这两部书均不见于其他钟离权传记材料的载述，是否为钟离权亲撰，很难判定。

③ 钟离权并非吕洞宾的唯一老师。吕洞宾之师中，有名字可考者凡四位，即苦竹真人、火龙真人、崔希范与钟离权。

④ 丁培仁认为，道教史上施肩吾有两人：一为唐代人，号栖真子，字希圣，睦州人，著有《养生辨疑论》一卷；一为宋代人，号华阳子，字希圣，九江人，编撰有《西山群仙会真记》，是《钟吕传道集》的传人。（《道史小考二则》，《宗教学研究》1989 年第 3 - 4 期。）此说有待进一步研究。

⑤ 《西山群仙会真记》旧题"清虚洞天华阳真人施肩吾撰，三仙门弟子天下都闲客李竦英编"。该书卷一《识人》、卷四《真水火》、卷五《炼神合道》引有刘海蟾语，《四库全书总目提要》据此断言该书"殆金元间道流所依托"。根据考证，此书与施肩吾编著的《钟吕传道集》内容大体一致。北宋末曾慥所辑《道枢》亦摘录此书内容，题为《会真篇》。如此看来，此书作者是施肩吾当无疑，成书时间不晚于北宋，但现行本中窜入了一些后人的句子。

（即《修真太极混元图》）①、《识人论》《座右铭》②。此外，《钟吕传道集》③是由施肩吾记录钟离权、吕洞宾二人关于内丹修炼问答而整理传世的著作。

《钟吕传道集》《灵宝毕法》《西山群仙会真记》是钟吕学派的三部重要著作。其中，《灵宝毕法》为钟离权著，吕洞宾传，是钟吕内丹学派早期著作；《西山群仙会真记》的宗旨是通过参证西山诸圣的内修之道而阐发钟吕之内修原理。

一、因术识法，因法知道

得道成仙是道教追求的终极目标。如果神仙是修炼而成的，那么神仙与人的根本差别是什么呢？《西山群仙会真记》以阴阳划界区分了人、鬼、仙，说："纯阴无阳，鬼也；纯阳无阴，仙也；阴阳相杂，人也。鬼则阴灵之炁，凝而为形；仙则阳和之炁不散，炼而为质。人以阳尽而为鬼，鬼者，人之归也；人以阴尽而为仙，仙者，人之迁也。"④ 尊阳贱阴，是汉代以来中国思想的传统。道教引入这一思想并把修炼界定为除尽阴而得纯阳，是在唐代中期。唐代道教的著作《太清存神炼气五时七候诀》《洞玄灵宝定观经》《坐忘论·坐忘枢翼》《神仙可学论》都认为，神仙是有等级之分的。《钟吕传道集》继承这一思想，把仙人按由低到高的等级依次划分为鬼仙、人仙、地仙、神仙、天仙五个层次。这五个层次的差别在于闻道、悟道和修炼所得的阳的含量不同而等级不同。例如，鬼仙是因为没有悟通大道，"一志阴灵不散"，急于求成；人仙则是专注于大道之中的一法一术，没有真正领悟大道，功成只能安乐延年。

《西山群仙会真记》认为，修法而入道，道并不难；修道而成仙，成仙也很容易。求仙本不难，之所以感到难，是因为所学的道不正；学道并不难，之所以感到难，是因为所学的法不真。在它看来，道有邪有正，儒、释是邪，道教是正⑤。那么，他们所谓的"正道"是什么呢？

---

① 即《正统道藏》之《修真太极混元图》。

② 关于《修真太极混元图》属于施肩吾所传，见张广保：《唐宋内丹道教》，上海文化出版社2001年版，第233页。

③ 此书有人认为是后人伪托，笔者认为证据不充分，故仍坚持传统的观点。

④ 《西山群仙会真记·补损》引《十洲记》，《道藏》第4册，第433页。《钟吕传道集》也有类似的说法："纯阴而无阳者，鬼也；纯阳而无阴者，仙也；阴阳相杂者，人也。惟人可以为鬼，可以为仙。"

⑤ 《道藏》第4册，第422－423页。

及乎真原一判，大朴已散。道生一，一生二，二生三。一为体，二为用，三为造化。体用不出于阴阳，造化皆因于交媾。上、中、下列关三才，天、地、人共得一道。道生二气，二气生三才，三才生五行，五行生万物。万物之中，最灵最贵者，人也。惟人也，穷万物之理，尽一己之性，穷理尽性，以至于命。全命保生，以合于道，当与天地齐其坚固而同得长久。①

这可视为钟吕学派内丹思想的纲领。他们继承《老子》"道生一，一生二，二生三，三生万物"的思想，又吸纳了《易传》"太极生两仪，两仪生四象，四象生八卦"的思想，并把两者综合后认为"一"为体，"二"为用，体用合而生"三"。"一"即太极元气，"二"即阴阳二气，"三"即天、地、人三才，实为阴、阳、中和三气。三才生五行而具质，五行生万物而具形。人是万物中最精、最灵、最尊贵的，因为只有人能够穷万物之理，尽自己之性，全自己之命，使自己的生命符合于道，从而能够与天地一样坚固、长久。穷理尽性至命的过程，就是内丹修炼。

钟吕认为，人来自于道，当然"道不远人"，人未得道的原因只可能是"人自远于道"。人之所以远于道，是因为养命不知法。之所以不知法，是因为不能把握好下功的时刻。之所以不能把握好时刻，是因为没有掌握"天地之机"。所谓"天地之机"，就是阴阳升降之理、日月交会之度。道判天地，则天道以乾为体，阳为用，积气在上；地道以坤为体，阴为用，积水在下。乾坤相交而生四象、五行、八卦，继而生万物。天地阴阳不断升降交合，周而复始，运行不已。天地与人本为一体。天地有八卦，人身也有八卦，都是真阴真阳的产物。"真阳随水下行，如乾索于坤，上曰震，中曰坎，下曰艮。比之以人，以中为度，自上而下，震为肝，坎为肾，艮为膀胱。真阴随气上行，如坤索于乾，下曰巽，中曰离，上曰兑。以人比之，以中为度，自下而上，巽为胆，离为心，兑为肺。"②人体结构符合八卦运行模式，人的修炼应该效法这一模式，使肾水、心火升降交合，取坎填离，水火互济，使真气上下往复，周流贯通。如果能做到生机没有亏损，寿命自然能延长。但是，对天地的效法不仅是定性的，还是定量的，即要取法于天地的年、月、日、时

① 《道藏》第4册，第659页。
② 《道藏》第4册，第660页。

之数。为此，要"识身中之时"，恰如《西山群仙会真记·识时》所说："炼形住世，以炁为先，用五行相克之时；炼炁超凡，以时为先，使三田反复之候。修真之士不见功者，以旺时不收，损时不补，散时不聚，合时不取，无时不齐，还时不炼，不知交会之时，又无采取之法，磋时乱日，不见尺寸之功，安得比天地长久，日月坚固哉？"① 如果把握了天地转变的关键之机，而且能把握准转变的时刻，人还是远于道，原因就只有一个——"所学之法不真"。那什么是真法呢？《钟吕传道集·识法》强调，斋戒、休粮、采气、漱咽、离妻、断味、禅定、不语、采阴、服气、持净、息心、绝累、开顶、缩龟、绝迹、看读、烧炼、定息、导引、采补、吐纳、布施、供养、救济、入山、识性、不动、受持等都只是"养命之下法""集神之小术"，是"傍门小法"。它们修炼容易，一开始就容易见到成效，所以一般人互相传授，风靡一时，但这些人到死都不明白这是画饼充饥、败坏大道的邪门歪道，不是真正的大法。

钟吕主张："因术识法，因法知道，道本一阴一阳而已。"② "术"是指针对特定对象，为达到某一确定的目的而进行的一套具体的操作活动与操作程序，相当于技术。与术相比，"法"有了理论的指导，不再如术一样处于盲目的、不自觉的状态。不过，术与法的这种区分是相对的。"法"含有经过理性思考，由术中概括出来的规则、原理，相当于运用理论。"道"比"法"的抽象程度更高，相当于基础理论和哲理。所以，对于"法"，《西山群仙会真记》引《太上隐书》说："法本无法，理归自然；心因境乱，法本心生。立法之意，救补已失而游未萌。"③ 这是说，法本于道，人根据自己在心中对道的把握而制定了法，运用它可以恢复因触物而感、因境而乱之心，消除、防止欲念、邪念的产生。钟吕主张从心与物的关系中来看待法，《灵宝毕法·内观交换》说："以一心观万物，万物不谓之有余；以万物扰一气，一气不谓之不足。一气归一心，心不可为物之所夺；一心运一气，气不可为法之所役。心源清彻，一照万破，亦不知有物也；气战刚强，万感一息，亦不知有法也。物物无物，以运本来之象；法法无法，乃全自得之真。"④ 照物而不为物所役，用法而不为法所累，自然无为，这是修炼的根本。法的选择和

① 《道藏》第4册，第425页。

② 《道藏》第4册，第438页。

③ 《道藏》第4册，第423页。

④ 《道藏》第28册，第362页。

编制，都得由此出发，以心不可为物所役，气不可为法所夺为原则。

施肩吾发展了钟吕的这一思想。在《养生决疑序》中，他不赞成那些追求长生的"服气绝粒者、驱役考召者、恬静无欲者、修仙炼行者"①的做法，否定了服气、辟谷、斋醮、符箓等道教传统的道术。他认为，神因形而住留，形因神而存在，神要是外散，形也就难以保住。神形合一，人的生命才能存在。服食草木金石以坚固形体，却不懂得草木金石的性质，也没有弄清四时逆顺转变的时机，久久服食，反而伤了自己的和气，最远不出中年，各种疾病祸害就接踵而至了。在这里，他既否定了阳神出壳、重神不重形的道术，也否定了重形而不重神的外丹服食。那么，他看重的道术是什么呢？这首先得弄清楚他选择道术的依据。他认为，道术是用以培育性命的，培育性命的根本在于"元和"。什么是"元和"呢？他在《座右铭》中说："不悲不乐，恬淡无为者，谓之元和。"②为此，他借用佛教空的概念，提出了元和的五种境界：顽空、性空、法空、真空、不空。一无所知，绝尘万象为顽空；避开尘世，"泯灭诸相，不生一意"为性空。顽空、性空是佛教的要求，道教则要求法空、真空、不空。在红尘中"无欲无念"，"块然无用于潜龙，乾位初通于元谷"，理解生死本源，领会识相分别，这是法空。进一步"知色不色，有正色以视之；知空不空，有真空而在矣"③，玄外有玄，理外有理，把握这一点便是真空。进而，合天、地、人的至大、至虚、至空而又涵育万物，便能"换凡骨为仙体，变萱草为松桧"，在静中生动，在动中有静；在有为处无为，无为而无不为，这才是最高境界的不空。施肩吾认为，上达这五种境界的方法是修炼内丹："丹田自种留年药，玄谷长生续命芝，世上漫忙兼漫走，不知求己更求人。"④这里，他深受禅宗思想的影响，几乎彻底否定了传统道教的修炼方术，而只是讲究用纯粹顿悟的方法去追求一种心性境界。

二、"参同大易显阴阳"的内丹思想

（一）"道亦不远于人"

钟离权、吕洞宾的思想是以《道德经》《周易参同契》为本。他们频繁

---

① 《道藏》第 18 册，第 559 页。
② 《道藏》第 23 册，第 679 页。
③ 董诰：《钦定全唐文》，中华书局 1983 年版，第 7633 页。
④ 彭定求等编：《全唐诗》，中州古籍出版社 2008 年版，第 2548 页。

引用《道德经》的词句和话语："静则无为动是色"① 的"无为"，来源于《道德经》；"胎息丹田涌真火，老氏自此号婴儿"②，也与《道德经》有关；吕洞宾在《谷神歌》中所说的"这个道，非常道，性命根，生死窍"③，显然深受《道德经》的影响；《钟吕传道集·论大道》所说的"道生一，一生二，二生三；一为体，二为用，三为造化"④，则是直接引用了老子《道德经》中的话。《道德经》的思想为钟离权、吕洞宾的内丹学理论建构提供了形而上的哲理基础，《周易参同契》也是他们思想的来源之一。《吕祖志》说："斋戒等候一阳生，便尽周天参同理，参同理，炼金丹……"⑤ "那个仙经述此方，参同大易显阴阳。"⑥ 他们与《周易参同契》一样，把《易》理与炼丹相参。《周易参同契》在这方面所做的工作为他们建构内丹学理论奠定了基础，而且为他们提供了具体的理论指导，包括框架、路径、程序、原则等方面。吕洞宾说："八卦二元全借汞，五行四象岂离铅？"⑦ 这说明，钟吕所用的理论模型就是《周易参同契》所讲的阴阳、三才、四象、五行、八卦等象数理论模式。

受《周易参同契》为代表的象数理论影响，钟吕从象、数、位、质四个方面来考察道。《灵宝毕法·朝元炼气》说：

> 一三五七九，道之分而有数。金木水火土，道之变而有象。东西南北中，道之列而有位。青白赤黄黑，道之散而有质。数归于无数，象反于无象，位至于无位，质还于无质。欲道之无数，不分之则无数矣。欲道之无象，不变之则无象矣。欲道之无位，不列之则无位矣。欲道之无质，不散之则无质矣。无数，道之源也。无象，道之本矣。无位，道之真矣。无质，道之妙矣。⑧

道因"分"而有"数"，因"变"而有"象"，因"列"而有"位"，因"散"而有"质"。但本来的道是没有数、象、位、质的。要使道归于无

---

① 《道藏》第36册，第483页。
② 《道藏》第36册，第485页。
③ 《道藏》第36册，第482页。
④ 《道藏》第4册，第659页。
⑤ 《道藏》第36册，第484页。
⑥ 《道藏》第36册，第487页。
⑦ 《道藏》第36册，第483页。
⑧ 《道藏》第28册，第360页。

数，那就不能拆分它；要使道返于无象，就不能让它发生变化；要使道无位，就不能让它占据空间位置；要使道无形质，就不能让它消散。道无数，因而能够成为万物的本源；道无象，因而能够成为万物的本体；道无位，因而能够至真至灵；道无质，因而能够至神至妙。但是，人所处的世界，毕竟是道已消散的后天。后天为伪，先天为真。不过，人为万物之灵，与天地合一相通，所以能够从天地之间、万物之假中悟出至真之道。

> 道原既判，降本流末，悟其真者，因真修真，内真而外真自应矣。识其妙者，因妙造妙，内妙而外妙自应矣。天地得道之真，其真未应，故未免乎有位。天地得道之妙，其妙未应，故未免乎有质。有质则有象可求，有位则有数可推。天地之间，万物之内，最贵惟人，即天地之有象可求，故知其质气与水也；即天地之有数可推，故知其位远与近也。审乎如是，而道亦不远于人也。①

天地得道之真，真却不能响应，所以有空间之位；天地得道之妙，但这种妙没有表现出来，所以有形体之质。但是，有质则有象可求，有位则有数可推。求象而知处理肾水与心火的关系，求位而知调节与控制气的周流运行。钟吕认为，道降本流末而生化万物之后，作为无形的本体，只能依托于气而存在。道对万物的统御与控制，只能通过物的运动变化表现出来。

> 大道本乎无体，寓于气也，其大无外，无物可容。大道本乎无用，运于物也，其深莫测，无理可究。以体言道，道之始有外内之辩；以用言道，道之始有观见之基。观乎内而不观乎外，外无不究而内得明。观乎神而不观乎形，形无不备而神得见矣。②

道本无体，因气而有体；道本无用，因物的变化而有用。由体来看道，它有外有内；从用来说，它可以为人观察、领会到。在内丹修炼中，从内观察而不从外观察，既可以明外，也可以明内。观察神而不观察形，形无所遗漏而神也可以见到。

根据道生化万物的程序，钟离权把人生划分为五个阶段：男女阴阳二气

---

① 《道藏》第 28 册，第 361 页。
② 《道藏》第 28 册，第 362 页。

未合的太初阶段；父母精血交结为胞胎的太质阶段；人出生的太素阶段；男十五六岁、女十三四岁之前的童身阶段；男女童身以后的阶段。人本从道而生，故得道之全。

> 天地于道一，得之惟人也。受形于父母，形中生形，去道愈远。自胎元气足之后，六欲七情，耗散元阳，走失真气，虽有自然之气液相生，亦不得如天地之升降。①

但是，人一旦有了形体，离道就越来越远。这是因为人在成长过程中，一方面是先天元气与时俱损，另一方面是后天情欲耗散元阳，导致真气走失。虽然本身有气液相生，但也无法如天地一样周流运行，生生不息。为此，必须采补气液。如何采补呢？钟吕认为，只要保持天人合一的状况就可。他们把天地当作一个大宇宙，把人身当作一个小宇宙。大宇宙与小宇宙息息相通，"身中自有一壶天"。既然这样，以人身为炉鼎，摹拟天地运行的规律、机制，就可以炼丹。

在钟吕看来，内丹学的根本原理，是人体小宇宙与自然大宇宙相通相应的思想。他们以天人合一为前提，以人体比拟于天地，按类比的方法说明他们对人体生理机制的理解。但他们所谓的天，实际上是人们想象的与地对应的存在物。他们对人体结构的理解是以这种想象中的结构为参照系的。人体小宇宙与自然大宇宙的结构及机制等内容，是相对照而互证互明、不可分割的。这种理论显然不完全合乎科学精神。可是，以天人感应论用之于养生，内丹家们更多地是在强调气候节令的变化与养生的关系，就此而言，它亦含有科学的成分。但是，内丹家们的用意并不是为了弄清人体生理机制与大自然运动变化规律之间的相应关系，他们更强调的是四季、十二个月、二十四节气、七十二候、三百六十日、十二时辰等周期规律对火候把握的象征性的指导意义。他们把《周易》卦爻纳入进来，也是因为它可以让修炼者更容易从整体上把握这种周期性规律。

从这里可以看出，一方面把自然人文化而开启人对天道的遵循，另一方面把人自然化而铺平人发挥主观能动性参赞自然的道路，在两者的交融互动中实现动态的统一，是道教对天人合一的理解，这与儒家大不相同。儒家把

---

① 《道藏》第28册，第351页。

人伦礼法规范硬性塞入天中，然后借天的客观形貌来强化人伦礼法规范对人的神圣性、不可违背性——这导致天与人之间的关系是机械的、静止的、凝固的、僵死的，人在天面前只能遵循而不能违反，人的主体性难以体现出来。

本着这种理解，钟吕认为，内炼成仙的原理是以人身为一小天地的天人合一论为基础的。在他们看来，"道"是阴阳五行之至精的凝聚体，是永恒的。按照天人一体的原理，人身中亦有阴阳五行之至精，效法自然，以己身为天地，循阴阳转化和五行相生相克而逆转运动，就可以使阴阳五行之精凝聚，成丹得"道"，登临仙境，与道同在，长生不死。在逆反道生化万物的修炼过程中，他们认为，内部阴阳二气的升降、五脏六腑的运化互动与自然界日月明晦、五行六运相应，即"内真而外真自运"，"内妙而外妙自运"。如此修炼，可以使得人在更高的程度上与天合一。

这一理论落实到实践中，从何入手而促使天人合一呢？如同外丹炼制必须有药物一样，内丹修炼也必须有修炼的药物。钟吕认为："大道之中生天地者也，天地之中生阴阳者也。故天地有上下，阴阳有终始，吾因其俯仰，察其度数，大道亦可知焉。是以即天地之上下而知道之尊卑矣，即阴阳之终始而知道之先后矣！"① 在他们看来，道生天地，天地生阴阳，阴阳生人，故人的寿命长短取决于阴阳。他们认识到："人之心也，肾也，其相去八寸有四分，阴阳升降与天地同，气液相生与日月同。然天地也，日月也，年之后有年焉，月之后有月焉。人也不究交合之时，损不知补，益不知收，阴交而不知养阳，阳交而不知炼阴。月无损益，日无行持，而吾之年之月则有限矣！"② 人之所以不能永生长存，乃是因为在自然的人体生存系统中，阴阳会随着时间的推移而有所损耗。

（二）"真阴真阳"'真药物'

由于阴阳为道所生，所以，由阴阳往前逆推就可以认识道；缘于阴阳即在人身中，是故，以得道为目的的内丹修炼就应该从阴阳开始。在正常的人体生理中，人身心肾阴阳交合循环，生命即可避免损耗。那么，在内丹修炼中，以己身真阴真阳交合，结成圣胎，进一步修炼就可得道。所以，钟吕认为，内丹修炼的药物就是阴阳，即心肾。《钟吕传道集·论丹药》云："内丹之药材，出于心肾，是人皆有也；内丹之药材，本在天地，常日得见也。火

---

① 《道藏》第 20 册，第 841 页。
② 《道藏》第 20 册，第 826 页。

候取日月往复之数，修合效夫妇交接之宜。圣胎就而真气生，气中有气，如龙养珠；大药成而阳神出，身外有身，似蝉脱蜕。"① 内丹修炼首先要促使心肾之气相交。"奉道之人，肾气交心气，气中藏真一之水，负载正阳之气。以气交真水为胞胎，状同黍米，温养无亏。始也即阴留阳，次以用阳炼阴。气变为精，精变为汞，汞变为珠，珠变为砂，砂变为金丹。金丹既就，真气自生，炼气成神，而得超脱。"② 所谓内丹，就是阴阳相交的产物："故知肾中真一之水，心中正阳之液，二者交焉，在人生人，在身生神，其名曰内丹。"③ 钟吕以真阴真阳为药物，真阴真阳实际上是人体生命之初的一点元阳之气，如《钟吕传道集》所说："夫己身受气之初，乃父母真气两停，而即精血为胞胎，寄质在母纯阴之中。阴中生阴，因形造形，胎完气足，是堂堂六尺之躯，皆属阴也，所有一点元阳而已。"④ 这是将一点元阳看成真药物，看成结丹的真正的种子。就人身而言，真阴真阳在修炼过程中被指实为心与肾。中医认为肾是人体生命力的总源泉。据此，就内丹的产生而言，真阴真阳被指认为是两肾，一点元阳之气则存在于两肾之间。这是从人体生命的产生过程逆推内丹修炼的过程。吕洞宾把两肾称为玄牝，认为玄牝是内丹修炼入门的关键，说："玄牝之门号金母，先天先地藏真土，含元抱一赖生成，一气绵绵亘古今。……自古神仙无别法，皆因玄牝立其根。玄牝之门人罕识，想肾存心漫劳力。"⑤ 由于内丹修炼起手操作的对象是气，所以对玄牝的理解不能执着于心和肾，而要着眼于两肾中间。"借问如何是玄牝？婴儿初生先两肾，两肾中间一点明，逆为丹母顺成人。一阳萌处急下手，黑中取白无中有，一时辰内管丹成，九载三年徒自守。"⑥ 但对两肾中间也不能执着，因为玄牝的实质是生身之初所受之气。"世人若识真玄牝，不在心兮不在肾。穷取生身受气初，莫怪天机都泄尽。"⑦

　　钟吕是以人体小宇宙的产生类比天地大宇宙的创生。照此推理，人体生身之初的元阳之气相当于天地大宇宙开创之始的混沌元气，即后来内丹学者

---

① 《道藏》第 4 册，第 668 页。
② 《道藏》第 4 册，第 668 页。
③ 《道藏》第 20 册，第 842 页。
④ 《道藏》第 4 册，第 674 页。
⑤ 《道藏》第 32 册，第 459 页。
⑥ 《道藏》第 32 册，第 459 页。
⑦ 《道藏》第 32 册，第 459 页。

们所说的先天之气。然而，这种先天之气对于新生婴儿来说固然是先天真阳，对于父母来说则是后天。这样的先天真阳能否真的修炼出具有超越性的内丹，颇为可疑。之所以如此，是因为钟吕是根据大小宇宙的同构而进行比类取象式的类推。根据大小宇宙同构的观点，个体生身之初的元阳真气与宇宙大爆炸之前的奇点确实可视为同质。但问题在于，中国古人理解的天地与现代宇宙学的"宇宙"一词并不完全吻合。古人所谓的天地，通常指人的生存世界。如果按照人体小宇宙的思维模式推理，则古人眼中的宇宙是层层相嵌的圆圈式结构，宇宙中各个组成单元都是一个个较小的宇宙，世界上的万事万物如动物、植物又是更小的宇宙。以此类推，哪怕是物质的最小组成部分也同样如此。根据这种天人同构的观念，道教学者们在探求终极超脱之路时没有把大宇宙作为坐标原点，而是选择了人体小宇宙，进而力图在人体小宇宙中找到与大宇宙共同的先天根据，即所谓的先天之气（炁），并提出以先天炁为种子而修炼内丹。由此开辟一条回归之路作为本源，同时也是作为终极本体的道的超越之路。那么，作为修炼内丹种子的先天炁相对于哪一个对象而为先天呢？如果系指相对于整个宇宙而非仅指人生存的世界为先天，那么先天之气乃是一种超越于时间空间甚至存在本身的终极本体，实际上就是道。如果真是这样，那么就不存在所谓种子的问题，也不再需要火候、抽添、沐浴等内丹修炼的各种程序，我们只要获得先天炁，就可以立刻证道、了道、得道，实现无限的超越。然而，如果所谓先天炁的先天仅仅是先于人生存的这个世界而存在，那么内丹道的所谓超越就只是有限的，而不是无限的。其实，从后世内丹学者们的阐发来看，钟吕确实是这样理解的，只是他们没有说得很清楚罢了。前一种情况被后世学者们称为顿悟，是最上上等的功法，只有根器最好的人才能用；后一种情况被后世学者们称为渐修，是适合于普通人的功法。实际上，前一种情况只是虚悬一格，因为没有天生的圣人。所以，从道教对宇宙做套圈式的理解来看，它事实上已步入了一条永无止境的超越之路①。

虽然内丹修炼的药物实质是先天炁，但它毕竟难于直接把握。所以，在实际修炼中钟吕还是主张从药物的表象入手。"当离卦肾气到心，神识内定，鼻息少入迟出，绵绵若存，而津满口勿吐勿咽，自然肾气与心气相合。太极生液，以液与真水相合，真气恋液，真水恋气，本不相合。盖液中有真气，

---

① 张广保：《唐宋内丹道教》，上海文化出版社 2001 年版，第 177－178 页。

气中有真水，互相交合，相恋而下，名曰交媾龙虎。若以火候无差而抽添合宜，三百日养就真胎而成大药。"① 这是用肾气与心气相交合而产生的真气与真水作为合炼真胎的原料。钟吕又说："肾之气投于心之气，气极而生液，其中有正阳之气，配合真一之水焉，是名龙虎交合者也。日之所得，其巨如黍，置于黄庭，是名金丹大药者也。"② 这是把真阴真阳具体化为肾气、心液。

钟吕以真阴真阳为药物是继承了唐代叶法善③、元阳子的思想。叶法善认为金丹合炼的药物是水火，出于身内。他说："光辩天师曰：水火者，古先圣人之大药也，不在于外而在吾身焉。心，火也，应于离；肾，水也，应于坎。故造金丹者，须凭龙虎水火者也。"他进而指出，水火二药只有相互交合，才能结成大丹。"先之净其坎户如水，而后下龙虎焉。于是交之有度，用之有数……"④ 至于以肾之二气为药物，也是元阳子就已经有的主张，他说："肾之二气，合而为一，是为铅汞焉。"⑤ 钟吕的贡献在于把上述不甚自觉的思想上升到了自觉的程度，并做了综合。

钟吕以肾气、心液为真龙真虎的主张是继承了崔玄真、崔希范、太白真人等人的思想。《道枢·会真篇》载施肩吾引崔玄真之言："崔玄真曰：肾之气者，婴儿也；心之液者，姹女也。肝之气者，阴中之阳，是为月之魄也。"⑥ 根据吕洞宾的交待，这一思想的另一个来源是崔希范《入药镜》⑦："纯阳子曰：因看《崔公入药镜》，令人心地转分明。阳龙言向离中出，阴虎还于坎上生，二物会时为道本，五方行尽得丹名。修真上士如知此，令跨赤龙归玉京。"⑧ 在《道枢·会真篇》中，他又引《入药镜》之语云："肾之中生气，气之中暗藏真一之水，是为阴虎生于坎者也；心之中生液，液之中暗藏正阳之气，是为阳龙生于离者也。"⑨ 此外，太白真人"五行颠倒术，龙从

---

① 《道藏》第 28 册，第 353 页。

② 《道藏》第 20 册，第 831 页。

③ 叶法善（616—720）是唐代著名高道，弟子有尹愔、卢齐物等。

④ 《道藏》第 20 册，第 766 页。

⑤ 《道藏》第 20 册，第 786 页。

⑥ 《道藏》第 20 册，第 814 页。

⑦ 根据《修真十书·杂著捷径》所录《天元入药镜》所述，崔希范撰《入药镜》当在广明元年（880）左右。《入药镜》在后世流传比较混乱，南宋初期就有不少传本。曾慥收集的《崔公入药镜》就有三种传本。《正统道藏》收录了三种版本的《入药镜》。

⑧ 《道藏》第 20 册，第 819 页。

⑨ 《道藏》第 20 册，第 819 页。

火内出；五行不顺行，虎向水中生"的观点①，也为钟吕提出以肾气、心液为真龙真虎的主张给予了启发。钟吕内丹道真阴真阳、真龙真虎的思想，是在接受上述诸人的思想影响的基础上提出来的。

钟吕内丹道认为只有肾气中的真一之水、心液中的正阳之气才是修炼内丹的真药物。然而，对于内丹修炼的药物，在历史上并非只有钟吕的心肾之说。《道枢·众妙篇》记载，苏东坡视肺肝为药物，肺为金，为虎，为铅；肝为汞，为青龙。其实，早在唐代的罗公远的著作中就有这个主张。他说："永元真人曰：……肝，木也，其色青，故曰青龙焉；水入于肺，肺，金也，其色白，故曰白虎焉。龙从左而下，至于肝，穿肝而右出，复来入于左；虎从右而下，至于肺，穿肺左而出，复来入于右。此所谓五藏气交者也。"② 龙虎肝肺相交实际上是五藏气相交。此外，有五行四象之说，把五脏之气均视为内丹修炼的药物③；有七宝说，即以津、精、气、血、泪、唾、液等七宝合炼内丹④。

真阴真阳交合之后，便能结成真胎（又称为圣胎），然后再对真胎加以哺育，就能炼成真身。这就是所谓"身中生身，气中生气"。真身是内丹修炼进一步超脱的物质基础，所以又被称为圣身、婴儿。以真身为基础，最终可以达到内丹修炼的终极目标，即纯阳的金丹，此时，修炼者也就由阴阳相杂的人变成纯阳而无阴的仙。

由真阴真阳为药物合炼而成的内丹，为什么能够超越阴阳界域，进入纯阳的存在呢？对此，钟吕并没有做出解释，而只是强调，内丹道只有依凭阳神为实体，才能摆脱人类生存的有形有数的物质世界的束缚，最终进入无形无相的存在状态⑤。之所以如此，是因为这一观念并非他们的首创，而是道教很早就有的。《太平经》已经有重阳贱阴和追求纯阳的思想，中唐道教进而把纯阳与仙联系起来，认为真仙系纯阳之体。如罗公远说："日者魂也，属于阳，故真仙无影，纯阳也。"⑥ 吴筠对此做了清晰的阐发，说："众人则

① 《道藏》第20册，第314页。
② 《道藏》第20册，第768页。
③ 《道藏》第20册，第662页。
④ 夏元鼎：《紫阳真人悟真篇并义》所引《太上七宝无漏经》。
⑤ 钟吕认为，阳神显现之后，尚有调神之法，但那只可增强阳神的能量，阳神并没有本质的改变。
⑥ 《道藏》第20册，第767页。

以阴炼阳，道者则以阳炼阴。阴炼阳者，自壮而得老，自老而得衰，自衰而得耄，自耄而得疾，自疾而得死；阳炼阴者，自老而反婴，自浊而反清，自衰而反盛，自粗而反精，自疾而反和，自夭而反寿，渐合真道而得仙矣。"①他认为，众人是以阴炼阳，因而逐渐走向死亡；修道者是以阳炼阴，因而能够得道不死而成仙。他又说："是以有纤毫之阳不尽者，则未至于死；有锱珠之阴不灭者，则未及于仙。仙者超至阳而契真，死者沦太阴而为鬼，是谓各从其类。"② 修炼要使得阳越来越多，阴越来越少以至于完全没有。吴筠进而从心入手对阴阳做了界定、解释。杜光庭在此基础上把阴阳与形神、魂魄联系起来，说："虚魄者，阴气有象，人之形也；阳气无形，人之神也。形之具矣而阳气未附，则块然无知，如顽石枯木；阳气既降，即能运动。故以形为魄，魄属阴也，以神为魂，魂属阳也。凡人有纤毫之阳气未尽，不至于死；有纤毫之阴气未尽，不至于仙。所以炼阴气尽，即超九天而为仙，仙与阳为徒也；炼阳气尽，则沦九泉而为鬼，鬼与阴为徒也。故当保守阳魂，营护阴魄，以全其生。"③ 吴筠、杜光庭的思想为内丹道的产生指明了方向。

（三）形神与性命

钟吕的内丹道是在改造外丹道的基础上形成的。外丹烧炼首先要有药物，有了药物后还必须有炉子，即鼎。内丹修炼同样如此，只不过它的鼎就是修炼者自己的身体。人身当然比外丹所用的炉子复杂多了，它涉及神、气、性、命等诸多方面关系的处理。

先来看形、气、神之间的关系。对此，疑出于唐代的《长生胎元神用经》主张形气为基础，神是派生出来的。它说："形气既立，而后有神。"并用母子关系来解释形、气与神之间的关系："且神以气为母，母即以神为子，子因呼吸之气而成形，故为母也。形气既立，而后有神，神聚为子也。"④ 对形与气之间的关系，《长生胎元神用经》说："气结为形，形是受气之本宗，气是形之根元。"⑤ 气是形之根源，形是气之枝叶、支流，但二者又是相互依存、相互影响的。它说："夫形之所恃者，气也；气之所依者，形也。气全

① 《道藏》第 23 册，第 677 页。
② 《道藏》第 23 册，第 677 页。
③ 《道藏》第 14 册，第 365 页。
④ 《道藏》第 34 册，第 309 页。
⑤ 《道藏》第 34 册，第 309 页。

形全，气竭形毙。"① 至于气与神之间的关系，孙思邈《存神炼气铭》说：
"气为神母，神为气子，神气若具，长生不死。"② 钟吕继承了这些思想，并
把它们做了综合、概括，说："人之生也，形与神为表里。神者形之主，形
者神之舍。形中之精以生气，气以生神。"③ 人一出生，形与神就互为表里：
形为表，神为里。神是形的主宰，形是神的宅舍。形中的精产生气，气进而
产生神。气是联系、沟通形神之间的中介和桥梁。正如《西山群仙会真记》
引《太上隐书》说："形为留气之舍，气为保形之符，欲留形住世，必先养
气。至大至刚，充塞乎天地之间；气聚神灵，气游于风尘之外。善养生者养
其形，善养形者养其气。"④ 正因为气具有如此重要的作用，所以钟吕内丹派
屡屡强调它，把炼气作为贯穿整个内丹修炼过程的中心环节。如《西山群仙
会真记》卷二所说："然而调气、和气、布气、咽气、聚气、行气、保气、
换气，皆不出养气之道。"⑤

形、气相与为用。内丹修炼首先得炼形化气。"形，阴象也，阴则有体。
以有为无，使形化气而超凡躯，以入圣品，乃炼形之上法。"⑥ "因形留气，
因气养形"，自形之有而炼出气之无，这是炼形化气的原理。炼形化气有
"小则安乐延年，大则留形住世"⑦ 的功效。钟吕有"炼形即炼精也"之说，
因而，炼形化气实为炼精化气。施肩吾继承钟吕的思想，明确把炼形化气表
述为炼精化气。他说："惟人也，以精为母，以气为主。五藏中各有精，精
中生气；五藏中各有气，气中生神。欲寿无穷，长生住世，炼精为丹，养气
为神。真仙上圣，修真补内不补外也。"⑧

炼形化气的思想来源于尸解成仙的思想。对尸解，《抱朴子内篇》引

---

① 《道藏》第 34 册，第 312 页。
② 《道藏》第 18 册，第 458 页。
③ 《道藏》第 4 册，第 673 页。
④ 《道藏》第 4 册，第 428 页。
⑤ 《道藏》第 4 册，第 429 页。
⑥ 《道藏》第 4 册，第 674 页。
⑦ 唐代道教认为，人如能不断地吸收天地的精气和积累自身的精气并融合二者，同时把体内浊
气排出，使得体内逐渐布满精气，如此"则气化为血，血化为精，精化为液，液化为骨，常行之不
倦，精神充满。为之一年易气，二年易骸，三年易血，四年易肉，五年易髓，六年易筋，七年易骨，
八年易发，九年易形，十年道成"（《云笈七签》卷五十八）。钟吕的观点，与此相类，当是吸收这类
观点而来的。
⑧ 《道藏》第 4 册，第 430 页。

《仙经》说："下士先死后脱，谓之尸解仙。"① 在葛洪看来，神脱离形而隐于无形，就是尸解成仙。这层意思《无上秘要》卷八十七说得更清楚："夫尸解者，形之化也，本真之炼蜕也，躯质之遁变也。"② 尸解的实质是形神分离，没有体现出形神合一这一道教的核心理念，所以道教对它评价不高。尸解说明，形是不能与神一同飞升的。尸解从反面指出了实现形神合一的途径只有通过炼气来转化形体。尸解启发了钟吕，形体不可以直接随神飞升，只能通过一系列转化变成神，与神在"虚"的境界中合为一体。这是可能的。因为，精和气是凝结成形的物质基础，可归结为"形"。那么，当精转化为气再转化为神时，形也就随之转到神中。对于这一思想，《云笈七签》卷五十五引《玉清秘篆》说："夫修身之道，乃国之宝也。然一身之根有三：一为神，二为精，三为气。此三者本天地人之气也。神者受于天精，天精者受于地气，地气受于中和，相为共成一道也……夫气生于精，精生于神，神生于明。"③ 对于内丹修炼过程中的三次转化，钟吕提出了"炼形成气，炼气成神，炼神合道"④ 的三阶段理论。

钟吕认为，内丹修炼涉及性和命两个方面，必须性命双修才能成功。在钟吕之前，《黄庭外景经》已经有把"抚养性命守虚无"作为"长生久视乃飞去"的条件，但言语过于简略。隋代的苏元朗和唐代的一些道教学者对此有一些发挥。钟吕承接这一思想做了比较详细的阐发。他们认为："一点灵明无昧，性也；一点元气常调，命也；性无命则无依倚，亦不能安止；命无性则不冲融，亦不能固密，二物混融，一真玉莹。性也，命也，俱强名尔。"⑤ 在他们看来，人的本真机灵明白，没有昏昧，这就是性。人随元气而生，依靠元气而活，能够保持元气聚而不散，这就是命。性离开了命，就没有依托，也无法安定；命离开了性，就会僵滞而缺乏生机，不能牢固地存在。对人而言，性与命缺一不可，二者相辅相成，只有它们混融为一体，人才能复返于道。吕洞宾在《敲爻歌》中做了更详细的阐发：

> 命要传，性要悟，如圣超凡由汝作，三清路上少人行，六道门中争

---

① 王明：《抱朴子内篇校释》（增订本），中华书局1985年版，第20页。

② 《道藏》第25册，第245页。

③ 《道藏要籍选刊》第1册，上海古籍出版社1989年版，第382页。

④ 《道藏》第4册，第672页。

⑤ 《道藏》第5册，第709页。

入去。报贤良，休慕顾，性命机关须守护，若还缺一不芳菲，执着波查应失路。只诊性，不修命，此是修行第一病。只修祖性不修丹，万劫阴灵难入圣。达命宗，迷祖性，恰似鉴容无宝镜，寿同天地一愚夫，权握家材无主柄。性命双修玄又玄，海底洪波驾法船，生擒活捉蛟龙首，始知匠手不须传。①

"波查"本意是困苦、危害，后泛指艰辛、折磨。这里强调性命双修。命对应于气和形，性对应于心和神，所以命可以传，性则要悟。性的存在，如道体一样，恍恍惚惚，微妙玄通，必须在心中通过悟的功夫才能把握。命则要靠实实在在的炼形化气。真正的性是道性，真正的命是虚无的元气。只有把性与命交融贯通为一体加以修炼，才能结丹。不过，总的说来，钟吕主要注重的仍然是"换骨炼形"的炼气修命功法，他们说："三礼既毕，静坐忘机，以行从法仍须前法节节见验。若以便为此道，但恐徒劳，终不见成，止于阴魄出壳而为鬼仙。"② 他们不相信仅仅凭借心性的修炼就可以成就真仙，修心修性对他们而言丕只是"内观"功法的一种不自觉的引申而已。

(四) 时间攒簇理论

解决了药物和身鼎的问题后，余下的就是在身中炼药。然而，内丹修炼的最终目标是永恒不朽、无限长存的道，人的生命则是有限的、短暂的。如何解决这二者之间的矛盾呢？在道教看来，作为修炼目标的道是天道，修炼必须以人合天。对此，吕洞宾说：

> 亥子丑之时者，应天之冬者也。阴升于天心，阳降于水府，温养于肾，变炼于骨，亦如山石受天地阴阳之气，化成金银铜铁者也。寅卯辰之时者，应天之春者也，阴降于华盖，阳升于鼎鼐之上，温养于肝，生成于筋脉，亦如于地直木受阳和之气，以生华叶苗蔓者也。巳午未之时者，应天之夏者也，阴降于水府，阳极于火宫，温养于心，变成于血脉，真阳烧炼而为白乳者也。申酉戌之时者，应天之秋者也，阳极而降地，阴复而升天，温养于肺，变换于皮肤者也。昼夜以应乎四时，阴阳以守乎一体，此入圣之道也。③

---

① 《古今图书集成》第51册　巴蜀书社1985年影印版，第62824页。
② 《道藏》第28册，第362页。
③ 《道藏》第20册，第739页。

　　吕洞宾认为，修炼要以心、肾、肝、肺四者分别对应天、地、日、月，以人的心肾交合比喻天地的阴阳升降；以肝肺的传送，比喻天道日月的往来。如此一来，天地日月就在人身中，只要在自己身中仿效、模拟天地日月运行之道，就可与天地日月一样永驻长存。也就是说，以人道合天道而至于天人合一，人与道就等同而无间了。这就意味着人已证道、得道。

　　吕洞宾以子、丑、寅、卯、辰、巳、午、未、申、酉、戌、亥等十二支来量度人体阴阳二气之循环状态，并将其与天地大宇宙之春、夏、秋、冬相对应。在他看来，天、地、人之所以能够这样相互照协，是因为三者遵循着同样的阴阳变化规律。正是根据这一点，钟吕学派认为人体一日二十四时的修炼可以夺天地一年二十四节气之造化。施肩吾在《西山群仙会真记》卷一中说：

> 　　月者，太阴之精也，阴不得阳则不生，所以月受日魂而为明也；日者，太阳之精也，阳不得阴则不成，所以日得月魄而见也。试言乎内则犹肾气传于肝气，肝气出而肾之余阴绝矣，所以魂生于肝焉。心液传于肺液，肺液生而心之余阳绝矣，所以魄生于肺焉。于肾气之中而取真一之水，心液之中而取正阳之气，即真一之水为胎，如日魂得月魄而明也；真一之水得正阳之气为主，如月魄得日魂而照也。一岁有二十四节气，一日之间，亦有二十四时焉。①

　　后世有的内丹家进一步认为，一息之中也有春、夏、秋、冬四季。照此继续推论，则一息之修炼从理论上说亦可夺尽一年造化之功。

　　但是，人体的阴阳变化规律毕竟有自己的特殊性。对此，施肩吾说："岂知真炁大运随天，春在肝，夏在心，秋在肺，冬在肾。元炁小运随日，子在肾，卯在肝，午在心，酉在肺。天地之春夏秋冬，日月之弦望晦朔，人之子午卯酉，正相合也。"② 人体内气的运行在受天地自然之气的运行规律制约的同时，也有自己的独特性。真炁大运和元炁小运各自运动周期的时间标度是不一样的。施肩吾根据这一观点建立起时间攒簇理论，并力图在人体真气运行周期中寻找真阴真阳发生之机。他说："天地之春夏秋冬，日月之晦弦望朔，人之子午卯酉，四时同焉。知其时候，以法致之，则丹田气足，可

① 《道藏》第 20 册，第 703 页。
② 《道藏》第 4 册，第 425 页。

以长生；炼气成神，可以入圣。"① 人体时间与自然的时间是同构的。天地之春夏秋冬，日月之晦弦望朔，人体之子午卯酉，三种气的运行周期固然有长短之别，但都有类似的转折点和运行规律。这种共同性为在人体小宇宙中进行内丹修炼提供了一个基本的参照系。但是，内丹修炼毕竟是在人身中进行，所以必须以人体小宇宙的内在时间为依据，而不能执着于外在的天地大时间系统。修炼内丹不必等待一年的冬至、一月的朔日、一日的子时——天地之气运行的阳生之时，而要在一日之中寻找阴阳消长之机，即内丹家所谓的子、午二时。就一天的修炼而言，内丹修炼不应该拘泥于天地大自然的子时，即死子时，而应该寻找活子时，即人体真气自身运行的阳生之时。这样，根据时间攒簇理论，可以把天地一年的运行周期攒簇于日月一月的运行周期中，将一月的周期攒簇于人体真气一日的运行周期之中。这样，按照钟吕学派的思辨逻辑，通过气机运行周期的同构性时间标度变换，可以大大缩短内丹修炼的过程，解决人以有限的生命何以可能得无限的道的问题，并可以掌握人体的阳生之机的活子时而利用之。

这一时间攒簇理论，钟吕学派并不是首创。道教的神仙传记早就有"天上一日，尘世千年"的思想，外丹烧炼中为解决服食经过短暂烧炼的丹何以能够得永恒的道的问题时，已提出过类似的观点。就内丹修炼而言，唐代崔希范已经提出："吾取象日月时焉，然取年行不如月行矣！取月行不如日行矣！取日行不如时行矣！时可以夺日之功，日可以夺月之功，月可以夺年之功。"② 钟吕学派的时间攒簇理论，正是综合了上述前人的思想而形成的。

钟吕学派的时间攒簇理论对后世影响很大。例如，张伯端对时间攒簇方法多有论述。《悟真篇》说："日月三旬一遇逢，以时易日法神功，守城野战知凶吉，增得灵砂满鼎红。"③ 翁葆光对此注释说："太阳太阴一月一次相交，圣人知而则之，移一月为一日，移一日为一时。"④ 戴起宗也对此解释说："以时易日者，时中自有子午，其阴阳、始终，皆与天地日月同度。"⑤ 时间攒簇理论认为年、月、日、时四种时间系统存在着相同的结构与消长周期规律，所以内丹修炼能够把一年攒入一月中，把一月攒入一日中，把一日攒入

① 《道藏》第20册，第703页。
② 《道藏》第20册，第810页。
③ 《道藏》第2册，第1000页。
④ 《道藏》第2册，第932页。
⑤ 《道藏》第2册，第932页。

一时之中。正是依据时间攒簇理论，《悟真篇》得出了"赫赫金丹一日成"①的惊人结论。在张伯端看来，一日、一时之中有与一年相同的阴阳造化周期，如果把握了其运行节律，则凭一时、一日之修炼便可夺一年的造化之功，经过有限时间的内丹修炼就可以了证、获得无限的道。这就解决了人何以可能在短暂的生命历程中证得无限的道的问题。

（五）内丹功法

根据上述思想，钟吕阐述了内丹修炼的具体功法。钟吕把功法分为小乘、中乘、大乘，认为小乘功法成就人仙，中乘功法成就地仙，大乘功法成就天仙，并分别讲解了这三种功法。他们重在阐述天仙功法。他们认为，内丹修炼首先要立鼎器，拣药物，"试把天机轻拨动，真炁时时聚太空，谋得乾坤为鼎器，颠倒宇宙任纵横"②。然后百日筑基，"初时上下风声吼，渐凝渐结紫气生，云满山中遮日月，此时一阵似朦胧，默默自然云雾动，定里时闻霹雳轰"。然后和合阴阳二气而得药："最初一点真种子，入得丹田万古春。"再百日巩固："二气交结产婴孩，然后百日生神相。"再百日提高："果然百日防危险，血化为膏体似银；果然百日无亏失，玉膏流润生光阴。"接下来，"炎炎煅炼三百日，骤雨颠风满太空"，"辛苦都来十个月，内外虚明表里真，聚则成形散则气，返本还原太虚同"。最后，达到"混元一炁千年药，万劫常存不夜春，三千刻内婴儿象，百日功夫造化灵，十月炼成纯阳体，自然寒暑不来侵，瑞气彩云遮玉体……白日飞升谒上京"③的非凡成就。

钟吕把内丹修炼划分为十三个阶段：匹配阴阳、聚散水火、交媾龙虎、烧炼丹药、肘后飞金晶、玉液还丹、玉液炼形、金液还丹、金液炼形、五气朝元、三花聚顶、内观交换、超脱分形。这十三个阶段大致又可分为炼形成气、炼气成神、炼神合道三个大的阶段。此外，《西山群仙会真记》还有第四个阶段"炼道成圣"。这是道教历史上首次把内丹修炼划分为四个阶段。关于最后一个阶段，钟吕主张在炼气成神的基础上，把婴儿即丹，由下丹田移到中丹田，加以炼养，再由中丹田移至上丹田，这叫作"移胎"。然后炼成阳神，由天门而出，叫作"出胎"。进一步的修炼叫作温养。

钟吕认为，贯穿内丹修炼全部过程的关键是："阴中有阳，阳中有阴，

---

① 《道藏》第 2 册，第 1007 页。

② 《道藏》第 4 册，第 916 页。

③ 《道藏》第 4 册，第 917 - 918 页。

天地升降之道。气中生水，水中生气，心肾交合之机。以八卦运十二时，而其要在艮。以三田互相反复，而其要在泥丸。"① 这里所述有几个要点：首先，强调阴中有阳，阳中有阴，阴阳互涵相交，如同天地一样上下周流运行。具体到人身，就是取坎填离，心中之神与肾中之气相交。其次，强调要抓准阳气初生等重要时机，把握火候。最后，真气在下、中、上三丹田变换位置的过程中，尤其要注重真气在上丹田，即泥丸时的调控。

关于内气运行路线，唐末丹家崔希范把中唐司马承祯气通督脉的观点扩展为通任、督二脉。《入药镜》上篇说："真精之气，逆流于双关之道。双关者，夹脊之二路也。运气朝于上宫。上宫者，脑也。入于华池，炼之成霜，达于碧海。碧海者，丹田也。以兴真火，锻之斯为玄珠之胎焉。"② 这里，真精之气逆运过夹脊双关而入"上宫"（即泥丸宫），这条线路就是督脉。此后，经任脉之华池穴，回入碧海（丹田），从而炼为"玄珠之胎"。这样，完整地阐述了任、督二脉及其主要关窍。《灵宝毕法》进一步阐述了任、督二脉及其关窍的理论内涵。"肘后飞金晶第五"说："且人身脊骨二十四节，自下而上三节，与内肾相对。自上而下三节，名曰天柱。天柱之上，名曰玉京。天柱之下，内肾相对，尾闾穴之上，共十八节，其中曰双关，上九、下九。""金液还丹第七附金液炼形"说："背后尾闾穴曰下关，夹脊曰中关，脑后曰上关。"③ 这里对督脉的重要关窍即天柱、玉京、双关、三关的名称及所在位置都有了明确的界定。"肘后飞金晶第五"还指出，真气自尾闾逆入泥丸宫在于"补泥丸髓海"。这其实就是真气逆转任、督二脉而还精补脑，是对任、督二脉功能在理论上的初步总结。

钟吕学派在此基础上把真阴真阳的周期运行称为河车，如《钟吕传道集》说："河车者，起于北方正水之中。肾之真气之所生正气者也。"④ 他们进而把河车细分为三种：紫河车、小河车、大河车。《西山群仙会真记》保留了以口水（唾液）增多为标志的水火相交，并把这命名为紫河车。施肩吾说："纯阴下降，真水往来；纯阳上升，真火自起。一升一沉，相见于十二楼，还丹出其金光，灿然万道。是为紫河车也。"⑤ 可见，紫河车乃指真阴真

---

① 《道藏》第 4 册，第 681 页。
② 曾慥：《道枢》，上海古籍出版社 1990 年版，第 394 页。
③ 《道藏》第 28 册，第 356、359 页。
④ 《道藏》第 20 册，第 832 页。
⑤ 《道藏》第 20 册，第 814—815 页。

阳之气在体内沿中脉上下鼓动，往返会合、交融。钟吕学派又把肾、肝、心、肺、脾五气相传称为小河车。对此，施肩吾说："人之身，万阴之中有一点元阳焉。元阳上升，薰蒸其胞络，于是上生乎元气。自肾气以传肝，肝气以传心，心气以传肺，肺气以传肾，是为小河车也。"① 这是把真气自肾历肝、传心、经肺、过脾，最终返归肾位运行一周称为小河车。至于大河车，则是内气过下、中、上三关，自上丹田、中丹田至下丹田运行一周的过程。《道枢·会真篇》载施肩吾之语："肘后飞金晶，自尾闾而起，故从下关过中关，从中关过上关，从上田至中田，从中田至下田，是为大河车也。"② 这是把内气沿任、督二脉运行一周称为大河车。钟吕学派认为，上述三种河车中，大河车是内丹修炼的根本③。大河车即后来的周天。"周天"一词首次出现于《钟吕传道集·论水火》的"用周天则起火焚身"。钟吕学派的内气运行理论后来被概括为周天功法，成为内丹修炼功法的骨髓和正统。

钟吕的内丹术实际上是此前道教诸术的综合和改造。

首先是外丹术。早期内丹道是参证、模拟外丹道而构建起来的。内丹术初创时，对身鼎的设想幼稚可笑，叶法善甚至要在人体之内寻找风鞴、炉炭、土模、砺石等炼丹用具④。钟吕同样是参证外丹术而建立和发展内丹术的。

> 吕曰：外丹者，何也？钟曰：……广成子以心肾之间有真气真水，气水之间，有真阴真阳，配合大药，可比于金石之间而隐至宝。乃于崆峒山中，以内事为法而炼大丹。八石之中，惟用硃砂，砂中取汞；五金之中，惟用黑铅，铅中取银。汞比阳龙，银为阴虎。以心火如砂之红，肾水如铅之黑。年火随时，不失乾坤之象，包藏铅汞，无异于肺液；硫黄为药，合和灵砂，可比于黄婆。三年小成，服之可绝百病；六年中成，服之自可延年；九年大成，服之而升举自如。展臂可千里万里，虽不能返于蓬莱，亦于人世浩劫不死。⑤

---

① 《道藏》第20册，第814页。
② 《道藏》第20册，第814页。
③ 《钟吕传道集》中的《论河车》所述的三种河车的定义与施肩吾有所不同，它说："五行循环，周而复始，默契颠倒之术，以龙虎相交而变黄芽者，小河车也。肘后飞金晶，还晶入泥丸，抽铅添汞而成大药者，大河车也……及夫金晶玉液还丹而后炼形，炼形而后炼气，炼气而后炼神，炼神合道，方曰道成，以出凡类入仙，当时乃曰紫河车也。"
④ 《道藏》第20册，第768页。
⑤ 《道藏》第4册，第667页。

钟吕认为内丹先于外丹，外丹的创立是模仿内丹。实际情况恰好相反，钟吕是通过模仿外丹而创立内丹的。外丹术以铅砂为药物，铅中取银，砂中取汞。钟吕以此来类比内丹修炼而提出以心肾为药物，从心肾中取真阴真阳而合炼丹母。此外，在学理、术语、修炼程序等方面，钟吕的内丹道都与外丹术有关。

其次是存思、内观术。在早期内丹术酝酿的过程中，援引存思术是一个普遍现象，并与外丹术有所结合。其实，这也并非空穴来风，早在六朝时期，外丹道的影响已渗入上清派存思术的修炼之中。

早期内丹术援引存思术主要表现在三个方面。内丹术的圣胎观念在中唐时期就已经出现。但是，早期内丹术的圣胎往往与存思术有关，是通过存思活动在心中想象出来的。《道枢·九仙篇》述罗公远论圣胎说："于是想之而成婴儿，如吾之形，其初若雀之卵，首目手足皆具。渐渐长大，跪坐于精海之内，左右手交差，背胃佑面，大用口，二时取脾之上所生黄芽，以为圣胎之食焉。"[1] 叶法善也说：'圣胎者，不自外求，想其肾出精气，入于血海，凝结而成者也。"[2] 内丹术的进火方法同样与存思有关。如唐代罗公远对火的含义阐发道："用火者，心火也，下至左右足，上至于手及其顶，一息之中九过者也。用水者，想二肾之黑气如烟，直上至于顶门，满于泥丸，化而为水，以洗之。下至于肾，入于五脏，至其足。既已，则举其足，以意想复归于肾。"[3] 早期内丹术对真身脱体的叙述也与存思术有密切的关系，是凭借意识的想象而进行引导的。钟吕的内丹术仍留有这一痕迹。到了宋元时期，内丹术才明确肯定真身脱离是炼成内丹后的自然结果，并不是由意识的存想形成的。钟吕的内丹功法中同样遗留有存思术的浓重痕迹，几乎每一个步骤都伴有存想，如龙虎交媾之想、进火烧丹之想、金液还丹既济之想、肘后飞金晶（大河车）之想、还丹之想、炼形之想、朝元之想等。

内观与存想不同。钟吕认为："朝元之后，不复存想，方号内观。"[4] 内观术在先秦时期就有运用，到晋代成为道教修炼的主要道术。南朝末期的《内观经》已指出，"内观之道，静神定心"，能够使"乱想不起，邪妄不

① 《道藏》第 20 册，第 768 页。
② 《道藏》第 20 册，第 768 页。
③ 《道藏》第 20 册，第 766 页。
④ 《道藏》第 4 册，第 679 页。

侵"①。唐初，孙思邈提出了黄帝内视法，把静态的内视脏腑和动态的观想经络结合起来。钟吕认为，内观、坐忘、存想有可取之处。"内观坐忘，存想之法，先贤后圣，有取而有不取者。虑其心猿意马，无所停留，恐因物丧志。而无中立象，使耳不闻而目不见，心不狂而意不乱，存想事物而内观坐忘，不可无矣。"② 他们认识到，单纯的内观只能"于定中出阴神，乃作清灵之鬼，非为纯阳之仙"，具有局限性。但是，"内观、坐忘，不可无矣"，可以通过"内观以聚阳神"，实即收心。此后的内丹术往往都把内观作为收心的功夫，说明钟吕的这种改造是合理的、成功的。钟吕的创新在于，他们把内观作为修道十八法之一，把它放在修炼程序中一个合适的位置，赋予了特定的要求，即"无中立象，以定神识"，调节身内阴阳平衡，进一步促进修炼者"绝念无想"而成"真念"，达到"真空"之境，这样，存想内观就成为内丹功法的一个有机组成部分。钟吕的内丹术实际上还包括了此前的一些道教修炼术。例如，《灵宝毕法·聚散水火》所说的艮卦功法包括了导引、咽津、按摩等修炼术："艮卦阳气微，故微作导引伸缩，咽津摩面，而散火于四体，以养元气。乾卦阳气散，故咽心气，搐外肾，以合肾气，使三火聚而为一，以聚元气，故曰聚散水火，使根厚牢固也。"③

存思内观术是可以通往内丹术的。根据曾慥《道枢·太白还丹篇》的记载，唐德宗贞元年间（785—805），太白山人王元正以存思内观术为基础，并与外丹道相参同，创造出了一种独特的内丹术——存思内丹术。不过，存思内丹术没有真气运行的实在基础，毕竟不同于后世纯正的内丹术，所以后世正统的内丹家极力予以排斥，如钟离权讥斥它是"寐而得贿""画饼充饥"。对于一般的存思内观术，内丹家更是不遗余力地予以批评。到了张伯端，内丹术完全成熟，此后，内丹功法中几乎所有的纯为存思、内观的内容都被一一删除，内丹术的形式于是变得纯粹。

最后，行气术也是钟吕内丹术的一个来源。前面说过，唐代中期的服气术不但有了返本还原的义理，还与心性论结合起来了。这样一来，服气术与内丹术的差别就只在于，服气术仅仅要求在意念导引下，气在人体内按照一定的路线运行，目的是使肉体化成元气；而内丹术则认为，体内运行的气不

---

① 《道藏》第22册，第129页。
② 《道藏》第4册，第677页。
③ 《藏外道书》第6册，巴蜀书社1992年版（以下略注），第107页。

是一种，而是有阴阳两种，它们生于心、肾。服气术认为气只有一种，所以只讲运行；内丹术认为气是两种，所以强调交媾。服气术中的意的功能只是导引气运行，内丹术中的意的功能则是导引阴阳之气交媾凝炼而成丹①。《云笈七签》引《胎息经》：

> "胎从伏气中结。"注：脐下三寸为气海，亦为下丹田，亦为玄牝。世人多以口鼻为玄牝，非也。口鼻即玄牝出入之门。盖玄者，水也；牝者，土，母也。世人以阴阳气相感，结于水母，三月胎结，十月形具而生人。修道者常伏其气于脐下，守其神于身内，神气相合而生玄胎。玄胎既结，乃自生身，即为内丹，不死之道也。②

这里虽然讲的是服气胎息，但已经有明显的内丹术的影子。可参证的是南宋时的《上洞心丹经诀》，它通过对传统胎息法的诠释，发展出了一种特殊的内丹术。

综上所述，钟吕的内丹术是以行气术为基础，以外丹术为模板，以存思、内观术为主要内容，对多种道术做综合创新而形成的。

（六）内丹与外丹

晚唐的内外丹往往结合在一起。钟吕认为，外丹修炼"到底止能升腾，不见超凡入圣，而返十洲者矣"③。但他们也没有完全否定外丹，还似乎曾经从事过外丹烧炼，从后世不少外丹著作引述他们的话来证外丹之道便可作为佐证。钟离权对外丹的实践和理论是颇为熟悉的，在《钟吕传道集·论丹药》中，他说："外药非不可用也。奉道之人，晚年觉悟，根源不甚坚固。肾者气之根，根不深则叶不茂矣！心者液之源，源不清则流不长矣！必也假其五金八石，积日累月，炼成三品，每品三等，乃曰九品龙虎大丹。助接其真气，炼形住世，轻举如飞。"④ 他们认为，如果人是晚年才开始修道，因为心肾已经不太坚固，可以通过服食外丹"助接真气"，然后再炼内丹，这才有成功的希望。不过，他们指出，外丹烧炼困难很多，如药材难找，丹方难得，烧炼需要耗费大量的时间、精力。即使克服了这些困难，也很难炼成功。

---

① 李申：《道教本论》，上海文化出版社 2001 年版，第 273 - 274 页。
② 《道藏》第 22 册，第 425 页。
③ 《道藏》第 4 册，第 668 页。
④ 《道藏》第 4 册，第 667 页。

钟离权总结、归纳了外丹烧炼失败的原因:"炼丹不成者有三:不辨药材真伪,不知火候抽添,将至宝之物,一旦消散于烟焰之中而为灰尘,废时乱日,终无所成者,一也。药材甚美,不知火候;火候虽知,而乏药材,两不相契,终无所成者,二也。药材优美,年中不差月,月中不错日,加减有数,进退有时,气足丹成,而外行不备,化玄鹤而凌空,无缘得饵,此不成者三也。"① 看来,原因一是药材不真,二是不知火候,三是没有做到年中不差月,月中不借日,加减有数,进退有时。即使炼成服食,功效也有限。如吕洞宾说:"外丹之理,出自广成子,以内事为法则,纵有成就,九年方毕。又况药材难求,丹方难得。到底只能升腾,不见超凡入圣而返十洲者矣。"② 总之,外丹烧炼、服食事倍功半。他们不主张单纯的炼外丹,认为这样做会导致"气弱神衰,天地秀气不能停留,反为害不细矣"③。何况外丹烧炼只能疗病安乐,"浩劫不死","升举自如,展臂可千里万里",但不能"返于蓬莱","超凡入圣"④。所以,钟吕认为,真正的大法是内丹:铅中取银,砂中取汞,龙虎交媾,锻炼成宝而得金丹大药,保送黄庭而采药,接着河车搬运、抽铅添汞而养胎仙,"炼形化气,炼气成神,炼神合道"⑤ 而成仙。钟吕身处内丹初创时期,他们的内丹术吸取了不少外丹术的内容,所以不可能彻底否定外丹。到了内丹完全形成的张伯端时代,内丹家们就与外丹彻底决裂,并对它给予了无情的抨击和否定。

不过,应该指出,后世并非所有人都如张伯端等内丹家一样彻底否定外丹,调和的主张可谓不少。例如,南宋成书的外丹经典《灵砂大丹秘诀》说:"夫遗体换壳,坐脱立亡,龙盘金鼎,虎绕丹田,此法内也;赤白铅汞,真金至宝,烹之不走,煅之不飞,此法外也。世之学道而不能答者,盖能修内而不能修外也,能炼内而不能炼外也。所以事不两全,则道难成。"⑥ 这是把修道不成的原因归结为没有兼修外丹和内丹。对此,同为南宋道士所作的《上洞心丹经诀》说得更清楚:"故修道之士,有内丹者可以延年,得外丹者

① 《道藏》第 4 册,第 667 页。
② 《道藏》第 4 册,第 667 页。
③ 《道藏》第 4 册,第 436 页。
④ 《道藏》第 4 册,第 667 页。
⑤ 《道藏》第 4 册,第 640 页。
⑥ 《道藏》第 19 册,第 44 页。

可以升天。内丹成而外丹不应,外丹至而内丹未克,皆未能升举。"① 这是从内丹和外丹各自的功效来为外丹争地位。在它看来,内丹和外丹可以兼济互补。但仅仅从功效上来解释尚不能令人信服。对此,南宋内丹名家夏宗禹做了一番颇有说服力的解释。他说:"丹道深矣!有内丹有外丹。内丹者,炼日月之华,聚元神之正,乃返本还原,上道也。外丹者,取真铅真汞,火候抽添,以成长生药物也。苟有内丹而无外丹,则道虽可得而形躯沉滞,未逃寒暑,不能飞升。须得外丹以化形质,使臭腐可以生神奇也。有外丹而无内丹,所谓里面若无真种子,犹将水火煮空铛,则神奇复化为臭腐也。"② 在他看来,内丹修炼虽可得道,却不能飞升,不能把道教形神合一的核心理念变为现实。所以内丹修炼得道后,需要服食外丹来点化形躯。他说:"且三黄四神乃真仙内丹已成,积功累行,厌居尘世,将欲解化,奈何躯壳本是父母遗体,因其精血臭腐,岂为神奇。必当赖外丹点化,使之改形换骨,补足阳神,方能乘虚步气,跨鹤腾云。"③ 但是,夏宗禹认为,只修外丹也不行。因为如果不修炼内丹打好基础,体内没有成仙的种子,那就犹如煮干锅。对此,岳珂《宝真斋法书赞》从另一个侧面做了说明:"内丹未成,内无以注之,则服外丹者多死,譬积枯草败絮而置火于其下,无不焚者。"④ 这是把服外丹中毒的原因归咎于没有修炼内丹。综合这两个方面的内容可知,夏宗禹主张内丹炼神,外丹炼形,内丹与外丹在证道过程中各有其独特作用,二者不可偏废。这种主张在宋代以后仍然存在,直到近代,陈撄宁仍有类似的主张并付之于实践。

　　与夏宗禹站在内丹的立场上调和内丹和外丹的做法不同,道教史上还有人站在外丹的立场上来调和。如外丹典籍《感气十六转金丹》在介绍"转大丹法"时,就是站在外丹的立场上的。它认为,同一种外丹在服食时,修内丹者和未修内丹者所获得的效果是不一样的。它说:"第一品名曰龙虎大还丹。其丹结于混沌顶,如紫金。有内丹人服之,点化骨肉同飞,而成天仙。无内丹人服之,则成地仙……第三品名曰金液小还丹。其丹结于混沌四畔,如紫金。有内丹人服之,点化飞仙,无内丹人服之,长生不死。第四品名曰

---

① 《道藏》第 19 册,第 401 页。
② 《道藏》第 3 册,第 42 - 43 页。
③ 《道藏》第 3 册,第 36 页。
④ 《景印文渊阁四库全书》第 813 册,台湾商务印书馆 1982 年版,第 702 页。

紫游丹。其丹结于丹鼎四畔，紫色。有内丹人服之，可仙；无内丹人服之，久视长年。第五品名曰紫金丹。其丹只在混沌底，成紫金色。有内丹人服之可仙，无内丹人服之，久视年长。"① 但是，由于外丹术在宋代以后逐渐衰微，致使后世持这种调和主张的人，比站在内丹立场上调和的人要少得多。

三、对钟吕学派的评价

钟离权、吕洞宾是道教内丹学派的开创者。在他们之前，内丹术往往是单一的法诀，在诀与诀、法与法之间缺乏有机的联系，使得修炼者难以循序而进。钟吕内丹功法则一扫此种弊端，使其诀诀贯通，环环相扣，联成一个整体。他们以天人合一思想为基础，以阴阳五行学说为核心，以炼形、炼气、炼神为方法，系统地把前人内丹修炼方面的一些零零星星的思想片断总结糅合在一起，较为具体地界定了一些从外丹烧炼中移植过来的内丹术术语，系统地阐述了功法步骤和证验阶次，初步建立了系统的内丹术。施肩吾进一步发展了钟吕的思想，所著《西山群仙会真记》第一卷为五"识"，即识道、识法、识人、识时、识物；第二卷为"养"，即养生、养形、养炁、养心、养寿；第三卷专论"补"，即补内、补炁、补精、补益、补损；第四卷的五个专论均标以"真"字，即真水火、真龙虎、真丹药、真铅汞、真阴阳；第五卷叙述"炼"，即炼法入道、炼形化气、炼气成神、炼神合道、炼道入圣。这是在内丹术中接纳了传统的养生术，并将二者融铸为一个有机整体。经过施肩吾的一番归纳总结，钟吕的内丹术变得更加成熟了。

钟吕学派所建构的内丹术模型和思想被后世内丹术推为正统。他们对王重阳创立的全真道（北宗）影响很大，所以全真道把钟吕尊为祖师。钟吕学派的思想对全真道南宗的影响也比较大。南宗创始人张伯端在修内丹、注重《周易参同契》和《道德经》、内丹功法、性命双修、儒道佛三教合一、在尘世中修道等方面，既继承又发展了钟吕的思想②。到张伯端集大成而著《悟真篇》，这就标志着南宗内丹术理论的成熟。理论的成熟使道教内丹术开始产生广泛的社会影响，并逐渐取代外丹术而成为道教道术的主流，而外丹术从过去的主流逐渐变为内丹术的辅助。

① 《道藏》第19册，第136页。
② 吴光正主编，赵琳、董晓玲、孙颖翻译：《八仙文化与八仙文学的现代阐释——二十世纪国际八仙论丛》，黑龙江人民出版社2006年版，第406-414页。

钟吕学派还在新的历史条件下力图把个体修炼的生命价值与行善的伦理实践结合起来。本来，《太平经》已经揭示了二者之间的关系，说："可复得增年，精华润泽，气力康强，是行善所致，恶自衰落，亦何所疑。"[①] 在它看来，恶欲必然耗散情、精，削弱生命力。所以，它主张把行善爱人与利生结合起来。《老子想尔注》也认为："积善成功，积精成神，神成仙寿，以此为身宝也。"[②] 但这两部经典都没有具体说明为什么。例如，恶欲与行善同样都是人的行为活动，为什么恶欲之下的行为就会耗损人的生命力，而行善的举动就可以增强人的生命力呢？施肩吾则回答了这一问题。他说："善养寿者，以法修其内，以理验其外。修内则闭精养气，安魂清神。形神俱妙，与天地齐年。炼神合道，超凡入圣也。验外则救贫济苦，慈物利人，孝于家，忠于国，顺于上，悯于下，害不就利，忙不求闲……苟不达养寿之宜，安得内外齐成乎？"[③] 这就是说，外在的行善之举对人的生命价值，是要内化于人的心性中的。在行善有利于得道的价值观照下，行善之举本身就是修道的一部分。所以，它同个体的内在修炼一样，可以增加人的生命价值。这也是钟吕所赞同的观点。这一观点，把内丹修炼与伦理实践结合起来了，是后世净明道思想的先声。

正是由于钟吕在修炼上所获得的非凡成就，加之他们关心老百姓的疾苦，行侠仗义，治病救人，惩恶扬善，在民间留下了诸多神异的事迹，所以他们两人在死后成为了俗传的"八仙"之二，涌现了很多有关他们的具有很强世俗意识的美丽传说，在民间社会上影响是非常大的。尤其是吕洞宾，在民众心目中成为了平等待人、乐于助人、惩恶扬善、除暴安良、扶贫济世、讽刺世态炎凉、追求大彻大悟的宗教使者，其影响仅仅亚于关公、观音菩萨，成为中国民间社会的三大神灵之一。虽然，他与关公、观音菩萨相比，没有"高""大""全"的形象，但是却显得更加和蔼可亲、平易近人。钟吕以慈悲度世为成道之途的思想，对后世内丹家影响至为深远。

① 王明：《太平经合校》，中华书局 1960 年版，第 601 页。
② 饶宗颐：《老子想尔注校正》，上海古籍出版社 1991 年版，第 16 页。
③ 《道藏》第 4 册，第 430 页。

第三节　陈抟学派的道教思想

一、陈抟的内丹易学思想

陈抟（871？—989），字图南，先后被皇帝赐号清虚处士、白云先生、希夷先生。陈抟的师友众多，载于史册的有麻衣道者、钟离权、吕洞宾、女真毛女、谭峭等。陈抟早年对"诗礼书数及方药之书，莫不通究"，举进士不第，才留意于仙道。陈抟是一个有远大抱负、热衷于建功立业的人，据说他每每对着镜子自言自语："非仙而即帝。"传说陈抟曾经结聚了数十个年轻人企图夺取后周之权，半路上听到赵匡胤陈桥兵变的消息，自知无力回天，只好作罢，回到华山从此安心做道士修炼求仙。另据《续湘野录》所载，宋太祖赵匡胤、太宗赵光义与韩王赵普未得志时，一起游长安。陈抟骑驴遇到他们，下驴大笑，左手拉住太祖，右手握着太宗，与赵普一同到酒楼饮酒。赵普坐了左席，陈抟怒斥他：紫微帝桓一小星岂可据上坐？又据《东轩笔录》说，陈抟有一天骑驴游华阴市，听到别人说"赵检点作官家"，即大笑说："天下这回定治也。"[①]　这说明他确实为乱世忧愁，有经世致用之心。陈抟在后周和北宋时期都受到召见。北宋太平兴国年间（976—983）就两次受诏入朝，被赐号希夷先生，赏赐丰厚。这又说明陈抟或许影响过北宋朝廷的一些重大政治事件的决策。陈抟的诗才很高，写了六百多首诗。他擅长为人相卜，"能逆知人意"。陈抟的道行很高，据说他服气辟谷二十余年，每天不过饮酒数杯而已；他修炼睡功很有成效，能百余日不起。总之，陈抟的人生经历，甚至关于他的生与死，都有很多传说，充满了神秘色彩。

陈抟的著作有《阴真君还丹歌诀注》《易龙图序》《正易心法注》[②]《九室指玄篇》《入室还丹诗》《赤松子诫》《观空篇》《人伦风鉴》《三峰寓言》《高阳集》《钓谭集》等，并有《无极图》《先天图》等流传下来。他的著作大多已失传，就目前所存来看，他的思想主要是老学、易学和内丹三个部分，以后两者为主。

---

①　魏泰：《东轩笔录》，中华书局 1939 年版，第 2 页。

②　朱熹等学者怀疑此书为宋人伪托，惜证据尚不充分，这里暂时遵从传统的观点。

陈抟从麻衣道者处受《先天图》《火珠林》和《正易心法》，并为《正易心法》作注。他的内丹思想则主要源于钟吕。清代朱彝尊《太极图授受考》说："相传抟受之吕岩，岩受之于钟离权，权得其说于伯阳。"①

在易学方面，陈抟以巨大的勇气和极高的创新精神，提出了"画前有易"的观点："上古卦画明，《易》道行；后世卦画不明，《易》道不传。圣人于是不得已而有辞。学者浅识一著其辞，便谓《易》止于是，而周、孔遂自孤行，更不知有卦画微旨。"② 这一观点显然不符合历史事实，但它对后世易学影响深远，对打破易学领域的思想僵化起了很大作用。不仅如此，陈抟把它引申到学《易》的方法上，提出了一个大胆的观点："学易者，当于羲皇心地中驰骋，无于周孔语言下拘挛。"③ "羲皇画卦，不作纸上功夫也。"④ 这个观点，比"画前有易"的观点更加具有思想解放性，实开宋学"我注六经"的风气。同时，它具有破旧立新的学术意义，即力图扫除王弼以来偏重义理的传统，扫辞而尊象，把经传的权威扫除，从而建立先天易学。在这两个观点的指导下，陈抟注重以图解《易》，"辞外见意"⑤，即以"心法"通《易》，把意、言、象、数四者贯通。这表现在他所作或所传的三个《易》图，即《先天图》⑥《易龙图》《无极图》之中。

《先天图》（见图一）为陈抟所传。它的外层为一大圆圈，表示无极的宇宙把天地万物包容于其中。圆表示无穷运转，万物生灭变化，运动不止。《先天图》的外层蕴涵是无极即太极，太极本无极的义理。圆圈内的阴阳象征"太极生两仪"，阴阳的消长表示二仪生四象，四象生八卦，这就把《周易参同契》的月体纳甲说包含在其中了。阴阳二仪中的白黑两点表示阴中有阳，阳中有阴，阴阳互含。《先天图》在万物衍生的过程中说明了四时、四方阴阳变化的自然规律。在大圆圈之外，陈抟以八卦与每月的晦、朔、上弦、望、下弦等相配，以乾南、坤北、离东、坎西、震东北、兑东南、巽西南、艮西北的次序排列八卦，用这样的八卦方位图式来模拟一年四季的变化，从而说明五行化生万物、宇宙万物生长与衰亡的道理，由此建构了一个宇宙生

---

① 朱彝尊：《曝书亭集》，国学整理社 1937 年版，第 677 页。
② 《藏外道书》第 5 册，巴蜀社 1992 年版，第 2 页。
③ 《藏外道书》第 5 册，巴蜀社 1992 年版，第 13 页。
④ 《藏外道书》第 5 册，巴蜀社 1992 年版，第 2 页。
⑤ 《藏外道书》第 5 册，巴蜀社 1992 年版，第 13 页。
⑥ 又称为《先天太极图》或《古太极图》。

成模式。

图一　天地自然之图（先天太极图）

《易龙图》①包含六个图，用以表示"河图""洛书"及其形成。

"河图""洛书"源于"河出图，洛出书"的神话，这一神话可以追溯至伏羲时代。《尚书·顾命》说，周成王死，举朝治丧，陈列了许多宝物，"赤刀、大训、宏璧、琬琰在西序，大玉、夷玉、天球、河图在东序"②。郑玄注说："图出于河，帝王者之所受。"③这里的河图似乎是指某种天文仪器，而《论语·子罕》中的河图，则可能是指某种吉祥物。《周易·易传·系辞》说："河出图，洛出书，圣人则之。"这是《周易》与"河图""洛书"发生联系的开始。西汉刘歆在《汉书·五行志》中把《系辞》的这句话具体化为："伏羲氏继天而王，受河图，则而画之，八卦是也。禹治洪水，赐雒书，法而陈之，洪范是也。"④扬雄进而把"河图""洛书"视为《周易》之源，

---

① 见元代张理《易象图说内篇》卷上和雷思齐《易图通变》。

② 马融、郑玄注：《古文尚书》，中华书局1991年版，第239页。

③ 马融、郑玄注：《古文尚书》，中华书局1991年版，第239页。

④ 班固：《汉书》，浙江古籍出版社2000年版，第484页。

说："大易之始，河序龙马，洛贡龟书。"① 郑玄注纬书又加以渲染："河以通乾出天苞，洛以流坤吐地符。河龙图发，洛龟书成。河图有九篇，洛书有六篇。"② 但具体内容是什么，他没有说。直到宋初，陈抟才有了明确的描述。

从陈抟所述来看，"河图""洛书"的主要内容是五行和九宫数，它们均有历史渊源。《庄子·天运》说："天有六极五常，帝王顺之则治，逆之则凶。九洛之事，治成德备，监照下土，天下戴之，此谓上皇。"③ 李约瑟认为："《庄子》是最先把数与图联系起来，提出'洛书'九个数的。"④《黄帝内经·素问·金匮真言论》对八、七、五、九、六这五个数与五方、五行的搭配有颇为详细的叙述。《黄帝内经·灵枢》的《九宫八风》《九针论》把九宫八风与二十四节气、人体结构对应，内在地隐藏着九宫数字。作为"河图""洛书"核心部分的阴阳五行术数和太一九宫数，与在原始文化里萌芽的式图和后世出现的阴阳五行思想有关⑤，到西汉时便普遍流行开来。1978年在安徽阜阳双古堆淮（汝）阴侯墓出土的一批汉初文帝十五年（前165）的文物中有"太乙九宫占盘"。它的天盘数字与洛书数字相同，只是与它相配的是一些政治伦理概念。《大戴礼记·明堂》说："明堂者古有之也。"⑥"二九四、七五三、六一八。"⑦ 这是用九个数字来代表九室方位。汉代兴起的谶纬之学假借"河图""洛书"以神其事，甚至直接以"河图""洛书"为名著书立说。成书于西汉末年的纬书《乾凿度》下卷专门论述了太一九宫数，说："阳动而进，阴动而退。故阳以七，阴以八为彖，易一阴一阳，合而为十五之谓道。阳变七之九，阴变八之六，亦合于十五，则象变之数若一。阳动而进，变七之九，象其气之息也。阴动而退，变八之六，象其气之消也。故太一取其数以行九宫，四正四维皆合于十五。五音六律七宿，由此作焉。"⑧ 这就明确指出了四正、四维皆成十五（国际上称之为"幻方"）。后来，东汉郑玄为《乾凿度》作注，又对九宫数给予了详细解释，并介绍了古河图中有用于占卜的十以内的数字。这恐怕是历代传说《易》源自河图，且

① 《景印文渊阁四库全书》第 679 册，台湾商务印书馆 1982 年版，第 261 页。
② 《景印文渊阁四库全书》第 7 册，台湾商务印书馆 1982 年版，第 176 页。
③ 郭庆藩：《庄子集释》，中华书局 1961 年版，第 496 页。
④ 李约瑟：《中国科学技术史 第三卷 数学》，科学出版社 1978 年版，第 125 页。
⑤ 李零：《中国方术考》（修订本），东方出版社 2001 年版，第 146－176 页。
⑥ 《景印文渊阁四库全书》第 128 册，台湾商务印书馆 1982 年版，第 487 页。
⑦ 《景印文渊阁四库全书》第 128 册，台湾商务印书馆 1982 年版，第 488 页。
⑧ 《景印文渊阁四库全书》第 53 册，台湾商务印书馆 1982 年版，第 21－22 页。

象数家们十分推崇从一到十这些自然基数的缘故之一。同样，《周易参同契》也提及河图，并在文中暗含有"河图""洛书"之数。除此之外，郑玄还提及了五行气数说，内容是："天地之气各有五。五行之次，一曰水，天数也；二曰火，地数也；三曰木，天数也；四曰金，地数也；五曰土，天数也。此五者，阴无匹，阳无耦，故又合之。地六为天一匹也；天七为地二耦也；地八为天三匹也；天九为地四耦也；地十为天五匹也。二五阴阳各有合，然后气相得，施化行也。"① 又说："天一生水于北，地二生火于南，天三生木于东，地四生金于西，天五生土于中，阳无耦，阴无配，未得相成。地六成水于北，与天一并；天七成火于南，与地二并；地八成木于东，与天三并；天九成金于西，与地四并；地十成土于中，与天五并也。"② 类似地，扬雄的《太玄》在论及天地之数所含的五行之义时说："三八为木，为东方，为春……四九为金，为西方，为秋……二七为火，为南方，为夏……一六为水，为北方，为冬……五五为土，为中央，为四维。"③ 又说："一与六共宗，二与七为朋，三与八成友，四与九同道，五与五相守。"④ 由此可以推断，郑玄、扬雄他们所说的，大概就是当时人们所理解的"河图""洛书"的内容。成书于晋代的《太上老君开天经》同样使用了"河图""洛书"之数。另外，《隋书·经籍志》著录有《九宫图》一卷、《九宫变图》一卷、《九宫八卦式蟠龙图》一卷，《旧唐书·礼仪志》已有"戴九履一，左三右七，二四为上，六八为下"的九宫数的记载，五代彭晓所注《周易参同契》，内有《明镜图》《水火匡廓图》《三五至精图》。由此可见，纬书中的象数传统由道士承袭下来并演化成以图解易的做法，并非始于麻衣道者和陈抟。"河图""洛书"很可能不是麻衣道者和陈抟的初创。

《易龙图序》⑤ 是目前所能看到的陈抟在易学方面的唯一的一篇短文。它认为"天地之数五十有五"：一变为"天地未合之数"（如图二、图三所示），二变为"天地已合之位"（如图四、图五所示），三变为龙马负图之形。由第三变可合成五行生成图（即河图，如图六所示）和九宫图（即洛书，如图七所示）两个图式。由此，七八九六之数、八卦之象的来源得到了清晰的阐述。陈抟把龙图作为沟通天人的桥梁，即天以龙马负图启示圣人，圣人依

---

① 《景印文渊阁四库全书》第7册，台湾商务印书馆1982年版，第175页。
② 《景印文渊阁四库全书》第7册，台湾商务印书馆1982年版，第175页。
③ 《景印文渊阁四库全书》第1063册，台湾商务印书馆1982年版，第61－62页。
④ 《景印文渊阁四库全书》第1063册，台湾商务印书馆1982年版，第67页。
⑤ 刘联群：《陈抟传奇》，四川人民出版社2003年版，第362页。

龙图象数来探索天意。该文继承了钟吕的观点，着眼于数、位、用，以象数的形式来表达其自然宇宙观。"天地未合之数"是先天的、根本的，"天地已合之位"则是后天的，是由前者演变而来的。这一结构演变的过程就是天地的生成过程。陈抟用最简单的象和数展现了世界在奇偶性、有序性、同构性、对称性等方面的秩序。先天、后天这对范畴并非陈抟首创。关于"先天"一词，在《道德经》中已有"先天地生"之说，而在《易传·文言》也有"先天而天弗违，后天而奉天时"之说，对此王宗傅解释为："时之未至，我则先乎天而为之，而天自不能达乎我。时之既至，我则后乎天而奉之，而我亦不能达乎天。"① 如此看来，先天指物没有产生、时机未到时的活动。后天指物已产生、时机到后，襄助事物而促进其成长与完善。后人进而引申为先天指事物的理想状态，后天指事物的现实状态。这是对先天与后天的一种解释②。《周易折中》则认为，先天易为体，后天易为用。先天与后天是体与用的关系。道教学者们进一步认为，先天易反映万物和人的生成之理，后天易反映万物和人的生命之道。陈抟从哲理上对先天、后天这对范畴做了细致的阐发，对后来的易学和道教理论有深远的影响。这是他对易学和道教理论的一个重大贡献。

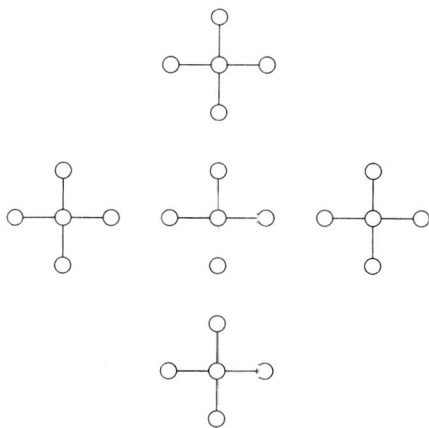

图二　天数五

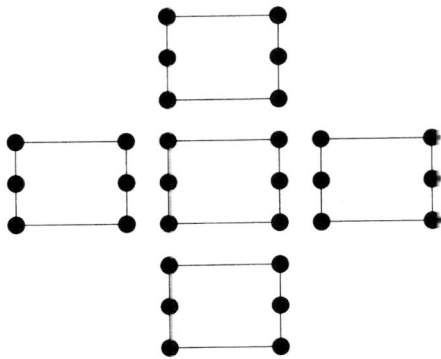

图三　地数五

① 《景印文渊阁四库全书》第 38 册，台湾商务印书馆 1982 年版，第 439 页。

② 晋代干宝有另一种解释，他说："伏羲之《易》小成，为先天；神农之《易》中成，为中天；黄帝之《易》大成，为后天。"（《景印文渊阁四库全书》第 36 册，台湾商务印书馆 1982 年版，第 4 页。）这是以先天、中天、后天来把易学的发展划分为了三个阶段。

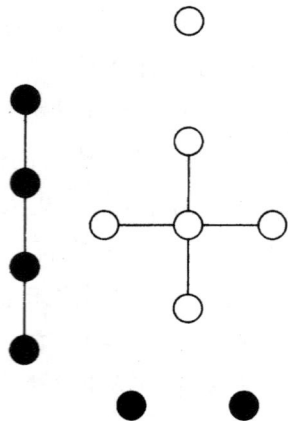

图四

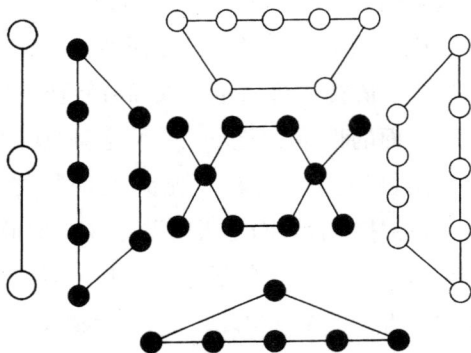

图五

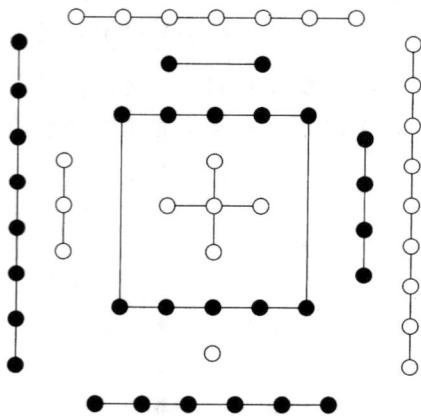

图六　河图

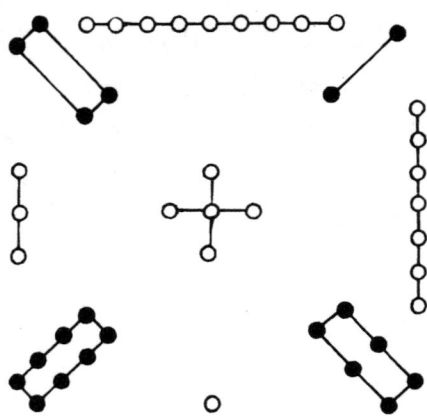

图七　洛书

陈抟的象数学并非他的独创。《钟吕传道集》已有类似的象数学思想：

吕曰："大还丹既已知矣！所谓七返还丹，九转还丹者，何也？"钟曰："五行生成之数，五十有五，天一，地二；天三，地四；天五，地六；天七，地八；天九，地十。一、三、五、七、九，阳也，共二十五；二、四、六、八、十，阴也，共三十。自肾为始，水一，火二，木三，金四，土五，此则五行生之数也，三阳而二阴。自肾为始，水六，火七，木八，金九，土十，此则五行成之数也，三阴而二阳。人身之中，其有五行生成之道。水为肾，而肾得一与六也；火为心，而心得二与七矣；木为肝，而得三与八矣；金为肺，而肺得四与九矣；土为脾，而脾得五与十矣。每脏各有阴阳，阴以八极而二盛，所以气到肝，而肾之余阴绝矣；气到心，太极而生阴，以二在心而八在肝。阳以九尽而一盛，所以液到肺，而心之余阳绝矣；液到肾，太极而生阳，以一在肾而九在肺也。奉道之士，始也交媾龙虎，而采心之正阳之气。正阳之气，乃心之七也。七返中元而入下田，养就胎仙，复还于心，乃曰七返还丹也。二八阴消者，真气生而心无阴，以绝二也。大药就而肝无阴，以绝八也。既二八消，而九三之阳自实。肝以绝阴助于心，则三之肝气盛而阳长；七既还心以绝肺液，肺之气转而助心，九之肺气盛而阳长，则九三之阳生矣，是为九转还丹也。"①

这里有几点值得注意：第一，钟离权把大衍之数分为阴数三十、阳数二十五，接着把自一至十这十个数与五行相配。方法是把它们分为两类，自一至五为生数，生数中一、三、五为阳，二、四为阴，即三阳而二阴；自六至十为成数，成数中七、九为阳，六、八、十为阴，即三阴而二阳。这一点，是继承了《礼记·月令》和汉代象数易学的思想。《礼记·月令》说：

孟春之月……其日甲乙……其数八……立春，盛德在木……迎春于东郊……孟夏之月……其日丙丁……其数七……立夏，盛德在火……迎夏于南郊……季夏之月……中央土，其日戊己……其数五。孟秋之月……其日庚辛……其数九……立秋，盛德在金……迎秋于西郊……孟冬之月……其日壬癸……其数六……立冬，盛德在水……迎冬于北郊。②

扬雄在《太玄·玄图》中说："三八为木，为东方；四九为金，为西方；二七为火，为南方；一六为水，为北方。"又说："一与六共宗，二与七为朋，三与八成友，四与九同道，五与十相守。"③ 第二，钟离权把五行生成之数与五脏相配，肾为水，配一与六；心为火，配二与七；肝为木，配三与八；肺为金，配四与九；脾为土，配五与十。每脏都配一个阴数一个阳数，每脏都各有阴阳。这一做法渊源于中医。《黄帝内经》中，《阴阳离合论》及其中的《金匮真言论篇》都认为，每一个事物都是阴阳合和体。阴中有阳，阳中有阴，五脏之阴中有阳，六腑之阳中有阴。第三，钟离权用易学象数学和阴

---

① 《道藏》第 4 册　第 673 页。
② 戴圣：《礼记》，时代文艺出版社 2000 年版，第 63 - 77 页。
③ 《景印文渊阁四库全书》第 1063 册，台湾商务印书馆 1982 年版，第 61 - 67 页。

48

阳五行理论论述五脏，同样是继承了中医的思想。《黄帝内经·素问·针解篇》说："岐伯曰：夫一天、二地、三人、四时、五音、六律、七星、八风、九野，身形亦应之，针各有所宜，故曰九针。"这是以自一至九之数配人体。《三部九候论》说："天地之至数，始于一，终于九焉……一者天，二者地，三者人，因而三之三者一，以应九野……故人有三部，部有三候，以决死生，以处百病，以调虚实，而除邪疾。"① 这是力图用自一至九之数来解释人体生理、病理。此外，《中藏经》说："天地有阴阳五行，人有血脉五脏。五行者，金、木、水、火、土也；五脏者，肺、肝、心、肾、脾也。金生水，水生木，木生火，火生土，土生金，则生成之道，循环无穷；肺生肝，肝生心，心生肾，肾生脾，脾生肺，上下荣养，无有休息。"② 这是以五行生克来解释五脏之生成。但是，同样是用易学象数学和阴阳五行理论论述五脏，中医是用它解释人体的生理功能并探索病理原因，钟离权则是用它探索内丹修炼的药物和方法。在钟吕看来，心中正阳之气和肾中真一之气是内丹修炼的药物。真气自肾而生，肾之数位为一、六，一为阳数，六为阴数，说明肾阴中含有真阳。肾气传到肝，肝为三与八，说明肾中阳气从一至三，阴气从六至八，阴极而生阳，故肾之阴气到肝而绝。真气由肝传到心，心为二与七，二为阴数，说明心阳中藏有真阴。真阴真阳是炼丹的药物。由此可以开出七返九转的修炼方法。七返即取心之七纳入下丹田，与肾之一结为真种子，然后运归于心，此即七返还丹。关于九转，钟离权说得不太清楚，大概是以肺气助心，肺为四与九，"九之肺气盛而阳长，则九三之阳长矣，是为九转还丹也"③。对此，后世张伯端等内丹家有很清晰的阐发。

陈抟以图解易实是用道教思想解释《易》理。他提出，人间万事，没有固定不变的："六子假乾坤以为体，重卦合八卦以为体，若分而散之，则六子、重卦，皆无定体也……以是知人间万事，悉是假合阴阳一气，但有虚幻，无有定实也。"④ 如此，天下的吉凶祸福，也没有恒常可言。那么，在这些变动不休的背后，有没有不变者存在呢？陈抟认为有，它就是太极。陈抟认为，易道"运之则分四象，静之则总归太极"。天地是大太极，人是小太极。依

① 《道藏》第21册，第90页。
② 华佗：《华氏中藏经》，中华书局1985年版，第2-3页。
③ 《道藏》第20册，第833-834页。
④ 《藏外道书》第5册，巴蜀书社1992年版，第6-7页。

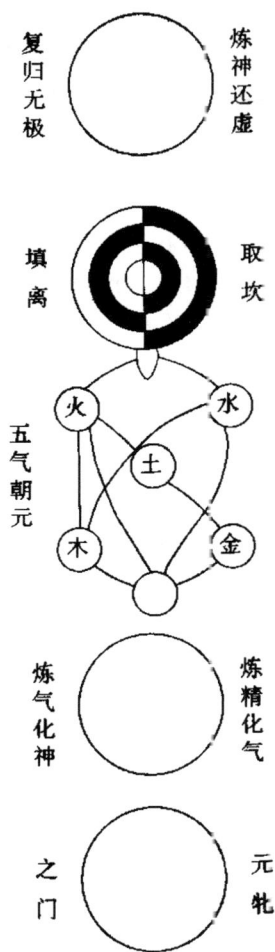

复归无极　　炼神还虚

填离　　取坎

火　水
土
木　金

五气朝元

炼气化神　　炼精化气

之门　　元牝

图八　无极图

据《易》图去体悟其理，"只须冥心太无，体认生身受命之处"。为此，应该戒动守静。"必以守贞为主。故《易》者，戒动之书也。"① 这些观点，都是为内丹修炼服务而提出的。

　　陈抟的另一个《易》图，即《无极图》（见图八），是在彭晓《水火匡廓图》和《三五至精图》的启发下构造出来的。陈抟的内丹思想可从《无极图》中看出。该图可以作"顺""逆"两种路向的解释。"顺"即"顺以生人"的本源论。陈抟以无极为万物的本源，图中自上而下从本源到万物出现经历五个阶段：无极而太极、阴静而阳动、五气顺布、顺以生人、化生万物。"逆"即"逆以成丹"，同样也有五个阶段。图的最下面一层代表无极，静极而动，即可于玄牝（命门）得窍，接着依次进入炼己、和合、得药、脱胎等四个阶段。其中，炼己包括炼精化气、炼气化神两个层次，脱胎包括炼神还虚、复归无极两个层次。这样，从内丹修炼来说，这五个阶段又可表达为：元牝之门—炼精化气、炼气化神—五气朝元—取坎填离—炼神还虚、复归无极。《无极图》顶层与底层的图式是一样的。这是因为，作为内丹修炼之真药物的元炁、先天炁与炼神还虚之"虚"实为同一种存在。二者的区别只是相对于人而言的。元炁的存在虽然是先天先地，但对于人来说却是自然的、既定的。作为修炼结果的虚，对于修炼者来说是自为的、未然的，是人觉醒、证道之后的存在。

　　陈抟在这里描述的功法，从程序上看是周天功法，炼精化气而促使三归二，这是小周天。炼气化神而促使二归一，这是大周天。值得注意的是，陈抟主张，内丹修炼的次序是：从底下一圈即"冥心太无"入手，待静而生动而得窍后，依次经过炼己筑基（炼精化气、炼气化神）、和合、得药（取坎

① 转引自《藏外道书》第 7 册，巴蜀书社 1992 年版，第 724 页。

第一章　晚唐至北宋时期的道教思想

填离）、脱胎（炼神还虚、复归无极）四个阶段。这种内丹功法可谓先性后命，与后世张伯端主张从命入手，先命后性相反。至于操作的入手功夫，陈抟认为是静心而归于太极。他说："两仪即太极也，太极即无极也。两仪未判，鸿蒙未开，上而日月未光，下而山川未奠，一气交融，万气全具，故名太极，即吾身未生以前之面目。"① 这里，"两仪"比喻呼吸之气，"两仪未判"即呼吸之气未发；"鸿蒙"比喻人的思想，"鸿蒙未开"指人没有思虑的状态；"日月"比喻人身知觉，"日月未光"即知觉未萌；"山川"比喻人身运动之体，"山川未奠"指人身运动之体尚未成形。总之，太极是"万气全具"的静止状态。"守贞""戒动"即以心承受"太极未判之时一点太虚灵气"②。按照这里所说，修炼的入手功夫就是促使呼吸深、缓、匀、长，直至感觉不到呼吸的存在，进入胎息状态。此时身体安静，心中没有思虑，没有知觉，物我两忘，混混沌沌，与天地融为一体。得窍之后，修炼以精、气、神为三要素，以炼己，即炼心为关键。得药后，即由修命转入修性，炼神还虚，复归无极。陈抟以童子来喻说还虚的境界："浑浑沦沦，不知不识，童之体也；太虚无为，莫滞莫着者，童之用也；春风秋月，蔼乎可亲者，童之品也；纯纯穆穆，毫垢胥捐者，童之量也……惟能保此童之相，乃能辩理欲关头；惟其还此童之质，始得判仙凡界限。仙在心，心失养便非童；理寓玄，玄不悟难云童。"③ 陈抟认为，还虚的境界是持守童贞之质，"惟其还此童之质，始得判仙凡界限"。还虚的目的，就是还"童之体""童之用""童之品""童之相""童之质"，总之，是返老还童，"脱离生死，跃出轮回"④。

陈抟之所以能够用《无极图》来解释内丹修炼，是因为它蕴藏有丰富的哲理。这首先是指本源论。陈抟认为，无极是宇宙万物的最初源头。他说："无者，太极未判之时一点太虚灵气，所谓视之不见，听之不闻是也。"⑤ 这里所谓"无"，就是无极。无极出现阴阳分化的兆头但又未完全判然为二时，就转变为太极。与无极完全静止不动不同，太极开始出现了动。太极动而为阳，静而为阴。阴阳独立后，两仪就出现了。"太极中一点动性，动而生阳，静而生阴。生阴之静，非真静也，是动中舒缓处耳，亦动也。是以生生不息，

① 《藏外道书》第 7 册，巴蜀书社 1992 年版，第 724 页。
② 《藏外道书》第 7 册，巴蜀书社 1992 年版，第 723 页。
③ 《藏外道书》第 7 册，巴蜀书社 1992 年版，第 724 页。
④ 《道藏》第 5 册，第 370 页。
⑤ 《藏外道书》第 7 册，巴蜀书社 1992 年版，第 723 页。

变化万殊，万殊既成，吉凶出焉。"① 两仪出现后，阴阳动静交合，阴阳各自有生有成，阴阳相交而相和，于是出现五行。陈抟以"生数"与"成数"相配来象征阴阳交接，说："生数，谓一、二、三、四、五，阴阳之位也，天道也；成数，谓六、七、八、九、十，刚柔之德也，地道也。以刚柔成数，而运于阴阳生数之上，然后天地交感，吉凶叶应，而天下之事，无能逃于其间矣。"② 五行出现，本源衍生事物的历程开始变得多姿多彩，万物于是形成。由此可见，陈抟的本源论是无极—太极—阴阳—五行—八卦—人和物。

此外，陈抟似乎有把太极作为本体的倾向。他说："两仪即太极也，太极即无极也，故四者之用，运之则分为四象，静之则总归太极。"③ 这与上述对本源论的主张有矛盾之处，至少是没有阐发得很清晰。对本源论和本体论的关系，陈抟也没有论述。

陈抟内丹方面的著作有《火珠林》《阴真君还丹歌诀注》《九室指玄篇》《入室还丹诗》，现仅存前二者。此外，《正易心法注》名义上是易学著作，实为内丹著作。它直接用心领悟卦爻象数的本义，用人体十二经脉的血气周期运行来解说阴阳之学，为内丹修炼服务。火色赤，"火珠"就是金丹。《火珠林》用金丹修炼之理喻说《易》筮之道，认为预测要准确，就必须如金丹修炼一样在心性上用功，夜以继日地修炼。在《阴真君还丹歌诀注》中，陈抟反对外丹烧炼，主张"以身口为炉"，"以宫室为灶"，默心修炼，能够"上元气结成宝，下元气入昆仑泥丸注为珠，可照三千大千世界"④，成为"真仙"。陈抟认为，炼丹的实质是从无入有，从有入无。"从无入有，从有入无，将无质之气结为阴气，交感是也。大丹无药，五行真气是矣。"⑤ 关于内丹修炼的药物，他在《阴真君还丹歌诀注》中注释"两情含养归一体"时说："两者，阴阳也。天为阳，地为阴。左为阳，右为阴。阴阳者，夫妻也。在身，上丹田为阳，下为阴。含养四时，运动五行，天地交感……遂生男女。今以法采上丹田大功德神水修炼，纳至下元玉室会运。"⑥ 陈抟认为，修炼时，要以上丹田为阳，下丹田为阴，采上丹田之水纳入下丹田，阴阳交合。

---

① 《藏外道书》第 7 册，巴蜀书社 1992 年版，第 724 页。
② 《藏外道书》第 5 册，巴蜀书社 1992 年版，第 12 页。
③ 《藏外道书》第 7 册，巴蜀书社 1992 年版，第 724 页。
④ 《道藏》第 2 册，第 880 页。
⑤ 《道藏》第 2 册，第 880 页。
⑥ 《道藏》第 2 册，第 878 页。

也就是说，内丹修炼的药物存在于上下丹田。这与钟吕认为药物存在于心肾不同，也与早期内丹术其他派别如肝肺龙虎派不同。至于修炼中的具体操作，陈抟根据天地方位、五行所属、阴阳交感、四时运转的机理，说明心、肝、肾在内丹修炼中的功能，修炼的时机、方法和步骤。例如，对于内炼五脏的功夫，陈抟叙述道：

> 眼含其光，耳凝其韵，鼻调其息，舌缄其气，迭足端坐，潜神内守，不可一毫外用其心也。盖眼既不视，魂自归肝；耳既不听，精自归肾；舌既不味，神自归心；鼻既不香，魄自归肺；四肢既不动，意自归脾。然后魂在肝而不从眼漏，魄在肺而不从鼻漏，神在心而不从口舌漏，精在肾而不从耳漏，意在脾而不从四肢孔窍漏。五者皆不漏矣，则精、神、魂、魄、意相与混融，化为一气而聚于丹田也。[1]

这其实是后世丹家所说的"五气朝元"。

关注、强调修心，是陈抟内丹思想的一大特点。他认为，"仙在心，心失养"，便不能返老还童；相反，"扬尽葛藤心自莹，存胎胎就圣功圆"[2]。主张成仙在于养心，这未必是什么新主张，因为早在唐代，道教就已经有"修心即修道，修道即修心"的观点。但陈抟有自己的创新之处，他把这一主张与内丹修炼的实际结合起来，把心与性、情、意、识联系起来，具体地阐明了它们之间的关系。他说："心统性、情。性如海水，情如流，意如澜，识如波。"他认为："夫观心者，非空空观心也。心统性情，又兼意识。"修心的内容包括性、情、意、识，也包括"善恶"道德修养、行为、性格等"本于性田种子"的素质[3]。

根据上述主张，在内丹修炼中，陈抟很关注心性修炼，强调"捐情去欲，静笃归根"，依次超越"顽空""性空""法空""真空"四个阶段，达到"不空"而成仙的境界。"顽空"是指"虚而不化，滞而不通，阴沉胚浑，清气埋藏而不发，阳虚质朴而不止"[4]。他认为这是"至愚者也"。"性空"是指"虚而不受，静而能清，惟任乎离中之虚，而不知坎中之满，局其众

---

① 转引自《道藏》第20册，第203－204页。

② 《藏外道书》第7册，巴蜀书社1992年版，第725页。

③ 《藏外道书》第7册，巴蜀书社1992年版，第723页。

④ 《道藏》第20册，第662页。

妙，守于孤阴，终为杳冥之鬼"①。他认为这是"断见者也"。"法空"是指"动而不扰，静而能生，魂然勿用于乾龙，乾位初通于玄谷，在乎无色无形之中。无事也，无为也，合于天道焉"②。陈抟认为"是为得道之初者也"。"真空"是指"知色不色，知空不空，于是真空一变而生真道，真道一变而生真神，真神一变而物无不备矣"。陈抟认为"是为神仙者也"。"不空"是指"天者高且清矣，而有日月星辰焉；地者静且宁也，而有山川草木焉；人者虚且无也，而为仙焉。三者出虚而后成者也，一神变而千神形矣，一气化而九气和矣，故动者静为基，有者无为本"。他认为"斯亢龙回首之高真者也"③。陈抟认为，顽空、性空都是错误的。法空是得道的初阶，真空是神仙的境界，大致相当于内丹的炼气化神、炼神还虚两个阶段。不空是最高的境界，相当于后世内丹家所说的粉碎虚空的阶段。这是陈抟力图吸收禅宗思想来解说内丹修炼境界的尝试。在一定意义上说，陈抟的五空理论可看作是一种内丹学的判教说。

陈抟的上述思想，与施肩吾的五空思想基本相同。两者都注重"真空"和"不空"境界，认为人必须先去欲绝念，通过"绝念虑"而透悟人与宇宙天地的合一，洞悉时间和空间的虚无，从而获得心理上的平衡、和谐、宁静，在此基础上获得生理上的永生不灭。这种养性理论和方法，是道教养气守神的传统方法的发展。陈抟与施肩吾的五空思想不同的地方，主要是陈抟更加强调"冥心""空""静"，如其谓"仙在心""清静之中求正定""知色不色，知空不空，于是真空一变而生真道"④等。

陈抟提出"仙在心"，注重观心法，更深刻地探索了心与生命、神与形、生命与宇宙的关系等问题，是对前期道教思想的修正和发展，是道教思想发展史上的新声，推动了道教理论的发展。

把睡功发展到了一个崭新的阶段，是陈抟对道教的重大贡献之一。《太平广记》卷四二"夏侯隐者"条记载，唐人夏侯氏修炼睡功，被人称为睡仙，说明睡功早在唐代就已经存在。陈抟从吕洞宾弟子五龙处得到"五龙蛰卧法"并进行了改造。《古文小品咀华》中有这样的记述：

---

① 《道藏》第 20 册，第 662 页。
② 《道藏》第 20 册，第 662 页。
③ 《道藏》第 20 册，第 662 页。
④ 《道藏》第 20 册，第 662 页。

　　吾卧华山之巅，方醒，有衣冠子金励问曰："先生以一睡收天地之混沌，以一觉破古今之往来，妙哉，睡也！睡亦有道乎？"

　　答曰："有道。凡人之睡也，先睡目，后睡心；吾之睡也，先睡心，后睡目。凡人之醒也，先醒心，后醒目；吾之醒也，先醒目，后醒心。心醒，因见心，乃见世；心睡，不见世，亦不见心。宇宙以来，治世者以玄圭封，以白鱼胜；出世者以黄鹤去，以青牛度；训世者以赤字推，以绿图画。吾尽付之无心也。睡无心，醒亦无心。"

　　励曰："睡可无心，醒焉能无心？"

　　答曰："凡人于梦处醒，故醒不醒；吾心于醒处梦，故梦不梦。故善吾醒，乃所以善吾睡；善吾睡，乃所以善吾醒。"

　　励曰："吾欲学至无心，如何则可？"

　　答曰："对境莫任心，对心莫任境。如是已矣，焉知其他。因示以诗云：'常人无所重，惟睡乃为重。举世此为息，魂离神不动。觉来无所知，知来心愈用。堪笑尘世中，不知梦是梦。'"①

　　这里的"心"，指神志、意识。看来，陈抟"睡功"的要诀，在于要"睡心"，与俗人"睡目"不同。只有"睡心"，才能达到"睡无心，醒亦无心"的境界。

　　陈抟睡功的要点有三：一是"蛰心"，即通过安卧静息，凝神聚气，使元气运转于体内，阳神出游于碧空。如《蛰龙法》睡功诀说："龙归元海，阳潜于阴。人曰蛰龙，我却蛰心。默藏其用，息之深深。白云高卧，世无知音。"② 二是心息相依。"调和真气正朝元，心息相依念不偏。三物长居于戊己，虎龙盘结大内圆。"三是"五气朝元"。"肺气长居于坎位，肺气却向到离宫。运气呼来中位合，五气朝元入太空。"③ 总之，陈抟睡道是以"神化万物，气化成灵，精化成形，神、气、精三化，炼成真仙"④ 为宗旨，综合运用"蛰心"、冥心、吐纳、导引、胎息等道术，在心理、精神上和社会环境中追求并力图达到清静无为，最后复归无极。

---

　　① 王符曾辑评，张衍华、刘化民注译：《古文小品咀华》，广东人民出版社2002年版，第461 - 462页。

　　② 陈抟：《道海玄微》，华夏出版社2007年版，第78页。

　　③ 陈抟：《道海玄微》，华夏出版社2007年版，第79页。

　　④ 《道藏》第18册，第436页。

陈抟诗云："至人本无梦，其梦乃游仙。真人亦无睡，睡则浮云烟。炉里长存药，壶中别有天。欲知睡梦里，人间第一玄。"①《庄子·大宗师》说："古之真人，其寝不梦，其觉无忧，其食不甘，其息深深。真人之息以踵，众人之息以喉。屈服者，其嗌言若哇。其耆欲深者，其天机浅。"② 庄子只是在哲理上谈梦，陈抟则把形而上的哲理与形而下的实践之术圆融无间了。庄子把人生比喻为一场大梦，进而教导人们不要对梦境太过于执着。陈抟转其意而用之，指出修道、证道、得道，就是将修炼者从梦中唤醒，在清醒状态下"觉悟"。经过无数次的醒悟，修炼者总有一天可以切入终极本体。从这个意义上讲，陈抟的睡功将庄子等先秦道家阐扬的梦的哲学实践化、方术化，为人们开出了一条新颖的证道途径。

陈抟的弟子众多，有张乖崖、付林、李之才、涂定详、贾得升、种放、刘牧、张无梦等，真可谓人才辈出，其中种放、刘牧、张无梦是最为有名的。刘海蟾是吕洞宾的弟子，是陈抟的好朋友，也有人认为是陈抟的弟子。后世全真道南宗认为也是南宗创始人张伯端的师父。

陈抟提出的一些新范畴、新命题和新学说，在道教史乃至中国文化史上均享有崇高的地位。他的思想孕育了北宋相当一部分文人学士，从而对后人影响非常大。他以心法解易，开宋代注经新风。他力图把儒家的正心、诚意、修身功夫，与黄老清静无为的修炼方法和佛教"即心即佛"的禅理融合在一起，奠定了后世儒、道、佛三教汇合的基本格局。陈抟在《易龙图序》中所说的"河图""洛书"成为此后《周易》象数学中的两个重要图式，后世易学家对此争论不休。刘牧以陈抟龙图三变中的九宫图为"河图"，以五行生成图为"洛书"，主图九书十说。后来朱震（1037—1138）、李觏持此说。邵雍、蔡元定则沿关朗《易图》，持书九图十说③。的确，陈抟的易学思想对后人有深远的影响。宋代的周敦颐、邵雍、刘牧、吴秘、郑史、朱熹、蔡元定、晁说之，元代的王申子、俞琰、张理、肖汉中、钱义方，明代的来知德、黄

<hr />

① 《道藏》第 5 册，第 370 页。
② 郭庆藩：《庄子集释》，中华书局 1961 年版，第 228 页。
③ 邵雍在《邵康节先生外记》的"序"中说，自己的先天图来自陈抟："昔者，《河图》《洛书》出，圣人因之而画卦，数则未有也……汉唐以降，世衰道微，以巧词由说乱正经，以钻铄龟瓦言休咎，斯数所以无传。我宋艺祖，抚有区夏，摈弃浮伪，崇尚德化，图南先生方以斯数，显其推明爻象，皎如日星，指陈休咎，应若影响，其言至广至大，其道至易至简。"（陈继儒：《邵康节先生外记》，中华书局 1985 年版，第 25 页。）

道周，清代的钱澄之、包仪、张文炳、陈梦雷、冯道立等，都受陈抟思想的影响。同时，陈抟力图用象数的方式去描摹宇宙的图景，对宋明理学、周易象数学、道教哲学和数学的影响也很大①。

陈抟以崭新的观念去诠释《周易参同契》，对后世《参同契》之学影响很大。全真道南宗创始人张伯端的思想，就是运用他的这一方法的结果。在内丹学方面，陈抟提出了"仙在心""冥心凝神"等崭新的观点，发展了道教的睡功理论及实践，提出了一种新的内丹修炼模式，开后世全真道先性后命之说的先河。

陈抟的《无极图》《先天图》《易龙图》《正易心法注》等是血脉贯通的。通过这些著作，他将四季、五方、八卦、九宫之说与元气论相结合，以"生数""成数"相配而生五行去说明万物的生长与衰亡。他用象数学的形式，呈现出一个"生生不息，变化万殊"，不断一分为二地生长、发展和演化的过程，建构了一个无极—太极—四象—八卦—六十四卦—万物的本原论模式。他的这一思想，对后世影响深远。例如，宋代儒家理学的本源论有三种类型，但都与陈抟的本源论有关。一种是沿着陈抟"河图""洛书"的方向，或者阐述二气五行生成万物，或者以"生数"和"成数"相配，进而以后天八卦去说明万物的生成变化，代表人物是周敦颐、李觏、张载、陆九渊等；第二种是沿着陈抟《先天图》的方向，以十二辟卦和四季相配说明万物的生成变化，其代表人物是邵雍、程颢、程颐等；第三种是兼前两者而有之，代表人物有朱熹等。

陈抟之后，把他的先天之学做了多方面发挥的是邵雍（1011—1077）。邵雍的老师是李挺之，李挺之的老师是穆修，穆修则似乎通过种放与陈抟有师承关系（未必是直接性的）②。邵雍的思想深受陈抟先天学的影响。他在论及先天心法时说："先天之学，乃是心法，道之体也；后天之学，乃是效法，道之用也。熊氏曰：'先天之学，非可言传，当以心意而领会。'"③这里所谓的"先天心法"，是直接来源于陈抟的《正易心法注》。邵雍的《先天八卦方位图》是由陈抟的《先天图》转变而来的，而周敦颐的《太极图》则源于他

---

① 陈抟思想对宋代理学的影响可参见孔令宏《朱熹哲学与道家、道教》（河北大学出版社2001年版）的相关章节。

② 《东都事略·儒学传》说："陈抟读《易》，以数学授穆修，修授之才，之才授雍，以象学授种放。"（《景印文渊阁四库全书》第382册，台湾商务印书馆1982年版，第738页。）

③ 孙奇逢：《理学宗传》，山东友谊出版社1989年版，第349页。

的后天之学①。程颐的《易传》、张载的《太和》，按照朱震在《宋史·儒林传》的说法，已是得益于陈抟的思想。通过邵雍、周敦颐的传承与发扬，陈抟的思想对宋明理学产生了深远的影响。

二、陈景元的道教思想

陈抟的老学思想传给了张无梦。张无梦著有《还元篇》，以《老子》《周易》为纲，以内丹为用，对内丹修炼中的龙虎相随、水火配合、火候抽添、肘后飞金晶、还丹沐浴、周天河车等做了形象的描述。

张无梦的弟子陈景元（1024？—1094），字太初，道号碧虚子。陈抟的老学思想，很大程度上是通过陈景元来传播的。陈景元博学多闻，著述很多，主要有《道德真经藏室纂微篇》二卷、《道经》五卷、《南华真经章句音义》十四卷、《南华总章》一卷、《西升经集注》六卷、《冲虚至德真经释文》二卷、《南华真经章句余事》一卷、《高士传》百卷、《上清大洞真经玉诀音义》一卷、《元始无量度人上品妙经四注》四卷、《碧虚子亲传直指》一卷等。我国现代杰出的历史学家蒙文通做过校勘整理，著《陈景元老子庄子注校记》。陈景元的思想是重玄思潮在宋代的发展。在陈景元的著作中，《道德真经藏室纂微篇》是一部很重要的道教解《老》的著作，其宗旨是把《道德经》视为以重玄为宗，自然为体，道德为用，阐述齐身治国道理的著作。

陈景元认为，道具有虚、无、自然三个特性："道者，虚之虚，无之无，自然之自然也，混洞太无，冥寂渊通，不可名言者也。"② 道是超越于具体事物的形而上，是万物的本原和本体。

> 夫形色之物，皆有涯分，不能出其定方，惟道超然，出于九天之表而不为明，存乎太极之先而不为高……而绳绳运动，无穷无绝，生育万

①　对周敦颐《太极图》是否来源于陈抟的道教一系，学术界存在着争议。宋代朱震《进周易表》，清毛奇龄《太极图说遗议》，胡渭《易图明辨》、黄宗炎《图学辨惑》、朱彝尊《太极图授受考》，今人侯外庐等编《宋明理学史》、朱伯崑《易学哲学史》、束景南《中华太极图与太极文化》、林忠军《象数周易演义》（齐鲁书社1999年版）等均持这种观点。与此相反，宋潘兴嗣《濂溪先生墓志铭》、度正《太极通书发明论》及今人任俊华《易图考辨观点论析》（段长山主编：《周易与现代化》第2册，中州古籍出版社1993年版）、李申《话说太极图》和《易图考》（北京大学出版社2001年版）等少数著述则认为《太极图》为周敦颐自作。笔者赞成前一观点。

②　《道藏》第13册，第69页。

物而道不属生，物自生尔；变化万物而道不属化，物自化尔。万物自生自化，自形自色，而不可指名于道也。既而寻本究源，归于杳冥，复于沉默，斯乃道之运用，生化之妙数也。①

陈景元认为，道生育万物而不居功，变化万物而不显露，表面上是万物自生自化，实际上都是道在背后发挥作用。就本源论而言，陈景元认为，道生化万物是因为它具有虚无的性质，但具体生化万物是由气来承担的："道体虚无，运动而生物，物从道受气，故曰生之。"② 就本体论而言，陈景元把道分为"常道"与"可道"，认为常道是道之体，可道是道之用。常道深藏于内，可道浅显于外。"不知，深矣，内矣，是无名常道，理之妙也；知之，浅也，外矣，是有名可道，事之徼也。"③ 常道是不可言说的，可道是可言说的。万物产生之前，常道与可道是同一个东西，万物产生之后，二者就分开了。常道，陈景元多以"天理"称之，有"动合天理""通乎天理""人事和则天理顺而阴阳宣畅"等说法。他认为，儒家的仁、义、礼、智、信属于可道的范围，是道之用，不是常道。常道是"虚静之本""性命之原"。要把握常道，就必须进行修炼。陈景元对道教修炼做了多方面的探讨。例如，他认为："善养素者，守保神气，故能混合冥一，通乎天理矣！"④ 修身就是在"息爱欲之心"，排除物累，心灵虚静的状态下"独悟""自悟""冥览"常道，使得"性与道合"⑤"神合常道""形合常道""能用常道"⑥。

陈景元认为，治国如同修身，要贯彻"清静无为"的方针，从性命这个根本入手，至公无私，以道德治理天下。他说：

> 夫知常道者，应用万物，善救无弃，而无所不包容也；包容动植，于己无私，则襟怀坦荡而至公矣；至公无私，则德用周普，天下无不归往者矣。王，往也。人既归往，天将佑之，理同自然，于物无逆，是曰真人，而能出有入无，冥乎大通，久与道合，莫知穷极，则水火不能害，

---

① 《道藏》第13册，第669页。
② 《道藏》第13册，第702页。
③ 《道藏》第15册，第518页。
④ 《道藏》第15册，第430页。
⑤ 《道藏》第13册，第700页。
⑥ 《道藏》第13册，第672页。

金石不能残，世患莫侵，有何危殆？①

在他看来，道遍涉一切，无所不在，无所不容，这是因为它至公无私。治理天下也应该如此，以德为用，至公无私，周遍万民，襟怀坦荡，光明磊落，不逆物，不逆民，随顺一切，合乎天道，这样天下人就乐于归往、臣服，国家就不会有危险和混乱。为了说明这一点，陈景元主张："夫道、德、仁、义、礼五者之体不可致诘，故混而为一；一既分矣，五事彰而迹状著，故随世而施设也。"② 在他看来，道教的道、德与儒家的仁、义、礼在体上本是混而为一的一个整体，只是在实际运用中才不得不区分开来，顺应当下社会的情况而设置、运用。体入于用，本就堕为迹。体用一致，迹亦当循本。所以，与儒家期望最高统治者是品德修养最高的圣人一样，陈景元也期望最高统治者是能够出有入无而合于道的"真人"。

陈景元以《老子》《庄子》《度人经》为本，把老庄的哲理与炼丹思想、治国思想紧密结合起来，推动了宋代道教教理的探讨，促进了道教义理思想的转变。宋代人薛致玄说，自神宗准陈景元所奏以《老子》《庄子》《度人经》考核道士之后，"道家之学翕然一变"③。这种变化的实质是本源论、本体论、心性论与内丹术、符箓斋醮之术的结合。陈景元的思想不只对道教影响比较大，对宋代理学家中的二程影响也很大。

第四节　张伯端的内丹理论建构

张伯端（？—1082）④，字平叔，天台（今浙江天台县）人。他从小就博学多闻，习炼丹功。他曾经做过府吏，因火烧文书坐累谪戍岭南。后来在成都天回寺遇到一个异人授道，改名用成，后世尊称他为紫阳真人。传说他曾经阳神出壳而到扬州摘琼花，又说他尸解后曾经出现于王屋山。张伯端著有《悟真篇》《金丹四百字》《玉清金笥青华秘文金宝内炼丹诀》⑤《奇经八脉

---

① 《道藏》第 13 册，第 672 页。
② 《道藏》第 13 册，第 690 页。
③ 《道藏》第 13 册，第 731 页。
④ 柳存仁则主张张伯端生于 1076 年左右，卒于 1155 年，见《和风堂文集·张伯端与悟真篇》，上海古籍出版社 1991 年版，第 788－795 页。
⑤ 以下简称《青华秘文》。

考》《紫阳真人语录》等。对《金丹四百字》《青华秘文》是张伯端所作还是出于后人伪托,学术界尚存疑议①。这里姑且定为张伯端所作。

张伯端的思想仍然属于钟离权、吕洞宾一系,但对自己的学术渊源则没有明说。谈及这一问题时,他只是说:"……至熙宁(1068—1077)己酉,因随龙图陆公入成都,以夙志不回,初诚愈恪,遂感真人授金丹药物火后之诀,其言甚简,其要不繁,可谓指流知源,悟一悟百,雾开日莹,尘尽鉴明,考之丹经,若合符契。"② 如果把这理解成确有人授其金丹药物火候,那么,"真人"是谁呢?薛道光在《悟真篇注》中说:"仙翁(指张伯端)游成都,遇青城丈人,得金液还丹之妙道。"③ 但青城丈人是谁却没有明说。青城丈人未必实有其人,可能是类似于五岳真君、九天使者之类的神祇。有的观点则把青城丈人指实为刘海蟾,如《山西通志》说,张伯端"遇刘海蟾,授以金液还丹之道"。《张用成传》亦说张伯端"遇刘海蟾,授金液还丹火候之诀,乃改名用成(诚),字平叔,号紫阳"④。刘海蟾,即刘操,号海蟾子。根据南宋末年李简易《玉溪子丹经指要》卷首的《混元仙派图》和卷四十九《历世真仙体道通鉴》以及刘操自己的说法,吕洞宾是刘操的师父。当然,就刘海蟾是否确为张伯端的师父,学术界尚有争议,迄今仍未确证。此外,对张伯端的度师,尚有第三种说法,即西华真人。陈振孙在《直斋书录题解》中著录白玉蟾《群仙珠玉集》时,引其序文说:"西华真人以金丹刀圭之诀传张平叔,作《悟真篇》。"⑤ 这一说法在《悟真篇》也有应证:"梦谒西华到九天,真人授我《指玄篇》。其中简易无多语,只是教人炼汞铅。"⑥

张伯端的思想以《周易参同契》《道德经》为根本。《悟真篇》的体例结构仿照《周易参同契》所运用的易学象数模式,其中的七言四韵十六首,表易学二八之数;绝句六十四首,表示《周易》六十四卦;五言一首,象征太乙之奇;续添《西江月》十二首,表示一年十二个月的节气周期规律。其

---

① 如张广保认为:"《青华秘文》一书见于今本《正统道藏》,然《道藏》题张紫阳撰,而此书与《悟真篇》的内丹宗旨大相径庭,断非出于张伯端之手。"(上海文化出版社2001年版)但我们认为支持这种观点的证据并不充分。

② 《道藏》第4册,第712页。

③ 《道藏》第2册,第974页。

④ 《道藏》第5册,第382页。

⑤ 《景印文渊阁四库全书》第614册,台湾商务印书馆1982年版,第653页。

⑥ 《道藏》第4册,第725页。

他如鼎器尊卑、药物斤两、火候进退、主客①后先、存亡有无、吉凶悔吝等等，也都用易学象数给予说明。《悟真篇》所表达的内丹理论的框架同样与《周易参同契》中的易学象数模式相同，如"冬至一阳来复，三旬增一阳爻。月中复卦朔晨超，望罢乾终妈兆。日又别为寒暑，阳生复起中宵。午时妈卦一阴朝，炼药须知昏晓"②。在《悟真篇》中，张伯端以十二辟卦、十二辰、二至二分说明进阳火、退阴符，炼成金丹的过程。《道德经》对《悟真篇》的思想影响也很大。与王弼以解知的方式理解《道德经》不同，张伯端以证知的方式创造性地理解《道德经》。他取《道德经》第四十二章"道生一，一生二，二生三，三生万物"的思想，来说明"道自虚无生一气，便从一气产阴阳，阴阳再合生三体，三体重生万物昌"③，阐发顺行则万物化生，逆此化生的程序修炼则可成就金丹的思想。张伯端还取《道德经》第十六章"归根复命"的观点阐发返根复命、知常返本、顺则灭亡、逆则长生的内丹修炼思想，并用《道德经》第五十八章"祸福互变"之论阐发"祸福由来互倚伏，还如影响相随逐。若能转此生杀机，反掌之间灾变福"④的道理，告诫炼丹者要把握住"逆""顺"转化的时机，炼好逆转丹法。另外，《道德经》第六章说"谷神不死，是谓玄牝"，张伯端纠正河上公所注以"玄牝"指口鼻的错误，认为"谷神"指结丹药物，"玄牝"指人体阴阳交合之地。这种解释是很贴切的。此外，《悟真篇》还引入《阴符经》的思想来阐述内丹修炼中生克制化的时机把握等，进一步深化了内丹学说。虽然《道德经》《周易参同契》《阴符经》是张伯端的思想渊源，但应该看到，张伯端确实是青出于蓝而胜于蓝。他把这些经典的内核抽绎出来，以内丹术的理论建构为核心，做了哲理化、体系化的再创造。他说："本立言以明象，既得象以忘言。犹设象以指意，悟真意则象捐。达者惟简惟易，迷者愈惑愈繁。故知修真上士读《参同契》不在乎泥象执文。"⑤正是运用了这种方法，张伯端才得以摆脱《周易参同契》的概念体系和象数模式的束缚，在内丹理论体系的建构上做出了超越同代人的杰出成就。

---

① 指卯酉界隔南北。子为北，午为南，卯为东，酉为西。子时右转以酉为主，卯为客；午时东旋，则以卯为主，酉为客。
② 《道藏》第4册，第742－743页。
③ 《道藏》第3册，第45页。
④ 《道藏》第4册，第737页。
⑤ 《道藏》第4册，第745页。

张伯端明确否定烧炼外丹，他认为，人天生就有长生药，只有那些愚昧或者迷信的人才会弃置不用。"丹熟自然金满屋，何须寻草学烧茅？"① 内丹既非烧炼，也与服食不同。他又指出，咽津、吐纳也不是内丹："咽津纳气是人行，有药方能造化生。鼎内若无真种子，犹将水火煮空铛。"② 他认为，修道要修内丹功法："学仙须是学天仙，唯有金丹最的端。"③ 这里所谓的天仙金丹之法，实际上就是钟吕所倡导的内丹功，也就是不能仅仅只炼气，还要炼心、修性。他力图用"天仙"功法来把其他法术统一起来。

张伯端把《钟吕传道集》中所讲的诸多还丹方法概括为"七返九还"的系统方法：

> 七返九还，金液大丹者，七乃火数，九乃金数。以火炼金，返本还元，谓之金丹也。以身心分上下两弦，以神气别冬夏二至，以形神契坎离二卦。以东魂之木，西魄之金，南神之火，北精之水，中意之土，是为攒簇五行。以眼含光，凝耳韵，调鼻息，缄舌气，是为和合四象。以眼不视而魂在肝，耳不闻而精在肾，舌不声而神在心，鼻不香而魄在肺，四肢不动而意在脾，故名曰五气朝元。以精化为气，以气化为神，以神化为虚，故名曰三花聚顶。④

这套功法以身心为体，以神气为用，重在处理形神关系。它由"攒簇五行""和合四象""五气朝元""三花聚顶"等要点构成。这套内丹功法的次序，首先是"以精气合药，以神运药，以意炼药"，龙虎交媾，促使四象、五行和合，逆行返母，结成金丹；接着是运火炼内丹，经过十月温养，胎圆火足，脱胎而化为纯阳之体；然后于静僻之地兀兀面壁九年，抱一空心，行满九年，形神自然俱妙，性命自然双圆，与道合真，变化不测，如此以道为根本，自小而中，自中而大，这就是九转大还丹。这三个阶段也可以概括为炼精化气、炼气化神、炼神合道。

一、精气神的理论

张伯端认为，内丹修炼首先要体认天地万物生成的本源，明了造化生成

---

① 《道藏》第 4 册，第 716 页。
② 《道藏》第 4 册，第 724 页。
③ 《道藏》第 4 册，第 714 页。
④ 《道藏》第 4 册，第 620 页。

的秩序。"道自虚无生一气，便从一气产阴阳，阴阳再合生三体，三体重生万物昌。"正如他在《读〈周易参同契〉》一诗中所说："大丹妙用法乾坤，乾坤运兮五行分；五行顺兮常道有生有死，五行逆兮丹体常灵常存。"① 乾为阳，坤为阴，阳主生，阴主死，一生一死，一去一来，这是常道顺理的自然表现。修丹必须效法它，背反阴阳，逆施造化，立乾坤为鼎器，盗先天一炁作为丹，以丹炼形，达到无形，与道合一。道的存在既然没有终止，得道成仙的人，他的寿命又怎么会有终止呢？那如何逆呢？首先，归三为二，"要得谷神长不死，须凭玄牝立根基"②。玄牝即人体阴阳交会之处。接下来，归二为一，寻找先天的本源，即先天一炁。但这仍然得在后天中寻求，因为后天的本体在人身中的存在与先天的本源是同质的。张伯端把先天一炁称为真铅："不识真铅正祖宗，万般作用枉施功。"③ 从修炼的最终归宿来说，"真铅"也称为"真一"。正如南宋陈显微在《周易参同契解》中说："欲合万殊而为一者，必先于万殊之中求其一者而为基也。此金丹之法有取于用铅者，其理如此。"④ 如同道是恍恍惚惚、浑浑沌沌一样，真一也须从恍惚杳冥中寻求，但这不是靠主观的想象，因为真一是实实在在的。"恍惚之中寻有象，杳冥之内觅真精。有无从此自相入，未见如何想得成。"⑤ 真一具有实存性，所以也可称为"真精"。"真精既返黄金室，一颗灵光永不离。"⑥ "黄金室"即丹田，"一颗灵光"即金丹。真精返回丹田就意味着金丹炼成。所以，从内丹修炼的终极目标来看，"真一"是三位一体的，是作为本体的道、作为本源的元气和作为修炼的实体的真精的统一。

先天的、形而上的元气、真精，在后天的、形而下的修炼中就表现为气与精。修炼中对气和精的操作与调节得依靠心。心又有意、神等具体表现形式。张伯端认为，内丹修炼要处理好心、意、精、气、神这五者的关系。他认为正确的关系是："心为君，神为主，气为用，精从气，意为媒。"按照陈抟《无极图》所示，无极是心，阳动阴静是神，以土来攒簇五行是意。换言之，寂然不动是心，感而遂通是神。"意生于心"，"心者，神之舍"，心是

① 《道藏》第 7 册，第 744 页。
② 《道藏》第 4 册，第 733 页。
③ 《道藏》第 4 册，第 721 页。
④ 《景印文渊阁四库全书》第 1007 册，台湾商务印书馆 1982 年版，第 151 页。
⑤ 《道藏》第 4 册，第 734 页。
⑥ 《道藏》第 4 册，第 733 页。

意、神的物质依托。"意生于神，为神之用"，意是神的功能发挥的表现形式。如果说心是大脑，脑的机能是神，脑的思维就是意。用意控制三者的配合，即起到中介的作用，所以称为"媒"，又叫作"意土""黄婆"。按照丹法理论，火为神的代号，因木生火，所以以木代指元神，以火代指后天神；水为精的指号，因金生水，所以以金代元精，以水代后天精。金水为一家，木火为一家，土为一家，这就是所谓"三家相见结婴儿"的"三家"的意思。三家之中，土更重要一些。张伯端说："意者，岂特为媒而已，金丹之道自始至终，作用不可离也。意生于心，然心勿弛于意，则可。"① 内丹修炼的全部过程均须以意调和精、气、神三宝。

心、意、神三者中，神最具有能动性，故可以用它来指代其他两个。这样，心、意、精、气、神这五者的关系可简要概括为精、气、神之间的关系。它们之间互相依赖，相依为用："精非气不盈，神非气不充；精因气融，气凭精用；气因神见，神凭气用。"② 精、气、神三者之间，由于精是基础性的物质实体，其活力不是很强，所以，相对而言，气与神在内丹修炼中的作用更大一些。就气与神二者的关系而言，应该以气为体，以神为用，这就凸显了神的重要性。正是在这个意义上，张伯端有神统帅精、气的主张："神者，精气之主，金丹之道始然以神而用精气也。"③ 但张伯端的精、气、神并非是在一般意义上而言的，他说："炼精者炼元精，非淫泆所感之精；炼气者炼元气，非口鼻呼吸之气；炼神者炼元神，非心意念虑之神。"④ "元神见而元气生，元气生则元精产。"⑤ 把精、气、神解释为元精、元气、元神，这在道教思想史上有重大的意义。首先，"元精""元气"这两个概念在汉代就出现了，但"元神"则是南北朝刘宋时才出现的。元气即炁，葛洪的《抱朴子内篇·至理》论行气，凡有关道术的都用"炁"，有关呼吸的则用"气"。先天为炁，后天为气，先天炁至清至纯，是后天气的根源。但把元精、元气、元神三个概念联系起来运用，张伯端确实是第一人。这一点的意义还在于，此前以精、气、神三者合而为一，凝结成丹在理论分析中存在困难，因为精往往被当作具有生殖作用的精液，气往往被当作呼吸之气，它们如何与神结合，

① 《道藏》第 4 册，第 365 页。
② 《道藏》第 4 册，第 375 页。
③ 《道藏》第 4 册，第 376 页。
④ 《道藏》第 4 册，第 620 页。
⑤ 《道藏》第 4 册，第 365 页。

这在理论上很难给出解释，在实践中也难以证实。把精、气解释为元精、元气，把它们非实体化了，与神的结合就是顺理成章的事。而且，由此不难解释先天的精、气与后天的精、气的关系。先天之精潜藏于机体深处，寓于元气之中，氤氲而无形，若受外感因后天念虑而动，就转变为凡精，存在于后天气之中。其次，先天观念与内丹术相结合，对后世道教影响深远，表现在四个方面：第一，修炼的目标被设定为"先天元阳"，内丹学可从先天一气而寻绎修道、体道的依据，论证内丹修炼可以成功的可能性；第二，奠定了此后内丹学内向追溯本源的思维特征。这一特征使得内丹修炼与哲学本源论、本体论吻合一致，逆反先天、返本还源成为内丹的核心理念，这就极大地提高了道教内丹学的理论水平；第三，这一思想被贯穿于丹法流程中，炼精化气、炼气化神、炼神还虚的三段修为步骤实际上是从有为到无为，先渐法后顿法，从后天到先天；第四，定下了此后内丹学发展的大趋势，即由重命向重性转化，进而实现本源论、本体论、心性论与功夫境界论的融合。

二、性命理论

精、气、神三者中，精本质是一种气，是由气变化而成的。先秦时期的《管子》已经说过："一气能变曰精。"[①] "精也者，气之精者也。"[②] 道教也继承了这一观点，主张"结炁为精"[③]，甚至直截了当地断言："精即元炁所化，故精炁一也。"[④] 正是因为精与气本质上没有差别，所以从唐代开始，道教学者们在论及精、气、神三者时，往往把它们简化为神与气。

从道教的历史发展来看，神、气这对范畴是在从炼形炼气的修炼术向修心养性之术转变的过程中，在修炼的重点从身外向身内转变的过渡时期出现的，实体的意味比较浓厚，不利于与形而上的哲理探讨结合起来，制约了理论水平的升华。所以，唐代道教理论家们引入了传统文化中本有的性、命这两个范畴，对它们之间的关系做了初步的探讨，唐末五代时期把这些理论落实到修炼实践中，提出了性命双修的主张。张伯端继承钟吕性命双修思想，并结合陈抟《无极图》的内丹思想，对它做了进一步的发展。

张伯端对性进行了详细的探讨：

① 《管子》，浙江人民出版社 1987 年版，第 417 页。
② 《管子》，浙江人民出版社 1987 年版，第 496 页。
③ 《道藏》第 22 册，第 212 页。
④ 《道藏》第 4 册，第 389 页。

中国当代学人文丛

孔令宏学术文丛卷四·道学思想史·宋明卷

66

盖心者，君之位也。以无为临之，则其所以动者，元神之性耳；以有为临之，则其所以动者，欲念之性耳。有为者，日用之心；无为者，金丹之用心也。以有为及乎无为，然后以无为而莅正事，金丹之入门也。夫神者，有元神焉，有欲神焉。元神者，乃先天以来一点灵光也。欲神者，气禀之性也；元神乃先天之性也。形而后有气质之性，善返之，则天地之性存焉。自为气质之性所蔽之后，如云掩月。气质之性虽定，先天之性则无有。然元性微而质性彰，如人君之不明，而小人用事以蠹国也。且父母媾形而气质具于我矣，将生之际而元性始入。父母以情而育我体，故气质之性每寓物而生情焉。今则徐徐划除，主于气质尽，而本元始见。本元见，而后可以用事。无他，百姓日用，乃气质之性胜本元之性。善反之，则本元之性胜气质之性。以气质之性而用之，则气亦后天之气也。以本元之性而用之，则气乃先天之气也。气质之性本微，自生以来，日长日盛，则日用常行，无非气质。一旦反之矣，自今以往，先天之气纯熟，日用常行，无非本体矣。此得先天制后天而为用也。①

　　"形而后有气质之性，善返之，则天地之性存焉"，这句话张载也一字不差地说过，虽然张伯端对"天地之性"（或称"本元之性"）和"气质之性"相互关系的论述较多，但不如张载讲得那么深刻，因此必定是张载受了张伯端的影响。再则，张伯端的思想属于钟吕金丹派，作为该派核心著作的《灵宝毕法·匹配阴阳》中已经有"气质"一词②，虽然它不是就人性而言的，但也足以说明张伯端"气质之性"的说法确有道教的渊源而且早于张载数十甚至上百年。其实，"天地之性"首先见于《左传·昭公二十五年》载子大叔语："哀乐不失，乃能协于天地之性，上古有之。"后来，《孝经》引孔子的话说："天地之性人为贵矣。"班固的《白虎通·五行》说："五行所以相害者，天地之性。"显然，这几则"天地之性"之说并非在人性论的意义上言说。《中庸》提出"天命之谓性"，是天地之性含有人性意义的萌芽。深受道家思想影响的王充在《论衡》中认为，天地之性就物性而言是"自然之

---

　　① 《道藏》第 4 册，第 364 页。
　　② 《秘传正阳真人灵宝毕法》"天得乾道而积气覆于下，地得坤道而托质以载于上。覆载之间，上下相去八万四千里，气质不能相交。天以乾索坤而还于地中，其阳负阴而上升；地以坤索乾而还于天中，其阴抱阳而下降。一升一降运于道，所以天地长久。"轻清之气以成天，重浊之气以成质（地），气质相交则道运而长久。（《道藏》第 28 册，第 350 页。）

道",就人性而言是至善的①。《太平经》提及了天地之性②,但没有气质之性的说法。庄子用气来解释人和万物的产生,这在后来成为道家的共识。《韩非子·解老》第一次明确提出了气禀的概念:"死生气禀焉。"被道教网罗入神仙榜中的玄学家嵇康在《答难养生论》中,已经谈到了性的两种表现形式,他说:"性动者,遇物而当,足则无余;智用者,从感而求,倦而不已。"③这里的"性",是指没有经历后天的积习或智识等增损的先天本性,也就是天地之性。与之对应,受后天积习或智识熏染的性,就是气质之性。只不过玄学家专注于探讨性分自足的逍遥义,对此的探讨没有深入下去。南北朝时的《洞神监乾经》说:"人生于阴阳,长于元炁,未必尽备。感五常之性,得之者,十未有一也。感其火者明,感其金者刚,感其水者清,感其木者王,感其土者仁,不感者亡。故天地五行,五五二十五行。"④这种理论认为,人是由气生化出来的,性是凝聚于人形体中的"质"。无形体之前,性是完满的、善的;有形体之后,性是有所欠缺的、恶的。这是南北朝之后道教的一般认识。吴筠说:"形气者,为性之府,形气败则性无所存。"⑤《道体论》认为,鱼是水变的,但鱼有生死,水却无生死。也就是说,禀水而生的东西并不保留水的性质。谭峭《化书·神道》说得更明确:"水至清,而结冰不清;神至明,而结形不明。"⑥形是气的凝聚,从这里再走一步,就是"形而后有气质之性"。对气质之性的渊源,朱熹说过:"退之说性,只将仁义礼智来说,便是识见高处……但所论却少了一'气'字……惟周子《太极图》却有气质底意思。程子之论,又自《太极图》中见出来也。"⑦"须如此兼性与气说,方尽此论。盖自濂溪太极言阴阳、五行有不齐处,二程因其说推出气质之性来。使程子生于周子之前,未必能发明到此。"⑧也就是说,周敦颐的观点中也有"天地之性"和"气质之性"的影子。如此看来,朱熹所说的"气质之性","近世被濂溪拈掇出来,而横渠二程始有气质之性之说"⑨

①　参见《论衡》中的《龙虚》《本性》《论死》《订鬼》等篇。
②　王明:《太平经合校》,中华书局1960年版,第17页。
③　嵇康:《嵇中散集》,商务印书馆1937年版,第28页。
④　《道藏》第25册,第14页。
⑤　《道藏》第23册,第660页。
⑥　《道藏》第36册,第299页。
⑦　《朱子语类》,中华书局1986年版,第3272页。
⑧　《朱子语类》,中华书局1986年版,第1386页。
⑨　《朱子语类》,中华书局1936年版,第1386页。

是不正确的。周敦颐在《太极图·易说》中说："惟人也，得其秀而最灵。形既生矣，神发知矣，五性感动而善恶分，万事出矣。圣人定之以中正仁义而主静（自注云：无欲故静），立人极焉。故圣人与天地合其德，日月合其明，四时合其序，鬼神合其吉凶。君子修之吉，小人悖之凶。"① 这说明，在人性论上，周敦颐是从天地和人的二分来考察人性。他实际上也主张天地之性和气质之性。圣人的气质之性与天地之性相吻合，君子的气质之性较小人的好，故修之为吉；小人的气质之性差，故修之则凶。但周敦颐的这一思想，就来源于张伯端②。

张伯端认为，人的精神有两种，一是元神，一是欲神。元神是先天存在的一点灵光，是先天之性；欲神，是气禀之性，即气质之性。父母构我形体时，我具备了气质之性；将要出生时，先天之性才进入我的身体。由于父母是因为情欲而生了我，所以人在接物时，总是由于气质之性而产生情欲。普通的老百姓，是气质之性胜过本元的先天之性。气质之性随着人的发育而增长，若慢慢铲除气质之性，可使本源之性显现，"气质尽而本元始见"，复归元性。复归元性，元气就产生，"元气生则元精产"，这是事物相互感应之理。元性就是元神，元神、元精、元气合而为一就是金丹。炼丹归根结底就是克服气质之性，复归先天的元性。道家、道教道不离气、道气相即的思想运用到人性上，必然得出天地之性与气质之性的二分。道家、道教要得道、成仙，必须承认人之性得之于道而本真，但现实的人性生之于气，充满了情欲，妨碍得道，为此得节制情乃至泯灭情，这在理论上必然主张性的二分，张伯端的说法便是这种逻辑必然性的体现。

根据《悟真篇》《青华秘文》，张伯端认为，性包括这几层涵义：第一，性是神全之后的状态，"神者，性之别名也"。这点明了神与性是同一类事物。虽然是同类，但二者还是有区别的。"神为性之基"，神是性的基础，神全是性显现的前提。"心静则神全，神全则性现。"在这个意义上，性实际上代表的是人的精神意识的调控能力。第二，性是先天元神，实为先天之性。当把神理解为元神，把性理解为元性，即先天之性时，神与性就没有什么区别了。所以，张伯端说："神者，元性也。""元神者，先天之性也。"③ 第三，

---

① 《道藏》第 3 册，第 243 - 244 页。
② 孔令宏：《周敦颐〈太极图〉与张伯端的关系》，《中华道学》1998 年第 1 期。
③ 《道藏》第 4 册，第 364 页。

性是形而上的道落实到形而下的人身上的具体体现，是人的理性思维的体现，代表了修道者所达到的功夫和心理的稳定状态。通过明心见性，可以上达"无生至真之妙道""无为妙觉之道"或"达本明性之道"①。

心是与性有紧密联系的另一个概念，其内涵大致有三个方面。其一，心是理的凝聚体或承载者："心者，众妙之理，而宰万物也，性在乎是，命在乎是。"② 其二，心是道之体，是得道的枢纽："欲体夫至道，莫若明夫本心。故心者，道之体也；道者，心之用也。"③ 理是道在形而下的事物中的具体体现和向上通往道的阶梯。心系万理，本心与道则完全同一。本心畅明也就是得道。其三，心是性的载体。"心者，神之舍也。"神与性为同类，均以心为载体。性藏于心，性由心而表现出来："盖心者，君之位也。以无为临之，则其所以动者，元神之性耳；以有为临之，则其所以动者，欲念之性耳。""有为"的对象是普通人的"日用之心""人心"；"无为"的对象是修道者的"金丹之心"④，即"本心""道心"。心的本体是无为、不动的，动则叫作神。无为之动为元神，有为之动为识神。与无为之动相应的性是元神之性，与有为之动相应的性是欲念之性。以金丹之心修炼，才能使"本性"，即"元神之性"朗现，才会得道。

命是精、气等与身体直接相关的形质。张伯端说："精气神者，与天地同其根，与万物同其体。"⑤ 命是与神、性与生俱来的，不可分离的。修炼中，性命必须双修，不可舍弃其中任何一方。张伯端明确反对只修命不修性的做法。他讥笑那种离开心而认精气为铅汞的做法是"认他物为己物，呼别姓为新儿"⑥，明确反对只修金丹的做法："此恐学道之人不通性理，独修金丹。如此，既性命之道未修，则运心不谱，物我难齐，又焉能究竟圆通，迥超三界？"⑦ 在他看来，金丹只是命功，性功得从心底上下功夫："心者，万化枢纽，必须忘之而始觅之……但于忘中生一觅意，即真心也。恍惚之中始见真心，真心既见，就此真心生一真意，加以反光内照，庶百窍备陈，元精

---

① 《道藏》第4册，第712页。
② 《道藏》第4册，第363页。
③ 《道藏》第4册，第749页。
④ 《道藏》第4册，第364页。
⑤ 《道藏》第4册，第620页。
⑥ 《道藏》第4册，第712页。
⑦ 《道藏》第2册，第1030页。

吐华。要在乎无中生有，有中生无。到这境界，并真心忘而弃之。"① 这一点在钟吕内丹功法中没有，恰好是陈抟的"复归无极"所强调的。张伯端以忘为性功修炼的要诀，可谓得《庄子》"坐忘"论和唐代重玄思潮的思想精蕴，也是对谭峭《化书》"忘形以养气，忘气以养神，忘神以养虚"② 观点的继承。这一思想，对后世影响很大。

命功与性功各自修炼的内容不同，修炼的指导原则也不同。张伯端说："一粒金丹吞入腹，始知我命不由天。"③ "但见无为为妙道，不知有为作根基。"④ 道教历来强调无为，晚唐以来的内丹学派则多谈有为，这就遇到了怎样处理无为和有为关系的问题。张伯端根据内丹修炼的特点提出了自己的观点。按照他的看法，在命功阶段是有为，在性功阶段才是无为；或者说，要以有为为无为奠定坚实的基础。由于命功修炼耗时长，见效慢，所以张伯端更强调积极有为。他在《悟真篇·自序》中说："复阳生之气，剥阴杀之形，节气既周，脱胎神化，名题仙籍，位号真人，此乃大丈夫功成名遂之时也。"⑤

张伯端认为，在修炼的任一阶段，性与命都不能截然分开："先就有形之中寻无形之中，乃因命而见性也；就无形之中寻有形之中，乃因性而见命也。"⑥ 尤其是要把修心炼性贯穿到整个炼丹过程中，即把"外静内澄，一念归中，万缘放下"的"凝神定息丹法""始终用之"。直言之，性命必须双修。但强调性命双修并不意味着任何时刻都把两者同等看待，必须区分具体情况。一般而言，在修炼的早期，应该以命功为主，为后面的修炼奠定坚实的基础，再逐渐转向以性功为主⑦。他说："虚心实腹义俱深，只为虚心要识心，不若炼铅先实腹，且教守取满堂金。"⑧ 他用"有作""实腹"代指命功，用"虚心""无为"代指性功，先命后性，以术证道。对此，他在《青

---

① 《道藏》第 4 册，第 367 页。

② 《道藏》第 36 册，第 297 页。

③ 王沐：《悟真篇浅解》，中华书局 1990 年版，第 45 页。

④ 王沐：《悟真篇浅解》，中华书局 1990 年版，第 99 页。

⑤ 《道藏》第 4 册，第 712 页。

⑥ 《道藏》第 4 册，第 370－371 页。

⑦ 《悟真篇》有"若要修成九转，先须炼己持心"之说。如果仅仅根据这一句话，张伯端似有先性后命的倾向。但是，从《悟真篇》的全文来看，他的确是主张将性功、命功分成两步，先命而后性。如《悟真篇》卷下《西江月》说："丹是色身至宝，炼成变化无穷。更能性上究真宗，决了无生妙用。"不过，从这里可以看出，张伯端的思想尚有前后矛盾或不一致之处。

⑧ 《道藏》第 4 册，第 725 页。

华秘文·蟾光论》中说得更详细："方其始也，以命而取性，性全矣，又以性安命……所谓性命双修者，此之谓也。"① 之所以要"先命后性"是因为："命之不存，性将焉存？"命是性的载体，"先性固难，先命则有下手处，譬之万里虽远，有路耳。先性则如水中捉月，然及其成功一也"②。张伯端认为，先修性功未尝不行，但容易落空而收不到实效。这也是他的思想与禅宗有关却又不同于禅宗的表现之一。他针对受禅宗影响的人容易忽略修命的倾向而专门强调说："始之有作无人见，及至无为众始知；但见无为为要道，岂知有作是根基。"③ 必须进行"有作"的命功修炼，补炼元精，打好基础后，才能进行"无为"的性功修炼，"以命取性"。

就性功和命功修炼二者的作用来看，张伯端更加看重性功。这是因为：其一，心性修炼是修道的更高层次。《悟真篇》说："丹是色身至宝，炼成变化无穷。更能性上究真宗，决了无生妙用。"④ 只有通过修性才能进一步还虚得道。其二，作为修炼下手功夫的止念入静，既是命功修炼的入手功夫，也是性功的修心之本。《青华秘文·下手功夫》说，静坐修炼要先行"抑息之道"，"抑息千万不可动心"。心动之后就会去追逐气息而扰乱修炼。只有心静无事，才能做到心息相依，神凝息定，心、神融于精气之中，耳、目之形与心两相忘，元性彰露而元气产生。其三，心性功夫直接影响着火候的把握。内丹修炼的火候把握是以神为体，以意为用，这要求修炼者有很强的心性调控能力。《悟真篇》说："若要修成九转，先须炼己持心。依时采取定浮沉，进火须防危甚。"⑤《青华秘文》也说："金丹之道，始然以神而用精气也。故曰神为重。"其四，心性中的品德修养是排除魔障，保证修炼顺利进行的重要条件。《悟真篇》说："大药修之有易难，也知由我亦由天。若非积行施功德，动有群魔作障缘。"⑥"由天"指先天的条件和外在的机遇。"由我"指个人的主观状况和修炼上的努力。"德行修逾八百，阴功积满三千，均齐物我与亲冤，始合神仙本愿。"⑦ 有很高的道德修养水平，有良好的心理素质，

① 《道藏》第 4 册，第 372 页。
② 《道藏》第 4 册，第 371 页。
③ 《道藏》第 4 册，第 733－734 页。
④ 《道藏》第 4 册，第 743 页。
⑤ 《道藏》第 4 册，第 740 页。
⑥ 《道藏》第 4 册，第 736 页。
⑦ 《道藏》第 4 册，第 743 页。

妥善地处理好内外物我各个方面的关系，确实是修道成仙的重要条件。其五，心性修炼对巩固修道的成果有直接的意义。张伯端在《悟真篇后序》中说，人们都因为妄情而执着于自己的生命，这就不可避免地会遭遇祸患，如果不执着于一己之身，祸患又从何而来呢？但是，"世人根性迷钝，执其有身而恶死悦生，故卒难了悟。黄老悲其贪著，乃以修生之术，顺其所欲，渐次导之，以修生之要在金丹……"① 实际上，仅仅修金丹是不够的，还要把对生死的执着破除，才能真正得"无为妙觉之道"。这样看来，命功修炼的成果最终要通过性功的修炼而巩固下来。从性功的上述重要性出发，张伯端强调，在整个修炼过程中，必须以本源真觉之性为统帅，通过明心见性来体认形而上之道。道既作为性理存在于修炼过程中并指导修炼的进行，也作为修炼的目标指引着修炼的方向。到最后的阶段，金丹与道合二为一，金丹即是道。

张伯端在《悟真篇》的《自序》中，把老释之学概括为"性命学"②，从而大大凸显了性命范畴，这在道教思想史上具有重大的意义。隋至唐代中期，以重玄思潮为代表，道教多谈心，力图在心中建构精神境界。虽然也涉及了性的概念，但性还没有占据中心的地位。唐代中期至五代，以陆希声为代表，道教多谈性，并力图泻出复性的功夫，从而与心联系起来，这使得道教的心性论达到成熟之境。但单纯的心性论毕竟有玄虚之感，没有与道教一贯倡导的炼形炼气、追求长生不死的养生术联系起来，留下了理论上的缺憾。张伯端之前，也有一些道教典籍谈及性命问题，如《西山群仙会真记·养心》说"从道受生谓之性，自一禀形谓之命"③，但毕竟语焉不详，而且没有对它予以必要的阐释。与此不同，张伯端把命与性直接联系起来，并在把道教义理概括为性命学的意义上探讨了性命关系，显然弥补了此前道教理论的不足。性命范畴是对形神内涵的概括和抽象，对性命的探讨丰富和深化了道教的理论，强化了道教由形而下向形而上追溯的思维形式，表明道教哲学的思辨水平得到了提高。张伯端的这些作为，对后世道教、儒家和佛教均有深

---

① 《道藏》第 4 册，第 749 页。

② 这可能是受契嵩的影响。契嵩（1007—1072）是站在佛教的立场上融汇三教的禅师。他自称其《辅教编》［成书于皇祐元年至嘉祐六年间（1049—1061）］为"性命之书"，讲的是"性命之说"。他认为："夫《中庸》者，乃圣人与性命之造端也；《道德》者，是圣人与性命之指深也；吾道者，其圣人与性命尽其圆极也。造端，圣人欲人知性命也；指深，圣人欲人诣性命也；圆极，圣人欲人究其性命。会于天地万物、古今变化，无不妙于性命也。"（《镡津文集·上富相公书》，上海古籍出版社 2016 年版，第 175 页。）

③ 《道藏》第 4 册，第 429 页。

远的影响。从张伯端起，后世道教就把性命作为学术探讨的中心课题之一。张伯端之后，他的再传弟子白玉蟾发展了他的性命理论，并且全真道北宗的性命理论同样受到了张伯端思想的影响。到了元代，李道纯把南北二宗的思想做了综合，从而对明清时期的性命理论产生了极大的影响。总的说来，后世道教的性命理论，都没有超出张伯端奠定的框架。此外，后世的儒家、佛教也在对性命问题的探讨上花了很大功夫。

三、关于三教关系的理论

张伯端有鲜明的"三教合一"的思想。他认为，儒、佛、道三家的终极目标都是同一的道，只要真正掌握好，从哪一家入手都可以趋达于道：

> 释氏以空寂为宗，若顿悟圆通，则直超彼岸，如有习漏未尽，则尚殉于有生。老氏以炼养为真，若得其枢要，则立跻圣位，如其未明本性，则犹滞于幻形。其次《周易》有穷理尽性至命之辞，鲁语有毋意必固我之说，此又仲尼极臻乎性命之奥也，然其言之常略而不详者何也？盖欲序正人伦，施仁义礼乐之教，故于无为之教未尝显言，但以命术寓诸《易》象，以性法混诸微言耳。①

在这个意义上，张伯端说："如此岂非教虽分三，道乃归一？"② 当然，这是就修炼的终极目标而言的。除此之外，三家尚有不少共同之处，尤其是在心性论方面。他融通道佛二家的思想，用道教的思想解释佛教的戒、定、慧，说："夫其心境两忘，一念不动曰戒；觉性圆明，内外莹彻曰定；随缘应物，妙用无穷曰慧。此三者，相须而成，互为体用。或戒之为体者，则定慧为其用；定之为体者，则戒慧为其用；慧之为体者，则戒定为其用。三者未尝斯须相离也。"③ 当然，这个解释是从道教修炼的立场上做出的，已经贯注了本真实有的思想，与佛教的一切皆空显然有别。对佛教的空，他用道教的思想给予解释。他在《圆通颂》一诗中说："见了真空空不空，圆明何处不圆通？根尘心法都无物，妙用方知与佛同。"④ 这显然是用唐代重玄思潮的

---

① 《道藏》第4册，第711页。
② 《道藏》第4册，第711页。
③ 《道藏》第2册，第1031页。
④ 《道藏》第2册，第1030页。

第一章　晚唐至北宋时期的道教思想

73

思想来解释佛教的空，强调物我两忘、境智双空而求真空，其实质是"常应常静，常静常应"。就道与儒的关系而言，张伯端继承了钟吕所认同的"和光同尘"思想①，把行善积德的伦理实践作为内炼成仙的基础，主张"志士若能修炼，何妨在市居朝"②，在尘世中成就金丹，甚至告诫弟子们说："未炼还丹莫入山，山中内外尽非铅。"③

张伯端主张三教归一，只是就三教的相通、相同来说的，这并未泯灭三教的差异。例如，就心性论来说，张伯端已经做了区分。他说：

> 命复归根之由，深根固蒂也。深根固蒂之道，自澄心遣欲；澄心之理，屏视去听始。孔子曰："非礼勿视，非礼勿听，非礼勿言，非礼勿动。"此便是真实道理。但儒教欲行于世，用于时，故以礼为之防。所谓妄心者，喜、怒、哀、乐各等耳。忠、恕、慈、顺、恤、恭、敬、谨则为真心，吾修丹之士，则以真心并为妄心，混然返其初而原其始，却就无妄心中，生一真心，奋天地有为，而终则致于无为也。若释氏之所谓真心，则又异焉。放下六情，了无一念，性地廓然，真元自见，一见之顷，往来自在。盖静之极至于极之极，故见太极则须用一言半句之间如死一场再生相似，然后可以造化至机，而为不死不生之根本，岂易窥其门户耶？④

张伯端认为，佛教追求空寂圆通的本体，但有"欲速见功，不复修命，直修性宗"⑤ 的局限性，只修性不修命，不能促成气脉的变化，则只能得不解渴的"干慧"，只能出阴神，不能出阳神。道教炼养而求登仙，但如果只修命不修性，未能明心见性，不达根本，则无法证得"无上至真之妙道"。儒家实际上也是讲求"穷理尽性至命"的，只不过它关注人文教化，强调把人伦礼法规范内化入人的心中成为个人的自觉信念。确实，佛教禅宗讲"明心见性"，张伯端的道教内丹学讲"全性养命"，儒家讲"复性明理"，在终极目标上都是一致的。心理上追求清静虚明，无私无虑；生活上追求自然恬淡，少私寡欲，养气守神，也是儒、释、道三家的一致之处。正如张伯端所

---

① 《道藏》第23册，第689页。
② 《道藏》第3册，第34－35页。
③ 《道藏》第4册，第724页。
④ 《道藏》第4册，第373页。
⑤ 《道藏》第5册，第383页。

说:"教虽分三,道乃归一。"但是,道教重炼养,却往往未明本性;儒家重人伦,施仁义礼乐之教,却往往忽视了返本还源的"无为"之道;佛教以空寂为宗,崇尚不断破除蔽障,却遗漏了性之实有而视之为空,无可无不可,所在皆可而所在皆不可,找不到一个归根落脚的地方。为了克服三家之弊而得其所长,张伯端主张"先以神仙命脉诱其修炼,次以诸佛妙用广其神通,终以真如觉性遣其幻妄,而归于究竟空寂之本源"①。钟吕套用禅宗修性的学说,并对它进行了符合道家、道教原理的初步改造。张伯端则把内丹修炼划分为"先""次""终"三个阶段,始则由儒入道,次则由道参禅,再则摄禅释性,终则复返于自然大化的本源和本体、性命的始初或本真,从而把性命双修的思想完全贯彻到三教合一的观念中去,大大丰富和发展了内丹学说。由儒入道的实质就是把涵养伦理道德作为修道的前提。这就意味着,张伯端的伦理道德与儒家伦理道德有相通相同的地方,而摄禅释性则涉及修炼的高级阶段,内丹与禅修的异同。

张伯端在写完《悟真篇》中律诗八十一首后说:"篇集既成之后,又觉其中惟谈养命固形之术,而于本源真觉之性有所未究,遂玩佛书及《传灯录》,至于祖师有击竹而悟者,形于歌颂、诗曲、杂言三十二首,今附之卷末,庶几达本明性之道,尽于此矣。"② 有学者据此认为张伯端的思想主要是禅宗的,或者说是道禅融合,这些观点是有问题的。上面关于三教关系的分析已经显示了张伯端的思想与禅宗之间的差别。其实,就这一点来讲,张伯端本人紧接着就说,卷末的这些诗曲杂言表示炼形化气之后,"抱之九载,炼气成神,以神合道,故得形神俱妙,升入无形,与道合真,冥而不测,是以形神性命俱归于究竟空寂之本源也"。对此,翁葆光《悟真直指详说三乘秘要》解释说:"九载功圆,则无为之性自圆,无形之神自妙。神秘则变化无穷,隐显莫测;性圆则慧照十方,灵通无破。故能分身百亿,应显无方,而其至真之体,处于至静之域,寂然而未尝有作者,此其神性形命俱与道合矣。"③ 这说明,禅宗的思想可以用来说明"以神合道"阶段境界的某些方面。《悟真篇拾遗》之《西江月·其四》说:"法法法原无法,空空空亦非空。静喧语默本来同,梦里何劳说梦。有用用中无用,无功功里施功。还问

---

① 《道藏》第 2 册,第 1032 页。
② 《道藏》第 2 册,第 974 页。
③ 《道藏》第 2 册,第 1016 页。

果熟自然红，莫问如何修种。"① 这是就炼神还虚阶段不实不虚、不有不无、常定常寂、感而遂通、脱离生死而言的。《悟真篇拾遗》之《绝句四首·其一》还说："如何妙体遍河沙，万象森罗无碍遮。会得圆通真法眼，始知三界是吾家。"② 还虚境界，真体常在，虚通无滞，无遮无碍，万象通明，与天地合一，与宇宙同体。这与禅宗的境界确实差异不大，所以炼丹的下手功夫与禅宗有相同之处。

但是，不能仅仅根据言词的相近就断言张伯端的思想是道禅融合。张伯端对炼形、炼气、炼神三阶段的论述是道教的，这是无疑的。在性功阶段，张伯端思想的底蕴，仍然是道教的。他的《即心是佛颂》说："佛即心兮心即佛，心佛从来皆妄物。若知无佛复无心，始是真如法身佛。法身佛本没模样，一颗圆光含万象。无体之体即真体，无相之相即实相，非色非空非不空，不动不静不来往，无异无同无有无，难取难舍难听望。内外圆明到处通，一佛国在一沙中，一粒沙含大千界，一个身心万个同。知之须会无心法，不染不滞为净业，善恶千端无所为，便是南无与迦叶。"③ 这里使用的几乎都是禅宗的语言，但所谓"法身佛"实为道家、道教的"真体"与"道体"，无所执着，蕴藏有最大限度的生机与潜力，不同于禅宗的一切皆空。因此，张伯端思想的立足点，仍然是道教。以心求道的方法，不是佛教的中观，而是重玄之道："此道非无非有，非中亦莫求寻。二边俱遣弃中心，见了名为上品。"④ 双遣双非，也不执着于中，不懈地趋归于真道，这才是张伯端思想的最终着落处。

其实，即使在最高境界，从形神关系来说，张伯端的思想底蕴仍然是道教的。佛教修行的目的是彼岸，往生极乐世界，视形骸如暂寄。道教则主张形神一致，留形住世，形神相依而延长寿命。虽然在高级阶段出阳神可以离形，但化身千万仍可回入形骸，最高理想是肉身冲举长存。所以，纸舟先生《七返七真合同图》根据形神关系把道教内丹修炼划分为六个阶段：第一，形神相顾，入道初真，即入手开始；第二，形神相伴，名曰得真，即筑基阶段；第三，形神相入，名曰守真，即炼精化炁；第四，形神相抱，名曰全真，即炼炁化神；第五，形神俱妙，与道合真，即炼神还虚；第六，形神双舍，

---

① 《道藏》第 2 册，第 1033 页。
② 《道藏》第 2 册，第 1030 页。
③ 《道藏》第 4 册，第 746 页。
④ 《道藏》第 4 册，第 749 页。

名曰证真，即炼虚后形神相忘之境。① 张伯端也是这个思想。他说："释氏教人修极乐，只缘极乐是金方。大都色相惟兹实，余二非真漫度量。"②"金方"一语双关，既指西方，也指金丹。金丹炼成，不坏不灭，与天地同寿，这才是实际的色相。后来的刘一明注解这里时说："空非寂灭之谓，乃因物付物，随分就圆，以无心应之。"这与佛教形神分离的最高理想是不同的。何况，张伯端把禅理诗词称为《拾遗》已经清楚地说明，禅宗的性理只是用作参考。

张伯端明确地对禅宗展开了批判，认为禅宗只图口说，奢谈明心见性，缺乏实在的功夫践履，有言无行。"我见时人说性，只夸口急酬机。及逢境界转痴迷，又与愚人何异？说得便须行得，方名言行无亏。"③ 张伯端认为，即使言行一致，修炼禅宗而了悟真如之性，也难免会有抛身入身的遗憾。"饶君了悟真如性，未免抛身却入身。何以更能修大药，顿超无漏作真人。"④"投胎夺舍及移居，旧住名为四果徒。若会降龙并伏虎，真金起屋几时枯。"⑤ 按照佛教六道轮回的观点，人死只是肉体的死，灵魂是不死的。这里的"抛身"指肉体的死，"入身"与"投胎夺舍"同义，指人死后肉体与灵魂分离，灵魂依附于另一具形体而存在，不能摆脱生死轮回。之所以出现这种情况，根本的原因是禅宗只修性不修命。"今世人学禅学仙，如吾二人者亦间见矣……我金丹大道，性命兼修，是故聚则成形，散则成气，所至之地，真祖见形，谓之阳神；彼（禅师）之所修，欲速见功，不复修命，直修性宗，故所至之地，人见无复形影，谓之阴神。"⑥ 以能否出阳神分判道教与禅宗，是从钟吕以来道教就坚持的观点，这则材料所言应该还是可信的。阳神是先修命后修性的结果，有形体为依托，故可见；阴神是只修性不修命的结果，没有形体为依托，所以人无法看到。在实践功夫上，张伯端对禅宗也有批评。他在《悟真篇·序》中说："惟闭息一法，如能忘机绝虑，即与二乘坐禅颇同，若勤而行之，可以入定出神。"然而，"既未得金汞返还之道，又岂能回

---

① 《道藏》第 4 册，第 383 页。
② 《道藏》第 4 册，第 738 页。
③ 《道藏》第 4 册，第 749 页。
④ 《道藏》第 2 册，第 966 页。
⑤ 《道藏》第 4 册，第 738 页。
⑥ 《道藏》第 5 册，第 383 页。

阳换骨，白日而升天哉。"① 这就贬低了禅宗的修炼功夫。

对于张伯端与禅宗的关系，一方面应该看到他吸收了禅宗明心见性的思想，加以改造后成为"达本明性之道"，即提升了道教的精神超越之境，在一定程度上革新了道教传统的修道理论；另一方面，也应该看到，张伯端对禅宗的思想尚未完全消化，对究竟如何将移植过来的思想与道教的修炼实际结合起来，他的研究还不是很深透。实际上，张伯端的内丹学说，大体上只涉及了炼形、炼气、炼神三个阶段，对炼神还虚、炼虚还道这两个阶段，他是用以神合道来阐述的，失之于笼统和浮泛。当然，从张伯端所处的时代背景来说，内丹学只是到了他这里才变得成熟。由此一来，就不能苛求于他了。这个问题，是由白玉蟾和李道纯等后来的道教学者解决的的。

四、张伯端思想对后世道教的影响

张伯端的思想，对后世道教影响深远。他引《灵枢经》中的七经八脉之说于内丹修炼，点明任督二脉的枢纽是阴蹻穴，是真阳初上时的必经之路。这对后世内丹修炼影响至为深远。他的《悟真篇》在道教历史上享有崇高的地位，被誉为"千古丹经之祖，垂世立教，可与《周易参同契》并传不朽"②，亦或说仅次于"万古丹经王"《周易参同契》。例如元代陈致虚在《金丹大要》中说："且无知者，妄造丹书，假借先圣为名……切不可信，要当以《参同契》《悟真篇》为主。"③ 之所以如此，是因为《悟真篇》把自古以来的吐纳、导引、内视、胎息、存思、运神等养生内修方法在消化吸收的基础上融会贯通，落实到修命与修性相统一这个核心基础上，并把他们有机地融合为一个整体，使之成为能够完全取代外丹学说的一种内丹学说。崔希范的《入药镜》、施肩吾的《西山群仙会真记》等道书中所包含的内丹修炼范畴以及彭晓《周易参同契分章通真义》中所阐释的阴阳卦爻、日月进退关系，都被张伯端放到一个合适的有主次、先后的系统中而加以灵活运用，从而获得了"达本明性之道，尽于此矣"的效果。张伯端所建立的这种内丹学说以性命关系为核心内容，把炼气与炼心有机地统一起来，发展了《周易参同契》的法象火候，在鼎器尊卑、药物斤两、火候进退、主客先后、存亡有

---

① 《道藏》第 2 册，第 973 页。
② 《道藏》第 2 册，第 910 页。
③ 《道藏》第 24 册，第 4 页。

无、吉凶悔吝等方面，都做了具体明晰的阐发。而且，他在《道德经》《阴符经》等道教经典义理的指导下，把这种炼丹功法和经验技术诀窍加以总结、抽象、概括，使它们由"术"的层次上升到了"道"学的自觉的理论层次。所以，《悟真篇》一面世，注家蜂拥而起。它在北宋之后被推为内丹学的正宗，后世内丹家没有不祖述它的。钟吕—陈抟学派的内丹学理论建构，到张伯端这里基本上算是完成了。

后来，张伯端的思想，进一步被白玉蟾等人发展后，对宋代，尤其是南宋儒家理学的形成有一定的影响。在金元之际与全真道北宗汇合后，对道教，尤其是元代全真道的发展起了巨大的推动作用。他的很多功法和思想，直到今天还对气功锻炼有重大的指导意义。

但是，总的说来，张伯端的内丹学理论，仍然有修炼步骤不甚明朗、概念意义模糊不清、理论体系不太完整等缺陷。这些问题，直到清代的内丹学总结时期才被完全解决。

第五节 《道藏》编纂及其首经《度人经》

一、《道藏》与《云笈七签》

经典是道教的根本。道教自产生之日起，就特别重视经典的制作、整理、保存、分类和研究。葛洪在《抱朴子内篇·遐览》中所提及的他的老师郑隐的藏书，是第一个道教经典类集，葛洪对它做了进一步的分类和整理，计有道经 260 种，凡 1298 卷[①]。陆修静接着整理道教经典，编有目录，录道经1200 卷，即《三洞经书目录》。他首倡三洞分类法，把上清派经典归入洞真类，把灵宝派经典归入洞玄类，把三皇派经典归入洞神类，这就把晋以来流行于江南的三派经典统一起来了，对此后道教经典的整理影响甚为深远。后来孟法师[②]编成《玉纬七部经目》，把三洞分类法扩展至三洞四辅的七部分类法，即以太清辅洞神，太平辅洞玄，太玄辅洞真，正一遍辅三洞。此后，陶弘景著有《经目》。北周武帝时，玄都观道士修成《玄都经目》（《玄都馆经

---

① 朱越利：《道经总论》，辽宁教育出版社 1991 年版，第 125－126 页。

② 有孟景翼或孟智周两说，后者为陆修静的弟子。

目》)。北周武帝诏命在长安建立通道观，以楼观高道严达为住持，精选楼观道士十人及北方高道名僧一百二十人为通道观学士，于观中精研道法。同时，诏命楼观道王延于通道观中校定道书八千三百卷，成《三洞珠囊》七卷。唐代改通道观为宗圣观，尹文操奉命撰写《玄元皇帝圣纪》十卷，编撰《玉纬经目》，含纳道经七千三百卷。唐玄宗命修《一切道经音义》，开元年间又修《三洞琼纲》和《玉纬别目》，宗圣观大德侯元爽奉命参与此事。唐代崔湜、薛稷、沈佺期与道士史崇玄合编的《道藏音义目录》一百二十卷是"道藏"这一名词见诸史书之始，可惜该目已佚。北宋真宗时，张君房主领修成《大宋天宫保藏》，以千字文为函目，计4565卷，并撮其精要编纂成《云笈七签》，俗称"小道藏"。宋徽宗在政治上很昏庸，但在文化学术方面可谓是一个博学多才之士，他诏令续修道经成《万寿道藏》，函纳道经5481卷，又撰集《道史》《道典》。

从《道藏》可见，真正与道教典籍有直接关系的是道、神仙两家书，与房中书①也有比较密切的联系。这三类书构成了道经的主体，而天文、历谱、五行、蓍龟、杂占、形法、医经、经方等类书籍则成了道经的外围。此外，诸子中论道的书如《淮南子》以及题名黄帝的书等，与道教典籍也有一定的关系。但是，相当多的子书与道教典籍关系不大。当然，这是就狭义的道教而言的，或者说，是站在现代人的角度来定义划分的。道教的一些经籍认为，道教是以道为体、以术为用、无所不包、无所不及、无所不为的。如果按照这种观点，则凡明道、体道、用道之书均可列入《道藏》中。这里所述，结合本书前面相关章节的讨论，可以看到，关于道教的书籍经典，有一套哲学理论渗透于其中。

二、《度人经》扩编的意义

《度人经》从公元4世纪末期诞生以来，很快成为灵宝派的重要经典，并对其他道派产生了比较大的影响。公元5世纪末，严东即为它写了注释本。到了唐代，又有薛幽栖、李少微、成玄英为它作注。《度人经》宋神宗时期成为入道考试的内容之一，进一步提升了它在道教中的地位。

《度人经》自晋代成书以来到公元11世纪后半叶，都只有一卷。但在明代编纂的《道藏》中则多达六十一卷，是《道藏》中最长的十部道经之一。

① 《汉书·艺文志》著录房中八家一百八十六卷（商务印书馆1955年版，第71页）。

六十一卷本《度人经》中，第一卷仍然是晋代的那一卷，后面的六十卷则是根据第一卷扩展出来的。根据《高上神霄宗师受经式》和《灵宝无量度人上品妙经符图》等文献的记载进行分析，扩编的主事者当为宋徽宗，一批道士参与了这一工作。在该经的中心位置即卷三十一《长生久视品》里，出现了以宋徽宗为化身的长生大帝君。第一卷中本有长生大君，此前都被解释为身中神。卷三十一的一字之差，所指发生了巨大的变化。这也正好透露了宋徽宗既是神霄派的真正创始人，即教主道君皇帝，还是《度人经》扩编的主事者。从 1108 年颁布《金箓道场仪范》来看，扩编工作的开始可能早于 1108年。1116 年《政和道藏》编纂完成，所以，《度人经》扩编的完成时间应该在 1116 年之前。1115 年林灵素进入朝廷，1119 年离开朝廷回温州，所以他至多只是参与了后期部分的工作。

扩编的六十卷，数字是应六十甲子之数。扩编的方法是对第一卷的重复，即每卷都按照第一卷的格式编排，并且包含了很多近似乃至相同的篇章和相同的结论（只有八卷的结尾格式有异）。扩编的目的是在仪式上诵读。

《道藏》以三洞四辅十二部为经书分类方法。首先是洞真部，主要收录上清派的文献。其次是洞玄部，收录灵宝派的文献。可是，六十一卷本《度人经》，本应放在洞玄部中，却被放入洞真部的本文类，位列《道藏》第一，成为《道藏》首经。它强调，诵读此经具有无所不能的经德。所以，紧接下来的第二经是《元始无量度人上品妙经直音》，它是对六十一卷本《度人经》中的疑难字词进行注音，方便在仪式上进行诵读。对此，《高上神霄宗师受经式》给出的解释是，神霄秘箓应该居于与上清经同样的位置，神霄派的道书是"上清之标冠"。这样一来，六十一卷本《度人经》就获得了上清派乃至整个道教的终极神启的地位，可以当之无愧地成为《道藏》首经。

六十一卷本《度人经》在后世影响深远。这主要表现在诸多道书模仿它，把第一卷作为"法"，构造新书。例如，东华派王契真在 1151 年到 1194年间编造《上清灵宝大法》，使之成为东华派的基本经典，系统介绍东华派的道法思想、主要科仪、修持方法、道法体系等。王契真编造新书的手法就是把《度人经》相关内容变为"法"的形式加以运用，具体地说有以下四点：第一，把经文解释为内丹修炼的过程；第二，把经文用作符文，其第十八卷名为《经句符书门》，把《度人经》经文转化为符；第三，把经文作为各神灵、职司的名称；第四，用经文于印章①。再如，净明派同样以类似的手法构造新的道书而力图建立新的道教宗派，对此，《太上灵宝净明飞仙度人经法》以《度人经》为经，自己为法，"故太上灵宝净明飞仙度人经法者，元始说之，道君述之，虽有其经，尚秘其法，日月二宫天子因之，以法述经意，因经明法理，自非救济时事，运极数移，莫有昭示时也……故因经叙法尊师旨也，以经为咒本师令也，因法述事广师志也"②。这样一来，很多新的道书和新的道教宗派似乎很快获得了道教的正统性和合法性。

第六节 《道藏》中文字的道与术

一、文字的哲理

哲学以追索万物的本源为宗旨。那么，从哲学的角度来看，道教经书是从哪里来的呢？按照一般的观点，经书当然是人写的。但是，道教并不这样看。三皇派经典《三皇经》对于自己的出世是这样说的："皇文帝书，皆出自然虚无，空中结气成字，无祖无先，无穷无极，随运隐见，绵绵常存。"③按照此说，三皇派经典是从自然虚无中因气结字而成文的。类似地，《上清外国放品青童内文》卷下描述自己的出世说："生于九玄之先，结飞玄紫气，自然之章。"④ 这也是认为道经形成于天地产生之前，是由气凝聚而成的。这应该说的是上清派的观点。实际上，经书形成于万物产生之先，是气凝聚作用的结果，这是道教普遍的看法。如洞真部方法类《灵宝无量度人上经大法》卷一断言："三洞之经，四辅符箓，皆因赤书玉字而化，禀受灵宝之气而成。"⑤

《云笈七签》卷六《三洞经教部·三洞》说："三洞所起，皆有本迹。洞真之教，以教主天宝君为迹，以混洞太无元高上玉皇之气为本；洞玄之教，

---

① 陈文龙：《"法"与宋元道教的变革——评〈道教天心正法研究〉》，《世界宗教研究》2012年第4期。

② 《道藏》第10册，第599页。

③ 《道藏》第22册，第41页。

④ 《道藏》第34册，第8页。

⑤ 《道藏》第3册，第615页。

以教主灵宝君为迹，以赤混太无元无上玉虚之气为本；洞神之教，以教主神宝君为迹，以冥寂玄通元无上玉虚之气为本也。"① 在道教看来，经典的产生，是元始天尊化为天宝君，在玉清境说洞真经；灵宝天尊化为灵宝君，在上清境说洞玄经；道德天尊化为神宝君，在太清境说洞神经。三洞真经皆归于三位教主所说。至于天上老君，乃是道教最主要的先知，所以太清部、太平部、太玄部、正一部这四辅都是老君演说而成。这样，个别的经典，其来历大体上均能得到解释。因而，以元始天尊、老子等名号撰成的经典，不可胜数。

洞真之教，以教主天宝君为迹，以混洞太无元高上玉皇之气为本；洞玄之教，以教主灵宝君为迹，以赤混太无元无上玉虚之气为本；洞神之教，以教主神宝君为迹，以冥寂玄通元无上玉虚之气为本。教主只是迹，气才是本。迹即现象而非本质，是被衍生者而非衍生者。也就是说，教主仙真、三洞圣境，"其中宫主，万端千绪，结气凝云，因机化现"，俱属化名化身。学道者不可执迹而忘本，而应该循迹以得本。实际上，元始天尊、太上大道君、太上老君，皆一气所化，所以有"一气化三清"之说。原本是无，不可执着为有。元气因机化现了诸天神灵天尊，天尊说"吾以道气，化育群方，从劫到劫，因时立化"②，所以，所谓元始天尊、三洞教主等说经的说法，其实是教化的机宜之计，是导人向道的手法之一。

但道经中对经典的产生还有另外的说法。例如说，灵宝真文乃灵宝君所出，高上大圣所撰；三皇经为神宝君所出，西灵真人所撰。此外，上清派往往强调，经书是用扶乩的方式产生的，即上圣仙真（早期的先知）透过某位先知降笔写出。道教认为，不只教主是气化而成，凡神灵皆然。陶弘景在《真灵位业图》中说："二十四官君将吏，千二百官君将吏，气化结成。"③《登真隐诀》也说，所谓天兵天将，"官将及吏兵人数者，是道家之气，应事所感化也，非天地生人也。此因气结变，托象成形，随感而应，无定质也。非胎诞世人学道所得矣"④。经典无论系自然创生还是神灵仙真所作，俱属气化。

---

① 《道藏》第 22 册，第 31－32 页。
② 《道藏》第 22 册，第 32 页。
③ 《道藏》第 3 册，第 276 页。
④ 《道藏》第 6 册，第 624 页。

　　道经中还有神灵传经之说。所谓神灵或仙真说某经，实则是传经而非创作经书。神灵同样是由元气形成的，他们所说的经实质上是气化而自然创生。《灵宝无量度人上经大法》卷二说："自然之文，五译始成世书。"① 道教的文字最初存在于天上而非人间，世人无法阅读，只有等天尊或仙真将其翻译为世间通行的语言和符号后才能阅读。此外，太平部仪字号《一切道经音义妙门由起》也说："凡诸真经，皆结空成字。圣师出化，写以施行。"② 沿着这个观念推理，则不仅一般神灵及传经人只是个传述者的角色，教主仙真同样也只是传述者。他们所说的经典，并非他们所"作"。天地之间，本有其书，他们只是"注书其字，解释其音"，译成世人能看得懂的书罢了。

　　在今天的人看来，这是一种把作者神圣化的经书造作观，与今人所主张的作品创作所有权的作者观不同。作者的造作，具有"作而非作"的性质。写作经书的人，并不认为经书是他自己写出来的，反而认为是另有一个非自己的神秘力量实际写出了经文，只不过假手于自己而已。由此出发，往往强调造作经书的非人为性质，强调不期然而然的特殊缘会遇合。经书的造作，是应机、应运、应缘而生；能获知这一经书，也必须有高强的能力、特殊的机缘或非同一般的命运③。

　　总之，一切道经都是自然创生的，而不是人写的，这是道教对经书造作、出世的看法。

　　既然经书不是人写的，那么，就是天书了。对此，道教是不遗余力地进行张扬渲染。

　　　　道经者，云有元始天尊，生于太元之先，禀自然之气，冲虚凝远，莫知其极，所以说天地沦坏，劫数终尽，略与佛经同……所说之经，亦禀一元之气，自然而有，非所造为，亦与天尊常在不灭。天地不坏，则蕴而莫传；劫运若开，其文自见，凡八字，尽道体之奥，谓之天书。④

　　自然结气而成字，字组成之文即真文。若干篇真文组成书，即天书。具体地说，天地万物皆气化所生，而气在化生万物之际，云气撰集，就构成了

---

① 《道藏》第3册，第616页。
② 《道藏》第24册，第734页。
③ 龚鹏程：《文化符号学》，台湾学生书局2001年版，第144页。
④ 《隋书》第4册，中华书局1973年版，第1091-1092页。

"云篆"，即天字。《云笈七签》卷七引《内音玉字经》说，此诸天内音自然玉字，生于元始之上，出于空洞之中，"随运开度，普成天地之功"，"其道足以开度天人"①，这指的就是天字的形成。这种最古老的文字，是"天尊造化，具一切法"②，可以视为一切文的"原型"。天字进而形成三元八会之文、八龙云篆之章，这些真文之章，是天、地、人三才成立的开端。后世一切龙书凤篆、鸟迹古文、大小篆隶、摹印、署书、虫书等文字，皆由真文衍出。而且，不只人间使用的文字如此，天上的云气撰形、地上的龙凤之象以及龟龙鱼鸟所吐、鳞甲毛羽所载并"鬼书杂体，微昧非人所解者"③，也都由此真文化出。也就是说，宇宙是依真文而成就天文、地文、人文的。

当然，道教中也有'无字天书'之说。但是，所谓无字，只是平时看不见字，终究会显示出字来。何况，这只是凡人看不见，仙人是看得见的。再则，偶然在洞窟中或因机缘而获得的有字及无字天书，都是真文天书的派生之物。真文天书才是万化之本源。

由于文明皆由真文天书而来，所以文字对宇宙中的一切事物都有规定性：

> 一者主召九天上帝，校神仙图箓，求仙致真之法。二者主召天宿星官，正天分度，保国宁民之道。三者摄制酆都六天之气。四者敕命水帝，制召龙鸟也。其诸天内音，一天有八字，三十二天合二百五十六字。论诸天度数期会、大圣仙真名讳位号、所治官府台城处所、神仙变化升降品次、众魔种类、八鬼生死、转轮因缘。其十三字是五方元精名号、服御求仙、炼神化形、白日腾空之法。④

宇宙中的一切秩序，都由这些真文玉字来予以规定。真文实际上就成了道，正如薛幽栖在《元始无量度人上品妙经》注中说："真文之质，即道真之体为文。"⑤ 这就把文字提升到本源论和本体论的高度，从而形成了一种文字崇拜。这种文字崇拜，是把"道生一"解释成气化自然生出文字，而文字又为宇宙中天、地、人的根本，既是创生之本，也是原理之本。能掌握这个根本，就掌握了万物创生的奥秘，就可以与道同其终始，上下与天地同流。

---

① 《道藏》第 22 册，第 42 页。
② 《道藏》第 22 册，第 41 页。
③ 《道藏》第 22 册，第 41 页。
④ 《道藏》第 22 册，第 40 页。
⑤ 《道藏》第 2 册，第 202 页。

偏离了或不能掌握这个根本，宇宙就会丧失秩序，陷入混乱、动荡和不安，从而失去生机。人若背离了这个根本的原理，就必然死亡。对此，南朝梁代深受道教影响的文论家刘勰在《文心雕龙·原道》中表达得很清楚①。他说：

> 文之为德也大矣。与天地并生者何哉？夫玄黄色杂、方圆体分，日月叠璧，以垂丽天之象；山川焕绮，以铺理地之形。此盖道之文也。仰观吐曜，俯察含章，高卑定位，故两仪既生矣。惟人参之，性灵所钟，是谓三才，为五行之秀，实天地之心。心生而言立，言立而文明，自然之道也。傍及万品，动植皆文。②

自然之道，显现为道之文。自然垂文，结气成字，形成自然天书，天地人三才都为此文所涵蕴、所开立。这是道教把汉代重名思想推到极端后，与老庄宇宙论相结合而形成的理论，与道家在言意之辩中言不尽意的主张相反。文字崇拜是道家哲学与道教哲学的重大区别之一。

道教的这种文字哲学，与现代西方语言本体论有一定的相似性。海德格尔认为，语言是存在的住所，"哪里有语言，哪里才有世界"③。而"世界之所以成为世界，只是由于它进入到语言之中"④。语言与存在是一体的，语言具有本体性的地位。伽德默尔认为，语言具有构造世界的重要意义，是人与现实关系的中介，它与理解一起构成人在世的存在的不可分割的结构要素。"我们处于语言领域之中，它允许我们把要表达的东西表达出来，于是存在'被时间化'了。然而，如果这对语言的神秘性有效，那么对理解概念也同样有效。理解同样不能被仅仅看做一种进行理解的意识活动，它本身即为存在事件的一种模式。"⑤ 对道教的语言哲学与现代西方语言哲学在异同比较的基础上进行深入的研究，应该是一件很有意义的事。

本书前面已经说过，道教的内容，可以分为道、学、术三个方面，并以道和术两个方面为主。术的内核主要是方法。方法的三要素是单一符号、文

---

① 刘勰个人的经历和思想的主要倾向是佛教，但他在《文心雕龙》中所体现的思想，主要是儒家和道家、道教的。

② 刘勰：《文心雕龙》，中华书局 1985 年版，第 3 页。

③ ［德］海德格尔：《行进在语言之途中》，转引自涂纪亮：《现代西方语言哲学比较研究》，中国社会科学出版社 1996 年版，第 248 页。

④ ［德］伽达默尔：《真理与方法》，转引自涂纪亮：《现代西方语言哲学比较研究》，中国社会科学出版社 1996 年版，第 250 页。

⑤ ［德］伽达默尔：《哲学解释学》，上海译文出版社 1994 年版，第 50 页。

字、纯形式。其中以文字为最重要。因为单一符号无法描写世界和记录历史，纯形式也无法直接与整体的世界和历史相关联。能描写世界和记录历史并具有创设性的，只有文字。中国文字是象形文字，依类象形是汉字形成语言系统的方法；但是，象物并不只是单纯的依赖象形，而是有其所以如此象形的内在观念。自然，可能就是当时所有造字成文的传说中，文字得以成立的真正内在性观念①。而自然，本是道家、道教哲学的根本范畴——道的性质。这样，文字从一个内在的方面把道教的术与道联系起来了。

二、文字之术

道教认为，元气形成天字真文后，天字真文的衍生物有与文字有直接关系的符、书、咒等，也有与文字有间接关系的表情、手势、动作、图象等符号。《云笈七签》卷七《符字》及《八显》将其简略地区分为符、书、图三类："然此符本于结空，太真仰写天文，分置方位，区别图象符书之异。符者，通取云物星辰之势；书者，别析音句铨量之旨；图者，画取灵变之状。然符中有书，参似图象；书中有图，形声并用，故有八体六文，更相发显。……此六文八体，或今字同古，或古字同今，符彩交加，共成一法，合为一用。"② 符是具有信息和能量的天文、地文的载体，书包括音和义两个方面，图以形象的方式表现了日月、星辰、山川等自然景象或自然规律。

这三者相互渗透。首先，图与文字关系密切。符中有文字和图，文字中也有图。道教的文字是汉字，一个汉字本身就是一种图形。所以，道经多称其文字为"云篆""龙篆""凤文"等。"文"本为"文采错画"之意。道教相信"仓颉制字，依类象形"③，故文字本身就具有图象性。符的基本构成要素是字，只不过经过了变形、拼合，并嵌入了神鬼像、星云图、云气之形等。何况，早期的符是以文字重叠而成的，如《太平经》中的"复文"。图中往往有文字。"河图""洛书"是图，但也有说明性的文字。道教喜欢用图表意，且图文混而不别，就是这个原因。

其次，声音和文字交相为用。道教语言的声音形式和文字形式并不总是分开的。咒语的主体是声音，常用文字记录下来，道经和章奏在宗教活动中

---

① 史作柽：《哲学人类学序说》台湾仰哲出版社1988年版，第298页。
② 《道藏》第22册，第41页。
③ 《道藏》第2册，第606页。

第一章 晚唐至北宋时期的道教思想

87

也须用声音形式进行诵念或宣读。《灵宝无量度人上经大法》卷四十五说："夫灵宝大法乃天地之根宗，元始之妙炁，凤篆龙章结为真文，灵音梵唱分而为咒，元始上帝见无相之理，传要机于道君，济救群迷，敷剖至道，非世上之常辞，皆诸天之隐讳。"① 按照这里所说，咒具有与真文同等的地位，都是元炁的产物。这可视为道教中的一家之言。道教中大多数人赞同的观点是，音是由字合成的，如"天有八字，合成六十四音"②。文字取代声音在术中占据主导地位是道教形成的标志之一。就此而言，真文具有本源性的地位，声音是从属性的。不过，这里透露出，在道教看来，道教语言的声音形式和文字形式是统一的。

除了符、书、图外，道教的文字之术还有不少。箓、印的作用与符类似。掐诀是在手掌和手指上掐某些部位或使手指之间结合成某些固定的姿态，这其实是一种动作符号。类似的动作符号还有禹步等。书的衍生形态是经。经与咒、符、图共同构成道教的四种典型的文字之术。这里以经、符为例，对道教的文字之术做一阐述。

道教经典，夙以三洞四辅十二类分类。十二类中，第一为本文类，即"三元八会之书，长生缘起之说，经教之根本也"。本文来源于天书真文，就是法尔自然成文之意。"本者，始也，根也，是经教之始、文字之根，又为得理之元，万法之本。文者，分也，理也。既能分辨二仪，又能分别法相。既能理于万事，又能表诠至理。"③ 被视为经教之本文的有：三元八会之书、云篆、八体六书六文、符字、八显、玉字诀、皇文帝书、天书、龟章、凤文、玉牒金书、石字、题素、玉字、文生东、玉篆、玉篇、玉札、丹书墨篆、玉策、福连之书、琅虬琼文、白银之篇、赤书、火炼真文、金壶墨汁字、琼札、紫字、自然之字、四会成字、琅简蕊书、石磌等。本文进一步发展，就形成经。

道教对经非常重视。太平部仪字号《洞玄灵宝三洞奉道科戒营始》卷二《写经品》说：

> 经者，圣人垂教，叙录流通，劝化诸天，出生众圣因经悟道，因悟成真，开度五亿天人，教化三千国土，作登真之径路，为出世之因缘。

---

① 《道藏》第 3 册，第 861 页。
② 《道藏》第 2 册，第 251、242 页。
③ 《道藏》第 22 册，第 38 页。

万古常行，三清永式。结飞玄之气，散太紫之章，或凤篆龙书、琼文𥂝篆，字方一丈，八角垂芒，文成十部，三乘奥旨，藏诸云帙，闭以霞扃。使三洞分门、四辅殊统，实天人之良药，为生死之法桥。使众生普超五浊之津，俱登六度之岸者也。凡有十二相以造真经：一者，金简刻文；二者，银版篆字；三者，平石镌书；四者，木上作字；五者，素书；六者，漆书；七者，金字；八者，银字；九者，竹简；十者，壁书；十一者，纸书；十二者，叶书。或古或今，或篆或隶，或取天书玉字，或㩜云气金章，八体六书，从心所欲。复以总别二门，遍生归向。总者，尽三洞宝藏，穷四辅玄文，具上十二相，总写流通；别者，或一字一句，或卷或帙，随我本心，广写供养。书写精妙，纸墨鲜明，装潢条轴，函筒藏举，烧香礼拜，永劫供养，得福无量，不可思议。①

在道教看来，经来源于元气和天书真文，是解除患难的良药，是成仙得道的桥梁。经可以写在金板、银板、石板、木板上，可以写在生绢上，可以用漆、金粉、银粉来写，可以刻在竹简上，写在墙壁、纸张、叶子上。至于书写方法，也可以有多种多样。写经之后，要注意保存，广泛流通，以发挥其度化众生的作用。

道教又把经视为修道者的三宝之一。《洞玄灵宝自然九天生神章经解义》卷二说："三宝有三。本经天宝、灵宝、神宝，分为玄、元、始三气；降于人，为三田，曰精曰气曰神，此内三宝也。教有道宝、经宝、师宝三宝，太上三尊也。经宝，三洞四辅真经也。师宝，十方得道众圣及经籍度三师，此外三宝也。"② 从这个方面强调了经的重要性。

符中的文字，大抵上是古代篆籀及相传刻符、摹印、虫书、古文异体的变形，或再加上聚字构形的方法，以致于难以辨识。符实际上并没有什么神妙之处。符书是摹拟天书而来，天书"八角垂芒，精光乱眼，灵书八会，字无正形。其趣宛奥，难可寻详"③，符书也就尽力八角垂芒，形势婉曲，字无正形。所以，符书难以辨认，并非故弄玄虚。

符在道教诸术中的地位仅仅次于经。道书十二分类法中，第二为神符类，它是"龙章凤篆之文，灵迹符书之字"，具有"神用无方，利益众生，信若

---

① 《道藏》第 24 册，第 74⒌页。
② 《道藏》第 6 册，第 404 页。
③ 《道藏》第 22 册，第 42 页。

符契"的功效①。对符的功效,《灵宝无量度人上经大法》卷三十八也说:"天地神灵山川草木人民禽兽星宿日月,凡所有形,皆有符章之篆以治之。"② 为什么符具有如此强大而众多的功效呢?《云笈七签》卷七《符字》条的解释是:"一切万物,莫不以精气为用。故二仪三景,皆以精气行乎其中,万物既有,亦以精气行乎其中也。是则五行六物,莫不有精气者也。以道之精气,布之简墨,会物之精气,以却邪伪。辅助正真,召会群灵,制御生死,保持劫运,安镇五方。"③ 在道教看来,万物和人均因精气而生,因精气而存。符是人把道之精气贯注到简墨之中而成的,因而与万物之精气能相通相应,具有无所不可、无所不能的功能。

不过,符之所以灵验,精气相通只提供了一个基础,真正让它灵验的还是文。据《灵宝无量度人上经大法》卷三十六记载,道士发符时要念咒曰:"无文不光,无文不明,无文不立,无文不主,无文不辟,无所不禳,无所不度,无所不成。"④ 由此可以看出,用符之术是与心法结合在一起的。文是对实在的再创造而非简单模仿,道教的本文包含"变文"和"运用"两个方面,因而以文为中介的解释性认知和实践性证知是紧密结合在一起的,通过文既可以理解道,也可以证道、得道,更重要的是还可以借道之用而改造人及其所处的世界。

与符文相近的是篆。正一部集字号《上清琼宫灵飞六甲箓》说:"有其符,则隐化无方;闻其名,则上补天真;行其道,则飞虚驾景;佩其文,则玉女执巾。"⑤ 以文字录有神名的通讯录就是"箓"。它的功能与符相近,故人们多把它与符合称为符箓。

与符文功能类似者为上章与投简。所谓上章,系向天地鬼神上奏折,以文字申诉乞愿。陶弘景《登真隐诀》卷下将章与符合论,称为"章符",可见它与符书差别不大。投简也是利用符字以求长生辟邪。洞玄部神符类《太上洞玄灵宝投简符文要诀》举了一些法诀,如祝诵曰:"飞玄八会,结气成真,六十四字,总灵天根,开度生死,朽骨还人……"⑥ 文字之所以能使人

---

① 《道藏》第22册,第38页。
② 《道藏》第3册,第826页。
③ 《道藏》第22册,第41页。
④ 《道藏》第3册,第819页。
⑤ 《道藏》第2册,第169页。
⑥ 《道藏》第6册,第382页。

不死，是因为道教认为文字的产生即为宇宙的创生，若掌握了这始创之真文，自然就抓住了创生的秘钥，可以夺宇宙之造化。"开度生死，朽骨还人"，不过是其中之一端罢了。

总之，道教的符箓斋醮科仪之术中渗透着一种类似于现今西方语言哲学的文字（符号）崇拜。道教认为，作为宇宙万物的本源，元气形成文，文包括天文、地文、人文。人文即文字和由文字形成的道教经书、图、符、箓、咒语、印、掐诀等道术工具。在道教中，语言（最典型的表现形式是经、咒）和符号（最典型的表现形式是符箓和灵图）天然地与存在一体不分。它们本是由自然之气化生而成，其结构与自然事物相似，就其功能而言，也与自然之气一样有种种神奇作用。鬼神本质上也是由气凝结造作而成的。用语言和符号去招摄鬼神就相当于以气招气。修道者佩带或使用天文以及由天文演化发展而来的各种文字性道术工具，便可以辟邪、祛灾、召劾鬼神、登真飞仙。

道教以道为最高信仰，符箓斋醮科仪之术进而以文字为道之载体和道之用。这促使道教既以文字为教本，又以文字为教迹。为此，以"天之正法，不在祭餟祷词也"① 为主张，通过禁断"祭餟祷词"，道教把来源于原始宗教的日月山川等泛神论崇拜性信仰转变为以道为核心，以文字为手段，以役使神灵为人服务为目的的工具性道术体系。其间，渗透着自然气化、气类感通、阴阳分合、五行生克等思想框架。这样就与原始宗教完全区别开来了。这在后世道教中多有反映。例如，道教在民间影响最大的经典之一关圣帝君《劝世文》，其中有二十四条戒律，一孝、二慈、三忍、四敬惜字纸。此外，道教还有"制字先师"仓颉的祭祀，各地乡镇都有"惜字亭"。这充分说明了文字崇拜的重要性。

三、道教文学的哲理分析

道教如此重视文字，因而，道教很早就以文学为手段进行宗教活动。道教的文学受古代其他文学派别的深刻影响，制约其发展的，主要是道教的义理思想和宗教活动的需要，由此产生了章、奏、表、申、青词、步虚词、道情等文学体裁，并逐渐形成了独树一帜的道教文学，在中国古代文学史上占有重要的地位。

---

① 饶宗颐：《老子想尔注校证》，上海古籍出版社 1991 年版，第 31 页。

以步虚词为例。步虚词通常为五言十首，与一般文学作品不完全相同，但其为诗之一体，却是无法否认的。步虚词作为道教读颂乐章之一，其音腔记载于《道藏》洞玄部读颂类《玉音法事》等书。演唱时，依八卦九宫方位，绕香案"安徐雅步，调身正气"①，循序而歌，以象征天上神仙绕"玄都玉京山"斋会的情景。步虚词的内容是以天书真文为核心。北周杰出的步虚词作者庾信，在其十首步虚词中的第一首就说："混成空教立，元始正涂开。赤玉灵文下，朱陵真气来。"② 步虚词是用形象化的文字来咏读天尊及诸仙真，其文字与天书真文和道有同质性，故可以透过步虚飞玄入妙，与道同流。因而，咏步虚词本身就是一种修行方法。洞玄部读颂类《洞玄灵宝升玄步虚章序疏》认为，此经一是建立法体，从理起用；二是示修行方法；三是列十颂以读法体；四是散掷广诵，法法皆正，以示得失流通。正是因为咏步虚词本身就是修行，所以在举行步虚时有焚符于水盂、上香、默跪、启奏三清、讽神咒等仪式，要求念唱、步法、道具三者和谐统一。

与步虚词类似，青词也是道士上章时所用之物。

自然垂文、结气成字的文字观表明，道教文学作为人文的一部分，与道有同质性，创作和阅读道教文学作品本身就是修道法门，谣谶、步虚、祷词、盟誓、道情、青词等既是文学作品的体裁，又是宗教活动中的道具。一方面，文字可以推演为文章，文章则通贯于道，是得道的工具。文字的宗教性质能够被推演成各种宗教活动，成为道教这一文化体系的组成部分。文学可视为一类修道之术。另一方面，道是文字之本，也是文章的根据，还是文章的归宿。文章必须受道的统率并符合于道。根据这两个方面推理，每位道士都是文人，道士上章、启奏、盟祝、颂赞、用符、唱名、禳祓，既是一种宗教行为，又是一种文学活动。

道教的文昌帝君信仰在民间有莫大的影响。洞真部玉诀类《玉清无极总真文昌大洞仙经》卷二卫琪注对文昌解释道：

> 文者理也。如木之有文，其象交错。古者苍颉制字，依类象形。昌者盛也大也。言天地之文理盛大也。如伏羲则河图之文，以画八卦，立三极之道。此经所以推穷三才中之文理性命，皆自二炁五行中出，故文

---

① 《道藏》第9册，第579页。
② 《乐府诗集》第4册，中华书局1979年版，第1099页。

昌星乃土炁所化。坤土之卦辞曰："黄裳元吉，文在其中也。"艮土之卦辞曰："生万物者，莫盛乎艮，成万物者莫极乎艮。"故周子所谓：阳变阴合，遂生五行……是以文昌宫有东壁图书府、太微垣中有南斗第五星文昌炼蒐真君。又有太上九炁文昌宫、文昌上相、次相、上将等星，又有文昌图，流连以生化文物。是故天地之间，生戎变化之道，莫大于此。故曰"开明三景，是为天根，无文不光，无文不明，无文不立，无文不成，无文不度，无文不生"等语，实基于此。《易》曰："物相杂，故曰文。"是以文昌一经，杂纽不贯，亦如《易系》云："变动不居，周流六虚，上下无常，惟变所适。"又曰："参伍以变，错综其数；通其变，遂成天地之文。"亦此义也。故文昌之在世者，乃教化之本源。①

"文昌星"是土炁所化。"文昌"为天文、地文、人文之理。这样，文昌不再是星辰信仰，而是文理昌盛之意。这里的"文"包括文书、文彩、文明、文献、文章、文物等。就人世而言，文昌是教化之本源。祈文昌帝君可开慧能文，因而文昌帝君成为文化人和科举考试的保护神，在民间有广泛的影响。文昌帝君信仰作为一个典型说明，文为体，为用，为入道之方，文字、文学、文化双向贯通，综摄为一。

文字—文学—文化的一体性结构，不仅能够从内部解释道教与文学的关系，而且能够从外部解释道教与文学的关系，在文字—文学—文化的一体性结构中，渗透着一整套道教哲学的体系。道教的文字崇拜在中国文学史上具有深远的影响。天书真文是天文、地文、人文之源，文学的各种体裁，都是寓理于象，明象而见理，是以形象化的方式对这些文理的表达和反映，即所谓"肇自然之性，成造化之工"②。宋代形成的自然天成的文学创作观是在道教文字观影响下形成的。道以自然为性，受其影响，文学以自然为最高境界。道为虚无，无能生有，无为方可无不为。受其影响，文学强调精练含蓄，要有令人回味无穷的艺术魅力，又强调气韵生动，能做到"无间已得象，象外更生意"③。道教有"术进乎道"的理论，受其影响，文学也主张要把文学创作当作术，热爱、熟悉、洞彻它，进而达到随心所欲，莫不中的，物我合一，内景外景水乳交融，"进乎道"的地步。

---

① 《道藏》第 2 册，第 606 页。
② 《景印文渊阁四库全书》第 1071 册，台湾商务印书馆 1982 年版，第 342 页。
③ 《景印文渊阁四库全书》第 1435 册，台湾商务印书馆 1982 年版，第 754 页。

此外，过去谈论文学时，人们多注目于佛教，尤其是禅宗对文学的影响，而忽视了其历史源头。实际上，佛教进入中国以后，因受中国文化，主要是道教的影响，才产生了转化，才变成文字的、文献的、文学的宗教①。至于禅宗，是在《庄子》影响下形成的中国化了的佛教分支。

第七节　晚唐至北宋道教的总体特点

安史之乱后，随着李唐王朝由盛入衰，道教在政治上虽然仍维持着作为官方意识形态的地位，在社会生活中也尚有较高的地位，但已经明显下降。晚唐和五代十国时期虽有一些帝王比较推崇道教，但对道教的发展并没有起到很大的推动作用，因为他们仅仅是用道教来满足个人的私欲。进入北宋后，国家统一，社会安定，道教便逐渐恢复，到宋徽宗时成了国教。

受政治混乱、战争频繁、社会动荡的影响，在道的阐释方面，以理国为本的皇道之宗逐渐取代初、中唐时期重玄思潮的主导地位，以清静为本的无为之宗退居时代思潮的后台，但重玄之宗、无为之宗并未消失，而是与皇道之宗交相融和，以新的表现形式继续得到发展。

这一时期，外丹烧炼明显由盛转衰，到北宋时期已经不成气候。但社会上烧炼"药金""药银"的仍未完全绝迹。北宋时期出现了伪托吕洞宾的《纯阳真人药石制》，记述了六十六种草木药在黄白术中的运用。程了一于天僖四年（1020）写成了《丹房奥论》，这是一部关于黄白术的经验总结式的著作。

在外丹术逐渐衰落的同时，内丹术逐渐得到重视而取代了此前外丹术的优势地位。总体来看，这一时期是外丹和内丹并存交替的时期。

在内丹术催生并迈向成熟的历史背景下，到五代前后，内丹修炼及其思想波澜壮阔地普及到了社会各个阶层，同时涌现了一大批道教理论家，如杜光庭、陆希声、无能子，以及钟吕—陈抟学派的钟离权、吕洞宾、施肩吾、陈抟、谭峭、张无梦、陈景元、刘海蟾、张伯端等。经过这些道教理论家们的努力，内丹术正式形成。它把服气、胎息、守一、存思、周天、内视、咽津、房中等众多的内修之术综合起来，结合精气神学说、经络学说，把道家

① 龚鹏程：《道教新论》，台湾学生书局1991年版，第70页。

思想和《周易》阴阳五行模式作为说理工具，把它们糅合成为程序严谨、理论完善、体系完整的修炼方法体系。这是术的汇聚和道术融合的一个成功范例。与唐代《老》《庄》并重而实倾向于《庄》不同，钟吕—陈抟学派可谓对《老》情有独钟。在道的方面，与唐代的本体论占据主导地位，本源论退居次要地位不同，钟吕—陈抟学派更倾向于凸显本源论的基础性地位，本体论变成修炼各个阶段的义理指导。而且，与唐代的本体论属于心性自然本体论不同，钟吕—陈抟学派的本体论基本上是心性境界论。内丹术深刻影响了道教理论的发展，使得道教关注的重心由外在的天道自然向心性义理方面转化。不过，内丹的诞生既然是在外丹学的背景中脱胎出来的，自然留有外丹的痕迹。何况，天人合一是二者共同的原理。所以，这一时期的道教理论家们也对外在世界展开了哲理思考，力图弄清宇宙万物产生、变化的程序、规律，以便把它们用于逆修成丹的过程中。逆修成丹既然主要发生在身心中，那么，心性问题受到关注是很自然的。为此，道教学者们借鉴了前人的思想，展开了心性义理的锤炼工作。这一时期，心性论承上一时期显得更加充实、饱满，变得更加深刻和具有系统性，对成仙理论及其修炼方式的变革越来越彻底，越来越成熟，自然心性论显示出越来越明显的向以完全意义上的内丹术为背景的心性境界论转变的趋势。

钟吕—陈抟学派的道教理论家所建立起来的内丹，使得道教理论锦上添花，光彩夺目，从而深刻地影响了道教义理体系。例如，这一时期出现的《修真太极混元图》依据内丹修炼对传统的道教三清衍生出了新义："三清者，人之三田也；五太者，人之五行也。炼五行秀气而为内丹，合三田真气而为阳神。内丹就则长存，阳神现则升仙矣。"① 这一时期出现的内丹书籍有《准易系辞》《太上老君内丹经》《高上玉皇心印经》《太上内丹守一真定经》等。进而，内丹修炼及其思想影响到宋明理学，是宋明理学的重要思想渊源。内丹理论对此后的文学艺术等方面同样产生了比较大的影响。

以符箓斋醮为主的一些道教宗派这一时期有一定的发展。唐代正一派虽不太受官方重视，但在民间有影响。《太上玄灵北斗本命延生真经》，即《北斗经》，是这一派对后世影响比较大的经典。茅山宗在晚唐至北宋仍然有一定的发展，不过它的道术系统已经发生了重大改变，内修之术取代斋醮科仪之术而占据主导地位，并与重玄思潮有渊源。天心派、神霄派等新兴宗派出

---

① 《道藏》第 3 册，第 94 页。

现了。尤其神霄派因得到宋徽宗的支持而盛极一时。天书、真文信仰得以巩固并强化。这一时期著名的道士有李筌、杜光庭、彭晓、谭峭、闾丘方远、陈抟、张伯端、陈景元、贾善翔等，都是在道教史上有较大影响的人物。安史之乱直至五代十国的战乱，对道教的教团组织和经典文献造成了较为严重的破坏。斋醮祈禳等神道设教之术由于政治离乱，没有得到太多的表演机会。道教在北宋同样被视为官方意识形态而得到了推崇，道教的神道设教之术在相对稳定的政治环境中越来越受到统治者的重视而有了一定的发展，有了越来越多的展现机会，醮仪的社会作用凸显出来，几乎可与唐代盛行的斋仪平分秋色。北宋时期，新出道法，如炼度、雷法已经影响到了斋醮科仪的形式和内容。北宋政府继承唐代把道教视为官方宗教的做法，依照国家礼仪改造道教斋法，直接参与道教科仪的编修。北宋政府还推动了道教音乐的发展。在内丹术兴盛的历史情势下，搞符箓斋醮的道士们开始引入内丹术和内丹学的理论，道术系统的重构，使得新兴的道教派别如雨后春笋般涌现出来。

这一时期，占卜之术得到了比较大的发展。道教的占卜之术主要是遁甲、太乙、六壬和灵棋占等，其中遁甲运用了《周易》的三才理论、虚数之法、洛书之数，理论成分比较多，可谓融太乙、六壬于一炉。遁甲于东汉末期开始在社会上流行。道教对遁甲的运用和发展，主要表现在把它与符箓结合起来，导致遁甲之学符箓化。这典型地表现在北宋初年成书的《秘藏通玄变化六阴洞微遁甲真经》中。

与上述诸术相联系，伦理之术得到了发展。突出的表现是北宋弘扬《太上感应篇》等劝善书，成功融摄并消化了儒家的伦理纲常，儒道两家在伦理方面的矛盾基本上得到了解决，为南宋之后道教伦理之术的发展高潮的到来铺平了道路。

晚唐至北宋时期，道教术的种类增多了，术与术之间相互补充，相互影响，道士们往往同时掌握几种术。有的人既搞外丹烧炼，也修内丹，还搞斋醮祈禳。众多的术汇聚在一起，促进了术之间的相互渗透和沟通，这种渗透的实质，就是理论上的沟通。经过一批道教学者们的努力，道教诸术之间的联系变得紧密了。《大宋天宫宝藏》和其节缩本《云笈七签》等道教经书的编辑在一定意义上就说明了这一点。进而，人们开始思考道与术之间的关系。《云笈七签》卷四十五《秘法诀要·序事第一》说："道者，虚无之至真也。术者，变化之玄技也。道无形，因术以济人。人有灵，因修而会道。人能学道，则变化自然。道之要者，深简而易知也；术之秘者，唯符与气、药也。

符者，三光之灵文，天真之信也；气者，阴阳之太和，万物之灵爽也；药者，五行之华英，天地之精滋也。妙于一事则无不应矣。"① 道虽是虚，是无，但却满溢着由虚向实转化，自无生有的潜力。术是促成事物变化的玄奥灵通的技术。道至为深邃，却很简单，容易认识。术没有深邃的内容，却比较复杂、隐秘。其中最隐秘的就是符、气和药，即符箓斋醮之术、以气为本的内修之术、外丹术。对道与术之间关系的认识促进了道向术的进一步渗透。所以，这一时期，与隋至中唐时期不同，道与术之间的关系又近了一步，不只是结合，而是汇聚在一起了。这从张万福的言论中可以窥见一斑："凡人初入法门，先受诸戒，以防患止恶；次佩符箓，制断妖精，保中神炁；次受五千文，铨明道德生化之源；次受三皇，渐登下乘，缘粗入妙；次受灵宝，进升中乘，转神入慧；次受洞真，炼景归无，还源返一，证于常道。"② 从道士学习内容先后顺序的安排中可以看出，此时，道教的道与术已经汇聚为一个有内在联系的有机整体。稍后南宋时期出现的《道枢》，可谓一部集大成的著作，它对南宋之前的神仙之术做了系统的总结，进一步促进了道与术的汇聚，道教的内容更加具有严密的系统性。

晚唐时期，沈汾著《续仙传》三卷，收录三十六人的事迹，表明道教已经广泛渗透到社会的各个阶层，其社会影响力大为增强。这一时期，道教已在国外产生了比较大的影响。据朝鲜《三国史记》和《三国遗事》记载，早在唐高祖李渊时，高句丽人就争奉五斗米道，高祖曾应高句丽国王之请遣道士送天尊像给高句丽，并为国王讲解《道德经》。唐代中晚期，朝鲜有金可纪、崔承佑、僧慈惠等到中国学习道教。五代时期，朝鲜有道教书籍《皇灵孝经》返流中国，表明道教在朝鲜的传播已有一定的深度。道教传入日本，既可能是"遣唐使"带回，也可能是经朝鲜传入。据成书于公元 720 年的《日本书纪》卷六、卷二十二的记载，道教至少在公元 614 年已经传入日本。大约编于 7 世纪末的《日本国见在书目录》曾收录有与道教有关的书籍六十

---

① 《云笈七签》，《道藏》第 22 册，第 317 页。这一段话当出自于《洞玄灵宝太上六斋十直圣纪经》（《云笈七签》卷三十七作《洞玄灵宝六斋十直》）。但文字略有不同。该书说："道者，灵通之至真；术者，变化之玄技也。形之无形，因术以济人。人之有灵，因修而会道。人能学之则变化自然也。夫道之要者，在乎深简而易攻也；术之秘者，唯符、药、气也。符者，三光之灵文，天之真信也；药者，五行之华英，天地之精夜也；气者，阴阳之和气，万物之灵爽也。"（《道藏》第 28 册，第 382 页。）

② 《道藏》第 32 册，第 193 页。

三种。公元798年日本高僧空海从唐回国后曾编有《三教指归》。由此可见当时的日本人对道教已经有了比较深的认识。唐太宗时，东天竺童子王向唐朝廷请求将《道德经》译为梵文，说明道教已传入印度。大约同一时期，道教也传入了缅甸、柬埔寨等东南亚国家。

综上所述，道教在唐末至北宋时期确实有了很大的发展。但遗憾的是，由于没有顺应自身发展的规律及时调整转型，道教由此埋下了衰落的种子。以林灵素为代表的神霄派道教徒腐化堕落，欺上瞒下，促使最高统治者沉溺于他们所宣扬的虚幻境界中，分散了最高统治者理政的精力，给一些佞臣贼子提供了可乘之机；他们大建宫观，大搞斋醮活动，耗竭民财，引起了士大夫阶层和平民百姓的憎恶和强烈不满。这是符箓派道教开始失去士大夫阶层的信仰的开始。这是就外在的方面来说。就内在的方面来看，道教的生机与活力在这一时期开始出现了衰落的迹象。杜光庭在《道门科范大全集》中把玉皇与昊天上帝合并为"昊天玉皇上帝"。本来，玉皇的称呼在南北朝时期已经出现，是从公元前2世纪的泰一（太一、太乙）衍生出来的，泰一的前身则是更古的上帝。但玉皇在南北朝时期地位并不高，只是在三清之下的一个神。但是，北宋真宗以玉皇名义颁下天书，玉皇崇拜于是逐渐兴盛起来，玉皇的地位被凸显出来，大有凌驾于三清之上的气势。《玉皇经》（全称《高上玉皇本行集经》）应运而生。北宋时期新造和对旧神进行改造的神灵还有保生大帝、长生大君、翊神保德真君、太一、真武等。政府还建立了对民间神灵给予封号的规范。就整体的道教而言，从宋徽宗时起，道教蜕变为帝王维护统治秩序的御用工具。天上的玉皇大帝变成了地上的皇帝的光环。神仙变成了为玉皇大帝承担职事的公务员，逍遥快乐的日子一去不复返了。遍布全国的城隍、土地神对应着国家的官僚机构，皇帝管理有形的世界，玉皇大帝管理无形的世界，铺天盖地的罗网层层叠叠地笼罩下来，恢宏昂扬、悠然自得的盛唐气象被代之以守成内敛、彷徨畏缩的宋代景观。道教鲜活的生命力在摇摆中开始减弱了。内外两方面因素的交互作用，导致道教的实际社会影响力下降，与刚刚诞生的理学相比，逐渐处于劣势并被理学迎头赶上，在南宋时开始在理论思辨和社会影响力两方面落后于理学。

总之，晚唐至北宋是道、术汇聚的阶段。这是道教史上一个承上启下，介乎道教发展的两个高峰时期的中间阶段，它既承上总结了前一个道教高峰时期的成果，又开启了下一个道教高峰时期，具有明显的过渡时期的特点。接下来，它迎来了南宋之后道与术的圆融。

第二章
南宋至明代中期的道教思想 （上）

南宋时期，道教与朝廷的关系处于一个低谷时期。元代初期，全真道的势力非常强大，导致元统治者为了制约它而扶持正一道。这两大道派在元代都有鲜明的世俗化、儒学化的特点，它们对引导蒙古贵族接受汉族文化，缓和社会矛盾，维护社会稳定都起了相当大的作用。

元代之后的明代，从建国之时起就很推崇道家、道教思想，朱元璋通过作《御注道德真经》，借鉴黄老道家和道教王道政治之术，实行了慎刑、富民安世等休养生息的政策，取得了较大的成效。对于道教，从朱元璋时起，明代统治者就非常功利性地强调其社会教化作用，认为全真道以内丹修炼为特色，只关心个人的修炼，对社会教化所起的作用不大，正一道则能醇风化俗，导人离恶行善。据此，有明一代始终贯彻"扬正一，抑全真"的政策。自明初诸帝之后的明代皇帝，有越来越推崇道教的趋势，并在明世宗时达到高潮。明世宗把奉道修玄作为政治活动的中心。例如，宰相和一般大臣的选拔任命，都取决于其对奉道修玄的态度和奉道修玄所取得的成效。功过赏罚、忠奸褒贬，同样以此为标准。不少道教徒平步青云，担任朝廷中的重要官职，有的位极人臣，参与朝政。道教的社会地位之高、影响之大，为历史罕见。统治者重视斋醮祈禳，热衷于服食、房中术的运用。这种对道教法术的热衷和推崇，浪费了国家财政收入，打乱了政治运作的惯常机制，分散了统治者的精力，在一定程度上使得统治者失去了及时体察业已开始酝酿剧变的资本主义商业因素和社会转型的萌芽，因而不可能对政治制度的因机变革提出措施和办法。

上行下效，对道教法术的推崇在整个社会造成了迷信愚昧、追求感官刺激和享乐的风气，对思想文化领域产生了深远的影响。首先，表现在文学艺术领域。这一时期文学艺术的格调发生了重大而深刻的转变，咏神仙、叹生死、趋乐避苦、追求自由成为文学艺术的主题。其次，表现在哲学领域。就儒家而言，加剧了理学与心学的对立，促使儒学发生分化，为心学的诞生和传播奠定了坚实的基础，事实上从一个侧面促成了宋代以来儒家思想的衰落。就佛教而言，明代佛教四大高僧袾宏、真可、德清、智旭都从佛教的立场提出了儒、释、道三教一家、三教同源的主张，德清还撰有《道德经注》两卷、《庄子内篇注》四卷、《观老庄影响论》一卷。由于道教的刺激，晚明佛教曾一度兴盛，有回光返照的迹象。就道教而言，一方面促使道教的教理教义进一步适应君主专制中央集权的政治制度，既有的封建性和保守性进一步增强；另一方面促使道教积极吸收儒家和佛教思想，大力发展伦理之术，促进了三教混融。再则，促使上层道教人士只知干禄求荣，养尊处优，因显贵而日趋腐朽，缺乏创新精神，缺乏研究道术的动力和压力，因术的综合而致道的创新解释无人去做，在教理教义方面无所作为，不能适应时代的发展要求而对道教进行革新和发展，促使道教整体上开始衰落。这是道教发展史上的一个高潮，也是道教发展的转折点。从此以后，道教教团的生存和发展就每况愈下。

第一节　南宗先命后性的道术思想

一、南宗概述

张伯端的后学，《混元仙派图》列其门下有刘奉真、马自然、石淳一等人，《青华秘文》记有其弟子王邦叔。两宋之际的刘永年、翁葆光、若一子等行双修功法者也自称得丹诀于张伯端。此外还有石泰、薛道光、陈楠、白玉蟾一系①；北宗宋德方三传弟子赵缘督得石泰真传，再传于陈致虚，这是另一系。但后世影响最大的则是石泰（1022—1158）、薛道光（1078—

---

① 柳存仁、陈兵、横手裕等学者认为，刘永年—翁葆光和薛道光—陈楠—白玉蟾的师承关系基本上是可信的，此前上溯到张伯端的师承关系，疑点颇多，可能是白玉蟾及《悟真篇》的注解者们为提高自己的权威而虚构、编造出来的。参见钦伟刚：《朱熹与参同契文本》，巴蜀书社2004年版。

1191）、陈楠（？—1213）、白玉蟾（1134？—1229？）一系，后世把张伯端与这四人合称"南宗五祖"。这四人均有著述，石泰著有《还源篇》，薛道光著有《还丹复命篇》，陈楠和白玉蟾更是著述宏富，影响甚大。

陈楠著有《翠虚篇》《紫庭经》《金丹诗诀》《阴符髓》等，对张伯端的思想有所发展。关于道，他说："道即金丹也，金丹即道也。"① 葛洪所谓的金丹就是某种意义上的道，但他认为金丹尚需经过一些中间环节才能转化为人所得的道。盛唐前后道教有"修道即修心，修心即修道"的观点，但那只是心对道的感通，尚无内丹修炼之说。陈楠在内丹修炼的基础上，把这一意思表达得简捷明了。陈楠把修道等同于炼金丹，把修炼结果实体化了。这样做的好处是可以纠正"或依《灵宝毕法》行，直勒尾闾咽津液；或参《西山会真记》，终日无言面对壁"② 的弊端，不致于使人流于顽空，如此修炼可以使人充满鲜活旺盛的生命力。他认为："天仙之学，如水晶盘中之珠，转漉漉地，活泼泼地，自然圆陀陀、光烁烁。所谓天仙者，此乃金仙也，此不可言传之妙也。"③ 这展示了南宗内丹与长年谈论问答、兀坐沉乏的禅宗的本质区别，也弥补了张伯端在高级境界没有清楚地分清禅宗与道教的区别，以及过分重视禅道相通相同的方面而疏忽了其差异的不足。但陈楠并非不注重道与禅的相通相同之处，他说过："人若晓得《金刚》《圆觉》二经，则金丹之义自明，何必分老、释之异同哉？天下无二道，圣人无两心，何况人人俱足，个个圆成。"④ 显然，陈楠认为，禅宗难于入手，丹法则直接实用。但到了高级境界则丹禅二者的共同性显露得更多。陈楠对丹法的叙述在不少地方比张伯端更清晰、全面，如说 "气中生神，神在上田；精中生气，气在中丹；真水真气，合而成精，精在下丹。上田神室，中田气府，下田精区。"⑤ 这很清晰地道出了三丹田的位置和所属精气神的运用。陈楠把心无为、性不乱作为炼丹之本，尤其强调把性不乱作为修炼精气的前提，说："性不乱则神不移，神不移则精不散，精不散则气不荡，气不荡则精火相随。精火不散，万神聚于神乡，在于昆仑之内，朝于顶上，始得一气之造化也。"⑥ 在炼化精气

---

① 《道藏》第24册，第207页。
② 《道藏》第24册，第205页。
③ 《道藏》第4册，第618页。
④ 《道藏》第4册，第618页。
⑤ 《道藏》第4册，第691页。
⑥ 《道藏》第4册，第695页。

过程中要以性为主宰，让心无为而意有为，于无为中有为，"无为之中无不为，尽于无相生实相"①，在虚无静定之中，"无中生有作丹基"。把"玄关一窍"即"一"视为丹基，然后促成窍内阴阳即铅汞的交媾，和合成丹胎。这是继承了石泰"气是形中命，心为性内神，能知神气穴，即是得仙人"②的思想，神气穴即玄关一窍。此外，陈楠还指出诸多金丹术语名异实同，为打破金丹术语纷繁隐晦的局面开了先河。陈楠的思想，对白玉蟾有比较大的影响。

南宗是一个独立的道教宗派，这实际上只是后人的追认。从张伯端到陈楠，其间并没有确切的教派道统的传法关系。他们之间只是内丹术及其学说的承传关系。如果说历史上有南宗的话，那也只能从白玉蟾开始算起。

全真道南宗继承张伯端和光混俗的思想，不做职业道士，居家修炼。正如南宋的夏宗禹在《悟真篇讲义》卷六中认为，南宗的修炼特点是："有志之士若能精勤修炼，初无贵贱之别，在朝不妨为治国平天下之事，在市不失为士农工商之业。"③南宗作为一个独立的道教宗派虽存在的时间并不长，但在道教史上的影响却不可小视。它所确立的性命双修、先命后性的内丹修炼理论符合大多数人修炼的实际，成为以后内丹学理论发展的正脉。它的内丹修炼理论对北宗影响很大。北宗的内丹修炼理论是在吸收了南宗的内丹成就之后才变得充实和完善的，也因之大大增强了南北宗融合后的全真道理论的系统性和完备性。南宗内丹修炼与符箓相结合，把内丹修炼引入斋醮祈禳活动中，一改符箓只画符行法的传统，奠定了以内丹修炼为基础、外行符箓法术的后期符箓派道教宗派的理论基础。此外，南宗道士多有很高的文化修养和宗教修养，给后人留下了一大批内丹专著和优秀的诗篇，推动了道教义理与文学艺术相结合的进程，为后来的中医药、气功学、人体科学和文学艺术的发展做出了比较大的贡献。

二、翁葆光和南宗双修派的思想

南宗除了以白玉蟾为代表的主张清修的一系外，还有传承谱系为张伯端、

---

① 《道藏》第 24 册，第 206 页。
② 彭定求编：《道藏辑要》，光绪三十三年（1906）成都二仙庵重刻本，第 116 页。
③ 《道藏》第 3 册，第 57 页。

刘永年、赵缘督、翁葆光、若一子、龙眉子等主张双修的一系①。其中以翁葆光影响比较大。他著有《紫阳真人〈悟真篇〉注疏》②和《悟真篇注释》。另外，《紫阳真人悟真直指详说三乘秘要》中摘录了他的一些言论。

翁葆光以《阴符经》的思想为本来研究《悟真篇》，把修道划分为"强兵战胜"即养玄珠，"富国安民"即运阴阳符火，"抱元守一"即运火功圆后的功夫等三个阶段、三种境界。他认为，道是宇宙的本体和本源，由道而生"混元真一之炁"，气�`生阴阳，阴阳感应相交而有天地万物。后天的有形之物都是暂时的，必定会坏朽。如何避免这种结局出现呢？"是故圣人采先天一炁为丹，炼形还归于一炁，炼气归神，炼神合道，而归于无形之形，故能超乎天地之外，立乎造化之表。"③采先天一气凝炼为丹，炼丹而得道，人才能永恒不朽。

"混元真一之气"即"先天一炁"，是内丹修炼的真药物，翁葆光又把它称为"虚无一炁""阳精""真一之精""阳丹"："钟离曰：四大一身都属阴，不知何物是阳精？盖阳精是真一之精、至阳之气，号曰阳丹也。"④又说："夫真一之精，造化在外曰金丹，又曰真土。吞入己腹中，即名真铅，又名阳丹。"⑤先天真一之气是修炼内丹的真药物，又称为真铅。翁葆光说："真一之气生于天地之先，混于虚无之中，恍惚杳冥，视之不见，听之不闻，抟之不得，如之何凝结而成黍米哉？圣人以实而形虚，以有而形无。实而有者，真阴真阳也，同类无情之物也。虚而无者，二八初弦之气也，有气而无质者也。两者相形，一物生焉。所谓一物者，真一元气凝而为一黍米之珠者也。"⑥翁葆光把真铅真汞与真阴真阳分开，认为真铅真汞无形无象，先天地而生，存在于人身之外，是虚而无者，即二八初弦之气。真阴真阳存在于人身，出自于人身，是实而有者。人体真阴真阳与先天真一之气系同类之物，故前者能够招摄后者。二者交融，即可凝结为一粒黍米之珠。这就是说，真铅真汞与真阴真阳都是内丹修炼的药物。内丹修炼所用的药物有两种：一种

① 按照陈致虚的看法，刘永年很可能为石泰的弟子，并非直承张伯端。参见清代仇兆鳌《悟真篇集注》卷首。
② 由陈达灵、戴起宗整理。
③ 《道藏》第 2 册，第 1019 页。
④ 《道藏》第 2 册，第 943 页。
⑤ 《道藏》第 2 册，第 924－925 页。
⑥ 《道藏》第 2 册，第 921 页。

得之于人身之外，即先天之炁、真一之精、阳丹；另一种得之于人身之内，被称为阴精。内丹修炼就是以身内真阴真阳之阴精为炉鼎，按同类交感之法则，诱擒先天真一之炁即阳丹入于腹中，然后再将阳丹与己之阴精交感合炼，以成就金丹。翁葆光认为，在这一过程中，擒获先天真一之炁是修炼的关键，因为它是内丹修炼的真药物，是证道超越之所以可能的根据，而后天之物不能超越先天。内丹修炼之真药物，只能来源于先天真一之炁。显然，在翁葆光看来，内丹修炼的真药物既不是钟吕所主张的以心之液、肾之气为真阴真阳，药物存在于两肾之间，禀自父母的一点元阳之气，也不是一般内丹修炼者所认为的视神气为药物。他认为，这些都是后天生成之物，不能作为证道超越的先天根据。在具体操作上，翁葆光在《紫阳真人〈悟真篇〉注疏》序言中说："夫炼金丹大药，先明天地未判之前混沌无名之始气，立为丹基；次辨真阴真阳，同类无情之物各重八两，立为炉鼎。假此炉鼎之真气，施设法象，运动周星，诱此先天之始气，不越半个时辰，结成一粒，附在鼎中，大如黍米，此名金丹也。"[1]

在炼丹的精、气、神三要素中，翁葆光主张以精为主。他说："精能生气，气能生神，荣卫一身，莫大于此。养生之士，先宝其精，精满则气壮，气壮则神旺，神旺则身健，身健则少病。内则五脏敷华，外则肌肤润泽，容颜光彩，耳目聪明。"[2] 这是继承了崔希范的思想。崔希范说："精者，至生之物而无形焉，借气而为形，在身而为气，过乎尾闾而为精。精能定于自然，则形何自而衰耶？故曰精者，人之命也。"[3] 又说："精者，至真也，生之物也，有名而无形者也。天地万物皆是精之所生，而积之以为命，其来从乎恍惚焉。"[4] 翁葆光的这一观点，与张伯端的气为体、神为用的观点不同，也与白玉蟾的以神为主的观点不同，显示了双修派的立场。其实，精、气、神这三者相互促进，相与为用，很难简单地划分主次。应该说，精是立基之本，气是运化的动力，神是控制的主导。在精满的前提下，神、气就显得更重要一些。神气可以进一步推衍为性命，所以翁葆光有"道为性命本，性是心源，心性同体，变化无边"之说。修炼的归趋，就是要达道："九载功圆，则无为之性自圆，无形之神自妙。神妙则变化无穷，隐显莫测；性圆则慧照

---

① 《道藏》第 2 册，第 913 页。
② 《道藏》第 24 册，第 11 页。
③ 《道藏》第 20 册，第 808 页。
④ 《道藏》第 20 册，第 810 页。

十方，灵通无碍。故能分身百亿，应显无方。"① 这才是真正的"神形性命俱与道合真"之道②。这些是清修派也赞同的理论。双修派与清修派的区别在于，双修派认为坎中的真铅、真汞必须取自"同类异体"即异性之身，所以修炼要男女双修，这主要是就男子而言，所以双修法的实质是取资于女子。不过这已经是在第二阶段，即安炉立鼎时才用。就整个修炼过程和修炼实质而言，药物其实并不是简单地来源于异性，而是先天的"混元真一之气"。翁葆光在《紫阳真人〈悟真篇〉注疏·翁序》中说："夫炼金丹大药，先明天地未判之前混沌无名之始气，立为丹基。"③ 元代的戴起宗说得更明白：修炼要"以无涯之气补有涯之气"④，"天地灵根、阴阳圣母乃为还丹之基"⑤。正是在这个意义上，双修派往往强调双修功法与房中闭精交合法（如泥水丹法）根本不同。上乘功法是男不宽衣，女不解带，男女对坐，神气相通，情感相合，二气交媾，双接互补，大丹于是产生。双修的步骤，按照翁葆光的概括，有立丹基、立炉鼎、结丹、金液还丹、结圣胎、脱胎、沐浴、出阳神、面壁、与道合真等。双修除了有生炁之鼎即女子外，还要有助伴，"三人为侣，方可修炼"⑥。

双修派起源于房中术。房中术首先是房事卫生之术，具有促进身心和谐、增强人体健康的作用，在古代还有刺激生育的作用。房中术能益生的依据，在直观经验上是体力与性机能强盛的一致性；在理论上是阴阳相生说，即阴阳交和，使精气合一，从而使得生命生生不息。在内丹兴起后，受房中术的影响，人们把房中术与内丹相结合，产生了内丹双修之术。于是，在理论上就出现了内丹双修派。

双修派虽未必以淫欲为目的，但其行为多有悖于伦理道德，而且多有歧视、利用妇女的行为。在理学的社会影响日益扩大后，有关性的知识变得神秘起来，成为人们言论的忌讳，言此易遭受大众诟病，所以流传不广。不过，双修功法有其存在的价值是不言而喻的。所以，双修一派元明以来仍有戴起

① 《道藏》第 2 册，第 1022 页。
② 翁葆光注《悟真篇·西江月》时说："十月功足，形化为气，气化为神，神与道合而无形，变化不测。"（《道藏》第 2 册，第 954 页。）
③ 《道藏》第 2 册，第 913 页。
④ 《道藏》第 2 册，第 965 页。
⑤ 《道藏》第 2 册，第 943 页。
⑥ 《道藏》第 2 册，第 1020 页。

宗、陈致虚、李文烛、彭好古、陆西星、傅金铨等继续传承。

三、白玉蟾的丹道哲学思想

白玉蟾本名葛长庚，琼州（今海南省琼山县）人，一说福建闽清人，少年早慧，才气非凡，诗文奇伟。白玉蟾著作宏富，内丹方面的著作主要有《上清集》《玉隆集》《武夷集》《海琼先生文集》《太上老君说常清静经注》《白先生金丹火候图》《金液还丹印证图诗》，雷法方面的著作主要有《九天应元雷声普化天尊玉枢宝经集注》《玄珠歌注》《坐炼功夫》《道法九要》《书符内秘》《汪火师雷霆奥旨序》等。此外，白玉蟾所传的雷法著作还有《先天雷晶隐书》《洞玄秘旨》《高上景霄三五混合都天大雷琅书》《洞玄玉枢雷霆大法》《神霄十字天经》，这些都是神霄派的重要文献。《海琼问道集》《海琼白真人语录》《海琼传道集》《静余玄问》为门下弟子所录编。《紫清指玄集》是后人对其精粹言论的汇聚。白玉蟾是南宋以来道流中的文学巨匠，对道教文学艺术也颇有贡献。他的诗文很多是上乘佳作，如《游仙岩记》《棘隐书》《快活歌》等。《金华冲碧丹经秘旨》是白玉蟾所传的一部外丹著作。白玉蟾虽推崇内丹，但也不废弃外丹，他认为，至道应该是"内以玉铅玉汞，外以金液金膏，一般调制，火候两途"①。

白玉蟾仿照汉天师"二十四治"法，立"靖"为建宗传法的场所，打破张伯端以来单传的历史，建立教团组织，正式创立了南宗。这是他在道教史上的一大贡献。

白玉蟾与张伯端一样援禅入道，提出了"至道在心，即心是道，六根内外，一般风光"②等观点。白玉蟾的理论虽然多融摄理学与禅宗，但本着为我所用的原则对其进行了消化和改造。这首先表现为，他在不少地方对禅宗和儒家多所贬低。白玉蟾认为："三教异门，源同一也。"③三教同源异流的观点虽然并非他的首创，但他能够把三教的形而上与形而下联系起来，着眼于这种联系来分判三教的异同，这是在此之前没有人能够做到的。他把儒、佛、道三教分别归结为"诚""定""清静"："若夫孔氏之教，惟一字之诚而已；释氏之教，惟一字之定而已；老氏则清静而已。"④他认为，佛教的核

---

① 《道藏》第 19 册，第 159 页。
② 《道藏》第 33 册，第 130 页。
③ 《道藏》第 33 册，第 130 页。
④ 《道藏》第 33 册，第 129 页。

心可用一"定"字来概括，但把这作为修炼的唯一手段，只能积阴魄而求死乐寂灭，在实际效果上未免落空，因为"定"之中没有实在的东西存在。禅宗的"棒"与"喝"难以让人开悟，偶然开悟之后也不知悟后起修，是不解渴的"干慧"，不能了性命大事。儒家的核心可用一"诚"字来概括，但"诚"落实到修养上只限于自我反省。理学知修不知悟，不能达本明性。"多少老儒学周易，岂知太极归无极，忘形便欲任天真，只恐春归草无力。"① 原因在于，由于没有考虑天人关系，自我的善良意志与宇宙精神的统一性不可能建构起来；而且，"诚"的个体的自我反省难以直接过渡到"致君尧舜上，再使风俗淳"之类的改良群体和平治天下的目标，所以儒家的修养往往落空，难于有所作为②。白玉蟾把道教的核心概括为"清静"二字。它的内涵，既是外在的无极大道，也是内化为心中的道意，需要人去体认。这种体认，既需要儒家的笃诚精专，又需要佛教的定观慧解，而且需要把这二者落到实处，通过阴阳二气此消彼长的修炼，成就纯阳之真精，凝结丹胎，最后脱胎神化，超越狭隘的个我，超越天地，把小我融入大我之中，泯灭身心内外物我的差别，凛然独存，证成永恒不朽的大道。

（一）道的本源论与本体论

白玉蟾认为，道是绝对不变的永恒本体，不因物转，不随时变。"此道之在天下，不容以物物，不容以化化。"③ 在《海琼白真人语录》的《庐士升堂》和《武夷升坛》中，白玉蟾以形象的譬喻反复阐述了道的唯一性、永恒性等方面。这些当然不是他的创新，他的创新表现在，在他看来，种种形象与名称都是用来譬喻道的，只能说明道的某一个侧面，所以不可执着于个别的形象与名称，一叶障目，只见树木不见森林。但是，形象与名称毕竟是对道的描述，是通往道的中介和桥梁。如果只是相信这些假"号"的非真而不懂得利用它们来识真，那就与道无缘。用来描述道的形象与名称的词汇很多，对道不同侧面的描述显然各个不同，相互之间有种种差别，但这些差别是相对的，不可胶柱鼓瑟。形象与名称是有情有信的万物的体现。无形无象的道与有情有信的万物之间的关系，就如同月映万川一样，是道一分殊的体现，

---

① 《道藏》第33册，第134页。

② 白玉蟾认为，儒家的仁、义、礼、智、信只要修道教的"五行之气"就可出现："肝气全则仁，肺气全则义，心气全则礼，肾气全则智，脾气全则信。若受气不足则不仁、不义、不礼、不智、不信。"（《玄关显秘论》）但这只限于个体修养。

③ 《道藏》第4册，第624页。

"此道常在万物之内"①。"道在万物，万物即道。"② 道的作用通过有情之物表现出来，如有情信，便不是道。道的本质是生化长养万物的作用，而不是一个作用者，不是一个实体。对它不可拘泥、不可执着。道无所不在，显隐无常，把握道的可能和速度取决于修道者的悟性高低。

在白玉蟾看来，道的本体地位是因它同时是万物产生的最初源头而获得的。这就是说，道也是本源。白玉蟾认为，宇宙万物化生的程序是：

> 古者虚无生自然，自然生大道，大道生一气，一气分阴阳，阴阳为天地，天地生万物，则是造化之根也。此乃真一之气、万象之先、太虚太无、太空太玄……不可得而名者。圣人以心契之，不得已而名之曰道。以是知心即道也，故无心则与道合，有心则与道违。惟此无之一字，包诸有而无余，生万物而无竭。③

这段话有几层意思。首先，"虚无""自然"均是道的属性。其次，道生一气，气生阴阳，阴阳之气轻清者为天，重浊者为地，天地进一步生成万物。再次，道需要人以心去把握。一旦它为人所认识，它就存在于人的心中。人心不为情欲所乱时，才能把握道，与道契合。否则，就把握不了道，行为上就会违背道。最后，道既是宇宙万物由以产生的最初的本源，也是修炼的出发点，具体表现为"真一之气、万象之先、太虚太无、太空太玄……不可得而名者"的玄关。这是对陈楠"无中生有作丹基"思想的发展，对后世内丹学影响极大。作为本源的道在修炼实践中被指认为修炼起手之处的玄关，这是本源论与修炼实践得以统一的一个契机。

上述四点之中，"道生一气"是白玉蟾本源论的一个重要观点。它也是本源论与修炼实践得以统一的另一个契机。一方面，这把道教传统的生道合一观做了更富于理论色彩的解释。他说："人之有生，禀大道一元之气，在母胞胎系与母同呼吸，及乎降诞之后，剪去脐带，一点元阳栖于丹田之中，真息出入，通于天门，与天相接。上入泥丸，会于元神；下入丹田，通于元气……人能摒去诸念，真息自定，身入无形，与道为一，在世长年。由是观

---

① 《藏外道书》第 1 册，巴蜀书社 1992 年版，第 310 页。
② 《藏外道书》第 1 册，巴蜀书社 1992 年版，第 301 页。
③ 《道藏》第 33 册，第 142 页。

之，道之在身，岂不尊乎，岂不贵乎！"① "道生一气"即道作为本源时表现为气，气是产生人体生命的源头。在生命出现后，气是维持人生命的能量和动力，气与身合则生命存在，否则生命便消亡。另一方面，当考虑到道既是本体又是本源时，本体论与本源论之间的关系在后天的、形而下的修炼实践的背景中被约化为道与气之间的关系。白玉蟾把这种关系解释为体与用的关系。他解释《老子》的"道生一"时说："道者一之体，一者道之用，人抱道以生，与天地同其根，与万物同其体……子守之以一以为基，采之以一以为药，炼之以一以为火，结之以一以为丹……由一而一，一至于极，谓之脱胎……一一于一，可以长生。"② 先天的体与用是合一的，故无所谓体与用的区分。后天，体与用被分离开来了。用由体而来，受体的制约，但用又不即是体。后天的修炼得以归为本，修用以归体。到用重新回归于体，体与用重新合一时，人就由后天复返于先天，得道的终极理想也就实现了。

这实际上是基于后天修炼而把"无中生有"和"有中生无"两方面统一起来了。道是"无"，有形的万物和人是"有"。内丹修炼的阶段必须根据"无中生有"的本源论而确定，然后还得逆反本源生化万物的顺序，颠倒它而成为修炼的程序。这样，修炼的目的就被确立为从有重新返归于无，即"有中生无"。具体来说，白玉蟾在《传道集·攒簇五行之图》中说："无质生质是还丹，谁信无中养就儿。"③ 外丹烧炼是以实存的金、银、铅、汞等药物炼制可以服食的金丹，这是有中生有。与此不同，内丹修炼以气为药，以神为火，水火相交，坎离交媾，凝炼而成丹，这才是无中生有。白玉蟾描述内修中无中生有而产生丹胎的过程说：

> 虚无自然，无中生有，万物一物，一贯乎守，回风混合，终日如酒，大梦得醒，雷轰电走，云收雨散，天长地久。④

当然，无中生有只是"命合于性，则交感而成丹"，还没有完成炼丹的总体过程，还要自有归无，"丹化为神则不死"，实现神、性、道三者的合一。这就不属于本源论的运用而属于本体论的运用了。后一阶段的目的是运

---

① 《道藏》第 4 册，第 639 页。
② 《道藏精华录》下册，浙江古籍出版社 1989 年版，第 10 页。
③ 《道藏》第 33 册，第 249 页。
④ 《道藏》第 33 册，第 251 页。

质返无，体合大道。白玉蟾说：

> 圣人怜世浇漓，诏人修炼，从无入有谓之成，以有归无谓之了。其运用之要，有动之动，出于不动；有为之为，出于无为，不过炼精成气，炼气成神，炼神合道而已。①

白玉蟾所说的"炼神合道"实是炼神还虚。后来李道纯提出"打破虚空为了当"②的观点，是白玉蟾这一观点的进一步发展。

实践修炼是道教的根本特点。道教探讨一切理论问题，都是为了论证修炼的可能性、必要性，为了对实践修炼进行指导。由此看来，本源论与本体论的区分是相对的。在无中生有的阶段，表面上是本源论，但其实质是对本体的选择与确认，是受本体论的义理指导的。在自有归无的阶段，表面上是本体论，但其内容实为"三一为归"，是宇宙本源论在心中的颠倒。所以，本源论和本体论是水乳交融般的关系，不可截然区分开来。

（二）心性论

人的思、言、行都是受心控制的。本源论和本体论关联关系的建构，最终必须落实到心中来，在心统御、调节修炼活动而趋于既定目标的历程中展开。这样，本源论与本体论只能以心性境界论的面目呈现出来。白玉蟾内丹修炼学说，是在心性境界论这一核心基础上通过一系列的范畴、概念及其间的关系梳理而建构起来的。

白玉蟾认为，心性修炼是儒、佛、道的核心，在归根复命这一根本目标上，三家是一致的。他说："天下无二道，圣人无两心。会万化而归一道。"③但在具体的修炼途径上，三家有不少差别。他认为，道教的修炼是：

> 气者形之根，形是气之宅。神者形之具。神即性也，气即命也。心静则气正，正则全气，全则神和，和则凝神，凝则万宝结矣。施肩吾曰：气住则神住，神住则形住，必也。忘其情而全其性也。性全则形自全，气亦全，道必全也，道全而神则旺，气则灵，形可超，性可彻也。返覆流通，与道为一，上自天谷，下及阴端，二景相逢，打成一块，如是久

---

① 《道藏精华录》下册，浙江古籍出版社 1989 年版，第 9 页。
② 《道藏》第 4 册，第 492 页。
③ 《道藏》第 4 册，第 624 页。

久混无间断，变化在我，与道合真。①

这段话涉及了形、气、神、性、情、命、道等内丹学的概念、范畴及相互之间的关系。

首先谈关于气、形、神的关系。形由气生化而来，气凝聚则为形。但一旦生化完成后，形又成为气的依托和载体。形无气则不能变化，气无形则因没有依托而不可能存在。气是养形的根本，气虚则体弱，气盛则体强。神是在形的基础上产生的，同样得以形为依托和载体，但它是形的功用与活力的表现。气、形、神三者缺一不可，相互依赖，相互影响。

其次谈关于神气与性命的关系。白玉蟾的内丹学说以精、气、神的修炼为核心，但他对精、气、神的内涵有自己的看法。他说："人身只有三般物，精、神与气常保全。其精不是交感精，乃是玉皇口中涎；其气即非呼吸气，乃知却是太素烟；其神即非思虑神，可与元始相比肩……岂知此精此神气，根于父母未生前。三者未尝相返离，结为一块大无边。"② 也就是说，精、气、神并非后天的，而是先天的。这显然是继承了张伯端把精、气、神分别解释为元精、元气、元神的思想。在他看来，修炼就是要把身中与生俱来的那一点精、气、神保养好，经过修炼而扩充它们，再把三者混融在一起。在精、气、神三者中，神、气更重要一些。它们又与念（心中的意念）、魂、魄有联系。白玉蟾认为："人之一念，聚则成神，散则成气；神聚则谓之魂，气聚则谓之魄。"③ 精、气、神的关系，在张伯端那里，由于把精、气、神分别解释为元精、元气、元神而把它们非实体化了，因而，这三者有可能直接融通、转化。但究竟如何融通、转化，张伯端没有明晰的阐述。白玉蟾把神、气与心念直接联系起来，认为念聚则成神，念散则为气，这就清晰地刻画出，神与气从属于念，在念的控制下直接融通、转化。这显然是白玉蟾对张伯端思想的发展。再则，这个观点还把神气与魂魄的关系打通了。依传统的观点来看，魂魄合一人则生，魂魄分离人则死。人死时魂飞入天，魄归于地。道教修炼强调肉体与精神真完合一，不同于佛教把肉体贬低为臭皮囊而孜孜以求抛弃它。道教修炼的终极理想是肉体飞升，这就内在地要求必须保持魂魄合一。白玉蟾断言神聚而为魂，气聚而为魄，而神、气仅仅取决于心之一念

---

① 《道藏》第33册，第131页。
② 《道藏》第4册，第783页。
③ 《道藏》第33册，第111页。

的聚与散，是修炼者自己完全可以把握和控制的。这就从心性修炼的理论上论证了魂魄合一的可能性。这是白玉蟾把张伯端的心性自然论转变为心性境界论的表现之一。

白玉蟾对张伯端思想的发展还表现在，他把神、气与性、命这两对范畴的关系打通了，他说："神是性，性属离；气是命，命属坎。"① 在他看来，神气可以是先天的，也可以是后天的。当在先天的意义上谈论神气时，神气与性命是没有分别的；当在后天的意义上谈论神气时，性命与神气就有了分别。性命混合，是先天之体；神气运化，是后天之用。白玉蟾在《指玄篇·谢张紫阳书》中解释《道德经》的"归根复命"时说："形中以神为君，神乃形之命也。神中以性为极，性乃神之命也。自形中之神，以合神中之性，此谓之归根复命也。"② 这是说，从形的角度来看，要把神视为形的主宰，神是形的命脉之所在。从神的角度来看，性是神的最圆满的终极状态，性是神的命脉之所在。内丹修炼，就是要使得形中的神发挥主宰作用，转化为性。其实，性就是人的心理稳定状态、精神意识和调控能力。命则是肾的代名词和心的生理作用。总之，白玉蟾对神气与性命这两对范畴之间的关系的阐释，在道教修炼理论上有重要的意义。这不仅是用性命学说统摄了以前的修炼理论，而且意味着道教把对本体的追求从面向外界转变为面向内在，从假外物以自坚转变为发掘潜力的自力更生，从服食升仙的功利追求转变为安身立命的境界建构和提升。

对性与命之间的关系，白玉蟾说："性命之在人，如日月之在天也。日与月合则常明，性与命合则长生。命者因形而有，性则寓于有形之后。五脏之神为命，七情之所系也，莫不有害吾之公道；禀受于天为性，公道之所系焉。故性与天同道，命与人同欲。命合于性，则交感而成丹，丹化为神则不死。"③ 他认为，性命对于人，就如日月对于天一样。太阳与月亮相合交替，天才能恒久保持光明。人也一样，性与命缺一不可，二者相合，人才能长生。道体现在人则为性，在这个意义上可以说命是由性而产生的。命本因形而有，但命一旦形成，性也只能依托于命，以命为载体。命是后天气质之所在，七情之所系。由于气质拘狭偏浊，七情活泼好动而容易转化为欲望，故很有可

① 《道藏》第 33 册，第 150 页。
② 《道藏》第 4 册，第 625 页。
③ 《道藏精华录》下册，浙江古籍出版社 1989 年版，第 4 页。

能使人背离于道。这样解释性与命的关系，与理学家的天地之性与气质之性的关系颇为类似。性是先天之本然，是道在人的具体体现。由此看来，性与天道本质上是相同的，命与人的欲望本质上是相同的。如果能够促使命不违背于性，实现性命合一，就能结丹。如果进一步转丹为神，炼神为性，使性与道合，人就能长生不死。正是在这个意义上，他概括地说："夫道也，性与命而已。"①

最后谈关于形、性、道的关系。

上已述及，在白玉蟾看来，心静则气正而静，气正而静则必全，气全则神住而和，神住而和则必凝，神凝则丹结。这其中的关键是泯欲忘情，如此可使性圆满周全。性全则形自全，气也全，道必然全。道全，神就旺，气则灵，如此形可超，性可彻。这样，心—气（形）—神—性和性—神—气（形）—心的双向循环流通，与道为一，上自头顶天谷，下及腹底阴端，上下两部分的运动变化相逢交接，打成一块，久久混合而不间断，把变化之权操持在我，历久必然能够与道合真。这里清楚地说明了心、气、神、性、道这五者之间的双向运动关系。

从修炼的起点来说，心→气→神→性→道的顺向运动是前提和基础，因为性全是逆向运动的开始。形全、性全的前提是神、气充足。神、气要充足就得"补内"，如《西山群仙会真记》所说："真仙上圣修真，补内不补外也，内真外应，无施不可，有作必成，自凡而入圣也。"② 薛道光《西江月》也说："竹破还须竹补，人衰须假铅全。"③ 神气充盈，自然形全、性全。如此才为炼丹准备了前提和条件。具体的修炼是，以人体内上自天谷、下自阴端的部分为炉鼎，然后是采药。上述"二景相逢"指铅水汞火、阳龙阴虎这两种药物的浮沉升降、火进符退的景象。"打成一块"指两种药物的交媾，阳中之阴与阴中之阳交媾凝结而成真阴真阳的混合物。接着细心护养，就能成丹。护养的关键是不能着意、拘滞。一动一静不行，无动无静也不行，得无心用事，随顺自然。对此，白玉蟾说：

> 天养无象，地养无体，故天长地久（按：原文为"天"），日光月明，真一长存，虚空不朽也。吾今则而象之无事于心，无心于事。内观

---

① 《海琼玉蟾先生文集》第 2 册，海豚出版社 2018 年版，第 1 页。
② 《道藏》第 4 册，第 430 页。
③ 《道藏》第 24 册，第 193 页。

其心，心无其心；外观其形，形无其形；远观其物，物无其物。知心无心，知形无形，知物无物，超出万幻，确然一灵。①

功夫做到了这一点，丹自然不会不成。结丹之后，气越炼越灵而促使人超越形，神越用越旺而转化为性，到性周全圆满之时，道自然得，仙自然成。张伯端在《青华秘文·神为主论》说："盖心者君之位也，以无为临之，则其所以动者，盖元神之性也。"② 这是把元神之性的着落处定为心。白玉蟾的上述思想，显然是继承和发展了张伯端的这一观点。

白玉蟾把修炼实践中心、气、神、性、道的双向运动关系做了进一步的概括，从哲理上探讨了心、神、性、道的关系。他说：

> 心即性，性即神，神即道。③
>
> 神者万化之主，心者大道之源，即心是道，神亦道，性亦道。④
>
> 道即心也，道如虚空，性与道合，神与道存。天崩地裂，此性不坏。虚空小殒，此神不死。⑤

他首先断言心与性、性与神、神与道两两之间为等同关系，实即认定四者之间有等同关系，即心、性、神最终都等同于道。为什么这样说呢？这是因为，心是道的本源，道就存在于心中，明心即可见道。神是心的功能的体现，是万物的主宰。心即道，道即心，因而神与道同体。性本与道合，明心即可见性。道不因万物的朽坏而朽坏，与道相合的性当然也是永恒的。道为至虚，不会消散，与道同体之神当然也不会灭亡。把心、性、神等同起来而赋予它们超越的意义，中唐道教学者们已有其思想萌芽。白玉蟾明确提出心、性、神三位一体而相互依存，是对道教心性论修道理论的发展。此前道教的修炼重在精、气、神的修炼，从精着手，以气为核心，以神为用。白玉蟾把神与心、性等同起来，修炼就转变为从心入手，以见性为核心，以神为用。这就为道教内炼从实体修炼转变成心性超越提供了契机，明心即可见性，见性即可炼神，炼神即可得道。由于心有人心与本心之分，性有气质之性和天

---

① 《道藏》第 33 册，第 142 页。
② 《道藏》第 4 册，巴蜀书社 1992 年版，第 364 页。
③ 《藏外道书》第 1 册，巴蜀书社 1992 年版，第 299 页。
④ 《藏外道书》第 1 册，巴蜀书社 1992 年版，第 307 页。
⑤ 《藏外道书》第 1 册，巴蜀书社 1992 年版，第 307 页。

地之性之分，神有元神与识神之分，所以修炼就是"以心知心，以性合性，以神合神，合神于无，合无于道"①。白玉蟾这样做，在道教哲学史上是很有意义的。唐代重玄思潮高谈心性超越，却只停留在思辨层次，没有为此开出实践之方。司马承祯把重玄思想与上清茅山宗的内修之术做了一些结合，试图为人们进行心性超越找出具体的途径。到张伯端时，内丹学把精、气、神先天化，赋予了它们超越的意义，为心性的内在超越奠定了基础。但张伯端既没有赋予心、性与道同等超越的意义，也没有把精、气、神的超越意义直接与心、性联系起来，仍然没有直接为心性超越开出切实可行的路子。白玉蟾则完成了这两个方面的工作，从而把张伯端的心性自然论转变为心性境界论，内丹修炼也就转变成了境界的建构与提升。

由于神、性均与心有直接的联系，所以，心、神、性、道的关系，可以归结为心与道的关系。由此，白玉蟾把心直接等同于道，从而把心本源论化和本体论化。

（三）心的本源论与本体论

显然，心静既是入手的前提，又是贯穿入手之后气足、性全、神和、道备的修炼阶段的基本要求。正是在修炼实践的探讨中，白玉蟾认识到，人对万物的认识必须依赖于心，人对道的把握同样必须依靠心来体悟。白玉蟾把这加以理论概括，提出了"心即是道"的主张。他说：

> 至道在心，心即是道，六根内外，一般风光。内物转移，终有老死；元和默运，可得长生。是故形以心为君，身者心之舍。心宁则神灵，心荒则神狂。虚其心而正气凝，淡其心则阳和集。②

就修炼而言，形体是心的宅舍，有形体才有心。但撇开物质基础不谈，就身、心在生命存在的功能而言，心是身的主宰。白玉蟾的"形以心为君"的观点，与宋明理学中心学一派的观点很接近。后来的王阳明也说过："心者，身之主宰。"③ 不过，白玉蟾是在修炼实践中提出来的。他认为，心是身的主宰表现为心的状态决定了气、神的状态。心虚则气凝，心恬淡则气由阴转阳。心安静则神灵通，心慌乱则神狂乱。气为阳，神灵通，则可以得道。

---

① 《藏外道书》第1册，巴蜀书社1992年版，第300页。
② 《道藏》第33册，第130页。
③ 《王文成公全书》卷三，《传习录》下，明谢氏刻本校刊，第49页。

心是身的主宰不只是就修心可以得道而言，还是就道只能存在于心中而言的。综合这两个方面，白玉蟾得出了"心即是道"的结论，并把这概括提升到哲理层次，即把道等同于心，把心视为本源与本体。心如同道一样，是万物生化的本源："心者，造化之源。"① 心还是万物的本体。"一心所存，包含万象。"② 道遍及宇宙万物而无穷尽，心也如此。"道无穷，心无穷，不生不灭，无成败。"③ 心无所不及，无所不包。"心与道合，心无所始，亦无所终。"④ 心无所谓始，也无所谓终；无所谓生，也无所谓灭；万古长在，永恒长存。这种观点，与禅宗神秀的观点很接近。"心者，万法之根本也。一切诸法，唯心所生。若能了心，万行俱备。犹如大树，所有枝条及诸花果，悉皆因果。"⑤ 神秀的"法"是指一切事物。

心是万物的本源和本体，人身中有心，所以，"天地与我同根，万物与我同体"⑥。质言之，"我即天地，天地即我"⑦。白玉蟾这些对心的认识，都是与道类比而得出的。他认为，心之所以能够与道一样同为本源与本体，是因为它能虚、能静，因而能与道相合。"心所以能合道也，虚而能空，寂而不见，心为万法之主。"⑧ 这是白玉蟾继承中唐以来道教"修道即修心，修心即修道"的思想，并吸收了宋代儒学的一些类似观点而提出来的观点。例如，与白玉蟾同时而略早的陆九渊说过："道，未有外乎其心者。"⑨ "万物森然于方寸之间，满心而发，充塞宇宙，无非此理。"⑩ 陆九渊的弟子杨简也说："人心即神，人心即道。"⑪ 这是就心与道的关系而言。

白玉蟾认为，如同道的本性为虚一样，心也有虚、空的本性。"万法归一，一心本空。"⑫ 一方面，心虚而空，故能容纳万物。心即是宇宙，宇宙就在我的心中。这与陆九渊所说的"宇宙便是吾心，吾心即是宇宙"很接近。

---

① 《藏外道书》第 1 册，巴蜀书社 1992 年版，第 307 页。

② 《藏外道书》第 1 册，巴蜀书社 1992 年版，第 297 页。

③ 《藏外道书》第 1 册，巴蜀书社 1992 年版，第 298 页。

④ 《藏外道书》第 1 册，巴蜀书社 1992 年版，第 299 页。

⑤ 转引自铃木大拙：《铃木大拙全集·别卷一》，岩波书店 1965 年版，第 592 页。

⑥ 《藏外道书》第 1 册，巴蜀书社 1992 年版，第 296 页。

⑦ 《藏外道书》第 1 册，巴蜀书社 1992 年版，第 296 页。

⑧ 《藏外道书》第 1 册，巴蜀书社 1992 年版，第 308 页。

⑨ 《陆象山全集》，《四部丛刊》上海涵芬楼藏明刊本，第 304 页。

⑩ 《陆象山全集》，《四部丛刊》上海涵芬楼藏明刊本，第 549 页。

⑪ 《陆象山全集》，《四部丛刊》上海涵芬楼藏明刊本，第 666 页。

⑫ 《藏外道书》第 1 册，巴蜀书社 1992 年版，第 295 页。

另一方面，心虚而空，自然也能如道一样融于万物之中。这样，"见物便见心，见心便见道，心超物外而不外物"①。所以，心、物、道之间的关系是："心为万物之宗，道为一心之体。"② 心为万物的本源和本体，道为心之体，心为道之用。白玉蟾的这一观点，在道教哲学史上是一个崭新的观点。在此之前，道教学者们对道与物、道与心的关系都有阐发，但没有在形而上的层次直接打通心、道、物的关系。这个问题到白玉蟾这里才解决。

白玉蟾认为："夫人之心本自圆通，本自灵宝，本自正一，本自混元。"③ 道存在于心中，心中满溢着的就是道。心就是道，道就是心。所以，如同道一样，人心本来精灵圆明，畅通无碍，无所不包，无所不及，无所不能。有了这颗伟大的心，未经此心证验的一切都值得怀疑，就是道教的最高信仰也如此。神仙可以不信，作为最高层次的仙境是否存在也可以不知。"我生不信神仙，亦无知有大罗天。"④ 白玉蟾的这些观点，对打破迷信，破除思想的僵化、教条，创造性地发展理论有积极的意义。

上述论心是就道心、本然的心、先天的心而言的。实际存在的心是人心、后天的心。不过，这只是就心的状态所做的区分，并不是说有两个心。人只有一个心。后天的人心只要清静无为，不受情欲的污染，就能够转化为先天的心。"以是心即道，故无心则与道合，有心则与道违。"⑤ 修炼不能无先天之心，不能有后天之心，这就是所谓的"无心"。无心就是无念，无事，无情感，随顺自然，无思无虑，无烦恼，无忧愁，无欲望。

白玉蟾的上述理论观点是在内丹修炼的实践中概括出来的，他做上述探讨的目的同样是为了进一步用它们来指导内丹修炼的实践。他强调"大道不离方寸地，功夫细密有行持"⑥。这种修持不是通过一般的感觉器官去认知，"不容以知知"，"不容以识识"，而只能以心去体悟、契合。"以此心而会此道可也……以此道而会此心可也。"以心合道，以道会心，使二者水乳交融。"推此心而与道合，此心即道也；体此道而与心会，此道即心也。道融于心，

① 《藏外道书》第 1 册，巴蜀书社 1992 年版，第 301 页。
② 《藏外道书》第 1 册，巴蜀书社 1992 年版，第 300 页。
③ 《道藏》第 33 册，第 113 页。
④ 《道藏》第 4 册，第 783 页。
⑤ 《道藏》第 33 册，第 142 页。
⑥ 《道藏》第 4 册，第 783 页。

心融于道也。心外无别道，道外无别物也。"① 这固然类似于神会的弟子大照所说的"心是道，心是理，则是心外无理，理外无心"②。但佛、道两家的立场决定了白玉蟾关于心道关系的论述显然在底蕴上有别于禅宗，他批评禅宗说："殊不知终日谈演问答，乃是干慧；长年兀坐昏沉，乃是顽空。"③ 他所要追求的，不是绝对的空、静，他预期修炼的效果，不是像禅宗那样如槁木死灰一般，而是空灵活泼，富有生机和朝气。道是形而上的本体，深远玄奥，神妙灵通，不可言说。在"心即是道"这个意义上，天仙之学当然是不可言传的了。他叙述自己修炼天仙之学的体验时说："道此道以脉此心，心此心而髓此道。吾亦不知孰为道，孰为心也。但见恍恍惚惚，杳杳冥冥，似物非物，似象非象，以耳听之则眼闻，以眼视之则耳见。吾恐此而名之曰阴阳之髓、混沌之精、虚空之根、太极之蒂也。"④ 各种感觉器官都归向于道，而且彼此之间的差异被消弭于无形。修炼者可以直接体验到道的空、寂、虚、无，妙、湛、渊、默；体验到心的清、静、灵、明，冲、和、温、粹。"道之大，不可得而形容，若形容，此道则空寂虚无，妙湛渊默也。心之广，不可得而比喻，若比喻，此心则清静灵明，冲和温粹也。"⑤ 这种修炼，显然与晚唐道教的"修道即修心也，修心即修道也"的一味修心、以心合道有所不同，因为它是从炼形下手的，非常强调修炼的步骤、火候和度数，只是到了修炼比较高的阶段才强调即心是道的性功修炼。白玉蟾认为，在以性功修炼为核心和重点的高级阶段，金丹与道之间是体与用的关系。他说："夫金丹者，金则性之义，丹者心之义，其体谓之大道，其用谓之大丹，丹即道也，道即丹也。"⑥ 明心见性的结果即是金丹，金丹即是道。明心见性也是修心炼神的结果，所以也可以说金丹是心、神的表现："丹者，心也。心者，神也。阳神谓阳丹，阴神谓阴丹，其实皆内丹也。"⑦ 总之，金丹、内丹、道都是心，一切唯心。炼丹无非是追求"无心之心""心中之心"罢了。

（四）修心功夫与内丹境界

"心即是道"是就哲理上说，落实到实践中就是"即心求道"。这里的关

---

① 《道藏》第4册，第624页。

② 《大正藏》第85册，台湾新文丰出版公司1983年版，第1278页。

③ 《道藏》第4册，第617－618页。

④ 《道藏》第4册，第625页。

⑤ 《道藏》第4册，第624页。

⑥ 《道藏精华录》下册，浙江古籍出版社1989年版，第10页。

⑦ 《道藏》第33册，第115页。

键是处理好物境、外物与心的关系。白玉蟾认识到，物境与外物是无可回避的客观存在，修心求道必须正视它。他的原则是"遇境而止，止而反观"。人的注意力被物境所牵引，这未必就是坏事，因为它至少可以让自己躁动不安的心得以平息下来。但是，"行"的目的是为了"止"。"止"不是凝固不动，而是为了求真得道。按照《周易》之象，艮为山，山为止，两山相重则为出，出则为行。体止而心行，行则"其道光明"。"止"的目的是为了以物境洗净心中的尘垢，即白玉蟾所谓的"止于晦而出于明"。既然物境只是洗心的媒介、凭据，所以，得物洗心还须进一步做到心净物空，忘情于物我。这实际上是使道驻于心而成为心的主宰，此时，观物非物，物成了道的载体而不再扰乱人心。进一步，心的存在也要忘掉，心物两忘，这就是庄子所说的"虚室生白，吉祥止止"。道为主宰，则我为主而境为宾，宾随主化，主因宾和。

具体到内丹修炼则是以火炼药，以神御气。白玉蟾说："心者神也，神则火也，气则药也，以火炼药而成丹者，即是以神御气而成道也。"① 但以火炼药、以神御气是正式的修炼功夫。至于起手功夫，白玉蟾引入了儒家的"正心诚意"，以此操持而做到心静，为即心是道、心中求道的修炼奠定了基础。然后，逐步做到"无心于道"。因为有心就会执着于象，为意所拘，反而不能识道。到了"无心于道"的阶段，操作的形式已经不重要了，不必打坐，也不必定执于某种形式，尽可在行住坐卧和日常生活的活动中，随顺自然。只要心田清静，无思无虑即可。白玉蟾对此解释说："有一修行法，不用问师父。教君只是饥来吃饭困来眠。何必移精运气？也莫行功打坐，但去净心田，终日无思虑，便是活神仙。"② 此时，就操作的实体而言，要守住真实存在的玄关一窍。就操作的内容来说，玄关本无定位，其灵妙不测的性质决定了对它只能以无为自然的方式来养护，所以白玉蟾认为必须"于'忘'之一字上做功夫"③。通过"忘"把心之静转化为心的"无为"。他说："但能凝然静定，念中无念，功夫纯粹，打成一片，终日默默，如鸡抱卵，则神归气复，自然见玄关一窍，其大无外，其小无内，则是采取先天一气，以为金丹之母，勤而行之，指日可以与钟吕并驾矣。"④ 这就是所谓的"玄关显

---

① 《道藏》第33册，第142页。
② 《道藏》第4册，第789页。
③ 《道藏》第33册，第142页。
④ 《道藏》第4册，第618页。

秘"。"忘"是庄子的发明,为唐代和五代时期的道教学者们所张扬。"忘"的实质是既不执着于有与无,也不拘泥于"忘"本身,正如白玉蟾所说:"不滞于空,不滞于无,空诸所空,无诸所无,至于空无所空,无无所无,净裸裸,赤洒洒地,则灵然而独存者也。道非欲虚,虚自归之,人能虚之,道自归之。"① 这是重玄思辨方法在内丹修炼中的运用。不断遣除情欲,不断超越当下,到无所遣除、无所超越的玄虚状态,人方可识道。由此看来,"忘"的实质是"自然""清静"。白玉蟾继承张伯端有关"忘"的理论,把"忘"的修持贯彻到全部修炼的炼形、炼气、炼神三关之中。"今夫修此理者,不若先炼形,炼形之妙在乎凝神,神凝则气聚,气聚则丹成,丹成则形固,形固则神全。"② 初关炼形,要在忘形养气;中关炼气,要在忘气养神;上关炼神,要在忘神养虚。三关修炼均以忘为诀窍,从而实现步步超越。首先是超越物、我而见"天地之心"。"忘形忘心,忘物忘我,回光返照,见天地心。"③ 忘记己身,忘记己心,则物不能感,情欲自然不生,神凝寂照,天地万物的奥秘即可袒露无遗。具体来说,就是收拢散漫放逸之心,对身外之物视而不见,停止说话,无言无语,泯灭"我"的意识,也忘记了明心、见性、炼神、得道的修炼活动,忘记了自己的欲得和已得,这样,哪怕心与物同体同游,也不会为物所诱,为物所扰。"摄心,忘物,忘口,忘我,忘心,忘性,忘神,忘道,忘其所得,遊心于物而不为物所囿。"④ 不仅如此,要把"忘"的念头和活动也打消掉。"忘忘亦忘。"⑤ 总之,不执着于物、我、心、性、神,反而能够神全、性全、心全、我全、物全。"忘物,忘我,忘心,忘性,忘神。神全,性全,心全,我全,物全。"⑥ 白玉蟾以一个"忘"字而把唐代重玄思想精蕴运用于内丹修炼,显示了他极高的理论概括能力,是对道教哲学的一个重大贡献。

忘是心的行为。心对意念的调节与控制活动,从活动的主体来看就是神,从活动的具体内容来说就是火候。白玉蟾认为,火候的把握非常重要。"只

① 《道藏》第33册,第142页。
② 《道藏》第33册,第142页。
③ 《藏外道书》第1册,巴蜀书社1992年版,第298页。
④ 《藏外道书》第1册,巴蜀书社1992年版,第302页。
⑤ 《藏外道书》第1册,巴蜀书社1992年版,第310页。
⑥ 《藏外道书》第1册,巴蜀书社1992年版,第305页。

此火候与药物，顺之则凡，逆之则圣。"① 火候是操作药物的活动。"药物阳内阴，火候阴内阳。会得阴阳者，大药一处详。"② 药物即气，火候即意。以意运气即是以火炼药。气为阳内含阴，意为阴内含阳，真阴真阳会合凝结成大药，即金丹。不过，在炼精化气阶段，药物除了气，还有精。白玉蟾性命双修思想的关键在于"神是主，精气是客"③。以神统御精、气这两种药物，"心息相依，息调心静"是修丹的基本操作。他甚至强调说："丹者，心也。心者，神也。阳神谓之阳丹，阴神谓之阴丹，其实皆内丹也。脱胎换骨，身外有身，聚则成形，散则成气，此阳神也。一念清灵，魂识未散，如梦如影，其类乎鬼，此阴神也。"④ 炼丹就是炼心，也就是炼神。炼神到高级阶段就是归性、复命、合道。在这个意义上，他直截了当地说，内丹修炼归根结底是在"心上功夫，不在吞津咽气"⑤。其实，前面已经说过，在白玉蟾看来，内丹修炼中的精、气、神均非后天实体性的浊精、呼吸之气和思虑之神，而是先天的、非实体的元精、元气、元神。而且，它们都取决于本心的一念，念聚则为神，散则为气。他甚至直截了当地断言："神者，一身之元气也。"⑥先天的元精、元气、元神是真，后天的浊精、呼吸之气、思虑之神是假。先天依托于后天而存在，所以修炼要借假修真，从后天复返先天。为了矫正重视命功而忽视性功修炼的偏弊，他强调说，修炼之事"非存思，非举意，非是身中运精气"，心的修炼才是根本："无心之心无有形，无中养就婴儿灵。学仙学到婴儿处，月在寒潭静处明。"⑦ 在整个修炼过程中都要充分发挥好"无心之心"的统御作用。他说："夫修炼金丹之旨，采药物于不动之中，行火候于无为之内，以神气之所沐浴，以形神之所配匹，然后知心中自有无限药材，身中自有无限火符，如是而悟之谓丹，如是而修之谓道。"⑧ "无心之心"就是不能有心求，也不能无心得，既不执着于有，也不执着于无，在念头起灭处下功夫，在动中求静，在静中存动。静不是死静，而是活静，在静中存有动的潜力与活力。进一步，要泯灭动与静的区分，动静两忘。如此以

---

① 《道藏》第 4 册，第 625 页。
② 《道藏》第 33 册，第 125 页。
③ 《道藏》第 33 册，第 124 页。
④ 《道藏》第 33 册，第 125 页。
⑤ 《道藏》第 4 册，第 626 页。
⑥ 《道藏》第 4 册，第 618 页。
⑦ 《道藏》第 4 册，第 785 页。
⑧ 《道藏》第 4 册，第 625 页。

"无为"的"无心之心"观照，亦修亦悟，即可形成空灵虚静、澄彻清明的状态，这才是修炼的最高境界。在这个意义上，白玉蟾对外丹道教所谓的"七返九还之秘"做了别具一格的阐释，认为它"乃返本还源之义也。七数、九数，皆阳数也，人但能心中无心，念中无念，纯清绝点，谓之纯阳。当此之时，三尸消灭，六贼乞降，身外有身，犹未奇特，虚空粉碎，方露全身也"①。这是炼虚还道的阶段，是修炼的最后阶段。以虚空粉碎为修炼最后了手的功夫，是白玉蟾的一个崭新思想。此前的道教学者们执着于得道，道具有虚、空的性质，因而把虚空呈露当作修炼的终点。白玉蟾则指出，只有粉碎虚空，才能真正得道。这是对道教修炼理论的一个重大发展，它对后世李道纯等内丹家的思想有深远的影响。

"无心之心"是修炼的核心，也是修炼的根本原则。以此为指导，在修炼过程中，对质的感受是以形象的方式来进行的。以作为修炼目标的金丹而言，不可把它视为实体而胶柱鼓瑟。"金者，天发杀机；丹者，虚中有象。"②白玉蟾认为，修炼就是操持无心之心，敞显"无形之形"，彰露"无名之名"。这是什么意思呢？"显无形之形者，大道之龙虎；露无名之名者，大道之铅汞。"③在白玉蟾看来，内丹修炼必须着眼于运动变化，着眼于过程，用直觉、用形象思维去意会、考虑、契合、把握、体验那个本只存在于形而上层次的修炼目标。作为形而上的本体，本来也只可意会，用形象的描述把人引向顿悟，难以清晰地直接言说。白玉蟾的这一内丹思想，符合《老子》的"道可道，非常道；名可名，非常名"之说。魏晋玄学家王弼以"无形无名者，万物之宗"④立论，以言得象，得象而忘言；以象得意，得意而忘象为方法。不过他们只是停留在哲理层次上做理性的抽象探讨，没有为人们在感性层次上开出身心修养的实践之方。白玉蟾在自己内丹修炼体验的基础上，为这种理论找到了实在的着落。《海琼白真人语录》中，当弟子问"金丹未成，如何是有龙虎？金丹已成，如何是无龙虎？"时，白玉蟾回答说："始于有物无人识，及至无形有处知。"⑤这是说，当金丹未成时，神气交媾凝炼，以龙虎交斗、雷轰电走比喻之。金丹已成时，神气已经凝聚成丹，当然就用

---

① 《道藏》第 4 册，第 625 页。
② 《道藏》第 33 册，第 127 页。
③ 《道藏》第 33 册，第 126 页。
④ 《道藏》第 12 册，第 275 页。
⑤ 《道藏》第 33 册，第 126 页。

不着再用龙虎之象来描述。也就是说，龙虎不过是神气的代名词。这一方面是避讳隐秘，另一方面也是因为"语得分明出转难"，担心人执着于象而难于超脱。所以内丹把外丹学中的很多术语都搬进来，如金公老朗、白衣素女、神水、华池、黄芽、重楼、玉楼等。这些术语实际上都是假名，有的是多种名称同指一物，有的是一种名称指一物，还有的是一种名称在不同的上下文语境中所指不同。这些假名因为其实体之物有形象，可以用来表述内丹修炼的感受，即以不同假名的不同形象、不同性质与不同情状来描绘、传达内丹修炼中的各种变化与景象。《紫清指玄集》中，白玉蟾进一步说明，内丹修炼各人的感受不会完全相同，要根据自己所知的丹诀和丹法来理解自己的感受，采取相应的措施，其中的关键是要取象而不泥于象。为了教授学生因应内景之象而采取措施，在《传道集》中，白玉蟾首先提出了"丹法参同三一对偶子"①，即不同修炼阶段所反映的三十对矛盾，它们是：清浊、盈亏、衰旺、存亡、有无、吉凶、悔吝、生克、刑德、动静、进退、消长、宾主、沉浮、升降、老嫩、文武、刚柔、离合、聚散、往来、上下、雌雄、黑白、守战、生杀、剥复、深浅、抽添、寒暑。白玉蟾以辩证思维的方式阐述了它们的灵活运用，如"动静"是："定里一静而一动，静中一照而一用。"② 这是说，静定之中有照用之动，静定不是死寂，静定之中有妙用之动。正是这些矛盾通过对立面的相交而产生变化，推动真阴真阳的交媾凝聚而成丹胎，又推动丹胎的成熟。其次，他提出了"丹法参同二十贯穿"，即不同修炼阶段所反映的二十个有种属或对应关系的概念，它们是：在天为日月星辰，在地为山河草木，在人为夫妇男女，在易为乾坤坎离，在象为龙虎鸟兔，在数为九三二八，在药为铅银朱砂，在医为燥湿寒温，在内为经络荣卫，在外为皮肤毛血，在形为心肾肝肺，在时为阴阳寒暑，在运为金木水火，在用为精神魂魄，在道为隐显动静，在物为坛炉鼎室，在妙为虚无自然，在方为东西南北，在色为青红黑白，在景为春夏秋冬。通过这些概念，可以明了内丹修炼的一些基本线索和原理。再次，他提出"丹法参同七鉴"，即华池、神水、黄芽、白雪、河车、巽风、金丹等七个重要概念，要人们弄清其外延和内涵。最后，白玉蟾依为丹修炼次序概括出修炼的十九个诀窍：采药、结丹、烹炼、固济、武火、文火、沐浴、丹砂、过关、分胎、温养、防危、功夫、交媾

① 《道藏》第33册，第145页。
② 《道藏》第33册，第147页。

大还、圣胎、九转、换鼎、太极①。这些诀窍没有年月时辰、卦爻斤两的拘绊，法则简易而体系严整，具有很强的可操作性。此外，在上述这些阐述中，白玉蟾画了很多图，用它们把难以言传的东西生动地展示出来。

本着上述修炼思想，在《修仙辨惑论》中，白玉蟾把成仙之道划分为三等，根器优异的上士可学天仙之道，成功后可以变化飞升。方法是：以身为铅，以心为汞，以定为水，以慧为火，身心合一，定慧双张，如此瞬间即能"凝结十月之胎"而成大道。此法虽然简便易成，但要"心传"，无法口传。根器较好的中士可以学人仙之道，成功后可以变化隐显。方法是：以气为铅，以神为汞，以午为火，以子为水，百日即可混合神、气、子、午。此法有卦爻而无斤两，可以口传。世俗之人只能学地仙之法，成功后可以"留形住世"，即长寿。方法是：以精为铅，以血为汞，以心为火，一年可以凝结精血，交融肾心，九年可以成功，是下品炼丹法。白玉蟾认为，这也就是上、中、下三品炼丹方法。对这三种修炼方法，他概括起来说："上品丹法以神魂魄意为药材，以行住坐卧为火候，以听乎自然为运用。中品丹法以肝心脾肺肾为药材，以年月日时为火候，以抱元守一为运用。下品丹法以精血髓气液为药材，以闭咽揣摩为火候，以存想升降为运用。"② 其实，白玉蟾的这些区分，无非是说明内丹修炼中先命后性，性命兼顾双修的原则罢了。就真正的功法而言，白玉蟾所主张的，其实就是针对大多数人的中品炼丹法，他称之为"金液大还丹"。对这一点，他的解释是："忘形养气乃金液，对境无心是大还。"③"金液"实为修命，"大还"实为修性。白玉蟾的这一说法，开后世"金液养命，玉液养性"之说的先河。"还"就是"七返九还"。"七返九还"的意思是阳伏阴消，返本还源，"七""九"是虚指。"七返九还"的关键是以神火驭气。这就涉及火候的问题。白玉蟾认为，心中真意的把握与运用，就是内丹修炼的火候。火候最难以言说，也最难把握，但却是内丹修炼的核心和关键。白玉蟾在《天机图》中提出了"九转火候"，大概地描述了行火退符的具体时刻及其对应关系。他强调，无论修炼哪一种丹法，火候的运用都要"听乎自然"，做到心头"念中无念"，达到"功夫纯粹打成一片"④ 的程度。

---

① 《道藏》第33册，第150页。
② 《道藏》第4册，第617页。
③ 《道藏》第4册，第782页。
④ 《道藏》第4册，第480页。

白玉蟾反对传统的肉体飞升的说法，认为人的肉体是要死的。他说："世传神仙能飞升，又道不死延万年。肉既无翅必堕地，人无百岁安可延？"① 不死的是"神"："元神本不死。"② "人之生死空自尔，此物湛寂何伤焉？"③ 元神不死，联系前述心、神、道三者本一的理论来看，并不难理解。所以，白玉蟾所说的成仙，已经不是传统道教所指的肉体成仙，而是与肉体相对的灵魂成仙。修炼的目标是精神不死，这就实体来说是"圣胎圆成"，其标志是"阳神出壳"。但阳神出壳后，必须返回。阳神出壳而返，人就存在；出而不返，人就必死。阳神通过这样的一出一入而温养成长，逐步扩大，无限趋近于与太虚同在。这个思想，后来南宗做了一定的发展。它们认为，内丹修炼要使"肌骨皮肉皆元，尽化仙质"，从而能够"换凡形而成仙质"④。

实修实证，追求证验，是道教一贯的特点。外丹如此，内丹亦然。白玉蟾在《玄关显秘论》中说："若此修丹之法，有何证验？陈泥丸云：初修丹时，神清气爽，身心和畅，宿疾普消，更无梦寐。百日不食，饮酒不醉。到此地则赤血换为白血，阴气炼成阳气，身如火热，行步如飞。口中可以乾水，吹气可以炙肉。对景无心，如如不勤，役使鬼神，呼召雷雨，耳闻九天，目视万里。遍体纯阳，金筋玉骨，阳神出现，出入自然。此乃长生不死之道毕矣。"⑤ 但是，内丹修炼的证验与外丹不同，只能是局部的和阶段性的。大体上，在命功阶段的证验是形之于外而可以检验的，性功阶段的证验则只能是自己证验，无法拿出交让别人检验，也难以让人信而可证。修道成仙者同样只能自己心知肚明，无法让别人真正地体验跳出天地之外的感觉。这里所说的内丹修炼的证验，实即为内丹修炼所达到的境界。

（五）雷法思想

南宗自陈楠时起就兼行雷法。白玉蟾同样如此，他自称"神府雷庭吏""上清大洞宝箓弟子"，说明他与正一派有比较密切的关系。陈楠、白玉蟾所传的雷法大体上是王文卿（1093—1153）所创的神霄派雷法。白玉蟾是把神霄派雷法理论化、流派教团化的重要宗师。雷法近似于符箓斋醮，道士们认为具有役使鬼神雷霆、辅正除邪、体天行化、求雨祈晴、佐国救民的功能。

---

① 《道藏》第4册，第783页。
② 《道藏》第33册，第153页。
③ 《道藏》第4册，第783页。
④ 《道藏》第4册，第687页。
⑤ 《道藏》第4册，第617页。

白玉蟾认为，修行雷法有九个重要的方面，即立身、求师、守分、持戒、明道、行法、守一、济度、继袭。其中立身、继袭都强调遵循儒家的伦理道德规范。守一强调把抱玄守一作为最上等的功夫，守一还含有精专一法而达到通天彻地之效的意思，其中的关键是以诚敬守心印。济度则强调修炼者在自身修炼的同时，必须与"尘世和同"，"济物利人"，做到"以我之明，觉彼之滞；以我之真，化彼之妄；以我之阳，炼彼之阴；以我之饱，充彼之饥。超升出离，普渡无穷"①。这是《太平经》以来视理身理国之道为道教内在精神实质观念的发展，也是张伯端大隐居尘、和光混俗思想的发展，并与孟子的"以先知觉后知，以先觉觉后觉"、大乘佛教的"自度度人，自觉觉他"有异曲同工之妙。

北宋以后，道教往往把术称为"正法""大法"，以"法"为其术的总称。符箓类道教宗派尤其较多地把符箓的创制和符箓运用的时机、程序、技巧等称为"法"。从此以后，道教内部对自己的各类召劾鬼神、变化万物的法术，多称为法。在他们看来，法是由道派生出来的，是从道演绎出来的。白玉蟾赞同这种观点，他在《道法九要》中说："三教异门，源同一也。夫老氏之教者，清静为真宗，长生为大道，悟之于象帝之先，达之于混元之始，不可得而名，强目曰道。自一化生，出法度人。法也者，可以盗天地之机，穷鬼神之理，可以助国安民，济生度死，本出乎道。道不可离法，法不可离道。道法相符，可以济世。"② 他认为，道是先天的，法是后天的。"道者，具乎天地之先，浑浑沌沌，无形无名。法者，出于天地之后，亘古亘今而神通变化。人者，生于天地之间，禀天一之炁而为万物之灵。故以吾言之，清明澄彻者，运而行之，则足以通天地，感鬼神，调阴阳，赞化育。"③ 人把先天的道和后天的法沟通起来了。所以，考虑到人，则道与法的关系可以从体、用的角度来阐释。这样一来，则道是体，法是用。"大道无形，不尚影像也。法者道之用耳，能致幽明也。"④ 法就是术。白玉蟾在《钩锁连环经》中说："道即法，法即术，术即虚无，虚无即自然。"⑤ 道虽无形，但却永恒存在于宇宙万物之内，遍及巨细幽明的一切事物。法既然是道的运用，其作用当然

---

① 《道法会元》，《道藏》第 28 册，第 679 页。
② 《道藏》第 28 册，第 677 页。
③ 《道藏》第 29 册，第 262 页。
④ 《道藏》第 33 册，第 119 页。
⑤ 《道藏》第 33 册，第 151 页。

也是无所不及、无所不能的，虽然他所说的法的内容主要是指呼风唤雨、行符咒水、驱邪治病等内容，并未包括所有的术。"夫法者，洞晓阴阳造化，明达鬼神机关，呼风召雷，祈晴请雨，行符咒水，治病驱邪，积行累功，与道合真。"① 用法可以积累功行，有助于得道。

不过，法得由人来行使。这样，法的作用效果就会受行法者的影响，它同道一样无所不及，无所不能的作用范围和作用效果只能是就潜在的可能性而言。现实中法的灵验与否，取决于行法者修法、修道功夫的高低。追求证验，是雷法与内丹都相同的。不过，证验对雷法显得更加重要。因为内丹的证验只是涉及一己之身心。雷法则把改造外部世界，促使外部世界按照人们的愿望发生预期的变化作为自己的根本任务，这些变化往往是形之于外，看得见、摸得着、嗅得到的，可以直截了当地由众人予以检验。由于这些变化对请求道士行法的人来说是有功利性的，道士行法是否达到预期目的，关涉祈请者的切身利益，也关涉道士的自身利害。所以，符箓类道教宗派为确保雷法的灵验做了多方面的探索和不懈的努力。

北宋以来，"内炼成丹，外用成法"② 成为符箓类道教宗派的共识。它们把内丹修炼作为增强行法者能力、提高符法运用效果的灵验程度的根本途径。白玉蟾继承了这些思想，并为此做了论证。在他看来，天地之神其实与自身之神是一，天地之精气与自身之精气也是一，"天地以炁而升降，人身以炁而呼吸。能知守一之道，静则金丹，动则霹雳"③。"守一之道"即内丹，"霹雳"即雷法。天地与人都以同一炁而升降、呼吸，那么，人通过内丹修炼凝聚此炁，在身体内继续修炼就可凝结为金丹，以意驭炁而把它向外发放出，就是雷。这就是所谓的"收气存神，惜精爱己，内炼成丹，外用成法"④。雷法是修炼者运用自身意念发放外气而作用于外部世界，让外部世界发生人所预期的变化。按照白玉蟾的说法就是人能够以自身元神役使鬼神，或者促使自然界发生风、云、雷、暚、雨、电等现象及其转化。他在《玄珠歌注》中论述祈雨祷晴时说："雨者，肾水也，运动自己阴海之炁，遍满天地，即有雨也。晴者，心火也，想遍天地炎炎大火，烧开自己炁宇，乃晴也。"⑤ 但下

① 《道藏》第 28 册，第 678 页。
② 《道藏》第 29 册，第 234 页。
③ 《道藏》第 29 册，第 235 页。
④ 《道藏》第 29 册，第 234 页。
⑤ 《道藏》第 29 册，第 235 页。

雨开晴总是有空间方位和范围的。行法者如何控制它呢？谈及方位，白玉蟾以祈雨为例说："祈雨之时，冷汗先湿左臂，东方雨起；先湿右臂，西方雨起；湿于头，南方雨起；湿于肾，北方雨起。"① 如此看来，人身是一个小宇宙，是天地大宇宙的缩影。它与天地有一一对应的关联关系。人体相应部位发生变化，天地的相应部位也会发生类似的变化。人体部位的空间方位与天地的空间方位一一对应。这显然是典型的天人感应论。

与在内丹学中主张"心即是道"一样，在雷法理论中，白玉蟾同样认为，"心"即是"法"，心包含法所涉及的一切。就心与法的关系，他说："万法从心生，心心即是法……法是心之臣，心是法之主。"② 心是法的主宰，对法具有主导作用。"夫人之心本自圆通，本自灵宝，本自正一，本自混元。以人之一心流出无穷无尽之法，盖如天之一气生育万物也……法法从心生，心外无别法。"③ 法是从心派生出来的，法也存在于心中，心运思的结果就是法。因此，心即法，法即心。法就是心法，"法法皆心法"④。心与法是体与用的关系，心为体，法为用。白玉蟾的这一思想，把心性论直接与改造外在世界的原则、规律、程序关联起来了，而且用体、用范畴来解释它们之间的关系，是先秦以来心性论的一个重大发展。

就心与法所涉及的事物而论，白玉蟾认为，心融摄一切。即便是那些为自己所役使的雷部将帅鬼卒，也是行法者五脏六腑等感官在意念作用下的表现。"心为邓帅，肝为辛帅，脾为使者。意诚则使者至，肝怒则辛帅临，心火奋发则欻火降，此三帅化形也。"⑤ 这与《黄庭经》一系道教经典的主张相一致。不过，《黄庭经》一系经典主张人体内器官百脉皆有神，只是力图存想这些神，不让他们离开身体，否则他们存身之处的人体部位就会得病。在这里，修炼者是被动的，得小心翼翼地侍奉神。雷法中存想这些神则是为了役使他们到身外去完成人交给的任务，行法者不再是被动的，而是主动的，神不再是侍奉的对象，反而成了被奴役的对象。雷部将帅鬼卒之所以能够被人役使，是因为"雷神亦元神之应化也"⑥。呼风唤雨，召雷役鬼，实际上是

① 《道藏》第 29 册，第 238 页。
② 《道藏》第 33 册，第 135 页。
③ 《道藏》第 33 册，第 113 页。
④ 《道藏》第 33 册，第 113 页。
⑤ 《道藏》第 29 册，第 236 页。
⑥ 《道藏》第 29 册，第 235 页。

自身元神使然。与在内丹学中强调一身自足、向内掘索一样，白玉蟾在雷法中也有类似的主张。他说："吾身之中自有天地，神炁之外更无雷霆，若向外求，画蛇添足，乃舍源求流，弃本逐末也。反求诸己，清静无为，颐神养炁，何患道不完、法不灵耶？"① 雷神乃自身元神所化，雷霆乃自身神炁运化的表现，天地就在我身中。既然这样，何假外求呢？只要从心入手，"清静无为，颐神养炁"，涵养元神即可。

与在内丹学中主张"即心求道"一样，白玉蟾在雷法理论中也主张即心行法。心与法的关系表现在行法实践中就是："法是心之臣，心是法之主，无疑则心正，心正则法灵，守一则心专，心专则法验，非法之灵验，盖汝心所以。"② 心是法的主宰，法必须听命于心。行法的前提是心静。要做到心静首先必须心正，即心中无疑，既不怀疑法的正确，也不怀疑法的灵验。其次，心必须守一。守一即遣除杂念，以无染专注之心来行道法，"凭此诚以彻其感"③，以精诚之心感动天地鬼神。通过守一而使心精专于法。心正而精专于法，法才能灵验。这说明，法术的施行在理论上还是以天人感应论为指导。本着上述观点，他严厉批评当时行雷法的一些道士说："学法之士，不本乎道，不祖乎心……或以巫师之诀而杂正法，或以鬼仙降笔而谓秘传……实一盲引众，迷以传迷。"④

白玉蟾以"心即是道"的形而上学和"即心求道"的功夫观念为基础，重新解释传统的符咒之术，使之获得了全新的意义。"今但专佩一箓，专受一职，专行一法，专判一司文字，于一司将吏前，专用一符一水，不过只是心与神会，用之则灵耳。"⑤ 把符箓之术概括为"心与神会"，这是前无古人的观点。此前符箓之术的使用，只是单纯地吞服或张帖符箓，效果是否灵验则取决于符、箓的结构与功能。如果说涉及心神，那也只是画符箓者在画时是否聚精会神地把符箓画好，而画符箓者与使用符箓者往往不是同一个人。符箓与使用者的心理状态没有直接的联系。白玉蟾把符箓之术概括为"心与神会"，就把符箓与使用者的心理状态直接联系起来了。也就是说，符箓是否灵验，不只取决于是否画得好，更重要的是取决于使用符箓的人是否做到

① 《道藏》第 29 册，第 239 页。
② 《道藏》第 33 册，第 135 页。
③ 《道藏》第 33 册，第 120 页。
④ 《道藏》第 33 册，第 126 页。
⑤ 《道藏》第 33 册，第 13 页。

精专熟练，是否做到心与神会。从心的本源论和本体论来看，咒术无非是心之灵明的运用。"咒之意义，贵乎心存目想，则号召将吏，如神明在前之说。"① 在这种意义下，符咒之术作为雷法的一部分，就能够与内丹相融通，内修金丹，外用雷法就可以组成一个有机的道术系统。

正因为如此，雷法修炼与内丹修炼并没有实质的不同，尤其是在初、中级阶段。白玉蟾把坐炼功夫分为四个阶段。第一阶段是"破地召雷法"："凝神定息，舌拄上腭，心目内注，俯视丹田片时，存祖气氤氲，绵绵不绝，即两肾中间一点明。"第二阶段："当一阳初动，存祖气自下丹田，透过尾闾，微微凸胸偃脊，为开下关。觉自夹脊而上，运动辘轳，微微伸中，为开中关。却缩肩昂头，觉过玉京，入泥丸，为开上关。"第三阶段："当觉津液满口，闭息合齿，微微吞咽，如石堕下丹田。"这三步功夫均为南宗传统丹法。第四阶段则显露出了雷法与内丹的区别："复存祖气在中黄脾宫，结成一团金光，内有一秘字，觉如婴儿未出胞胎之状，咽液存炼，金光结聚，忘机绝念，然后剔开尾闾，涌身复自夹脊双关直上。师云：紫府元君直上奔。心目注射，胸间迸裂，自眉间明堂而开，仰视太虚，金光秘字分明，充塞宇宙，则火炎中使者见。"② "金光秘字"为传统内丹所无，当来自于佛教密宗的"修种子法"。"使者"为驱使雷部诸神的真灵，也是内丹中所没有的。

白玉蟾认为，行法必须以内炼为本，如果仅仅"行罡作诀，念咒书符"，势必会导致身衰气竭，神气散乱，五雷不生，道法不灵。为此，要修炼好内丹，然后于静定之中，发动自身元阳真气，使其与天地合体，与自然合变，接着促使阴阳相制，水火相攻，从而产生风、云、雷、雨、电。这样的雷法，白玉蟾在《上清集》的一首《祈雨歌》中做了很好的描述，颇有学术价值和文学价值：

天地聋，日月瞽，人间亢旱不为雨。
山河憔悴草木枯，天上快活人诉苦。
待吾骑鹤下扶桑，叱起倦龙与一斧，
奎星以下亢阳神，缚以铁扎送酆府。
驱雷公，役电母，须臾天地间，风云自吞吐，

① 《道藏》第33册，第113－114页。
② 《道藏》第29册，第276－277页。

炊火老将擅神式，一滴天上金瓶水，满空飞线若机杼。

化作四天凉，扫却天下暑。

有人饶舌告人主，未几寻问行雨仙，人在长江一声橹。①

白玉蟾颇为关注当时流行的圆通法、混元如意法、八卦洞晨法、丰都法等，并对它们分别加以评论。例如，对圆通法，他说："神无方故曰圆，气无体故曰通。古者圆通之说，即是神气混合，出入虚无，还返浑沌。今若以形器卦数为之，其与真个圆通不亦远乎？"② 这显然是用内丹修炼中的神气学说来解释雷法。对于这些南宋新出的雷法，白玉蟾评论说："今曰灵宝，何异圆通；今曰圆通，何异混元；今曰混元，何异正一。夫人之心，本自圆通，本自灵宝，本自正一，本自混元。以人之一心而流出无穷无尽之法，盖如天之一气生育万物也。"③ 这仍然是以心即道的本体论观点来解释雷法。

不过，白玉蟾一系南宗虽然主张"内炼成丹，外用成法"④，但毕竟他们更重视的还是内丹。

（六）科仪思想

白玉蟾在斋醮科仪方面同样有深厚的素养，对斋醮科仪的理论阐发颇有创见。黄箓斋被视为二十七等斋仪之首，对它的义理，白玉蟾说："黄者为众色之宗，箓者为万真之符。此言黄中理炁，总御万真，出幽入明，济生度死。箓者亦录之义，录鬼神之籍耳。盖幽冥之鬼神，有所主宰而摄录之也。"⑤ 这说明他熟悉《度人经》的济度理论，深谙黄箓斋的义蕴。白玉蟾的上述阐发，在诸家黄箓斋释义中别具一格。受雷法的影响，白玉蟾在黄箓斋会中增加了第五日祀雷的仪节，以祀雷来圆满结束斋会⑥，这是此前没有的。自白玉蟾演教之后，斋醮典籍中才开始出现祀雷的科仪。白玉蟾自称上清大洞宝箓弟子、上清大洞经箓弟子，表明他具有最高的上清法位。他与宁全真一样，曾经在九宫山主持国醮。这些都说明他是声望很高的科仪道士。

白玉蟾把内丹修炼的守一理论运用于科仪中。《海琼白真人语录》卷二

---

① 《道藏》第 4 册，第 785 页。
② 《道藏》第 33 册，第 124 页。
③ 《道藏》第 33 册，第 123 页。
④ 《道藏》第 29 册，第 234 页。
⑤ 《道藏》第 33 册，第 120 页。
⑥ 《道藏》第 33 册，第 119 页。

说："登坛告盟，黄章表奏，使心形俱尽，人会神合也。闻之曰丹书万卷，不如守一。予亦谓科书万端，不如守一。苟知守一，则可因末而究其本，因其粗而入其精。"① 白玉蟾还把守一的理论贯彻到设醮上章，认为上章时法师各有其职，只有专心守一，才能"心无杂念，身无杂务，抱元守一"②。白玉蟾把守一引入斋醮，无疑丰富、发展了科仪理论。

守一与心明是相互联系的。心明是守一的前提，守一又反过来促进了心明。为此，白玉蟾把明心功夫也引入到斋醮科仪中来。斋醮科仪中敕水荡秽的目的是清洁坛场，变凡尘之域为神圣之域。南宋时，敕水荡秽是在三朝九朝斋仪之后，举行谢恩醮仪之初进行。白玉蟾指出，如果这样，则醮前举行的斋仪，斋坛尚未荡秽清洁，怎么能祀神朝真？为此，他用明心功夫解释说："凡行事之初，便当敕水，境静则心明，心明则行洁，行洁则可以交神灵，心明则可以合天道。"③

此外，白玉蟾对步罡踏斗的做法、宝幡的位置、召将的原则、关灯的义蕴、洞案的功用、纸钱的焚化、供奉的仪制等诸多方面的科仪问题均有论述，其中不乏真知灼见。

（七）境界论

内丹是一种术，雷法也是一种术，但它们都有同一的终极归趋，它们都是人得道的手段。由术而道的过程，是主体的人处理身心内外关系的过程。这就过程而言是功夫，就每一个阶段，尤其是高级阶段所达到的目标或所取得的成果而言，是境界。在白玉蟾"心即是道""即心求道""法法皆心法"的根本思想指导下，这样的境界，显然只能是心的境界，即精神境界。虽然白玉蟾的修为总体来说是身心兼顾、神气双运、性命双修，但境界主要是指高级阶段所达到的目标或取得的成果。在内丹修炼的高级阶段，主要是性功，重在用心炼神。所以，从内丹术来说，断言白玉蟾的境界为心性境界是符合事实的。按照白玉蟾的观点，雷法本为心法，心是法的主宰，而且雷法以内丹修炼为前提和基础。那么，以雷法为功夫所达到的境界，也只能是心性境界。

达到这种心性境界的手段，只能是悟。白玉蟾在《海琼传道集·钩锁连

---

① 《道藏》第33册，第122页。
② 《道藏》第33册，第121页。
③ 《道藏》第33册，第123页。

环经》中说：

> 得悟之者，可悟圣道。无悟无得，悟者自得得悟。圣道无古无今，其去非古，其来非今，所可传者，只谓之事，不谓之道。道本无传，道无声色，道无相貌，道无古今，道无往来。①

道超越具体形象，是全而不是偏，是总而不是别，这就只能用悟的方式。再者，道是无法言说的，只能以心传心，这也决定了对它的把握只能用悟的方式。这些在外丹道教那里还未凸显出来，因为它的重点是实物的烧炼。从外丹到内丹，修炼对象从外物变成了自我，操作活动从实体处理变成了内在修炼和自我认识，这就不得不凸显出悟的重要。悟是顿悟，与渐修相对而言。与禅宗专注于顿悟不同，道教历来强调有步骤、有秩序的渐修。虽然唐代重玄思潮在心性理论的探讨中涉及了悟，但重玄思潮的悟主要是一种义理的开悟，没有实在的功夫修为作为基础，难以巩固，很容易在后天、现实的生活中为情欲所玷污、扰乱而逐渐消失。也就是说，重玄思潮没有把道教传统的渐修与顿悟结合起来。白玉蟾在身心兼顾、神气双运、性命双修的基础上强调顿悟，实际上是在修炼的高级阶段把顿悟作为建构和提高境界的手段。如此看来，道教的渐修与顿悟的结合，应该说是到了白玉蟾这里才完成的。

就境界的层次来说，修炼的最高境界在于心与道合："推此心而与道合，此心即道也；体此道而与心会，此道即心也。道融于心，心融于道也。心外无别道，道外无别物也。"② 这种心与道合的内在的直觉体验，白玉蟾称之为"真心""无心之心"。这实际上是一种崇高的精神境界。身心舒畅、快活逍遥是这种境界的重要特征。对此，他在《快活歌》中描述道：

> 自家身里有夫妻，说向时人须笑杀……男儿端的会怀胎，子母同形活泼泼。快活快活真快活，虚空粉碎秋毫末。轮回生死几千回，这回大死方今活。③
>
> 一个闲人天地间，大笑一声天地阔。④
>
> 朝朝暮暮打憨痴，且无一点闲烦恼。尸解飞升总是闲，死生生死无

---

① 《道藏》第 33 册，第 152 页。
② 《道藏》第 4 册，第 624 页。
③ 《道藏》第 4 册，第 781 页。
④ 《道藏》第 4 册，第 782 页。

不可。随缘且吃人间饭……①

这里虽有佛教的用词,但绝没有一点消极遁世的涵义,也没有宿命论和悲观主义的色彩。漫溢着的是大智若愚、了觉生死的快活。生死既已参透,哪里还会有"一点闲烦恼"呢?"神仙肚里无闲愁"②,虽然"吃人间饭",也尽可气定神闲,"随缘"任运,"早餐红霞,暮饲紫雾",笑傲于高山之颠,仰卧于蓝天白云之下,"似醉似梦"于翠竹黄花之中,信步徜徉于青山绿水之间,"散手浩歌",作世外人,悠游自得,自在逍遥,旷达舒畅,遨游宇宙。

> 或径走,或兀坐,或端立,或仰卧,时人但道我疯颠,我本不颠谁识我……溪山鱼鸟凭逍遥,风月林泉共笑傲。蓬头垢衣天下行,三千功满归蓬岛。或居朝市或居山,或时呵呵自绝倒。云满千山何处寻,我在市尘谁识我。③

隐居深山做隐士是提高境界的一种途径。这是道家、道教一贯的传统。古代的隐士,有假隐者,隐只是因仕途失意,或者为了走"终南捷径"。这样的假隐只是身隐。真隐有小隐与大隐之分。小隐虽是心隐,但剪不断世俗的牵挂,心境并不高远。大隐则万缘放下,身心俱隐,或在山林,或在尘世,人们都找不到他们,这才是真正的隐。这样的隐,人才能快活起来,才有真正的隐者之乐。白玉蟾身体力行的,就是这种大隐。这与《庄子·缮性》所说的没有什么两样:"道无以兴乎世,世无以兴乎道,虽圣人不在山林之中,其德隐矣。隐故不自隐。古之所谓隐士者,非伏其身而弗见也,非闭其言而不出也,非藏其知而不发也,时命大谬也。当时命而大行乎天下,则反一无迹;不当时命而大穷乎天下,则深根宁极而待。此存身之道也。"④ 隐士或隐于山林,或隐于尘世,但都还是地仙,不是天仙。所以白玉蟾不甘心,还要游瑶京。不过,身处太虚之中,虽有逍遥与自由,却因清虚而免不了有孤独之感。所以,还是地仙之隐来得实在。

---

① 《道藏》第4册,第783页。
② 《道藏》第4册,第784页。
③ 《道藏》第4册,第783页。
④ 郭庆藩:《庄子集释》,中华书局2006年版,第554-555页。

隐居于山林之间实为出世，所以往往被儒家视为消极颓废，蔑弃礼法，放弃担待社会的责任与义务，备受指责，在魏晋时期甚至为名教所不容，嵇康之类的隐士为此付出了牺牲生命的沉重代价。葛洪不仅为隐士的行为和价值声嘶力竭地呐喊，并为调和出世与入世的矛盾而不遗余力地做了探索，意图以先人道后仙道，内仙道而外人道的信念达到神仙忠孝两不误的效果。与唐代禅宗基本上同时，道教建立了自己的心性论，并与禅宗相互影响。从这时起，道教并不简单地以宣称人道乃仙道之阶来调和入世与出世的矛盾，而是直截了当地放弃出世与入世的行为形式的争执，转而深入到行为的背后，探求其内在实质，把它归之于心。到了北宋时期，张伯端甚至公开倡导"大隐居尘市"。白玉蟾继承了张伯端的这一思想，说："法法虚虚，心心虚寂，何尘市之可喧？何山泽之可静？山静而心常喧者莫市之若也。"① 在他看来，尘市的喧闹并不必然会使自己的心不得安宁，山林的宁静也不必然会改变心的纷扰杂乱。如果身处宁静的山林之中而心却纷纷扰扰，那还不如置身于尘世。"吾心无所守，则必徇乎事之所夺，任乎物之所营。然则山野之间，亦如市尘，何也？闲花野草可以眩人目，幽禽丽雀可以聒人耳。"② 如果心无所守、无所专，则总要被事所扰，为外物所诱惑。其实，身处山林之中也未必宁静。因为鲜艳烂漫的花草同样可以扰乱人的眼睛，美丽的禽雀飞来跑去，它们叽叽喳喳的叫声同样足以让人的耳朵变聋。所以，出世与入世的行为形式并不重要，山林与尘世的宁静与喧闹同样也不重要，关键是自己的心是否宁静虚融，心中是否有道存在，是否有弥久恒新的快乐心境。《海琼君隐山文》记载说：

> 玉蟾翁与世绝交而高卧于葛山之巅。客或问曰："隐山之旨，何乐乎？"曰："善隐山者不知其隐山之乐，知隐山之乐者，鸟必择木，鱼必择水也。夫山中之人，其所乐者不在乎山之乐，盖其心之乐而乐乎山者，心境一如也。对境无心，对心无境，斯则隐山之善乐者旨！"问曰："隐山之旨固如是，山中之隐者岂不知山中之味乎？"曰："山中之味，山中之乐也。隐山者知味于道而不知味乎山也。"③

---

① 《道藏》第 33 册，第 144 页。
② 《道藏》第 33 册，第 144 页。
③ 《道藏》第 33 册，第 143 页。

真正隐山的人，不是为乐而隐。为乐而隐者，心中有相，有目的驱使，自然如鸟择木，鱼择水一样，摆脱不了利害关系的计较。真正隐山的人，不因外境而动心，心中也无逐境之念，自然而然地体味道意，心中自然而然地快乐。真隐而得的乐，"其乐非耳目之乐而后乐，非情识之乐而后乐。乐者在心，不可以形容，不可以知见。心之乐者，隐山之乐也"①。真正的乐，不是因耳目之所悦而乐，不是因情感知见而乐。耳目之悦、情感知见而得的乐，都不能长久，转瞬即逝，反而促使情欲滋生，烦恼纷涌，连绵不断。真正的乐，是心中之道满溢而出的表现，是心自然而然勃生出来的。所以，心要乐，先灭情欲知见。要隐山，先隐心。正如白玉蟾所说："欲隐山者善隐心也。无事治心谓之隐，有事应迹谓之山。无心于山，无山于心也。"② 既然隐山的关键是要做到心境一如，那么，隐山的根本实在于隐心，心中无事，专心修道就是隐；心中有事，舍本逐迹，那就是山。做到了心中无境，心境一如，那么，所谓隐山就不在乎环境是宁静还是喧闹。哪怕身处喧哗的闹市，也能自然如一。要隐心，先得"以此心自立"。这样，即便园林僻静之处，也是这一个心；移身于市井喧闹之处，仍然是这一个心。不必汲汲于逃避喧闹而追逐宁静，也不必因胜境而乐，因非胜境而烦怨恼恨。有了隐山的真心，那么，无处不是所隐之山。隐山之心不真，那么，遍寻宇宙都找不到隐身的立锥之居，因为心着意于是非、荣辱、贫富、贵贱，就会以己之心去换取它们，感到劳累疲倦或者不如意之时，就会厌闹思静。名利物欲之思不灭，俗念不退，即便已经隐于山中，隐山的一点初衷也会随之丧失。俗念退，则心中有道，道为主宰，此时，一切均因道而变化，观山非山，甚至无山亦山。进一步，白玉蟾提出：

> 是故先须识道，后隐于山。若未识道而先居山者，见其山必忘其道；若先识道而后居山者，造其道必忘其山。忘山则道性怡神，忘道则山形蔽目。是以忘山见道，人间亦寂也；见山忘道，山中乃喧也。③

先识道，立下修道的志向后再隐山，就不会着相于山间情景而忘记修道。否则，没有修道之志就隐山，必然为山间之景所迷而玩物丧志。忘山见道，

---

① 《道藏》第 33 册，第 144 页。
② 《道藏》第 33 册，第 144 页。
③ 《道藏》第 33 册，第 144 页。

心中清静，闹市也是山；忘道见山，有攀缘追逐之心，即便身处深山，也会觉得身处闹市。对心隐的涵义，白玉蟾描述道：

> 以清静为道场，以恬退为法事，以安乐为眷属。不容与世交，不欲与物累。其修身也，不事乎百骸；其养形也，不辱乎五味。视死之日如生之锥，执有之物如无之用。①

白玉蟾在《武夷有感·结末》中就诗歌创作说："道人心与物俱化，对景无思诗自成。诗句自然明造化，诗成造化寂无声。"② 隐山，不也是这样的吗？

总之，白玉蟾有关隐者的论述，是《无能子》《化书》以来的道教著述中最为深刻的。白玉蟾是中国思想史上论述隐士思想最为深刻的思想家之一。

（八）白玉蟾在道教哲学史上的地位

白玉蟾顺应时代潮流和社会的需要，倡导道教各个宗派之间的沟通、交流与对话，促进了外丹、内丹、雷法、符咒、科仪与佛教的"止观双运"之学、儒学的"正心诚意"之学、密宗的"修本尊法""种子法"和"真言密咒"之间的融汇，在更加广泛的思想文化基础上，在多方面融会贯通的基础上，建构了一个体大思精的新型道法和一个恢宏精致的理论体系。

白玉蟾在其丰硕的著作中，涉及了道教的哲学、思想、文化、文学、历史、道法、科仪等各个领域，为道教思想发展做出了多方面的贡献，并使得内丹的理论进一步体系化。他的内丹思想，对后世内丹有深远的影响，这在元、明、清三代的内丹著作中有鲜明的体现。他把内丹与雷法有机地结合起来，使得雷法系统化、合理化。他的雷法理论，对南宋以后的各符箓类道教宗派的理论颇有影响。他把"心即是道""即心求道"的哲理贯彻于内丹与雷法理论中，促进了内丹与雷法的互相靠拢，促进了道与术的圆融。他的"心即是道""即心求道"的心学思想，通过他的后学们的著述对南宋之后儒学的心学一派有很大影响。在道教哲学史上，白玉蟾比较圆满地解决了诸多哲理问题，把心性自然论转变成了心性境界论，以"心即是道"为契机，实现了本源论、本体论、心性论、功夫论和境界论的一体交融，使得道教哲学

---

① 《道藏》第 33 册，第 144 页。
② 《道藏》第 4 册，第 787 页。

发展到了一个新的高峰。此外，他改变了南宗历来只注重一己孤修的传统，力主融入社会，运用雷法、丹道来济民救世。白玉蟾的工作，有力地促进了道教文化的变革。

白玉蟾不愧为一代道教宗师。他门下弟子众多，再传弟子也不少，见于史籍记载的就有彭耜、萧廷芝、方碧虚、林自然、龙眉子、留元长、詹继瑞、陈守默、赵牧夫、叶古熙、洪知常、陈知北、王景玄、桃源子、周无所住①、王庆升等，其中不少人有著述流传于世，如龙眉子著《金液还丹印证图》，方碧虚著《碧虚子亲传直指》，林自然著《长生指要篇》，彭耜著《道德真经集注》，彭耜的弟子萧廷芝著《金丹大成集》，等等。

第二节　北宗先性后命的道术思想

一、王重阳与北宗

全真道北宗的创始人王重阳（1112—1170），本名王喆，是一个生于宋，长于金的读书人，原名王中孚，字允卿，陕西咸阳人。他多次参加科举考试却屡战屡败，就转而考武，当了武举人，改名世雄，字德威。但到了四十多岁仍然"脱落"功名，郁郁不得志，就假称遇到两个仙人"密符口诀，又饮以神水"，入了道教，再一次把名改为王喆，号重阳。后世全真道徒传说王重阳遇到的两个仙人，其中之一就是吕洞宾。为了引人注目，他装疯卖傻，经常做些"短蓑破瓢，服冰卧雪"之类惊人的举动，说话也是"肆口而发，皆尘外语"，让别人似懂非懂，自称"王害风"。1167 年，金朝廷召见大道教掌教刘德仁，以实际行动承认了大道教，王喆认为时机已到，遂放火烧掉自己住的茅庵，到山东半岛传教，树起"全真"的旗帜。"全真"有两方面的涵义：一是洗百家流弊而全老子无为学说之"真"；二是摒弃各种幻妄而全人体性命之"真"。王喆很善于宣传布化，尤其能用诗词歌曲宣扬教义，劝诱有一定文化素养的士大夫入教。他还能以内丹的神通惊世骇俗，以严苛而

———————

① 周无所住是南宋内丹家中主张丹禅合一的代表人物。他将玄关一窍解释为念头起灭处，用禅宗明心见性的宗旨来解释内丹学的性命双修，认为性即命，命即性，性命同出而异名，不必区分所谓性功、命功。这就把内丹修炼完全等同于禅宗以明心见性为目的的心性修炼，用禅宗取代了道教内丹学。

富有魅力的手段教诫弟子。依靠这些手段，他很快在社会各阶层中打开了局面，先后收了马钰（1123—1183，丹阳真人）、谭处端（1123—1185，长真真人）、刘处玄（1147—1203，长生真人）、丘处机（1148—1227，长春真人）、王处一（1142—1217，玉阳真人）、郝大通（1140—1212，广宁真人）、孙不二（1119—1182，清静散人）等七个弟子，后世号称"七真"。王重阳逝世后，相继掌教者为马钰、谭处端、刘处玄、丘处机等。经过他和"七真"本着三教合一的立教主旨，以及"识心见性，除情去欲，忍耻含垢，苦己利人"①的行为准则，历经了二十余年艰苦卓绝的传教，加之遇到统治者的垂青，全真道逐渐风靡于金元。

全真道能在金元两代显赫一时的主要原因是有两次机遇。一次是金世宗大定二十七年（1187）召见了王处一，次年春天又召见了丘处机。金世宗的本意是想得点御女术之类的享乐方法，但王、丘二人的马屁没有拍对，只得到了一点象征性的赏赐。金世宗死后，金章宗看到全真道在民间的势力膨胀很快，害怕它作乱，就下令禁罢。但过了几年，由于禁罢措施不太奏效，加之全真道得到一些士大夫的支持，金章宗就改变了主意，转而采取拉拢利用的手段，把王处一再次召来，封了他一个"体玄大师"的称号，赏了他一座道观。还召了刘处玄来，让他住在天长观中。金章宗的宠妃元氏待丘处机也不薄，赏王处一、丘处机每人一部《道藏》。全真道遂顺风而长，风风火火地显赫起来，在民间拥有强大的势力。这是全真道的第一次机遇。此后，丘处机看到宋、金的统治均摇摇欲坠，朝不保夕，就接受了成吉思汗的征召，率领十八个弟子，千里迢迢，历时四年，餐风饮露，从山东半岛跑到今天阿富汗的大雪山朝见成吉思汗②，投其所好，以"不嗜杀人"对"欲一天下"，以"敬天爱民"对"为治之方"，以"清心寡欲"对"长生久视之道"，正中成吉思汗下怀。成吉思汗称他为"丘神仙"，给了他主领天下道教的圣旨。伴随着元一统天下，全真道再一次急剧膨胀起来，遍传大江南北。但是，一

---

① 《道藏》第19册，第740页。

② 丘处机在西行面见成吉思汗的路途中，曾与弟子们进行过天象观测活动。参见李约瑟：《中国科学技术史》第4卷第2分册，科学出版社1976年版，第588、369页。由他的弟子李志常所记录的《长春真人西游记》，对沿途地理、交通做了记录，对植物、动物、山脉、河流、沙漠、戈壁、矿产、考古等方面都做了颇为详细的记载，在中西文化交流史和科学史上有较大的价值。参见霍有光：《丘处机西行与〈长春真人西游记〉的地理、交通意义》，《中国古代科技史钩沉》，陕西科学出版社1998年版，第138-151页。

旦被政治利用，全真道早期的卓伟傲岸的气节就很快消退得无影无踪。元人虞集委婉地说过："自朝廷命之，势位甚尊重，而溯其立教之初意，同不同未可知也。"①

王喆的著作有《重阳分梨十化集》二卷、《重阳全真集》十三卷、《重阳立教十五论》一卷、《重阳教化集》三卷、《重阳真人金关玉锁诀》《重阳真人授丹阳二十四诀》等，注有《五篇灵文》。王重阳的七大弟子多有著作并多收入《道藏》，而且弟子众多，明清以后均出现了托名他们所传的全真支派。谭处端著有《水云集》，明清以后有视他为祖师的南无派。刘处玄著有《仙乐集》《至真语录》《黄帝阴符经注》，明清以后的随山派视他为祖师。王处一著有《云光集》《西岳华山志》，明清以后的嵛山派视他为祖师。孙不二著有《不二元君法语》《不二元君传述丹道秘书》，明清以后的清静派视她为祖师。由于马钰、郝大通、丘处机在七真中比较富有思想性，他们所开创的全真支派在后世影响比较大，本书后面将对他们的思想做专门论述。这里以王重阳的思想为主，对北宗的思想做总体介绍。

王重阳的本源论秉承《道德经》的"道生一，一生二，二生三，三生万物"的模式。他说："遵隆太上五千言，大道无名妙不传。一气包含天地髓，四时斡运岁展玄。五行方阐阴阳位，三耀初分造化权。窈默昏冥非有说，自然秘密隐神仙。"② 他把《道德经》的"一"解释为气，把"二"解释为阴阳，把三解释为"三耀"，即阴、阳、中，也就是天、地、人。然后在"三"后面加了五行这一阶段，由五行生化出万物。这是道教的传统思想。以内丹修炼为背景，王重阳比较重视气和阴阳的探讨。他认为，人身与天地都是由同一的气构成的。他在《五篇灵文》注中说："人之一身造化，与天地同一气也，天地乃人之大父母。"③ 构成天地与人身的气，可生化为阴阳二气。阴阳二气相依对待的关系，就是道。只有阴阳和合，万物才能产生。正如他在《金关玉锁诀》中说："有天地，有日月，有阴阳，谓之真道。经云：纯阳而不生，纯阴而不长，阴阳和合者，能生万物。"④ 修炼者应该明了这一点，法象天地之气的运化流转，调整自己身中之气的运行，使得阴阳二气和合，运行畅通无阻，生生不息。具体的操作，王重阳在回答马丹阳有关太上七返之

---

① 虞集：《道园学古录》，《四部丛刊》上海涵芬楼藏明刊本，第 861 页。
② 《道藏》第 25 册，第 692 页。
③ 《重刊道藏辑要》胃集，光绪三十三年（1906）成都二仙庵重刻本，第 314 页。
④ 《道藏》第 25 册，第 800 页。

义时说："一者，少言语，养内气；二者，戒心性，养精气；三者，薄滋味，养血气；四者，戒嗔怒，养肺气；五者，美饮食，养胃气；六者，少思虑，养肝气；七者，寡嗜欲，养心气，是也。"[1] 由这七个方面来看，王重阳实际上是通过养神来养气。也就是说，在神、气二者之中，他是重神轻气。神是心的功能，气是身的活力，由此可断言王重阳在身心二者中是重心轻身。

与南宗身心并重不同，北宗轻身重心，对肉身持唾弃的态度，如同佛教一样视肉身为臭皮囊，唯恐抛之不及时，弃之不彻底。这与南宗、北宗各自对修炼的最终目标的认定互不相同有关。南宗的观点比较接近于道教传统的肉体飞升、长生不死的观念。北宗则认为，修炼到阳神出窍后，一旦天帝召见，就可丢下身体这张臭皮囊，上可飞升仙境，下可悠游仙岛仙山，长生不死，逍遥自由，享受真乐。北宗坚决否定道教传统的肉体长生不死的理想，认为这是不可能实现的。王重阳在《立教十五论》中批评肉体长生说："欲永不死而离凡世者，大愚不达道理者也。"[2] 在佛教的影响下，他认为养生是养法身而不是养肉身。"法身者，无形之相也，不空不有，不下不高，非短非长，用之则无所不通，藏之则昏默无迹。"[3] "法身"实际上是人禀道而得的元神真性。他认为，修道必须以修炼性命为根本，成功者可超凡入圣。但得道、超凡入圣并非肉体白日升天，离开俗世，而是"身在人间而神游天上"，"形寄于尘中而心明物外"。也就是说，"离凡世者，非身离也，言心地也"，在心地上用功夫，心中没有思虑念头，就能超越欲界；心中忘掉一切境，就能超越色界；心不执着于空、见，就能超越无色界。超越三界，即可得道。"欲界、色界、无色界，此乃三界也。心忘虑念，即超欲界；心忘诸境，即超色界；不著空见，即超无色界。离此三界，神居仙圣之乡，性在玉清之境矣。"[4] 但是，即使是"得道之人"，也是"身在凡而心在圣境矣"[5]。北宗力图通过心灵对现实的超越功夫而超越生死。这与《庄子·齐物论》的思想很接近。这说明，北宗在汲取佛教思想后，已经放弃了肉体成仙不死的理想，变为追求精神（"阳神"）不死了。这必定是有感于通过内丹修炼而企求肉体飞升在实践中做不到所做的调整。这似乎预示了内丹道教后来的总体

---

① 《道藏》第 25 册，第 808 页。
② 《道藏》第 32 册，第 154 页。
③ 《道藏》第 32 册，第 154 页。
④ 《道藏》第 32 册，第 154 页。
⑤ 《道藏》第 32 册，第 154 页。

失败。

那么，心灵的超越功夫何以可能导致超越生死而得道的结果呢？北宗认为，这是因为心就是道。王重阳宣称："心本是道，道即是心，心外无道，道外无心也。"① 把心等同于道，这是重神轻气、重心轻身倾向的进一步发展和哲理抽象。不过，这里的"心"是本心、真心，即本体之心。这意味着心本体的确立。以心为本体，可以把本体与功夫直接打合在一起，把形而上与形而下的隔阂消弭于无间。

但是，实际存在于人身中的心是人心，不是本心。人心显然并不即是道。否则，就没有修炼的必要了。那么，人心有没有转化为本心的可能呢？其实，如同作为本体的道得依托于形而下的万物而存在于万物中一样，本心也得依托于人心，存在于人心中。这样，只要按照道的虚、无、自然、无为等性质来调整、清理人心，突破形躯与私欲对心的限制，抹去蒙蔽于其上的情欲之尘，消除人心的躁动，本心就会显露出来。从人心入手的修炼，就是要转人心为本心。这其间，还得依靠于一个中介，即作为心的机能的神。如同心分为人心与本心一样，神也分为识神和元神。识神即后天的思虑之神，元神即先天的神，是本心的机能。本心，北宗也称为"天心""真心""天地之心"。对本心与元神，王重阳注释《五篇灵文》的"以天心为主，以元神为用"时说："天心者，妙圆之真心也。释氏所谓妙明真心。心本妙明，无染无著，净清之体，稍有染著，即名之妄也，此心是为太极之根，虚无之体，阴阳之祖，天地之心，故曰：天心也。元神者，乃不生不灭，无朽无坏之真灵，非思虑妄想之心。天心乃元神之主宰，元神乃天心之妙用。故以如如不动，妙圆天心为主，以不坏不灭，灵妙元神为用也。"② 按照这里所述，本心与元神是体与用的关系。本心是元神的主宰，元神是本心的妙用。要完成转人心为本心的任务，就要时时借识神显元神，警惕思虑知见干扰修炼活动。如此修炼至忘记思虑知见，元神能够稳定出现时，人心就转变为本心。

不过，北宗往往把心视为实体，只是在修炼的具体操作活动中来谈论它。因此，他们往往不说转人心为本心就是得道，而是通过性把道联系起来。如同心分为人心与本心，神分为识神和元神一样，性也分为人性与道性。人性是后天的气质之性，道性是先天的与道合真的本然之性。北宗往往把道性称

---

① 《道藏》第 25 册，第 808 页。
② 《重刊道藏辑要》胃集，光绪三十三年（1906）成都二仙庵重刻本，第 315 页。

为"本性""真性""本来真性""本真"等，或者直接简称为"性"①。关于道与道性之间的关系，刘处玄说："虚者，道之体也。阴阳明其虚，则万物生也；至性明其虚，则恍惚生也。万物生成，则济于世也；恍惚生成，则出于世也……虚者，道之实也……实者，道也。道生于天地之先，至今常有不朽者，谓之实也。实者，性也。性生于万物之外，至今常存而不朽也，谓之实也……实也，性也……万物生则显其道之实，万化生则显其性之实。"②道之体和道之性均具有虚和实两种含义。道之体因虚而有生化万物的潜在可能，道之体因实而常存不朽。道之性因虚而孕育、生化万物，道之性因实而不会受具体之物的局限而影响其永恒常在的品性。道之体是就先天而言的，道之性是就后天而言的，且人经过努力可以逆反其生化万物的顺序而返还于其先天之虚。虚实二者相通，这就把道之体与道之性的内在联系打通了。北宗认为，道性如同道一样永恒存在，常在而不朽，既无所谓生，也无所谓死，不生不死，超越生死。刘处玄在《无为清静长生真人至真语录》中论述这一点说："去者，道乃常存而无其尽也，道象无所去也。去者，物乃成形而有其尽也，气有所去也。道者，通其阴阳也。气者，通其万物也。数尽则阴阳而散去也，形终则万物而朽去也。阴阳散而道常在也，万物朽而性常存也。"③道性常存而不朽，那么，人只要恢复它并加以保持，就可以长生不死。王重阳在《重阳真人授丹阳二十四诀》中说："是这真性不乱，万缘不挂，不去不来，此是长生不死也。"④真性（道性）是人可以长生不死的保证。在北宗看来，道是万物和人的本源。人从道产生出来，自然内蕴有道的属性。也就是说，人身中已蕴藏有先天的道性。但人毕竟存在于后天，表现出来的是人性而不是道性。不过，道性得依托于人性而存在。既然如此，那么，只要去掉气质所带来的偏颇、狭隘、滞浊，人性就可转化为道性。懂得这一道理，还要落实到行动中，知行合一，在修炼中切切实实地按照真性而行，促使真性展现。正如王处一所说："悟彻万有皆虚幻，惟知吾之性是真，此亦为见性；即知即行，行之至又为见性。"⑤

---

① 由于本心、道性、元神同处于先天的层次，所以北宗有时也以"真心""元神"来指称道性。

② 《道藏》第 23 册，第 710 页。

③ 《道藏》第 23 册，第 711 页。

④ 《道藏》第 25 册，第 807 页。

⑤ 转引自《道藏》第 33 册，第 177 页。

转人性为道性，只能从心入手。这是因为，"心性了然同一体"①。所以，修心可以明性。正是在这个意义上，北宗把"识心见性"作为修道的根本任务。显然，与南宗在心、性两个范畴中重心轻性不同，北宗则心、性兼顾，相对而言略微偏重于性。

如同以"明心见性"为修养的最高理想的禅宗，在行为表现中主张出家，贯彻禁欲主义一样，主张"识心见性"的北宗，在行为表现上也主张出家离世，常住宫观，在生活中不折不扣地贯彻禁欲主义。这与南宗的观点完全不同，显然是北宗受佛教，尤其是禅宗的影响很深的表现之一。

北宗高谈世事无常，人的寿命有限，人身是地、水、火、风四大假合的空幻之躯，可厌之极，不值留恋。自己的肉身既然不值得留恋，那么，人间的血缘亲情当然也须看破。北宗视家庭为"牢狱""火宅"，把父子、夫妻亲情称为"金枷玉锁"。它要求信徒如佛教徒一样看破红尘，斩断恩情、亲情、爱情等人情，抛妻弃子，"跳出樊笼"，出家居住宫观修道②。王重阳主张："修行切忌顺人情，顺著人情道不成。"③ 为了保证修道的成功，北宗在初期奉行绝对的禁欲主义信条，要求道士断酒绝色，不贪恋富贵荣华，不耽溺于气，遏制食、色、睡三种基本的生活需要。北宗把人的七情六欲都视为成仙证真的障碍，生死轮回的根源，要求道士泯灭一切情欲，消除烦恼，心中无思无虑。王喆规定："凡人修道先须依此一十二个字，断：酒色财气、攀援爱念、忧愁思虑。"④ 马钰教导弟子说："酒为乱性之浆，肉是断命之物，直须不吃为上。酒肉犯之犹可恕，若犯于色，则罪不容于诛矣。"⑤ 尹志平进一步规定道士要减食、省睡、断色欲。戒酒、忌肉断荤、断色，这是佛教的基本戒律。北宗显然是照搬过来了。为了促使这种禁欲主义的信条能够在实际

① 《道藏》第25册，第663页。

② 《重阳立教十五论》中说："离凡世者，非身离也，言心地也。身如藕根，心似莲花，根在泥而花在虚空矣。得道之人，身在凡而心在圣境矣。"（《道藏》第32册，第154页。）如果把这里所讲的道理付诸实践，那么，修炼也不是非出家不可。身既如藕根，心既然如莲花，则虽然根处于泥，但自根而长出的花仍然可以"出淤泥而不染"。身处红尘之中也未尝不可，只要心不为红尘所染污就行。何况，经受红尘的风吹雨打，如此历练出来的心，应当有更强的抵抗能力和生命力，不至于如温室中的花朵，一遇到寒冷酷暑和风吹雨打就夭折。不过，王重阳这里是批评道教传统的肉体飞升成仙，长生不死的终极理想，不是就修道的起手和中间过程而言。从这里可以看出，在修道的形式上，北宗（尤其是其早期）完全偏离了道教即世而不入世，超世而不离世的传统，与南宗迥然有异。

③ 《道藏》第25册，第704页。

④ 《道藏》第25册，第780页。

⑤ 《道藏》第23册，第701页。

中得以落实，北宗奉行一种俭朴的生活方式，要求弟子们安贫乐道。如马钰说："道人不厌贫，贫乃养生之本。饥则餐一钵粥，睡来铺一束草，褴褴褛褛，以度朝夕，正是道人活计。"① 全真道在元代进入鼎盛时期后，有了华丽的宫观和田产，生活上不再那么俭朴，但也制定了周密森严的清规戒律。

与禁欲主义的信念和俭朴的生活方式相适应，北宗在修炼的义理内容上同样受佛教禅宗影响很深，强调清静自然、淡泊无为。王喆说过："诸公如要修行，饥来吃饭，睡来合眼，也莫打坐，也莫学道，只用尘凡事摒除，只用心中清静两个字，其余都不是修行。"② 如果不是强调清静二字，这简直与禅宗没有什么差别了。那王喆的所谓"清静"的含义是什么呢？他认为，"清静"包含两个方面："内清静者，心不起杂念；外清静者，乃是见性。"③ 仅就这里而言，"清静"似乎与禅宗所说的明心见性没有什么差别。不过，它的实质是"自然"，达到"自然"的途径是养气安神。他在《赠道友》中说过："自然消息自然苗，不论金丹不论仙；一气养成神愈静，万金难买彐高眠。"④ 由此与禅宗的"寂静"分别开来。对养气安神的形式，北宗不专求在静僻之地修养，也肯定可以在喧闹之处进行，而且要求修养者"静处炼气，闹处炼神"，能够做到静闹如一。王重阳之后，他的弟子马丹阳和丹阳派把"清静"进一步解释为"无心"，即无"邪心"、无"尘垢之心"、无"私心"。

从识心见性的根本任务出发，在实际修炼的总体方向上，与南宗身心并重、神气双运、性命兼修、先命后性的做法不同，北宗虽然没有完全忽视身、气，但重心轻身，重神轻气；虽然也把性命视为修炼的根本，主张性命双修，但却强调重性轻命，在性命的修炼次序上也与南宗相反，主张先性后命。

那什么是性命呢？北宗区分不同层次讨论了性命的含义。首先，就精与血这一层次而言，"精生魄，血生魂，精为性，血为命。人了达性命者，便是真修行之法也"⑤。精、血是肉身的根本，如在这一层次区分性命，则性就是精，命就是血。但人除了精血这一基础性的物质层次外，还有更高的层次。比精血高一层次的是"真气"。在王重阳看来，血能够生真气。"有血者，能

---

① 《道藏》第 25 册，第 704 页。
② 《道藏》第 25 册，第 788 页。
③ 《道藏》第 25 册，第 807 页。
④ 《道藏》第 25 册，第 740 页。
⑤ 《道藏》第 25 册，第 799 页。

生真气也；真气壮实者，自然长久，聚精血成形也。"① 真气壮实，精、血合一，人的形体就形成了，并进一步由真气转化出人的心神。正是在这个意义上，王重阳把精、气、血看作是不可耗散的"人之三宝"。三宝之中，精、血属于实体性的东西，气则比它们有更强的能动性，因而王重阳把气（真气）看作是性命的根本。但气的能动性的发挥有赖于人的心神，在这个意义上，道教中人往往把神与气相对而言，认为"神是气之子，气是神之母"。就神气这一层次而言，"性者，神也；命者，气也"②。不过，这里的"神"是元神，"气"是元气，如同王重阳所说："性者是元神，命者是元气。"③ 如同精与血要相辅相成才能共同维持人的生存一样，神与气也要相互交融才能保持人的生机。为此，王重阳在功夫论中提出了神气交结、性命混融的主张。内丹修炼当然得遵循人体这一立体结构，而且要在修炼的动态过程中把性命的这两个层次的含义统一起来。这样做是为了指导功夫的修炼而达到得道的目的。正如王重阳回答马丹阳"何名是道"的提问时说道："性命本宗，元无得失，巍不可测，妙不可言，乃为之道。"④ 那如何实现这两个层次的统一呢？"心中有性，性属阳；肾者能生元阳真炁，炁属北方壬癸水，水为命，命属阴。"⑤ 以心火烧肾水，以阳导阴，以性定命，先养神，后修命。身安定而无欲，精就全，精全可以保身；心清静无念，气就全，气全可以养心；意诚，神就全，神全身心就能合一，性命就能混融，从而修炼者也就能返虚得道。这样，北宗就以性命这一对范畴把人体不同层次的结构通过修炼实现了统一。

按照这一指导思想，在具体操作时，北宗道士们主张先收心息念，除情去欲，做明心见性的功夫，然后才调息养气。这就是先性后命。与南宗强调修命是修性的基础，而且修命容易见成效的观点不同，北宗强调，修性是修命功夫得以进行的条件，如说："先学定心。心定气住，气住神全，神全形固。"⑥ 与南宗大体上兼重性命不同，北宗有明显的重性轻命的倾向。王重阳

① 《道藏》第25册，第799页。
② 《道藏》第32册，第154页。
③ 《道藏》第25册，第807页。
④ 《道藏》第25册，第807页。
⑤ 《道藏》第23册，第696页。
⑥ 《道藏》第2册，第29页。

主张，性命之间，一是主，一是宾，"宾者是命，主者是性也"①，不可喧宾夺主，主次颠倒。丘处机更坦言全真丹法是"三分命术，七分性学"②。不过，北宗道士很清楚，性与命的区分是相对的，不是隔绝的。因为性命本相通，"性通于命，命通于天，天通于道，道通于自然"③。性命之间能够相互促进。"命得性而久，性得命而寿"④，只有性命相合才能长生久视。再则，性、命先后的划分同样是相对的，不是绝对的，在修命和修性两个侧重点不同的阶段都得秉顾修性和修命。例如，马丹阳强调应在命中养性："阴里藏阳阳煊赫，命中养性性玲珑。"⑤ 他把以清静为根本的心性修炼与养气结合起来，说："是以要道之妙不过养炁，人但汩没利名，往往消耗其炁，学道者无他，务在养气而已。夫心液下降，肾气上升，至于脾，元气氤氲不散则丹聚矣。"⑥ 不过，在北宗看来，要做好养气功夫，重点仍然在心上。郝太古说："欲入吾教，只要修心。心不外游，自然神定，自然气和。气神既和，三田自结。三田既结，芝草自生。"⑦ 修心必须自始至终贯穿整个修道过程中："欲要养气全神，须常摒尽万缘，表里清净，绵绵固守不动，三年不漏下丹结，六年不漏中丹结，九年不漏大丹结，圆备此名九转大功亦名三千功满三田圆备。"⑧ 这是北宗重性轻命思想的体现。

当然，对一般人，北宗也主张先修命后修性，但这只是它施教时的权宜之计，不是它的根本观点。北宗的这种修炼功法体系，明显与钟吕金丹派的性命双修思想有继承关系。

至于内丹修炼的具体功法，王重阳在《五篇灵文》注中所阐述的"最上一乘""上品天仙之道"最有代表性。它以真性为本，真意为用，无为为则，由性了命，炼精、气、神而返还先天，臻于"与太虚同体，形神俱妙，与道合真"的境界。然后入世积累功行，"提挈天地，把握阴阳"，把这种高妙的境界巩固下来。具体来说，修炼者要在行住坐卧中，时时涵养如如不动之天心，灵妙不昧之元神，把它们收摄于玄关窍中，如此内真外应，先天之炁自

① 《道藏》第25册，第807页。
② 《藏外道书》第11册，巴蜀书社1992年版，第285页。
③ 《道藏》第2册，第819页。
④ 《道藏》第2册，第818页。
⑤ 《道藏》第25册，第593页。
⑥ 《道藏》第32册，第432页。
⑦ 《道藏》第32册，第433页。
⑧ 《道藏》第32册，第155页。

然感通。"欲先天至阳之炁发现，别无他术，只是一静功夫。静工之道，只在去妄念上做功夫，观一身皆空，寂然不动之中，忽然一点真阳，发现于恍惚之中，若有若无，杳冥之内，难测难窥，非内非外，不知所以然而然者也。"王重阳认为，这点真阳"本自良知良能，本妙本明"①，是人固有的，也就是人先天具有的。人去妄念即可使真阳显现，那么，修炼就可以用顿悟的方式进行。"金丹顷刻刹那成，不在三年九转行。"② 明心而真阳显现，金丹即可凝结。正是在这个意义上，王重阳有"本来真性唤金丹"之说③。

与南宗一样，北宗非常重视实修实证。孙不二在妇女内丹修炼方面颇有贡献。她根据自己的修炼实践，明确提出了内丹修炼的证验。静定修炼日久的表现是："盖静定日久，天光内烛，脱身壳中，收视内光，形像似觉，元神凝形……此时外即光焰周身，内则分身千万。"进一步修炼，则可出现这样的证验："冥心无心，冥身无身，内不分己身，外不分天地。久则骨肉亦化为纯阳精气，阳气日消，如觉天光内照，焕然照蜕身之中，天光既合于内，形影灭藏于外也。"④ 这些从实际修炼中得到的证验描述，有助于修炼者参资对照，明了自己修炼所达到的阶段，谋划下一阶段努力的目标。

总体来说，南宗的修证只限于一己之身。北宗则既不废一己之身的内丹修炼，也类似于大乘佛教主张"自度度人、自觉觉他"，强调济世度人。这颇有道教初创时期主张运用王道之术追求太平盛世，强调救世济人的风范。北宗把心性内丹的修炼称为"真功"，把济世度人的践履称为"真行"。"真功""真行"的具体内容，王重阳在为玉花社制定宗旨时说过："晋真人云：若要真功者，须是澄心定意，打叠精神，无动无作，真清真静。抱元守一，存神固炁，乃是真功也。若要真行者，须是修仁蕴德，济贫拔苦，见人患难，常怀拯救之心，或化诱善人入道修行。所为之事，先人后己，与万物无私，乃真行也。"⑤ "真行"的内容，首先是以较高的品德修养，发扬儒家"仁者爱人"的风范，大公无私，先人后己，救治病苦，行医施药，帮助别人摆脱患难，诱导善良的人入道修行。这颇有墨家"兼相爱，交相利"，苦己利人的精神。

---

① 彭定求：《重刊道藏辑要》胃集，光绪三十三年（1906）成都二仙庵重刻本，第316页。
② 《道藏》第25册，第703页。
③ 《道藏》第25册，第701页。
④ 《道藏》第10册，第685-689页。
⑤ 《道藏》第25册，第748页。

北宗强调要把真功与真行统一起来，并为此做了多方面的论证。首先，北宗认为，作为修道了手阶段的"见性"本来就有"知"与"行"两个方面，作为修道最高境界的"真空"也有"知"与"行"两个层次，只有"知""行"两全才能达到最高的修炼境界。王处一说："见性有二，真空亦有二：悟彻万有皆虚幻，惟知吾之性是真，此亦为见性；既知即行，行之至则又为见性。初悟道为真空，直至了处亦为真空。既至真空，功行又备，则道炁自然一发通过。道炁居身中，九窍无心而自闭，至此际则方是真受用。"① 把见性分知与行两个方面，把真空也分为两个层次，这一观点显然是受禅宗初祖达摩理入、行入"二入"的思想影响。明代王阳明的知行合一说，应该说与受北宗这一观点的影响有关。其次，就实践而言，真功与真行能够相互促进。《晋真人吾录》说："若人修行养命，先须积功累行。有功无行，道果难成；功行两全，是谓真人。"② 内丹修炼要取得最后成功，有赖于真行的修为。单纯进行内丹修炼，很难得道。功行两全者才能称为"真人"。

与注重济世度人的思想相应，北宗很重视伦理。王重阳主张，多行善积德，即便"不祝神祇也得长春寿"③。全真七子同样把遵循世俗伦理规范作为成仙得道的先决条件，而且宣扬"天上阳道至神各分方位，暗察人间善恶"，若"不依天理，纵恣恶邪淫"，就会"多病、夭寿、死沉地狱，受苦尽则堕于傍生，失其人身"④。为了强调遵循世俗伦理规范的重要性，他们甚至有"忠孝仁慈胜出家"之说："为官清政同修道，忠孝仁慈胜出家，行尽这般功德路，定将归去步云霞。"⑤

北宗不甚重视斋醮科仪。《重阳全真集》卷七《踏莎行·啄烧香》说："身是香炉，心是香子，香烟一性分明是。"⑥ 这是用内丹修炼吞没了斋醮科仪。但马丹阳掌教之后，为了招徕更多的信徒，全真道也开始搞斋醮、祈晴祷雨等活动。但他们在这方面大体上只是运用成法，鲜有独创性的发展。

就修行的境界而言，《重阳真人金关玉锁诀》中把神仙分为五个等级："第一，不持戒，不断酒肉，不杀生，不思善，为鬼仙之类。第二，养真气

① 转引自《道藏》第 33 册，第 177 页。
② 《道藏》第 23 册，第 597 页。
③ 《道藏》第 25 册，第 741 页。
④ 《道藏》第 2 册，第 818 页。
⑤ 《道藏》第 25 册，第 849 页。
⑥ 《道藏》第 25 册，第 731 页。

长命者，为地仙。第三，好战争，是剑仙。第四，打坐修行者，为神仙。第五，孝养师长父母，六度万行方便，救一切众生，断除十恶，不杀生，不食酒肉邪非偷盗，出意同天心，正直无私曲，名曰天仙。"① 全真道的修炼，比较看重第二、第四两种，并以第五种为最终目标。

元代道士李鼎在《大元重修古楼观宗圣宫记》中认为，老子、尹喜传教之后，道教昌盛，可惜往后的道教越来越偏离了老子、关尹的真传，"一变而为秦汉之方药，再变而为魏晋之玄虚，三变而为隋唐之禳禬，其余曲学小数，不可殚记"，以至于使老子"五千言之玄训，束之高阁"，直到王重阳，才"以道德性命之学唱为全真，洗百家之流弊"②。他认为，道教到了全真道这里，才又回到了老子的本色。元代王滋在《重阳教化集后序》中认为王重阳的思想实质近于禅宗而以"体虚观妙为本"，"离一切染著，无一丝头绪凝滞，则本来面目自然出现"③。徐琰在《赫宗师道行碑》中则认为全真道的宗旨是回复于"老庄之道"。这些评论未尝不对，但又不完全对。禅宗乃《庄子》思想的中国化版本，这里不拟赘述。以老庄之道而论，全真道的这种回归，是否定之否定，是哲理的提高，其实质是道教吸纳佛教和宋代儒家理学的精华而提高了其哲理水平。王重阳自己说得很明白："引儒释之理证道，使学者知三教本一。"④ 王重阳可能由于金宋交战，南北交通阻隔没有看到朱熹的著作，但其弟子们和全真后人则是花了很大精力学习被朱熹集大成的理学的。这一点，李道纯说得很清楚："禅宗、理学与全真，教立三门接后人……会得万殊归一致，熙台内外只登春。"⑤

王嚞创建的北宗全真道倡导三教一致、三教平等、三教和同。王嚞在山东半岛建立的五个会社，均以"三教"二字打头命名，如"三教平等会"之类。他让刚入教门的弟子阅读的经典，除了道教的《道德经》《清静经》外，还包括佛教的《般若心经》和儒家的《孝经》。把儒家和佛教的重要经典明确规定为本宗修道者的必读书，这在道教历史上还是第一次。就儒家和佛教相比，北宗受禅宗思想影响要大一些，这与它强调修性有关。对道禅关系，王重阳说："禅中见道总无能，道里通禅绝爱憎。禅道两全为上士，道禅一

---

① 《道藏》第 25 册，第 802 页。
② 《道藏》第 19 册，第 555 页。
③ 《道藏》第 25 册，第 789 页。
④ 《道藏》第 4 册，第 527 页。
⑤ 《道藏》第 4 册，第 514 页。

得自真僧。道情浓处澄还净，禅味何时净复澄。咄了禅禅并道道，自然到彼便超升。"[1] 这是说，道与禅当然有区别，但不能对它们有爱憎之别，因为它们各有长处，只修一家就只能做一个普通的和尚或道士。只有取长补短，同修共证，禅道两全才能成为"上士"，才能超升。对处理三教的关系，王重阳有诗说："心中端正莫生邪，三教搜来做一家。义理显时何有异，妙玄通后更无加。般般物物俱休著，净净清清最好夸。亘劫真人重出现，这回复得跨云霞。"[2] 处理三教关系，北宗的做法是，不局限于狭隘的门户之见，抓住三教义理的宗旨，不拘执于言诠象辩，开显性命全真之妙理，从而不为三教辅臣，超逸于三教之上，自成一家一教。这说明，王重阳倡言"三教一家"，既不是作为新道派初生时为了生存的权宜之计，也不是为了发展而调和，而是为我所用，融铸新说。

北宗与南宗在不少方面有差异。在哲理层次上，相对而言，与南宗重视本源论而重《老》不同，北宗重视本体论而倾向于《庄》，本体论中的心性境界论特色尤其鲜明。在修炼方面，北宗重在向根器优异者说教，主张先性后命，偏重顿悟，重在性功；南宗着眼于普通人的修炼，故主张先命后性，偏重渐修，重在命功。不过，北宗与南宗一样同是钟吕—陈抟学派的余绪，所以二者有不少共同之处，这为后来二者的合并融合奠定了坚实的基础。此外，南宗的丹法除了一己清修的内容外，还有双修的内容，形成了双修派。北宗则没有这方面的内容。南宗主要活动于南方，受环境影响而行雷法，对符箓之术与内丹的融会贯通做出了贡献。这也是北宗所没有的内容。总的来说，南宗有更多的道教本色，北宗则是以道融禅的色彩比较鲜明。

二、马钰的清静修养论

王喆逝世之后，马钰掌教。马钰，号丹阳，著有《洞玄金玉集》《渐悟集》《丹阳神光灿》《自然集》《丹阳真人语录》《丹阳真人直言》等。他及其弟子形成了全真北宗内的丹阳派。明清以后出现的全真支派之一的遇山派视马钰为祖师。

马钰发展了王重阳的心性思想，对全真道的心性论做出了很大的贡献。以修炼实践为背景，马钰首先把心分为"尘心"和"真心"。"尘心"是有

---

[1] 《道藏》第 25 册，第 594 页。
[2] 《道藏》第 25 册，第 596 页。

意念，有情欲的心。"真心"则相反，"心定念止，湛然不动，名为真心"①。可见，尘心与真心并非两个心，而是同一个心的两种状态。真心是没有意念的心，所以也称为"无心"。无心就是体证内外混融、表里俱寂的空境。"且道如何是体空处。夫体空者，心体念灭，绝尽毫思，内无所知，外无所觉，内外俱寂，色空双泯。目视其色不著于色，耳听其声非闻于声。"② 看来，马钰的无心论深受禅宗的影响。不过，"无心"并非与木石一样了无生机，而是在日常生活中泯灭情欲，在修炼中排除干扰所保持的清静之心。"行住坐卧皆是行道，诸公休起心动念，疾搜性命，但能澄心遣欲，便是神仙。"③

马钰认为，只有把尘心转变为真心，才能彰显道性。"又问如何是见性？答：那无心无念，不著一物，澄澄湛湛，似月当空。"④ 在马钰看来，道性是人与生俱来的，可以自然而然地彰显出来。为此，心也应该自然而然地存在，不执着于任何事物，没有意念存在于其中。这样的心，显然是真心、本心，与尘心相对。尘心消亡，道性就能呈现。"且道性虽无修无证，尘心自要损消，忘心忘性，方契无修无证。"⑤ 道性与本心是同一层次的概念。心是内丹修炼的现实主体，道性则是修炼过程中显现的真实本体。从内丹修炼的实践出发，马钰以灵光、纯阳描述道性、真性。他认为，道性、真性坦露之时，就是道呈现之时，也即结丹之时。"若性到虚空，豁达灵明，乃是大道。此处好下手，决要端的功夫。"⑥

不过，在修炼实践中，转尘心为真心，从而彰显道性殊非易事。马钰认为，这必须通过炼气炼神逐步实现。对此，《丹阳真人语录》说："性定则情忘，形虚则气运。心死则神活，阳盛则阴消，自然之理。"⑦ 心安定，情自然会被忘记。身内清虚，气自然能顺畅运行。心中无念，神才能朗现。气不凝滞，神不暗昧，人才有生机与活力。"师曰：身中之气不可散，心中之神不可昧。或问曰：何由得气不散？师曰：身无为。又曰：何由得神不昧？师曰：心无事。"气不凝滞，身必须无为；神不暗昧，心中必须无事。至于气与神

---

① 《道藏》第 32 册，第 458 页。
② 《道藏》第 32 册，第 434 页。
③ 《道藏》第 32 册，第 155 页。
④ 《道藏》第 32 册，第 458 页。
⑤ 《道藏》第 32 册，第 433 页。
⑥ 《道藏》第 32 册，第 437 页。
⑦ 《道藏》第 32 册，第 433 页。

之间的关系，马钰认为是母与子的关系，气是母，神是子。神气交融而成真一，人即可得道。"气是神之母，神是气之子，子母成真一，真一脱生死。"①气与神的母子关系，是就体而言的。就用而言，则在神和气二者之中，神是起主导作用的。气与神又与心和性有直接联系。心中没有攀缘之念，神就能充分发挥它的作用。气在身中的运行没有凝滞，性就灵通圆明。"心没攀缘神彩秀，气无凝滞性灵圆。"②

马钰比较重视心与神的关系。这是前人多有论述的问题。《黄帝内经》说："心者，君主之官也，神明出焉。"又说："心者，五脏六腑之大王，精神之所舍也。"③ 道教继承了这一观点，视心为神之所本。成书于唐代的《太上老君说了心经》说："心为神主，动静从心。"④ 心是产生神的根源，神居于心中，受心的支配。神无心不立、不守，心无神也不灵。马钰进而认为，神在心中，心为体，神为用。心湛然无染，神就能灵妙神通。要使得心湛然无染，就要澄心。要澄心，就要懂得澄心之理。"修行之人多言澄心，不识澄心之理，如何是澄心之理？只要一念不生，性体真空，杳然湛然，似天澄虚不别，是真澄心也，无心可澄是名澄心。"⑤ 澄心就是使得心中一念不生，无心可澄。

马钰强调，神气是性命的基础，也是整个修炼的根本。《丹阳真人语录》说："夫修炼之要不离神气，神气是性命，性命是龙虎。龙虎是铅汞，铅汞是水火，水火是婴姹。婴姹是真阴真阳，真阴真阳是神气二字而已。"⑥ 在马钰看来，性命、龙虎、铅汞、水火、婴姹、真阴真阳等，都无非是神气的异名。所以，如同气不散，神不昧的根本是身、心的清静无为一样，马钰认为，清静也是性、命的根本。《金玉集》说："命清得长生，性静得久视。"清静也就是清净。"故道家留丹经子书千经万论，可一言以蔽之曰：清净。"⑦ 对其涵义，马丹阳解释说："清静者，清谓清其心源，静谓静其气海。心源清则外物不能挠，性定而神明，气海静则邪欲不能作，故精全而腹实矣……气

---

① 《道藏》第 25 册，第 589 页。
② 《道藏》第 25 册，第 593 页。
③ 《道藏》第 32 册，第 434 页。
④ 《道藏》第 11 册，第 393 页。
⑤ 《道藏》第 32 册，第 433 页。
⑥ 《道藏》第 32 册，第 155 页。
⑦ 《道藏》第 23 册，第 703 页。

透则神灵，神灵则气变，此清静所到也。"① 在修炼神气与性命的根本原则同为清净这个意义上，马钰甚至说："命乃气之名，性乃神之字。"② 心平气和，神自然灵，丹自然结，道自然得。因为，道本来也是清静无为的。《丹阳真人语录》说："夫道，但清静无为，逍遥自在，不染不著，此十二字若能咬嚼得破，便做个彻底道人。"③

对性与命之间的关系，马钰主张在命中养性。《金玉集》说："阴里藏阳阳煊赫，命中养性性玲珑。"④ 他把调息命功建立在性功的基础上，强调不急不忙，自然无为，使得气息深、匀、缓、长，进一步达到胎息的状态。"急救自家性命，调真息，不要忙忙，常细细绵绵来往，功到赴蓬莱。"⑤ 马钰认为，调息的关键是心要做到清静。《金玉集》说："心清气自调，意净神自喜，人能常清静，决证神仙位。""心清意静，气和神定，真息绵绵，灵光莹莹。"⑥ 马丹阳对调息有论述，但对炼神则没有做专门讨论。马钰继承了道教传统的"我命由我不由天"的思想，主张通过清静功夫把性命之权夺在手中，自己掌管自己的性命。他说："性命不由天，斡运阴阳全在我。""性命不由天地管。"⑦

马钰主张把清静贯彻到一时一行的日常生活中去，因而有内日用与外日用，即内外功之说。内功是炼心制念，外功则是通过接应外缘，消除人我、物我的区分。修炼要把内外功结合起来。《丹阳真人直言》说："外则应缘，内则养固，心上忘机，意不著物，触处不生嫉妒，二气常要清静，一神自住。"⑧ 内外功夫，概括起来说，主要是养气、养性、养德、养道等四个方面："薄滋味，所以养气。去嗔怒，所以养性。处污辱低下，所以养德。守一清静恬淡，所以养道。"⑨

北宗重视心性论的探讨，但也没有忽略内丹修炼。马钰同样如此。《丹阳真人语录》说，内丹修炼首先要在天地间安炉立鼎。"经云：'人能常清

---

① 《道藏》第32册，第433页。
② 《道藏》第25册，第589页。
③ 《道藏》第23册，第702页。
④ 《道藏》第25册，第593页。
⑤ 《道藏》第25册，第620页。
⑥ 《道藏》第25册，第589页。
⑦ 《道藏》第25册，第590页。
⑧ 《道藏》第32册，第155页。
⑨ 《道藏》第23册，第701页。

静，天地悉皆归。'言天者，非外指覆载之天地也，盖指身中之天地也。人之膈以上为天，膈以下为地，若天气降、地脉通，上下冲和，精气自固矣。"① 这里的天地，是身体中的天地，膈以上为天，膈以下为地。所安之炉、所立之鼎要有利于天气下降、地脉上升，上下交和，精气牢固。安炉立鼎之后，要取坎填离，即使得心液下降，肾气上升，二者交融。进一步促使心、肝、脾、肺、肾五脏之气凝集，即五气朝元："夫心液下降，肾气上升，至于脾，元气氤氲不散，则丹聚矣。若肝与肺，往来之路也，习静之久，当自知之。"五气朝元之"元"，指的是祖炁，也就是元气："道者何物也？祖炁便是根源。"② 五气凝集形成祖炁后，还要不懈修炼，"久久精专，神凝气定，三年不漏下丹结，六年不漏中丹结，九年不漏上丹结，是名三丹圆备，九转功成"③。下、中、上三丹结成后，就可神与道合，得道成仙。

总之，丹阳派的思想可概括为："夫道以无心为体，忘言为用，以柔弱为本，以清静为基。若施于人，必节饮食，绝思虑，静坐以调息，安寝以养炁。心不驰则性定，形不劳则精全，神不扰则丹结。然后灭情于虚，宁神于极，可谓不出户庭而妙道得矣。"④ 丹阳派的这一思想宗旨，与王重阳的思想比较一致，是北宗性命双修、先性后命思想的典型体现。

三、郝大通、王志谨与盘山派的心性哲学

郝大通字太古，号广宁子，著有《太古集》，他的弟子中最著名的是范圆曦、王志谨等。明清以后出现的华山派视他为祖师。他的弟子王志谨开创了盘山派。《周易参同契》《悟真篇》和王重阳的思想，是郝大通的学术渊源。对此，清代陈铭珪说过："推其用意，实欲举魏张合之于重阳之学。"⑤魏即魏伯阳，张即张伯端。以《周易参同契》《悟真篇》的思想来证说王重阳的思想，是郝大通思想的特色。

郝大通对道教的宗旨做了阐发。他认为，道教之所以作为教，本质上就是道体之运用。它需要用语言来表达其中形而上的本体与形而下的器用。他说："教者，道之所以生也。道本无名，强名曰道；教本无形，假言显教。

---

① 《道藏》第23册，第703页。
② 《道藏》第23册，第702页。
③ 《道藏》第23册，第706页。
④ 《道藏》第23册，第703页。
⑤ 陈铭珪：《长春道教源流》上册，广文书局有限公司1975年版，第72页。

教之精粹，备包有无。故以无言之存乎道体，以有言之存乎器用。体之以为无，用之以为利。"① 道体必须以心体之，用则必须遵循阴阳八卦之数，合天地日月四时变化之法度。这样，道教也就是《易》之道的显现与运用。具体来说：

> 易之道以乾为门，以坤为户，以北辰为枢机，以日月为运化，以四时为职宰，以五行为变通，以虚静为体，以应动为用，以刚柔为基，以清静为正……以一神总无量之神，以一法包无边之法，以一心统无数之心，自古及今，绵绵若存。②

人运用《易》之道，最终达到的境界是："动静两忘，性命圆固，契乎自然。"③

郝大通认为，内丹修炼要性命双修，但"见性"是体，"养命"是用。"夫吾道以开通为基，以见性为体，以养命为用。"④ 所谓"开通"，实指心的安定宁静。见性的实质是神定，养命实即养气。神定、养气都只要修心即可。"欲入吾教，只要修心。心不外游，自然神定，自然气和。气神既和，三田自结。三田既结，芝草自生。要得完备，勤慎而行。"⑤ 郝大通在全真七子中对内丹的阐述是比较有特色的。他所述的丹功融合性功与命术的特征比较突出，与王重阳《五篇灵文》所述比较接近。

王志谨承郝太古而开创盘山派。他的思想主要见之于《盘山语录》⑥。他的第一代传人是姬为真。姬为真的著作是《云山集》。盘山派把理学、禅宗与全真道的思想融合在一起，但偏重于道禅融合。本心、本性、道三者融合而成功夫境界论，是盘山派的思想特色。

盘山派把心分为本心与人心。"神仙莫向外边寻，止是元初一片心。洒落万尘笼不住，立教大地变黄金。"⑦ "元初一片心"即本心，也称为真心。从修炼的角度来说，可以把这种本心与人心的划分看作是心有体有用，本心

---

① 《道藏》第 25 册，第 868 页。
② 《道藏》第 25 册，第 868 页。
③ 《道藏》第 25 册，第 867 页。
④ 《道藏》第 32 册，第 439 页。
⑤ 《道藏》第 32 册，第 439 页。
⑥ 本节引《盘山语录》不再注明。《道藏》第 4 册，第 822 页。
⑦ 《道藏》第 25 册，第 391 页。

为体，人心为用。人心之用，在目为见，在耳为闻，在口为言，在心为思，在手为拈，在足为行……人心的用表现在人体各种感觉器官的作用发挥上面，且这些表现形式互不相同，心之体也不会因这些表现的形式变化而有变化。"这个有体用，没你我，正正当当底真心，自从亘古未有天地已前禀受得来。不可道有，不可道无，古今圣贤天下老道人皆得此，然后受用。"① 真心是心的原始的、最纯真的状态，是先天的、最完满的，既无所谓有，也无所谓无。得道之人，首先必须得此真心。这是因为真心是天地万物的主宰，功能强大，威力无边。证得它，人就能够不被一切境诱惑、牵弓，不被一切念虑搬弄，不被眼、耳、鼻、舌、身、意六根所触。但是，修证真心只能从人心入手，由用达体。

人心的状态对于生命至关重要。天堂地狱，是古人立教的方便法门。进天堂还是入地狱，都取决于一己之心。这是因为，人的心思与人的行为是息息相关、此应彼合的。全山派提出了两种修心的方法。一是以心炼心。"或问：如何是真常之道？答云：真常且置一边，汝向二六时中，理会自己心地，看念虑未生时是个甚么？念虑即生时，看是邪是正？邪念便泯灭，正念则当用者。"② 以心炼心的目的是体会念虑未生之境。当念虑产生时，如果是邪则泯灭它，如果是正则用之。传统道教对念虑的处理是体会它即将产生而又未产生之时的境界。王志谨这里的观点偏离了传统道教的观点，却与理学的动机判定颇为一致，显然是受理学影响的结果。二是境上炼心，即在世俗社会生活中炼心。"不曾于境上炼心，虽静坐百年，终无是处。但似系马而止，解其绳，则奔驰如旧。"③ 逢着顺境，欢喜过去；遭遇逆境，无心过去。如此心得安稳，清静洒脱，活泼泼地通灵显圣，就可达到真心境界。这是在心性层次上把出世与入世统一起来。这就是所谓的"功行两全"。

> 或问：如何是功行？答云：合口为功，开口为行。如何是合口为功？默而得之，无思无虑，缄口忘言，不求人知，韬光晦迹。此是合口为功也。如何是开口为行？施诸方便，教人行持，利益群生，指引正道，是开口为行也。④

① 《道藏》第 4 册，第 833 页。
② 《道藏》第 4 册，第 835 页。
③ 《道藏》第 23 册，第 724 页。
④ 《道藏》第 23 册，第 723 页。

用"合口为功，开口为行"来解释功行，这是盘山派对全真功行论的一种独具机锋的解释，与北宗早期的功行思想颇为不同。早期的真功指内丹修炼。盘山派的功则仅是指默识心知，无思无虑，闭口不言，隐姓埋名，不求名利。这纯粹是一种隐士的心性涵养和生活方式。早期北宗的真行把救济病苦与劝引善人入道并重，盘山派的行则只强调劝导教化的方面。这是盘山派以道合禅，受禅宗专重心性解脱的影响的表现。

功与行往往有矛盾。盘山派看到了这一点。它认为，修道者必须善于调节出世与入世的矛盾。外缘虽然假而不真，但也不可不应。以无我之心应对，心体虚澄空寂，事情纷至沓来而不会受到阻碍，则虚空的心体也无碍万事，万事同样不会阻碍虚空。这其中的关键是去悼"胜心"，做到无我。《盘山栖云王真人语录》说："修行之人有一分工夫，便有一分胜心。有十分功夫，便有十分胜心。既有胜心，则有我相，我相胜心作大障碍，如何得到心空境灭也……心同太虚，则无我也，无我则与道相应矣。"① 胜心不灭，我相也就不能驱散。如果心存我相，事情一来就处理，在这过程中因为接触而心急、担忧、烦恼，打破了自己心的宁静。心一旦不平静，即使整天劳作不辍，也会事倍功半，甚至劳而无功。身居尘世中，一旦有该做的事务，就要专门留意自己的心，不可让它躁动。要经常反思自己的过错，不要管他人的是非，这样心中就不会有烦恼，就可保持心境的平和。事情降临自己头上，就要承担。诸种境相，各类事件，用不着刻意去驱逐它。只要自己心中明明了了，那么，无论什么事件到来，均可气定神闲，自自然然地把它处理掉。如此不断修养，日久自能成就大功。这概括起来说，就是"境上炼心，常应常静"。

正是在这个意义上，盘山派引入了儒家的忠孝仁慈、恭谨至诚等伦理规范，与全真道本有的施诸方便、利益群生等结合起来，形成一套有一定特色的伦理规范，即忍让不争、宠辱不惊、谦下虚己、清静寡欲、顺理合人、守正去邪、通道明德、体用圆成。这被盘山派称为"全真"，有别于把精、气、神三全称为全真，或把功行双全称为全真的观点，鲜明地凸显了盘山派的特点。在这套伦理规范中，判断善恶的标准是心是否趋近真心。

或问：如何是善恶？答云：一切好心皆为善，一切不平心皆为恶。

---

① 《道藏》第23册，第725页。

人不知之善为大善，人不知之恶为大恶。善恶都不思处，别有向上
事在。①

　　盘山派把一切平和宁静之心称为善，把一切失去平和宁静的心称为恶。
善恶不是就行为结果对他人的影响而论，而是就心是否平和宁静而论。而且，
其把人没有意识到的善称为大善，把人没有意识到的恶称为大恶，也就是把
无心追求心的平和宁静称为大善，把心失去平和宁静却没有意识到称为大恶。
这种善恶与一般伦理意义上的善恶既有联系，又有差异。联系表现在，就绝
大多数受过文明熏陶的社会人而言，如果心平和宁静，那么，行动表现出来
的结果必定不会干扰、危害他人，这是一般伦理意义上的善。如果心失去了
平和宁静，那么，行动表现出来的结果必定会干扰、危害他人，这是一般伦
理意义上的恶。也就是说，盘山派把善恶的区分，从外在的行为结果深入到
内在的心中了。但这并不等同于儒家以动机的邪正来判断善恶，而是以心是
否平和宁静来判断善恶，体现了道家、道教一贯的自然主义的鲜明特色。盘
山派区分善恶、遏恶扬善的目的是为了达到真心，故有"善恶都不思处，别
有向上事在"之说。"向上事"就是更值得追求的真心。这一思想是对《老
子》"上德不德"、"天下皆知善之为善，斯不善"思想的发展。这一观点有
助于避免伦理规范在现实的社会生活中出现虚伪等异化现象，可以避免人们
为求善名而互相争斗。实际上，在盘山派看来，区分善恶不过是超越善恶的
手段。"若曾炼心，体如虚空，亦无恶、亦无善。无丝毫挂碍处作主得，则
祸福着他不得，因果着他不得。便是个出阴阳壳的人。"② 盘山派的不思善不
思恶是对扬善弃恶的升华。其要求人们形成一种自由、自然的伦理心境，把
道德转化为自我的内在需要、自觉自愿的行为和自然而然的举动，有助于人
们消除"求福报"等急功近利的浮躁心理，站在更高的立场来审视和决定自
己的行为，形成豁达的处世态度和高迈悠扬的人生境界。在盘山派看来，泯
灭是非的区分，超越善恶，忘掉身内之心和身外之法，才有得道的可能。但
这还不够，还要进一步以虚融澄湛为原则，炼心而至太虚之境，彻底忘掉修
道者自己，彻底打消自我中心意识，这样，人就与道相一致，人就是道，道
就是人，道与人就完全吻合无间了。

----

① 《道藏》第 23 册，第 731 页。
② 《道藏》第 23 册，第 732 页。

不过，从心入手的修炼要得道，需要性作为中介。这是因为，"性本于道，情生乃心"①。如果性不动而生情，则性仍然是性；性动而生情，心就出现，所以说："静乃性而动乃心。"② 性有体有用。动、静、说话、沉默是性之用，不是性之体。性之体则既不是动，也不是静，既不是说话，也不是沉默。修炼要由用以达体，透过心控制动、静、语、默，超越它而达到非动非静、非语非默、无所执着的境界。就现象而论，是要使心宁静自然。心慌意乱，会使得性昏浊混乱，危害人的生命。心之所以慌乱，是因为有情欲的干扰。所以，盘山派主张出离情海。"俗缘深重害道为多，人情贵华与道相反。此殷勤眷念即属爱情，有爱即有恶，以至喜怒哀乐，莫非情也。若不能出得情，又安能入道？"③ 泯灭情欲，心无为自然，澄湛宁静，即可复返真性。在这个意义上，盘山派把真性称为金丹。"或问曰：道家常论金丹。如何即是？答云：本来真性是也。以其快利刚明，变化融液，故曰金；曾经锻炼，圆成具足，万劫不坏，故名丹。体若虚空，表里莹彻，不牵不挂，万尘不染。辉辉晃晃，照应万方。"④ 这显然是发展了马丹阳"本来真性是金丹"的思想。

盘山派认为：

> 顽心不尽，依旧轮回，欲要换过此心，不论昼夜，时时刻刻，动里静里把这一片顽心裂教粉碎去，方可受用。元本真灵与天地相似。然后静也是道，动也是道，开口也是道，合口也是道。更待别求甚么？便是个脱洒里道人。⑤

> 大道理幽深，迷人颠倒寻。去身浑不远，惟是本来心。⑥

所谓"顽心"即是与真心相对的人心。不能转人心为真心，人就不能跳出生死轮回，就不可能得道。不分昼夜，时时刻刻以粉碎人心、成就真心为务，狠下功夫，方可有成。一旦成就真心，则无论动静，无论语默，无论做任何形式的活动，都能合于道。此时人才是真正洒脱的人。在盘山派看来，真心（元本真灵、本来心、本心、心之体）、本来真性（性之体）、金丹、道是同

---

① 《道藏》第25册，第365页。
② 《道藏》第25册，第364页。
③ 《道藏》第33册，第165–166页。
④ 《道藏》第23册，第731页。
⑤ 《道藏》第23册，第722页。
⑥ 《道藏》第25册，第395页。

一个事物从不同角度考察得出的异名。不过，就来源而论，心性都来源于道。本心受形气所染而转化为人心，只有殷勤锻炼，去其所染，才能复返本来面目，性才能得以彰显，金丹才能结成，道才会呈现。盘山派把这视为每一个人的本分。"问：如何是自己本份上事？师曰：只这形骸底（的）一点灵明，从道里禀受得来，目古及今，清静常照，更嫌少甚？"[1]

盘山派认为，去除心中所染必须坚持无为自然的原则。无心于物，心中无事，无心于心，自然就是真心。

> 修行人常常心二无事，正正当当，每日时时刻刻体究自己，本命元辰端的处明白不昧，与虚空打作一团，如此才是道人底（的）心也。积日累功自有灵验，所以见种种作为，不如休歇体究自己去。若一向物上用心，因循过日，却如俗心无异也。[2]

如果从早到晚时时刻刻念念不忘打扫心地，反而难以打扫干净。要想使得心地干净，就要撇下扫帚柄。也就是说，执着于扫除心地，反而为心增添烦恼。

> 或问曰：心无染着，放旷任缘，合道也未？答云：起心无着，便是有着；有心无染，亦着无染。才欲静定，已堕意根，从任依他，亦成邪见。无染无着等是医药，无病药除，病去药存，终成药病。言思路绝方始到家。[3]

在他们看来，有了不执着的心念，实际上已经处于执着的状态了。有了心不受染的念头，也是对心不受染的执着。一旦有安定宁静的念头，心中就有了意念。如果随顺这种意念翻腾，就会造成新的污染。应该清楚，无所染，无所执只是治病的药，没有病就不需要药。治好了病，药也没有必要保存。这是重玄思想精蕴的运用。

盘山派之所以持这样的主张，是因为他们认为，道不可用言语描述，不可以有心求，也不可以无心得。道没有踪迹，以迹求索到的不是道。应该进一步追究迹的来源。弄清了迹的来源就知道，它既不是声色，也不是造作；

---

① 《道藏》第 23 册，第 721 页。
② 《道藏》第 23 册，第 724 页。
③ 《道藏》第 23 册，第 730 页。

既不是威仪，也不是法相。道就存在人的心中。对它，不可以对象化的思维方式和常规的途径去认知，需要修道者脚踏实地自修、自证、自悟：

> 吾道密传，不可以有心求，不可以无心得。……道无踪迹，以迹求之，非道也。复究此迹，自何而来，知其所来，则又非声色，非做造，非威仪，非法相者，存于中，盖不可知知识识也。只是这个本分圆成，真真实实、合天地、合圣贤、合鬼神、合万物，如此一大事因缘，岂容尘垢声闻露迹而能见之哉？①

既然如此，那么，心思路绝，言语道断，无思无虑，才是修心即修道的归宿。这显然也是受重玄思想影响的结果。

盘山派的修炼以修心为根本，修心的目的是转人心为道心，变后天之心为先天的本心，把凡俗之心炼成真心。但道心、本心、真心难以言说，不好把握。为此，王志谨在实践的基础上总结出了一些特征。他认为，道人之心的主要特征是：（1）无为自然。"如云之出山，无心往来，飘飘自在，境上物上，挂他不住。"②（2）不因境而动，不为情所触，不为欲所诱。"又如风之鼓动，吹嘘万物，忽往忽来，略无滞碍，不留景迹，草木丛林，碍他不住，划然过去。"③"又如太山，巍巍峨峨，稳稳当当，不摇不动，一切物来触他不得。"④（3）灵妙圆通，因机成应，物物而不物于物。"又如水之物，性柔就下，利益群品，不与物竞，随方就圆，本性澄淡，至于积成江海，容纳百川，不分彼此，鱼鳖虾蟹，尽数包容。"⑤（4）大公无私，遍照一切，利益众生。"又如日月，容光必照，至公无私，昼夜不寐，晃朗无边……如天之在上，其体常清，清而能容，无所不覆。地之在下，其体常静，万有利而一无害。"⑥（5）无所不容，无所不包。"如虚空广大，无边无际，无所不容，无所不包，有识无情，天盖地载；包而不辨，非动非静，不有不无，不即万事，不离万事，有天之清，有地之静，有日月之明，有万物之变化，虚空一如也。

---

① 《道藏》第23册，第729页。
② 《道藏》第23册，第718页。
③ 《道藏》第23册，第718页。
④ 《道藏》第23册，第718页。
⑤ 《道藏》第23册，第718页。
⑥ 《道藏》第23册，第719页。

道人之心，亦当如是。"① 修心应该达到的目标是真心。真心是与道同一层次的范畴，具有宇宙万物的本源和本体的意蕴，是无可言说的。所以，修心要达到的最高境界，要表达出来是一件很困难的事。通过上述五个方面意象化的描述，盘山派把这一困难大体上克服了。

与丹阳派在思想路线上与王重阳保持一致不同，盘山派注重以道融禅，吸收禅宗的思想来充实、丰富和发展王重阳的思想，对道教心性理论的发展做出了贡献。

四、丘处机与龙门派的功行合一思想

丘处机在王重阳逝世后在龙门修炼，并收徒授学，开创了龙门派。丘处机的著作有《摄生消息论》《磻溪集》《长春祖师语录》等②。在上述著作中，他把北宗的修炼方法做了规范化、条理化的处理，使全真道有了比较系统的修炼理论和方法。尹志平（1169—1251）是丘处机最著名的弟子之一。尹志平的著作有《葆光集》，其弟子辑其言论编为《清和真人北游语录》四卷③。龙门派是全真北宗七派中势力最大的一派，道脉绵延至今。本节以丘处机和尹志平的思想为主阐述龙门派的思想。

龙门派把道视为形而上的最高本体。他们认为，道是心思路绝，言语道断，不可以智力求。道既然不可以智力求，那就只能靠顿悟和直觉去体验，所以说，"道本无为，惟其了心而已"。不过，龙门派认为，顿悟只是修炼过程中得道之前的最后一个阶段，而这一阶段的到来，必须以脚踏实地的渐修为基础。正如丘处机所说："刹那悟道，须凭长劫炼磨。顿悟一心，必假圆修万行。"④ 与传统的道教一样，龙门派也把道视为万物和人由以产生的本源。人从道产生出来后，与道就有了隔阂，心思、言论、行为就会偏离和违

---

① 《道藏》第 23 册，第 719 页。
② 《正统道藏》洞真部方法类所收《大丹直指》二卷，陈教友、戈国龙等人否定《大丹直指》为丘处机著，认定是后人托名之作。戈国龙认为，《大丹直指》传出在丘祖仙逝三十年之后，全真诸子文集及传记文献皆不提及。《大丹直指》的内容，有许多渊源于《钟吕传道集》《西山群仙会真记》《修真太极混元图》等施肩吾一系所传的丹道文献，殊非丘祖著作之风格。从《大丹直指》的丹法特征上看，明显是传承施肩吾一系所传早期钟吕丹法之作品，是属于"由命而性"而非"由性而命"的全真丹法系统，近张紫阳之南宗而远王重阳之北宗。（《大丹直指非丘处机作品考》，《世界宗教研究》2008 年第 3 期。）另有民间抄本《丘祖秘传大丹直指》，亦题丘处机撰，但其行文与《正统道藏》本完全不同，同样是近代千峰先天派后人托名之作。
③ 简称《北游录》。本节所引《北游录》不再注明。
④ 《道藏》第 32 册，第 436 页。

背道。那么，人有没有可能回归于道呢？龙门派认为有这种可能。因为人和万物都是道衍生出来的，都具有道性，何况人是万物之灵。在他们看来，道也就是天之道。人之性本出于天，与天同体。所以，人的一切行为均应效法于天。能够做到这一点，就是入道的开始。入道并不难，只要研究道教经典，明白道理，把所知付诸于行动，把积习迷情通通扫除，恢复与道相合的常性，就能返回于道。

人之所以在后天会为情所迷，为习所染，原因是人在产生之时受气禀的拘限。由于受气禀的拘限，所以，实际存在于人身上的是气禀之性。"人禀五行之气以生，故亦随其性，木性多仁，火性多礼等是也。"① 气禀之性由于受气禀的羁绊，往往与道性不合。道性，龙门派又称为"真性""常性""本来之性"。这是先天之性，是五行未到处，父母未生前的存在状态，既无所谓感，也无所谓习。气禀之性则有感有习。但是，道性与气禀之性并非两个性，而是人性的后天与先天的两种状态。道性只能依托于后天的气禀之性而存在。所以，只要去除气禀之性的所感所习，达到"心形两忘"的程度，道性就可呈现。

龙门派认为，人性虽出于道，但是，一投于形质之中就为情欲所累。因为形质出自于父母，禀阴阳二气而成，有动有静。纵使所生之念为善为正，也往往受形气驱使而不能产生实效。为了解决这个问题，应该"慎其所习，不为物累，一心致虚"，这样在学习道教经典和受学于师时，就可心释悟开。这其中，首先要做到"不使形气夺其志"。形气之所以能够夺志，是因为它往往受外物所诱而表现为嗜欲情感。"夫人性本去道不远，只缘多生嗜欲所溺，则难复于道，故孔子曰：性相近也，习相远也。"② 进一步，要以志统帅气，逐步做到"形气俱化"。这里"慎其所习"的观点，是从孔子的思想中引申出来的。"不使形气夺其志"的观点，是从孟子的"匹夫不可夺其志"的思想引申出来而与道教炼形炼气思想相结合的结果。

龙门派有时用"光明"来说明真性，认为人自道而生就禀有一点光明。在后天的修炼过程中，要用志来统帅气，不让它耗散，则光明就可呈现，逐步修炼扩充，光明可以增大、增强。这是通过养气来化成光明。人也可通过养性来扩充光明。"人之光明不可散失，光明大则性大，光明小则性小，以

---

① 《道藏》第 33 册，第 157 页。

② 《道藏》第 33 册，第 156 页。

此光明照察他物，真伪无遗，能回光自照，则光明都在于己，惟有志之士能把握，不至散失。"① 光明既是因养气而出现的一种生理现象，又与心性修炼有关，在一定程度上是心性修炼的结果，具有智慧的品性。在修炼中，真性的坦露、道体的敞开确实与人体生理的光有关。不过这是具体的修炼实践，不是理论问题。

龙门派认为，人生于道而能复于道，这才是不失其常性。修炼的目的就是保守此常性。由此出发，他们否定了传统道教肉体飞升的理想，说："圣贤有千经万论，何尝云飞腾变化，白日升天？只欲人人不失其常性，生死去来，分明由己。"② 在他们看来，保守常性，就能自己控制生，也能自己控制死，获得最大限度的自由，自作造化的主宰。但是，与佛教禅宗不同，龙门派认为，常性的保守，只能在应事接物中，在世俗社会里建功立业而得以实现。"若不处身应物，则失之矣。"

通过"处身应物"来保守维护常性，内外双修，这是全真北宗一贯的主张。这一思想后来主要被以丘处机、尹志平为首的龙门派所继承，表述为"内日用"和"外日用"，并在吸收儒家思想的基础上有了进一步发展。

> 又问内外日用。丘曰："舍己从人，克己复礼，乃外日用；饶人忍辱，绝尽思虑，物物心体，乃内日用。"次日又问为外日用。丘曰："先人后己，以己方人，乃外日用；清静做修行，乃内日用。"③

丘处机认为，在世俗生活中先人后己，舍己从人，克制自己遵守社会的人伦礼法规范，用自己高尚的道德情操感化别人，这是外日用。宽恕别人的过错，忍辱精进，心不为物役，情不为境牵，心中无思无虑，心体袒露，通过修心而让常性坦露，这是内日用。"内日用"和"外日用"是修炼的两个方面。"外日用"的对象是他人和社会，"内日用"的对象是自己。"外日用"是真行，"内日用"就是真功。内外日用必须结合起来。丘处机说："大抵外修福行，内固精神，内外功深，则仙阶可进，洞天可游矣。"④ 丘处机可谓身体力行。在外行方面，他劝成吉思汗以"敬天爱民为本"⑤，不滥杀无

---

① 《道藏》第 33 册，第 175－176 页。
② 《道藏》第 33 册，第 162 页。
③ 《道藏》第 32 册，第 437 页。
④ 《道藏》第 32 册，第 437 页。
⑤ 《元史》，中华书局 1975 年版，第 4524－4525 页。

辜，使人民休养生息，选用贤能担任中原地区的地方官员，得到成吉思汗的认同，从而极大地减少了中原人民生命和财产的损失，促进了中原地区经济的恢复和社会的发展①。他入世倾向鲜明，依靠政治力量，为振兴全真道而积极努力。这促使全真道在他掌教期间得到了长足的发展。在内行方面，丘处机在龙门磻溪修炼期间，自耕自食，自食其力，日夜劳作，行常人所不能行，忍常人所不能忍，大有墨子苦己利人的风范。

尹志平进一步发展了丘处机的思想。他认为，内日用需要无为，外日用需要有为。内日用就是斩断万缘，心头不留一物，时时刻刻在心地用功；外日用就是扶待过往行人，救乏解厄，弘扬全真道法，为教门势力的强盛积极努力。内外日用的关系，丘处机认为应该是以内日用为首，外日用为次。尹志平入世的倾向比丘处机有过之而无不及，因而强调外日用的方面，甚至把外日用作为修炼内日用的前提。他说："奈何人必以通显灵圣方是学道，殊不知必自积累功行，既至深厚，心自灵，外缘自应，无非自得。若有心于求，必涉虚伪，其损性损福不可胜列。"② 在尹志平看来，修炼首先得从外日用开始。这是因为，以心制心的炼心往往流于虚伪，流于形式，难以达到炼心的目的。在世俗社会中混同尘俗，积累德行，在社会实践和生活中炼心，既容易奏效，也容易把炼心的成果巩固下来。再则，内修与外行并不矛盾，外行的具体内容，实际上也是与内修相配合的。外行的指导思想是无私奉献，损己利人。修行的人，苦己利他，好物给别人使用，歹物自己承应，苦处、重处、难处自己先做，这样行常人所不能行，做常人所不能做，本身就是最好的炼心。"凡己之爱恶一能反过，革于己，利于物，自损自卑，任物欺凌而不动，此自胜之道。初则强行，久则纯熟，渐至自然，物欲净尽，一性空虚，此禅宗谓之寂，吾教谓之清静，此犹未也，至寂无所寂之地，则近矣。"③ 尹志平认为，外行同样是有阶段的，先是炼心，要达到物欲泯灭、心中空虚的清静境界，接着是炼神，要达到"寂无所寂"、空无所空的真空之境，如此就可进一步炼虚得道。这样的外行，显然与内修并不矛盾，实际上是同一修炼过程的不同方面。此外，尹志平认为，处理内修与外行之间的关系也不难。各种劳作之事，随动随作，劳而不辞。劳动完毕后，把它们忘记，事过而不

---

① 《道藏》第 3 册，第 388－390 页。
② 《道藏》第 33 册，第 159－160 页。
③ 《道藏》第 33 册，第 168 页。

留，恢复自己的"学道之性"即可。总之，内外双修，内修与外行相结合，才可实现成仙的理想。

早期全真道强调不执着于善恶是非的区分，忘怀物我，直趋本性。到了丘处机、尹志平主教时，与此时全盛时期全真道积极的入世态度相适应，对善恶的态度有了重大的改变。"凡称人善，己慕之；称人不善，己恶之。慕善恶恶之念既存于心，必自有心去取者，行之有力则至于全善之地。"① 此时的龙门派，不但汲汲于区分善恶，而且自觉地计较他人的善恶，积极地扬善去恶，努力追求全善的境地。他们认为，善越多，恶越少，养成性就越容易。龙门派虽然把善多恶少作为养性的内容，并以"不动心"为养性的前提，表明其与盘山派有相同的地方，但是，他们的理论基础不是禅宗如如不动的空寂之心，而是重新回到了《老子》道与德关系的观点上了。"道虽窈冥难见，其可见者德也……是故学道以积德为大体，必有实德然后有所昧。"② 不过，他们用《老子》道德的关系框架，容纳的则是与老子思想不相同的内容。他们认为，德行首先是孝，"人罪莫大于不孝，不孝则不顺乎天"③。这显然是把儒家所强调的孝纳入全真道中来了。由于主张积极入世和吸收儒家思想，所以，龙门派对善恶的看法，与盘山派大不相同，却与一般伦理意义上的善恶几无差别。

不过，儒家只是龙门派的思想源头之一。儒家思想的影响，使得龙门派确立了外日用为先，内日用为后的修炼顺序。禅宗也是龙门派的思想源头之一。受禅宗的影响，使得龙门派确立了重内日用、轻外日用的观点。这一观点，丘处机首先结合无为、有为的概念做了解释。他说过："有为无为一而已，于道同也。如修行全抛世事，心地下功，无为也；接待兴缘，求积功行，有为也。心地下功，上也。其次莫如积功累行。二者共出一道，人不明此则莫通乎大同。"④ 尹志平把丘处机的内日用为上，外日用为次的观点做了更清楚的阐发，不再把有为、无为都看作得道的手段，而是提出，只有无为是求道的本身，有为只是求道之资。"师曰：学道之宾主，不可不明也。学道是主，万缘皆宾。凡与缘接待，轻重尘劳，一切功行，皆是求道之资，无有不

---

① 《道藏》第 33 册，第 155 页。
② 《道藏》第 33 册，第 175－178 页。
③ 《元史》，中华书局 1976 年版，第 4525 页。
④ 《道藏》第 33 册，第 159 页。

可为者，惟不可有所著，一有所著则失其正矣。"① 尹志平的这一观点，虽然在言词上有受禅宗影响的痕迹，但主体思想仍然是道教。他认为，外日用不可无，但只是求道之资，不是求道的本身，不可执着。一旦执着，就是舍本逐末。处世应物，积功累德固然重要，但只不过是他们识心见性的手段罢了。"学人当以道德为根源，外事虽有万变，皆是虚动然，随而应之，吾之湛然真体未尝动也。"② 可见，就修炼顺序的先后而言，外日用为先，内日用为后；就修炼的重要性而论，内日用是主，外日用是宾。尹志平以道教思想为本吸收儒家和禅宗思想，把全真道真功真行的理论发展到了一个新的阶段，使其显得更加圆满和成熟。

行内外日用的目的是识心见性。龙门派的识心见性的理论与禅宗的明心见性大同小异。但与禅宗只有内日用而无外日用不同，龙门派由于强调以外日用为先，内日用为后的步骤去识心见性，所以它反对单纯的顿悟，主张在渐修的基础上追求顿悟。"有云：赫赫金丹一日成。学人执此言谓真有一日可成之理则误矣。本所谓功行既至，天与之道，顿然有悟于心，故曰一日成也。若果有不待功行，一日可成之理，则人人得师真一言皆可入于道，而祖师及诸师真又何必区区设教，化人修行，勤苦如此？"③ 在龙门派看来，像禅宗那样仅仅依靠谈论问答，以心思念虑追求顿悟是不可能得道的。必须通过天长日久的积功累行，奋勉修炼，才有可能得道。

正是在内外日用的功行论的基础上，龙门派认为，识心见性的"心"，与一般意义上的心不同，是"平常心"，具有独特的内涵。"平常心"这一概念是禅宗提出的，但龙门派赋予了它不同于禅宗的内涵。首先，"圣人设教于天下后世，惟欲人去妄复性，而不使情欲乱于中，使其心得平常，为入道之本。圣人岂独无情哉？能自不动其心耳。如天有四时寒暑运用，雷霆风雨万变于前，而太虚之真体未尝动"④。平常心首先是有情之心。传统道教和禅宗都把情视为得道的障碍，唯恐阻挡之不及，泯灭之不尽。龙门派则认为，圣人也有情，情不可灭。情欲的存在是正常的，只要使得它不扰乱心的和谐宁静，不破坏常性即可。其次，《北游录》说："凡世之所爱，吾不为甚爱，世之所恶，吾不为甚恶。虽有喜怒哀乐之情，发而能中其节而不伤吾中和之

① 《道藏》第 33 册，第 169 页。
② 《道藏》第 33 册，第 168 页。
③ 《道藏》第 33 册，第 167 页。
④ 《道藏》第 33 册，第 164 页。

气，故心得平常。平常则了心矣。"① 平常心是用儒家的中庸之道来处理爱、恶、喜、怒、哀、乐等情感，使它们不走极端，不伤害自己的中和之气，使心保持在正常的状态。最后，"学道之人不与物校，遇有事来轻省过得，至于祸福寿夭，生死去来交变乎前而不动其心，则是出阴阳之外，居天之上也。如此则心得平常，物自齐矣。逍遥自在，游乎物之中而不为物所转也。先必心上逍遥，然后齐得物"②。平常心是不动心，不为物役，故也不为欲望所诱惑；不为境牵，故也不因寿夭、生死、祸福、利害而有所改变。平常心不区分是非物我，正如丘处机所说："是非人我绝谈论，却返生前混沌。"③ 平常心逍遥自在，齐一生死，视万物为一如，超越于形而下的有形世界，具有昂扬高远的境界。

尹志平在阐述平常心时，既引用了禅宗的"佛性原无悟，众生本不迷，平常用心处，即此是菩提"的话，也以"孔子说中道亦平常之义"，说明他有意识地融汇三教。平常心以禅宗的不动心为体，以儒家的中庸之道为用，以道教的本心、真心为底蕴，实现了形而上与形而下、入世与出世的统一。

在龙门派看来，克服气质之性回归道性要依靠平常心。"是以有志之士知心性本出于道，而不但形气夺其志，久则克之，气形俱化，而浑然复其天性，此皆由平常心以致之。"④ 得道也要依靠平常心。"道本无为，惟其了心而已。治其心得至于平常，则其道自生。"⑤ 总起来说，识心见性而得道，都必须有平常心。以平常心修道，声色名利，世俗红尘中的种种情感欲望，自然会看得很淡泊，甚至可以忘怀而不顾。心应万境，却能够不为境夺；心游物中，却能够不为物转。以平常心修道，大可不必急于求成，汲汲不舍，患得患失。"道因无事得，法为有心生。"⑥ 应事而无事，有心实为无心。"本自无心得，何劳用意思。"⑦ 有为是为了无为，在平凡中即可见真功夫，在真情中即可显露真心。这其中贯穿了道教一贯的无为、无事、无心、清静、自然的思想。

---

① 《道藏》第 33 册，第 165 页。
② 《道藏》第 33 册，第 155 页。
③ 《道藏》第 25 册，第 842 页。
④ 《道藏》第 33 册，第 165 页。
⑤ 《道藏》第 33 册，第 165 页。
⑥ 《道藏》第 25 册，第 83 页。
⑦ 《道藏》第 25 册，第 83 页。

炼心的目的是为了让性开显出来。性的实质与真心一样是虚无自然的真空。"学道至识心见性，得真空才是。"① 真空即为道。修炼在己，道的显验则在天。行事在人，成事则在天。真空既为虚无自然，所以对"识心见性"这一手段，大可不必过分执着。"先保此平常，其积行累功皆由乎己，是在我者也；道之显验，圣贤把握，是在天者也。当尽其在我者而任其在天者，功行既至，道乃自得，若有心于求则妄矣。"② 佛教、道教和世俗儒家所说的种种关于心性的道理，重要的是在自己心性上领会其内在实质，而一旦领会了它，则心性的本身也可以不要。这就是说，"识心见性"后也不能执着，不能把住已识之心、已见之性不放，还要超越它。不执着于心，真心自然表露。不执着于性，道性自然开显。"无心也无性，无性无心，当得神通。"③ 这样无为自然，人就因得道而具有如道一样无所不能的神通。

总之，龙门派基于内外日用相结合的功行论所提出的平常心的主张，把一己之清修与群体的社会活动结合起来，完美地解决了有为与无为的关系，消除了道教一贯给人的消极色彩，使得识心见性的修炼有了丰富而实在的内容，因而在成效上也有了坚实的保证。这样建构起来的心性境界，与禅宗经受不住风吹雨打的心境完全不同，具有坚强的韧性和长久的生命力。

那么，如何在心上用功夫而获证这种平常心呢？"但举一念处为生，绝一念处为灭，一日十二时中无功夫，人心上千头万绪萦系其心，便是千生万死也。若要绝生灭，但举一念，先用觉照破，万缘尽是虚假，方可物境不能染住，久久行持，见照亦忘，心上自清静，清静生无为，无为自然合大道矣。"④ 与传统道教主张泯灭心中的念头相反，龙门派认为，念头的存在是正当的。如果绝灭了念头，则人也就成了一块死物。泯灭念头绝对不是得道的手段。对念头的产生，大可不必紧张。念头出现了，就"用觉照破"它，即区分该念头是正还是邪。这显然是受理学慎独之论的影响而提出的观点，符合世俗之人修炼的实际情况。邪念是需要消除的，正念则尽可随顺自然。如此逐步用功，心即可趋于正，邪念就会越来越难以出现。到了一定阶段，邪念不再出现，则见照之功也不必了，大可把它忘记。此时，正念实际上也不再是正念。心中空灵澄湛，虚融无物。

---

① 《道藏》第33册，第176页。
② 《道藏》第33册，第164页。
③ 《道藏》第33册，第156页。
④ 《道藏》第32册，第441页。

此心既正则外邪自轻，日渐轻省，至于无物。将多生相逐，轮回迁变底业识摒除亦尽。把好道也不要，廓然虚空，其中自有个不空者，故非有非无，是谓真空。①

这里的"真空"显然尚未完全与禅宗区别开来。"真空"实际上是本心、真心。制伏心中的私、欲、情、邪、念，目的是要"心定""心不动""清虚其心"，让真心显露。真心的境界难于言说，龙门派多用诗词的形象来表达。如《磻溪集》说："渐渐放开心月，微微射透灵台。澄澄湛湛绝尘埃，莹彻青霄物外。日落风生古洞，夜深月照寒潭，澄澄秋色净烟岚，独弄圆明宝镜。"② 真心的特征，粗略地说有澄湛、莹彻、寂静、空虚等方面，与道的特性大体上一致。所以，真心彰显是龙门派修炼的重要目标。正如丘处机所说："一念无生即自由，心头无物即仙佛。"③

通过外日用的积功累行来培养平常心，是龙门派修炼的初级阶段。在这个阶段，龙门派主张积极地入世，全方位地经受锻炼，使得心具有坚韧不拔的品性，修道者具有良好的心理素质。但是，随着修炼层次的提高，外日用逐渐退居次要地位，内日用逐渐成为修炼的主要，甚至是唯一的内容。此时，龙门派就不再主张入世，而是要求修炼者出家居住宫观，完全抛开世事。"修行人必先全抛世事，各修万行，使一物不累，一心致虚，至寂无所寂之地。功行兼备则福至，福至则心开，一点光明透入，即天地之根，二物自然合二为一，方用绵绵之道以存养之，使之充实，故永劫不死矣。"④ 这里的"一点光明"是指道性。道性为心之体。当心虚灵澄湛之时，没有了遮蔽于其上的气质情欲，道性自然就能凸显。加以无为温养之功，性功修炼的成效自自然然地就能达到。

作为道教宗派之一，龙门派的修为与禅宗最大的不同在于，它仍然坚持传统道教的精、气、神的修炼。"必心地平常，以为本心平则神定，神定则精凝，精凝则气和，卒然发于面，发于四肢，无非自然。盖初以心地平常为本故也。此在乎己者，固不可不尽。"⑤ 平常心的修炼，属于性功的内容。

---

① 《道藏》第 33 册，第 157 页。
② 《道藏》第 25 册，第 842 页。
③ 《道藏》第 25 册，第 818 页。
④ 《道藏》第 33 册，第 170 页。
⑤ 《道藏》第 33 册，第 164 页。

精、气、神的修炼，是命功的内容。龙门派以这种独特的形式坚持了全真北宗性命双修、先性后命的思想路线。

对精、气、神与性命的关系，丘处机有些阐发。《长春祖师语录》说："神统百形。生灭者形也，无生灭者性也，神也。有形皆坏，天地亦属幻躯，元会尽而示终。只有一点阳光，超乎劫数之外，在身中为性海，即元神也。"① 在形与神的关系中，神统形。神也就是性。这个意义上的神不是后天的思虑之神，而是先天的元神。所以说，形生有灭，元神和性则无生无灭。形是命的物质基础，神是性的存身之处。性、命同为先天，在人产生之后，性常潜伏于头顶，命常潜伏于脐下，而头顶和脐下合一才构成一个完整的人体。所以，修炼金丹必须性命双修。"金丹之秘，在于一性一命而已。性者，天也，常潜于顶；命者，地也，常潜于脐。顶者，性根也；脐者，命蒂也。一根一蒂，天地之元也、祖也。"② 命功修炼以炼气为核心，性功修炼以炼心为本，所以《磻溪集》有"炼气清心士，干云拔俗标。心如山不动，气似海常潮"③ 之说。修性与修命相与为用，互相促进。

早期龙门派，如同整体的全真北宗一样，极少讨论炼气炼形的命功功夫，即使有这方面的内容，也是秘传秘授。丘处机《大丹直指》④ 的观点与《钟吕传道集》《西山群仙会真记》比较接近，该书多引证施肩吾的言论。他在《大丹直指》的序言中阐述了内丹修炼的原理："天地本太空一气。"人与天地万物都禀受于这太空一气。就人而论，父母二气交感，混合成珠，内藏一点元阳真气，外包精血，与母亲的命蒂相连。在母亲的子宫受胎之后，自觉有物，一呼一吸皆到彼处，与所受胎元之气相通，先生两肾，其余脏腑次第产生出来。人在没有出生之前，在母腹中双手掩其面，九窍未通，受母气滋养，混混沌沌，纯一不杂，这是先天之气。从母亲腹部出来之后，双手自动张开，先天之气散于九窍，呼吸从口鼻出入，这是后天。从此以后，脐内一寸三分，即丹田所存的元阳真气不再相亲、迷恋，忘记了它的本来面目，逐时耗散，以致得病甚至夭折。为了改变真元耗散而病夭的局面，就得逆反人出生的历程而修炼。这是把哲理本源论与人的出生、成长过程直接结合起来。

---

① 《藏外道书》第 11 册，巴蜀书社 1992 年版，第 284 页。
② 《道藏》第 4 册，第 402 页。
③ 《道藏》第 25 册，第 831 页。
④ 成书于 1269—1310 年间，因丘处机 1269 年卒，1310 年受封为真人，书中以真人称之。此书有学者认为非丘处机作品，为后人伪托之作。

这一点虽然未必是丘处机的首创，但由于丘处机本人在全真道中的地位，在后世影响很大。后来的张三丰和明代中期以后的内丹道教，多承袭了这一解释方法，并对它做了深入、系统的发展。

《大丹直指》阐述了九步功法：五行颠倒龙虎交媾、五行颠倒周天火候、三田复返肘后飞金晶、三田复返金液还丹、五气朝元太阳炼形、神气交合三田既济、五气朝元炼神入顶、内观起火炼神合道、弃壳升仙超凡入圣。其中，前三步为小成法，中间三步为中成法，后三步为大成法。该书认为，完成内丹"中关"修炼后，可以出现"神灵知前后事"的特异功能。这与《灵宝毕法》及施肩吾的金丹功法比较接近，与北宗识心见性的功夫尚未融合。丘处机的思想已经受南宗的影响。尹志平也如此，故《北游语录》很推崇《悟真篇》。

王重阳虽然主张性命双修，但其实是以性为主，以命为随。丘处机有"三分命功，七分性学"之说，并据此编制了修炼程序："吾宗惟贵见性，而水火配合其次也。大要以息心凝神为初基，以性明见空为实地，以忘识化障为作用，回视龙虎铅汞，皆法相而已，不可拘执。不如此便为外道，非吾徒也。"① 尹志平进一步把这种重性轻命的倾向推向极端，力图把命悬空起来，以性统命。"师曰：习学之人不知性命，只认每日言语动作者是性，口鼻出入之气为命，非也。性命岂为二端，先须尽心认得父母未生前真性，则识天之所赋之命。"② 这里的"天之所赋之命"并非理学家的天理，而是澄湛虚寂的道。

与《老子》道家贵阴思想相反，道教从《太平经》起就有纯阳的思想。中唐以来更是把纯阳作为修炼的目标。北宗把阳神出壳视为得道的证验。龙门派进一步发展了这一思想。《北游语录》说："凡居阴阳之中，莫不有数，所以不能出阴阳壳中。惟天上无阴无阳，是谓纯阳，俯视日月运行转变，时数在运气之外，又岂有寒暑、春秋、兴亡、否泰之数邪？"③ 把无阴无阳视为纯阳，与传统道教把阴尽阳全称为纯阳不同，这是龙门派的一个创新，也应该说更有道理。因为传统道教认为，阴阳系出于阴阳未判的太极。后天的万物和人都得遵循"一阴一阳之谓道"的规律，阴阳交融之说也是修道的根本

① 《藏外道书》第 11 册，巴蜀书社 1992 年版，第 287 页。
② 《道藏》第 33 册，第 157 页。
③ 《道藏》第 33 册，第 155 页。

原理。但追求的最终目标却是阴尽阳全的纯阳，这就出现了前后不一致的矛盾，也与太极是阴阳未判的内涵相悖。龙门派把纯阳定义为无阴无阳，符合了逆反万物产生的顺序而回归太极，进一步归于无极而得道的原理。这样既能使理论与实践相一致，又能够保持理论的自洽性、无矛盾性。

丘处机强调，修炼的最终目标要在"所以为昼夜死生处体得"①。这意思就是："不会深穷造化，随缘且度朝昏。是非人我绝谈论，却返生前混沌。一性昭彰乍显，二仪混合初融。漂漂法界任西东，到处神光覆拥。"② 但生前混沌还不是修炼的最终目标，修炼的最终目标是："踏碎虚空界，崩开造化权。浮云收静境，慧日照禅天。"③ 他已经不满足于依循造化之理进行修炼，还要进一步追寻造化之理的本元并实际体证它。这就把得道的证验由唐宋时期以个体血气流通、精神意念与宇宙大化若合符节的齐一天地宇宙的境界，提升为超越神仙信仰的具象执着、体验性命的根本依据和本来面目，即由求仙提升为求真。在这个意义上，传统道教的长生不死变得不重要了。正如丘处机说："吾宗所以不言长生，非不长生，超之也。"④

与丹阳派重在继承王重阳的思想而保持北宗本色，盘山派重在以道融禅不同，龙门派重在以道融儒。丘处机掌教时，全真道得到蒙古贵族的大力支持，势力强盛，发展迅速。丘处机和其他教门中人一样，充满了昂扬奋进的精神气魄。这反映到教团生活中，对出家就不是很强调了，对苦行僧式、禁欲主义的生活方式也不再强调，轻视道教经典学习的风气得到了纠正，对世俗伦理道德的遵循得到了强调。反映到理论上，清静无为不再成为理论探讨的重点，以积极有为的外日用为背景的平常心成了理论的基础和核心。

第三节　全真道南北宗合流及其在元代的发展

自丘处机朝见成吉思汗归来后，全真道迅速传布全国，随着元统一全国，它的势力很快膨胀起来，远远超过太一、真大两派，足以与江南正一派相抗衡。元代统治者对全真道很重视，优赏有加。全真道历任掌门尹志平、李志

① 陈垣：《道家金石略》，文物出版社 1988 年版，第 574 页。
② 《道藏》第 25 册，第 842 页。
③ 《道藏》第 25 册，第 831 页。
④ 《道藏》第 11 册，第 284 页。

常、张志敬、王志坦、祈志诚、张德彧等都被封为真人，他们往往出任玄教大宗师、知集贤院道教事。在元代中后期，其他丹鼎派逐渐会归于全真道，全真道的规模更大了。到了元代末期，道教基本上就只有正一和全真两个大宗派。

全真道分为王重阳创建的北宗和以张伯端为始祖、由白玉蟾创建的南宗。在教义上，存在清修和阴阳双修两派的区别。与太一教、真大教相比，全真道以中下层知识分子为主体，教徒的文化、宗教素养很高，著述不少，他们的政治、社会活动能力很强，对后世的影响很大。

不过，全真道南北宗的区分，严格来说是后人的追认。本来意义上的全真道指的是北宗。南宗的传法世系是白玉蟾的弟子陈守默、詹继瑞在《海琼传道集·序》中根据一些传说提出来的："昔者钟离云房（钟离权）以此传之吕洞宾，吕传刘海蟾，刘传之张平叔（张伯端），张传之石泰，石传之道光和尚（薛式），道光传之陈泥丸（陈楠），陈传之白玉蟾，则吾师也。"[1]但张伯端之前的传法关系于史无证，张伯端本人也未提及。实际上，张伯端本人未开宗立派。张伯端之后的石泰、薛式、陈楠也只是个人独修的单传，真正把创宗立派的是白玉蟾。但白玉蟾在南方文化环境中所创立的宗派，与北方的全真道相比，可谓势单力薄。而且，南宗与其说是一个宗教学意义上的道教宗派，毋宁说是一个内丹术修炼的学派。实际上，留元长、陈守默、詹继瑞叙述的南宗传法世系，尤其是把张伯端内丹学传承与钟吕牵连在一起的做法，在南宋时也并没有得到广泛的承认。在元代统一后，由于全真道受朝廷褒扬而位尊势重，由北传向南，白玉蟾一系的宗派从生存和发展的角度，不得不标榜自己为全真支派，自视为南宗，在元代中期合并入北宗。这是从南宗来说。北宗的传法道统中涉及钟、吕，大概是从丘处机时开始的。明代胡应麟在《少室山房笔丛》卷四十二《玉壶遐览》中说："重阳所为说，未尝引钟、吕，而元世以正阳（钟离权）、纯阳（吕洞宾）追称之，盖亦处机意，所谓张大其说而行之者。"[2]这是正确的。丘处机于大定二十八年（1188）奉金世宗之敕居宫庵，修"全真堂"时，就已塑吕洞宾、王重阳、马丹阳之像于内。宋濂对作于元太祖壬午（1222）的《跋长春子手帖》的考证也可以印证这一点："石长春子丘公与其弟子宋道安手帖，首言吾宗承传

---

① 《道藏》第 33 册，第 147 页。
② 胡应麟：《少室山房笔丛》 上海书店出版社 2009 年版，第 443 页。

次第非一朝夕者，盖自东华少阳君得老聃之道以授汉钟离权，权授唐进士吕岩、辽进士刘操，操授宋之张伯端，伯端授石泰，泰授薛道光，道光授陈楠，楠授白玉蟾，玉蟾授彭耜，此则世所号南宗者也。岩授金之王喆，喆授七弟子，其一即公，余曰谭处端，曰刘处玄，曰（王）处一，曰郝太古，曰马钰及妻孙不二，此则世所号北宗者也。"① 从此帖内容来看，南北二宗均直承钟离权，地位是平等的②。至元六年（1269），忽必烈应全真掌教张志敬之请，封全真道所尊的王玄甫为"东华帝君"，钟离权、吕洞宾、刘海蟾、王喆为"真君"（此即后来全真道徒所尊的"五祖"），王喆的七大弟子为"真人"。这与历史事实不完全符合，有"诬其祖"之嫌③。但是，在公元1258年全真道遭受焚经之祸而处于低潮的时期，这一"不得已之所为"对振兴全真道多少还是起了一些作用。不过，全真道的传承谱系也因此而被又一次改写了，北宗的地位开始高于南宗。元武宗至大三年（1310），元朝廷加封全真五祖为帝君，七真人为真君，丘处机十八高徒尹志平等为真人。这进一步加剧了南北二宗地位上的不平等。与北宗相比，相对而言，南宗重在实践性的个体修炼，不甚重视社会性的活动，尤其是不重视与上层社会和政治力量的沟通，传播范围主要局限于下层民间，这导致它的社会影响不广，总体来说，势力显得弱小、单薄。入元之后，受全真和正一两大势力的夹击，南宗自身出现了分化。兼行雷法的一部分人，如彭耜的弟子林伯谦、王惟一等，倾向于归附正一道，从而削弱了它的力量。在这种情况下，南宗内大多数以内丹修炼为主的人，不得不顺应形势，以较低的姿态汇融入北宗中去，从而完成了全真道南北二宗的合并。

全真道很重视道教经籍的整理。丘处机在世时已有重修《道藏》的设想，可惜没有实现。后来尹志平掌教期间，以宋德方（1183—1247）、秦志安（1188—1244）为首的全真道道士，以当时仅存的管州《大金玄都宝藏》为底本，历时六年有余，至公元1244年，修成《大元玄都宝藏》，共计七千八百余卷。这部《道藏》后来在佛道之争中被毁。全真道道士以自己一派之力修《道藏》，是道教史上仅有的一次（其余均为官修），意义重大。

---

① 《景印文渊阁四库全书》第1224册，台湾商务印书馆1982年版，第614页。

② 初期南北二宗地位的平等尚可见之于其他的证据：李道纯的弟子柯道冲在《玄教大公案序》（《道藏》第23册，第889页）中的说法，彭耜的弟子萧廷之于庚申年（1320）在《道德真经三解序》（《道藏》第12册，第186页）中的观点。

③ 陈铭珪：《长春道教源流》，聚德堂丛书本，第387－462页。

全真道从创建之始就倡导三教合一。王喆在接引人入教的开始阶段，总是劝人先诵读佛教的《心经》、道家的《道德经》、道教的《清静经》、儒家的《孝经》。南宗同样重视吸收儒、佛的思想营养来充实、丰富和发展自己，在三教合一方面也做了不少工作。不过，丘处机从大雪山归来，全真道贵盛之后，占用了不少因战乱而无人看管的或残破的佛教寺院（少部分为强占），导致一些佛教徒不满，引发两教攻讦争斗，从公元1255年至公元1284年持续不断。由于蒙古贵族对佛教的偏袒，全真道在辩论中的失败，所占寺庙被迫归还，全真道所刊《老子化胡经》等众多道经被迫焚毁，全真道的势力遭到削弱。

道教经籍的整理为全真道的理论研究创造了前提条件。三教合一的倡导也为全真道以开放的胸怀展开教理研究提供了外在的氛围。这样，全真道的理论在元代得到了极大的发展。这突出地表现了全真道南北二宗在理论上的融合。当然，不可否认，这种融合之所以可能，是因为北宗与南宗在道术体系上本来就已经有诸多相通、相同之处，为两宗的合并奠定了基础，铺平了道路。李道纯、李月溪、牧常晁、李钰、赵友钦等人从南宗的立场推动了南宗在道术体系上融入北宗的历史进程，并积极把南北宗理论融合为层次井然、内容严整，整合了道教炼养、清修二学，有道有术，道、术一致的理论体系。在南北二宗内丹功法的汇通方面，除了牧常晁的《玄宗直指万法同归》之外，李道纯的《中和集》、陈致虚的《金丹大要》、肖廷之的《金丹大成》也都做了大量的工作。这些著作综合南北宗丹法，使得内丹理论进一步系统化、成熟化。当然，汇通南北二宗，不只是南宗一方在做工作。王喆的《金关玉锁诀》、郝大通的《金丹诗》、丘处机的《大丹直指》等都对钟吕内丹思想有不少发挥。其中的一些思想与南宗有不少相通之处，为汇通南宗奠定了基础。在融合南宗之后，全真道的修炼除了注重识心见性方面外，还强调通过内丹修炼，促使精、气、神三宝混合，去阴滓炼纯阳，在丹田中炼成"阳神"，从顶门上出入，从而自主生死，一旦玉帝召赴，即弃壳升天而到天宫做天仙。

经过元代中后期全真道南北两宗双方的融会贯通，全真道的理论变得圆融了。这主要表现在早期全真道的理论中，形神、心气、性命两套概念往往相互牵制，很不协调。往往开始强调性命双修，实际上是以性吞命，以性统命，将命虚悬起来，从而与禅宗难区分开来。到了后期，全真道这种现象有了很大改观。他们把性功炼心完全融入命功炼气之中，把性命的有机结合贯彻到修炼的每一个阶段中去。

元代中期以后，全真道长期贵盛，上层道士居于京城，结纳权贵，生活逐渐趋于腐化。早期的"真行"思想和功夫逐渐消磨尽净。在内部的发展活力被减弱，外部又受政治力量制约的情况下，全真道逐渐由盛转衰，元统三年（1335）完颜德明任掌教后，后继者再未见于史籍。元代末期之后，再也没有出现影响比较大的高道。

一、李道纯的中和哲学

李道纯（1219—1296）是元代著名的道教理论家。他的著作有《道德会元》《三天易髓》《周易尚占》《中和集》《全真集玄秘要》，此外还有《太上大通经注》《太上老君说常清静经注》《太上升玄消灾护命经注》《无上赤文洞真经注》等多种注释类著作，他的弟子辑其语录为《清庵莹蟾子语录》。

李道纯出身于南宗，是王金蟾的弟子，即白玉蟾的二传弟子。但他对王重阳所创立的北宗思想同样青睐有加。他把自己的易学著作定名为《全真集玄秘要》，《中和集》内有《全真活法》之篇就充分说明了这一点。陈教友在《长春道教源流》中说："观其所言，颇得全真派养生之要，盖欲挽南宗流弊而归诸北宗者。"① 这是就李道纯的丹道而言。如果从总体来看，可以发现，李道纯的思想特色是以《易》为中心，以道为立场，主张三教合一。

（一）真常之道

"真"是李道纯思想的出发点。真即"本真"，具体表现在精、气、神三个方面。这三者均真，则可称为"全真"。《中和集》说：

> 全真道人，当行全真之道。所谓全真者，全其本真也。全精、全气、全神，方谓之全真。才有欠缺，便不全也；才有点污，便不真也。全精可以保身，欲全其精，先要身安定，安定则无欲，故精全也。全气可以养心，欲全其气，先要心清静，心清静则无念，故气全也。全神可以返虚，欲全其神，先要意诚，意诚则身心合而返虚也。是故精、气、神为三元药物，身、心、意为三元至要。②

---

① 《藏外道书》第31册，巴蜀书社1994年版，第125页。
② 《道藏》第4册，第501－502页。

身安定则无欲，无欲则精全，精全可以保身。心清静则无念，无念则气全，气全可以养心。意诚则身心合，身心合则可以返虚，返虚则神全。以精、气、神三者为药物，把握好身、心、意三个主要方面，就可使人逐步返还本真，无所欠缺，无所染污，趋达于道。在术的层次求真，在道的层次李道纯同样求真，故他把道称为"真常之道"。

真常之道的观点，是李道纯在阐释老子思想的过程中提出来的。他认为，解《老子》不可偏执一端，应该从其根本着眼。这个根本就是"真常"，老子的道是"真常之道"。那么，李道纯的"真常之道"是什么涵义呢？

真常之道具有无名无言的性质。"夫真常之道，始于无始，名于无名。""拟议即乖，开口即错。"① 真常之道无法用有特定内涵的概念、范畴来表达，也无法用语言文字来表述。一旦有所表述，那么，所表述的内容就是偏而不全，就是对道的背离。有所开显就意味着有所遮蔽。本质上，真常之道是不可言说的。这是从老子开始，道家、道教就坚持的观点。作为形而上的抽象本体，道确实无法言说。

真常之道永恒不变。常的本义是旗帜，后引申为日月，进一步被引申为恒定不变的意思。此外，《易·恒·象》说："天地之道，恒久而不已也。"李道纯综合这两方面的含义，得出真常之道是恒久不变的结论。《老子》中有"知常容，容乃公，公乃王，王乃天，天乃道，道乃久，殁身不殆"之论。李道纯据此提出，永恒不变是真常之道的根本性质。"颂曰：人情多聚散，世道有兴衰，惟有真常在，古今无改移。"②

真常之道变动有则。"复命曰常，知常曰明。不知常，妄作，凶。师曰：世人会得这些消息，直造真常境界，故曰明。苟或一阳来复，昧而不知，妄有施为，丧身必矣，故曰凶。"③ 这是说，真常之道是事物运动变化的规律，人的行为活动如果违背了它，后果必然凶咎。

真常之道顺应中和。李道纯认为，真常之道之所以恒久不变，缘于它是一阳来复、阴阳转化的枢纽和关键，具有守中持和的特点。在他看来，寂然不动就是中，感而遂通就是和。真常之道能促进阴阳相感，刚柔相应，中正柔和。

---

① 《道藏》第 12 册，第 64~ 页。
② 《道藏》第 12 册，第 652 页。
③ 《道藏》第 23 册，第 743 页。

真常之道虚静无为。"真常之道本无为，有为即非常道。"① 道作为形而上，本无所谓动静，但相对于形而下的动静而言，它只能是"静"而不是动。与"静"相应，形而上的道只能是"虚"而不是实。因为只有"静"才能生动，只有"虚"才能生作为具体事物的实。就形而下的人的活动而言，"实腹真常在，虚心道自存。不劳施寸刃，谈笑定乾坤"②。虚心实腹是趋于真常之域的基本原则。虚心表现在行为方式上就是无为，就心而言就是无欲安静。

李道纯的真常之论颇为符合《老子》的本义。《老子》中"真"字三见，第二十一章说："道之为物，惟恍惟惚。惚兮恍兮，其中有象；恍兮惚兮，其中有物；窈兮冥兮，其中有精；其精甚真，其中有信。"第四十一章说："质真若渝。"第五十四章说："修之于身，其德乃真。""真"在《庄子》中六十五见。"真"被作为自在的"存在"，是存在的澄明、无蔽的状态，是混沌同一的本源与本体，是无待的绝对。真常之道的范畴，可以认为是对《老子》《庄子》道论的一个综合。"真常之道"不是李道纯的发明，唐代的成玄英已经有"不知性修反德而会于真常之道者，则恒起妄心，随境造业，动之死地，所作皆凶"③ 之说，又有"人皆十恶不生，动合真常之理"④ 之论，王玄览同样有"真常之道"的说法。后来的道教学者们使用这一范畴的也不少，如白玉蟾二传弟子邓锜在作于大德二年（1298）《道德真经三解》的《序》中就说过："老氏一书，真常为主。解者悉与道德混而为一，不知宾主上下，以致诸儒妄生异议，无区以别矣。今也，先述真常三百字，以拟阴符之数列于宾次，庶使后之谈道德者，不远迷其复矣。"⑤ 邓锜以真常为本，这是全真南北宗汇合之后在理论上的一大发展。李道纯以真常立宗，是直接承此而来。但是，以"真常之道"为核心全面疏解《老子》，建立起一套系统的、周遍一切的解说体系，确为李道纯的首创。

李道纯以真常为宗，这在道家、道教哲学史上是很有意义的。先秦老庄以道立论而形成道家学派后，魏晋玄学或崇有，或贵无，都没有真正说尽道意。晋代葛洪在《抱朴子内篇·道意》中说："道者，涵乾括坤，其本无名。

---

① 《道藏》第 12 册，第 650 页。
② 《道藏》第 12 册，第 645 页。
③ 王弼、李约等：《老子》，中华书局 1998 年版，第 168 页。
④ 《道藏》第 2 册，第 194 页。
⑤ 《道藏》第 12 册，第 184 页。

论其无，则影响犹为有焉；论其有，则万物犹为无焉。"① 他力图调和王弼的贵无论和裴頠的崇有论，认为道既不是绝对的无，也不是绝对的有，而是若有若无，既有又无，既无又有。这使得对道的阐述有了辩证的思维形式。但是，对道的阐述如果仅仅停留于若有若无的阶段，那是无法上达于经虚玄旷的最高思辨境界的，仍然是"滞"。为了破"滞"，重玄之说从孙登提出，至成玄英而得以完善。重玄遣有而至玄妙之无，复遣其玄，而至于重玄之境。这不同于肯定性地断言道是什么，而是否定性地描述道不是什么。前者是诠，后者是遮。遮显然比诠更加具有开放性，促使人进一步去思索，而不是停滞和固步自封。重玄思想比起若有若无来，显然是一个进步。不过，重玄毕竟只是不断地逆推，不断地否定，没有给人提供一个完美高迈奥妙的境界，这注定了它必然要被新的理论思辨形式所取代。李道纯的真常之论，从重玄思想的不断逆推和否定中挣脱出来，回归于诠和肯定，在内丹学的背景中追求道的虚静恒久，从动中求静，求真求常，这显然把道家、道教的道论推进到了一个新的阶段。

常实际上是对真的补充说明。真则必然常，无常者显然不真。在李道纯看来，"常"则应一切物而不变，"真"则排除虚幻而不迷。道之所以"常"，是因为"真"。"真"是与"伪"相对而言的，真与伪得通过具体的现象和行为体现出来；"常"是与"变"相对而言的，常与变同样要在具体的现象和行为中才能得以判明。由此可以看出李道纯的真常之论有内丹修炼的实践作为背景，内在地与《庄子》的"真性""真人""真知"之论相接通，有人性论的内涵。这有助于从哲理上把体与用、形而上与形而下两个层次融会贯通，整合为一体。用真常之道的上述特点为指导，他进一步融合《老子》和《周易》，以真常之道来阐释内丹修炼。交融《易》《老》而用于内丹修炼，是李道纯思想的一个重要特点。

真常之道的虚静，既可解释为它作为本体的无所不在、无所不包，也可解释为它作为本源创生一切的潜力。"道本至虚，至虚无体，穷于无穷，始于无始，虚极化神，神变生气，气聚有形，一分为二。"② 这就是说，道既是本体，也是本源。在《中和集》卷二中，李道纯把《老子》"道生一，一生二，二生三，三生万物"四个阶段的本源论与内丹学说的虚化神、神化炁、

---

① 《道藏》第 28 册，第 202 页。
② 《道藏》第 4 册，第 483 页。

炁化精、精化形的人生四阶段——匹配起来，作为道顺生天地万物的程序。他认为，既生之后，万物都禀道而有精、炁、神三宝，即"万物含三"。如果逆反这一顺生程序而炼化归元，即炼乎至精（万物含三）、炼精化炁（三归二）、炼炁化神（二归一）、炼神还虚（一归无），返本归根而"与道合真"，就结丹成仙，长生不死。顺与逆的两个方面，概括起来说就是有与无的动态关系，即自无而有，自有入无，有无相生。从哲理上说，这就是本体论与本源论的关系。一个完整的道教哲学体系，必须把本体论和本源论结合起来。这是因为，本体论可以说明修道的必要性，本源论可以说明修道的可能性并论证道教长生不死而成仙的终极信仰目标。把本体论和本源论结合起来不是李道纯的独创。与其他道教理论家相比，李道纯把本体论和本源论结合起来的特色在于把这种结合归结为心性论意义上的功夫境界论。

真常之道是先天的，人则是后天的。但是，李道纯在研究《周易》时感悟到，先天与后天不能截然划分开来，它们"其体则一，其用有二"①。他既重视先天之学，也不忽视后天的运用。先天之道永恒不变，无所不在，无思无虑，为体；后天随时变化，有感有应，为用。在他看来，《周易》的根本就在于知常与通变。知常是体，通变是用。体用是相互促进的。懂得用有利于全面掌握体，掌握体可以因变就用，畅通无阻。学易者必须体用圆成。

> 常者，易之体；变者，易之用。古今不易，易之体；随时变易，易之用。无思无为，易之体；有感有应，易之用。知其用，则能极其体；全其体，则能利其用。圣人仰观俯察，远求近取，得其体也；君子进德修业，作事制器，因其用也。至于穷理尽性，乐天知命，修齐治平，纪纲法度，未有外乎易者也。全其易体，足以知常；利其易用，足以通变。②

本于这一观点，李道纯把《周易》思想做了发展。他认为，《易》有天易、圣易、心易三种。

> 三易者，一曰天易，二曰圣易，三曰心易。天易者，易之理也；圣易者，易之象也；心易者，易之道也。观圣易贵在明象，象明则入圣；

---

① 《道藏》第4册，第500页。
② 《道藏》第4册，第484-485页。

观天易贵在穷理，理穷则知天；观心易贵在行道，道行则尽心。[1]

深造天易则知时势，深造圣易则知变化，深造心易则知性命。以心易会圣易，以圣易拟天易，以天易参心易。一以贯之，是名至士。[2]

天易为《易》之理，圣易为《易》之象，心易为《易》之道。观天易重在穷理而知天，观圣易贵在明象而入圣，观心易重在行道而尽心。这显然是内在地吸收了孟子"尽其心者，知其性也。知其性，则知天矣"[3]的观点，也与张载等理学家对孟子这一思想阐发的影响有关。深造天易能知时势，深造圣易能知变化，深造心易能知性命。深造天易，贵在穷理；深造心易，贵在行道。天易与心易通过圣易而统一起来。理论与实践通过认识而统一起来，从而知与行也得到了统一。在实践中，要以心易会通圣易，即以心去认知物象及其变化。进一步，以圣易拟仿天易，即透过具体变化的时势等而认知变化背后不变的常道，从而在心中把握真常之道，切切实实地按照它去行动。在天易、圣易、心易三者之中，李道纯尤其重视作为易道之用的心易。他把心易分为十六项：易象、常变、体用、动静、屈伸、消息、神机、智行、明时、正己、工夫、感应、三易、解惑、释疑、圣功，从多方面详细阐述了用易之道。例如，"易象"强调人们要善于从"可象"及"变易"中感悟"大象"与"常易"。"神机"的主旨是吸收理学的中和学说，认为心之未发状态持中而为神，已发状态持中而为机；心寂然不动而为神，感而遂通为机："存乎中者，神也；发而中者，机也。寂然不动，神也；感而遂通，机也。"[4]"三易"的思想，李道纯在《三天易髓》中有比较集中的阐述。"三天"指修炼的三个层次、三个步骤。《三天易髓》即为论述用易的步骤与层次的书。李道纯把心易最后归结为"知性命"，说明他深研易学的目的是服务于内丹修炼。例如，他认为，卦爻是圣人设教显道的教学工具，不可执着。它的功能是使得"法象安炉，依爻进火，易为取则也"[5]。内丹修炼以坎离为药，而坎离是乾坤中爻交变而成，故炼药的根本就是取坎填离。深造圣易，可以使人安炉立鼎，把握火候，炼药而结丹入圣。李道纯认为，心易的核心内容是

---

① 《道藏》第4册，第486页。

② 《道藏》第4册，第486页。

③ 阮元校刻：《十三经注疏》，中华书局1980年版，第2764页。

④ 《道藏》第4册，第485页。

⑤ 《道藏》第4册，第503页。

透过内丹修炼解决性命这一人生的根本问题。为此，他以心为出发点，通过一系列概念、范畴，系统地阐述了内丹修炼的哲理、原理，并根据它们制定了层次井然、步骤明晰的内丹修炼功法，然后，以此在心中建构逐步趋近于道的境界。

（二）心即道

以心为修道的出发点何以可能？这是李道纯的理论首先必须回答的问题。对心与道的关系，他说："以道观道，道即心也。以道观心，心即道也。"①类似的观点，如"修道即修心，修心即修道"，南北朝时期的《太上老君内观经》和盛唐前后的《大道论》《三论元旨》等道教经典都表达过。不过它们都是从功夫修炼的角度来说。李道纯则是在哲理的层次上直接把道等同于心。这对后来王阳明的心学思想当不无影响。

"道即心""心即道"所说的"心"，显然不是现实的人心，而是道心、本心、真心。为此，李道纯吸收了宋代理学把心分为道心与人心的做法，也把心分为道心与人心，但区分的标准不是理学的天理与人欲，而是动与静，不动之心为道心，不静之心为人心："古云：常灭妄心，不灭照心。一切不动之心皆照心也，一切不止之心皆妄心也。照心即道心也，妄心即人心也。"②把心分为道心与人心并不是说有两个心，心只有一个，道心与人心是心的两种状态：道心是先天的，人心是后天的。

以心的二分为理论基础的修炼，在现实中不得不涉及心与身、意、精、气、神、性、情等概念的关系。只有处理好这些方面的关系，修炼才能成功。这里一一分梳这几个方面。

心得依托于身而存在。李道纯对身心的关系非常重视，他说："全真至极处无出身心两字。离了身心便是外道。"③在他看来，处理身心关系是修道的核心，重视身心关系是全真道区别于其他道教宗派的标志。

同心可分为先天的道心与后天的人心一样，身也有先天与后天的区分。"予所谓身心者，非幻身肉心也，乃不可见之身心也。"④那么，这种不同于肉体身心，不可见的物质究竟是什么呢？"身者，历劫以来清静身，无中之

---

① 《道藏》第4册，第498页。
② 《道藏》第4册，第483页。
③ 《道藏》第4册，第502页。
④ 《道藏》第4册，第502页。

妙有也。心者，像帝之先，灵妙本有中之真无也。"① 这谈的显然是先天的身心。把身心划分为先天与后天，是李道纯的独创。在他看来，身是永恒不变、万劫不坏、常清常静的实体。这可能是受佛教把释迦牟尼佛划分为肉身、法身、报身的影响，但把身视为无中之妙有则是他自己的创新。心作为"像帝之先，灵妙本有之真无"，显然只能是道。结合前面所述的道心与人心的思想可知，这里的心实际上等同于道心，只不过道心是从后天修道的角度来考察心，是对心的理想状态的指称。这里的心则是从形而上的层次，"以道观心"而对心的指称。把身界定为"无中之妙有"，把心界定为"灵妙本有之真无"，这就用有无关系把身心关联起来了。李道纯的这一思想，在道教哲学史上是有意义的。总体来说，唐代之前，道教仅仅重视炼形炼气，即只是修身。盛唐前后，道教提出了"修道即修心，修心即修道"的主张，修心开始成为人们关注的重点。但修身实际上也没有被废弃。那么，修身与修心的关系理应加以探讨。可惜在李道纯之前，这个问题并没有人在基础理论的层次上自觉地加以解决。李道纯把身、心都划分成先天与后天两重天地，用有无关系把形而上与形而下、先天与后天统一起来，比较圆满地解决了这一问题，丰富了道教哲学的内容。

李道纯认为，修炼中实际运用的是先天的身心。"如何是烹炼？曰：身心欲合未合之际，若有一毫相扰，便以刚决之心敌之，为武炼也。身心既合，精气既交之后，以柔和之心守之，为文烹也。此理无他，只是降伏身心，便是烹铅炼汞也。"② 李道纯直截了当地就身心关系而言修炼，有多方面的意义。首先是把修炼归结为身心相合，在理论上简单明了。其次是可以直接打通与形而上的道教哲理的关系。身是真无中之妙有，心是妙有中之真无，二者同为先天，同为道的存在形态，这就把形而上的哲理与形而下的实践融汇起来了。再次，在实践中简便易行。身心作为修炼的对象，类同于药物。但传统的内丹修炼是把气作为药物，以火（神）炼药而成丹。这样就遇到了如何处理神、气二者之间关系的问题。这个问题在理论上不需要做太多的探讨，但在实践中操作起来颇不容易，在内丹传承中要用语言把这一点说清楚也很困难。由于道即心，心即道，身不过是有精、有情、有信的先天之道在实体方面的体现，也就是心之体。与此相应，心可视为道在功能方面的体现，即

---

① 《道藏》第 4 册，第 502 页。
② 《道藏》第 4 册，第 493 页。

道之用。这样，先天的身、心合一无非是促成体用关联，即体即用，体用圆成，而体与用本身就天然地要关联双成的。这样一来，实践中的具体操作就变得既简单，又容易了。而且，通过语言的表达同样也变得很容易。最后，可以圆融地解释修炼的目标和归宿。"或问：如何是丹成？曰：身心合一，神气混融，情性成片，谓之丹成，喻为圣胎。"① 在李道纯之前，丹究竟是什么，内丹家们一直说得不是很清楚。李道纯用身心合一来解释丹成，意味着丹就是身心合一的结果。这不失为一家之说。

李道纯强调，在修炼中身心固然重要，但也不可执着，否则会被身心所累。"须要即此用离此用。"②

修炼固然只是用先天的身心，但先天的身心得依托于后天的身心而存在。后天之身包括精和气，后天之心即人心。身心修炼的第一步是炼精化气。"炼精之要在乎身，身不动则虎啸风生，玄龟潜伏，而元精凝矣。"③ 身不动则后天交感之精转化为元精，心不动则元精转化为元气。元气与元精同属先天，所以元气又称为祖气。呼吸之气属于后天。"祖气者，乃先天虚无真一之元气，非呼吸之气。"④ 先天气是修炼的种子，修炼以纯阳为目标，所以先天气被称为"一点真阳"。

后天的心中并非空无一物，意和情是其中两项重要内容。"思虑念意根心也，因事物而有。"⑤ 心通过眼、耳、鼻等感觉器官与外界的事物发生联系，促使心由静而动，这样心中就有了意。心有道心与人心之分，意也可分为一般的意和"真意""胎意"。一般的意与人心、欲心、尘心是同一层次的概念，"真意""胎意"与道心、真心是同一层次的概念。着眼于后天的修炼，李道纯多在一般意义上论"意"。

心动而生意，这就有了价值判断和选择，意也就转化为情。李道纯说："喜怒哀乐爱恶欲，情也，因意而有。"⑥ 情中的爱一旦与色相联系，就因男女两性关系而指向身中之精。李道纯由此得出了身是精与情的着落处的观点。

---

① 《道藏》第 4 册，第 501 页。
② 《道藏》第 4 册，第 502 页。
③ 《道藏》第 4 册，第 502 页。
④ 《道藏》第 4 册，第 488 页。
⑤ 《道藏》第 4 册，第 502 页。
⑥ 《道藏》第 4 册，第 502 页。

他说："精乃身之主。身者，情之系。精与情同系乎身。"[1]

内丹修炼只用先天，不用后天，所以李道纯强调"意不动"。意不动则情不生，此时神在心中的功能发挥即可达到最佳状态。

神首先是玄妙不测之意。"物之大者，终有边际。惟神之大周流无方，化成天地，无有加焉！由其妙有难语，故字之曰神。"[2] 神玄妙不测，化育天地，泽被万方，没有边际。而且，神的作用既没有开始，也没有终结。正如《中和集》所说："不生不死，神之常也。"[3] 此外，神还是一切变化的根本。"大哉，神也！其变化之本欤！"这显然有把神实体化的意蕴。神为什么能如此灵妙地变化呢？因其本性是虚。"神本至虚，道本至无。"[4] 在这里，神是用以表征道生化万物时的伟大功能。这里的神显然是先天的。

从修炼的角度来看，李道纯继承了白玉蟾的思想，把神区分为先天神（元神、阳神）与思虑神（识神）等。先天神是与道心同一层次的概念，思虑神是与人心、欲心同一层次的概念。元神又被称为"真金"。"或问：何谓真金？曰：金乃元神也。历劫不坏，愈炼愈明，故曰真金。"[5] 对元神与思虑神二者之间的关系，李道纯看到，思虑之神的宁静可以促进元神的凝聚。思虑之神不宁静则会干扰元神。反过来，元神的凝聚可以促进思虑之神泰然安静。修炼中运用的是元神。但元神得借助于思虑神而进行修炼方可产生，由少到多到全。"欲全其神，元要意诚。意诚则身心合而返虚也。"[6] "意诚"则身心交合，神的玄妙不测、无所不可的作用随之而出现。"意诚"这一提法是受《中庸》和理学家对《中庸》思想的解释，如"正心诚意"的影响。但其实质不同于理学的伦理动机判定，而是"意不动"。《中和集》说："生神之要在乎意。意不动则二物并，三元混一，而圣胎成矣。"[7] "意不动"并非意静如一潭死水，了无生气，而是在保持与外物之间的关系时做到常应常静，在静中保有动的可能性和潜力。李道纯认为，这就是玄牝："举心动念处为玄牝。"[8] 玄牝是丹胎凝结的关口，是由有向无转化的关键点，其重要性

① 《道藏》第 4 册，第 489 页。
② 《道藏》第 4 册，第 530 页。
③ 《道藏》第 4 册，第 484 页。
④ 《道藏》第 4 册，第 484 页。
⑤ 《道藏》第 4 册，第 501 页。
⑥ 《道藏》第 4 册，第 502 页。
⑦ 《道藏》第 4 册，第 502 页。
⑧ 《道藏》第 4 册，第 499 页。

不言而喻。

"意不动"指意在静中含有动的可能性和潜力，这说明意涉及身与心两个方面。为此，必须考察神与身、神与心的关系。神与心的关系比较简单。李道纯认为，"神藏于心"，心是神之舍。神与心之间，一实一虚。"毂虚其中，车所以运行。心虚其中，神所以通变。故虚为实利（体），实为虚用，虚实相通，去来无碍。"① 以虚、实这一对范畴而论，虚实相通，虚因实而存，实因虚而用，虚实相生相得，互相促进。心为虚，神为实。心与神相得益彰。

神与身的关系比神与心的关系复杂一些。李道纯在《中和集》中认为，"神乃身之母，神藏于身，喻为母隐子胎"②。神与身之间是类似母子之间的关系，神为母，身为子。就李道纯以身为无中之妙有而言，应该说是身为母而神为子，为什么这里颠倒过来了呢？这是因为，这里不是从本源论的角度来讨论，而是从本体论的角度来讨论。在后天，神比后天的形气之身更具有能动性。母有教育管理子之责，以神为母，可以说明神对后天身的调节与控制。再则，从修炼实践来看，修炼有明确的目标指向，母能生子，先天之身作为无中之妙有，比神更趋近于作为修炼目标的丹。以神为母，以身为子的关系，能够恰如其分地说明这一点。这样看来，神与身的关系必须从理论和实践这两个一体贯通的方面来考察。就理论而言，道是神的主宰，神是气的主宰，气是形的主宰，形是生命的主宰。就实践而言，不执着于生命则形稳定，形稳定则气安定，气安定则神宁静，神宁静则虚、静而归于"无"。总之，神与身的关系是："道者神之主，神者气之主，气者形之主，形者生之主。无生则形住，形住则气住，气住则神住，神住则无住，是名无住住。"③

炼神以神住为目标。神要住，则人心要虚，促成先天的身心合一，为神化虚创造条件。正如《中和集》所说："虚心养神，心明神化。二土成圭，采而饮之，性圆明也。"④ 神化虚在义理上就是性从心中凸显出来。

什么是性？李道纯说："夫性者，先天至神，一灵之谓也。"⑤ 这里的"性"，实为道性，又称为"真性""本来真性"，与先天之神同体。从修炼

① 《道藏》第12册，第646页。
② 《道藏》第4册，第501页。
③ 《道藏》第4册，第484页。
④ 《道藏》第4册，第500页。
⑤ 《道藏》第4册，第503页。

的实践操作来说，性也就是"大丹""金丹"：

> 圣师云：本来真性号金丹，四假为炉炼作团①，是知大丹者，真性之谓也。②

> 金者，坚也；丹者，圆也。释氏喻之为圆觉，儒家喻之为太极，初非别物，只是本末一灵而已。本来真性，永劫不坏，如金之坚，如丹之圆，愈炼愈明。③

李道纯把性与金丹等同的意义在于把丹道哲理的探讨与功夫实践直接打合在一起，形而上与形而下不再分隔为两块，显示了他在促进道教哲学即体即用、体用圆成方面所做的努力。

性是"心明神化"的结果。心与神的关系，前已述及。那么，心与性的关系是什么呢？《中和集》认为："性在心先，心自性生。"这里的"性"，显然是指先天的道性，这里的"心"则是指后天的人心。从先天来说，性是源，心是流。换句话说，性是人之所以能够产生的根据，而只有在人产生之后才有心，所以说"心自性生"。从后天来说，性是心之体，心为性之用，明心即可见性。"心虚澄则性本圆明，性圆明则无来无去。"④ 心自用归体就是性的彰显。这与人心的消退，道心的开显是同一过程，故《中和集》有"心潜本性，犹流归水止"之说。李道纯谈性是从本源论的角度，谈心则是着眼于呈现、运用、现实的角度。心的澄明虚静的状态与性是吻合无间的。所以他有"心中之性谓之砂中汞"⑤ 之说，用从砂中提取汞来比喻自心开显出性。

但是，心只能说是提炼性的炉鼎，性从心的开显必须借助于神这一中介。"性乃心之主，心乃神之舍。性与神同系乎心。"⑥ 这里的"性"是本性、真性、性体，"心"是人心、欲心、尘心。心、神、性是三个相互紧密联系的概念。神是人对身心内外各种关系的调节与控制能力的体现。与神侧重于功

---

① "本来真性号金丹，四假为炉炼作团"见于《重阳全真集》卷二，此处所说圣师即王重阳。"四假"即地、水、火、风。火之用为熏蒸，在丹法上喻指心；风指呼吸，地指炼丹之所，水指肾，风藏一点真阳。清静之云，以风运火，火借风力，则真火自发，金丹可结。

② 《道藏》第4册，第528页。

③ 《道藏》第4册，第497页。

④ 《道藏》第4册，第503页。

⑤ 《道藏》第4册，第499页。

⑥ 《道藏》第4册，第489页。

能不同，心具有实体意味，是神与性的着落之处，也是炼神显性的下手处。所以《中和集》卷二有"虚其心则神与性合"① 之说。炼心既是以神制约心，也是以性主宰心。从修炼活动来看，心是修炼的起手状态和起点。性是修炼的目标。神是在修炼过程中沟通心性的中介，也是人这一主体在修炼中的化身。心明、神化、性显在逻辑上依次出现，但在现实中则可以说是同时出现的。

性主宰心是从未发向已发转变的过程。一旦性以已发状态表现出来，它就不得不应对外界的物而转化为情。李道纯继承张伯端以来全真道一贯的观点，以四方五行配性、情、魂、魄、意，其中情属金，配西方，以数称则为四。性则属木，配东方，以数称则为一。按照五行理论，水生木，木生火，火生土，土生金，金生水。这就是说，性生魂，魂生意，意生情。"情逐物，性随念，情性相远谓之间隔。"② 情因物而生，随物而变。性则随意念而变。情一旦被物诱惑而转变为欲望，就会表现为意念，从而干扰性。所以说性情是相通、相达的。但情如果应物而不被物所诱，心中无欲，则性仍可获得安宁。正是根据这一点，李道纯把性情比喻为夫妇。性为夫，情为妇，二者相和而成为一个和谐的家庭。家庭中夫妇的关系是夫唱妇随，那么，性与情的关系也是"情来归性"。虽然情来归性的意思，李道纯说是"性情混然，则金木交无间矣"，但由于性是修炼的目标，情有转化为欲望的危险，所以其实质仍然是"摄情归性"，空情见性，促成"本性圆明"。从五行理论来看也是这样，水克火，火克金，金克木，木克土，土克水。金克木即情克性。情有阻碍性的袒露的危险，所以《中和集》说："性寂情冥，照见本来。抱本还虚，归根复命，谓之丹成也。"③

情在应对外物的过程中，往往伴随着价值判断，进而有所选择和追求，这就产生了欲望。情一旦转化为欲望，就成为性袒露的障碍。世俗之人，往往汲汲不舍地追逐声、色、名、权、利等，弄得心神不宁。"权利牵于外，念虑煎于内，心为物转，神为心役，心神既不清静，道安在哉?"④ 如此，性怎么能呈现呢?所以李道纯主张"以道制欲"，而不能"以欲制道"。"以道制欲"的实质是绝欲。"绝欲之要，必先忘物我。忘物我者，内忘其心，外

① 《道藏》第 4 册，第 489 页。
② 《道藏》第 4 册，第 501 页。
③ 《道藏》第 4 册，第 493 页。
④ 《道藏》第 17 册，第 141 页。

忘其形，远忘其物。三者既忘，复全天理。"① "忘物我"的目的是要达到"空"。"以空遣欲，欲既不生，和空亦无。空既无矣，无亦无也。无无既无，湛然寂然，湛寂亦无，是名真静。湛然常寂者，凝神入空寂也。寂无所寂者，融神出空寂也。"② 达到了空之后，要进一步超越它而达到"无"，进一步超越"无"而达到"真静"。"所谓真静，非不动也。若以不动为静，则是有定体也。有定体则不足以应变，所以真常应物、真常得性者，动而应物而真体不动也。作如是见者，常应常静，常清静矣。"③ 真静不是死静，而是在动中应物而性不为物所动。在世俗社会活动中，自自然然地以动求静，这是道教与禅宗的区别。真静是凝神入空寂而寂无所寂，故其实质也是融神出空寂。不执着于空寂，这也是道教与禅宗的区别。总之，既忘物，也忘我，但这还不够，还要忘记"忘"的本身，忘记操作"忘"这一活动的心，达到空、寂。但对空、寂也不可执着，必须忘记操作这一活动的神，从而超越空、寂。其间的操作，正如李道纯所说："丹从不炼炼中炼，道向无为为处为。"④

从实体方面来看，遣除欲望，心虚则神与性合而可显性，身静则精不动而情不生欲，意可宁静地贯穿这四方面并起到统帅的作用，这样丹胎就可形成。《中和集》说："收合身心之要在乎虚静，虚其心则神与性合，静其身则精与情寂。意大定，则三元混一，此所谓三花聚，五气朝，圣胎凝。""五气朝"即"五气朝元"，指的是："身不动精固水朝元，心不动气固火朝元，性寂则魂藏木朝元，情忘则魄伏金朝元，四大安和则意定土朝元。"⑤ 性与神是一家，情与精是一家，意是一家，意可贯穿统一前两家。三家相见，丹胎形成，真性凸显。

这里谈了性、神、情、精、意五者，并未涉及气，却把这五者的相合称为五气朝元，为什么呢？因为这五者只是五行功能性的方面，不是实体。它们得依托于五行在人身的实体而存在，即心、肝、脾、肺、肾。那么，功能性方面和实体性方面的关系如何？如何处理？这就涉及性与命这一对范畴。

（三）性与命

张伯端把老释之学概指为性命学，李道纯受其影响，把处理性命关系视

① 《道藏》第17册，第141页。
② 《道藏》第17册，第142页。
③ 《道藏》第17册，第142页。
④ 《道藏》第17册，第512页。
⑤ 《道藏》第17册，第500页。

第二章　南宋至明代中期的道教思想（上）

191

为丹道的核心，说："炼丹之要，只是性命两字。离了性命便是旁门。"① 对性命之间的关系，李道纯从多方面做了详细的探讨。

李道纯用有与无的关系来解释性与命之间的关系，说："有与无，性与命，同出而异名。同谓之玄，玄之又玄，有无交入，性命双全也。"② 性为无，命为有，有无交融，性命即可双全。李道纯又从形而上和形而下的角度，与体、用结合起来探讨性命之间的关系。《中和集》说："形而上者无形质，形而下者有体用。无形质者系乎性，有形质者系乎命。"③ 形而上者无形无象，无所谓体与用，故系于作为无的性。形而下者有形质，有体有用，故系于作为有的命。性为命之体，命为性之用。

那么，性、命的内涵究竟是什么呢？李道纯说："夫性者，先天至神，一灵之谓也；命者，先天至精，一气之谓也。精与性，命之根也。"④ 性为灵妙的先天元神，命为先天的元精。元精生元气，故命也可视为元气。元神生元精，故性为命之根。这显然是用南宗白玉蟾的先天精、气、神的思想来理解性与命的内涵。不过，他引用过王重阳的"神是性兮气是命"的说法，说明在这个问题上他对南北二宗的思想均有所继承。

精、气、神之间关系的处理离不开身与心。所以李道纯进一步从身、心关系的角度来阐发性与命的关系。他说：

> 性之造化系乎心，命之造化系乎身。见解智识，出于心也；思虑念想，心役性也；举动应酬，出于身也；语默视听，身累命也。命有身累，则有生有死；性受心役，则有往有来。是知身心两字，精神之舍也。精神乃性命之本也。⑤

人由身心两方面组成。性的状态取决于心，命的状态取决于身。见解智识出于心，可促成人把握性理。但思念计较也出于心，它们则奴役性，使性埋没不彰。举动运筹出于身，为命的存在所必需。但语言、沉默、观看、听闻也出于身，是身体器官的功能，它们会劳累命。性一旦受奴役，则既有来，也可去；命一旦受劳累，则既有生，也有死。由此可知，身、心是精、神的

---

① 《道藏》第 17 册，第 502 页。
② 《道藏》第 12 册，第 643 页。
③ 《道藏》第 4 册，第 495 页。
④ 《道藏》第 4 册，第 503 页。
⑤ 《道藏》第 4 册，第 503 页。

寄存之处，精、神是性命的根本。身、心、精、神的状态决定了性命能否保持其本来状态。

身心合一方为人，故性命也相互依存，缺一不可。"性无命不立，命无性不存。其名虽二，其理一也……虽然，却不可谓性命本二，亦不可分为一件说，本一而用则二也。"① 性命同为先天之玄，故是一。但后天的运用则必须把它们区分开来，让它们发挥好各自的作用。这其中必须明了：性如果没有命就失去了存身之所，命如果没有性就失去了航船的舵手，性命相互依存方可以两全。炼丹时，不能只修性或只修命，因为"各执一边谓之偏枯"。要性命双修，促成性命交和圆融。

虽然性命相互依存，修炼时必须双修，但这只是基本原则。根器不同的人，同一个人在炼丹的不同阶段，对性与命的修炼是可以有所侧重的。"学道之人，夙有根器。一直了性，自然了命。此生而知之也。根器浅薄者，不能一直了性，自教而入，从有至无，自粗达妙，所以先了命而后了性也。此学而知之也。"② 李道纯认为，学道的人，根器优异的，可以只修性不修命，因为了性自然了命。这是生而知之者才可以运用的方法。根器浅薄的，不能一直了性，只能渐修，从有至无，从粗至精，先了命而后了性，这是学而知之者。但实际上，生而知之者并不存在，所以，只修性不修命只是在理论上虚悬一格，在实践中行不通，还得先修命后修性。这是李道纯对北宗先性后命的主张和南宗先命后性主张的综合。不过，李道纯并没有停留在这一点上，而是提出，要以"中"为原则，在玄关（即"中"的实体）处促进身心合一，神气不二，摄情归性，以一灵真性交通虚无空灵之境界，从而达到性命双修而成丹的追求目标。这是对内丹理论的一个新发展。

在上述思想的基础上，李道纯对身、心、性、命的关系做了一个总结：

> 身定则形固，形固则了命。心定则神全，神全则了性。身心合，性命全，形神妙，谓之丹成也。③

> 人之极也，中天地而立命，禀虚灵以成性。立性立命，神在其中矣。命系乎气，性系乎神。潜神于心，聚气于身，道在其中矣。④

---

① 《道藏》第 4 册，第 503 页。
② 《道藏》第 4 册，第 495 页。
③ 《道藏》第 4 册，第 502 页。
④ 《道藏》第 4 册，第 484 页。

身安定则形体坚固，形体坚固则人可达到生命的极限。心安定则神全，神全则性归本返源。身、心与性相合，性与形体相合，神妙灵通，丹就可形成。如此修炼，人就能开掘潜力，达到极限的颠峰状态。此时，人在天地之间安身立命，禀循虚、静而立性。性命既立，则神自然也立。命与气相关，性与神相关。气聚于身，神藏于心，神气相交，得道成仙指日可待。心、神、性是一组相互有紧密联系的概念，具有观念的，或者说形式方面的共性。身、气、命是一组有紧密联系的概念，具有实体的，或者说内容方面的共性。这两组概念又都归于道。道作为本源一旦发挥生化万物的作用，则性命即从先天的一体分离绝待。作为生化万物的具体承担者的气，具体到人而论，就归属于命而存在于形体中。人一旦出现，则道作为本体的作用就隐退于幕后，性则成为其化身并以神的面目来表现自己的存在。神非实体，故不得不依托于心而存在。总之，先天的性命、神气、身心均是一体的，后天则都处于两两二元分隔对待的状态中。人为万物之灵，故可以发挥主观能动性促使这三者重新合一，返回先天的大道。

（四）虚与中

结丹之后，就一般人的修炼而言，就是命功的结束，性功的开始。与此相适应，李道纯探讨了主要在性功修炼阶段的义理所涉及的动、静、虚、空、中、和等范畴。

首先来看动与静。李道纯认为，《道德经》"致虚守静""以观其复"①表达的是"静极而动"的过程，"夫物芸芸，各复归其根，归根曰静，是谓复命"表达的是"动极而复静"的过程。动静相互转化，相互涵摄。"静一动，动一静，道之常也。苟以动为动、静为静，物之常也。先贤云：'静而动，动而静，神也。动无静，静无动，物也。'其斯之谓欤？"② 一动一静的相互转化，是道发挥作用的表现形态。动而无静，不是真动。静而不动，则是死静。动而不真，静而不活，是物的存在形态，与道相距甚远。总之，"动静相因，显微无间"是修道的根本原则。这里所说的"显微无间"显然是吸收了程朱等理学家的思想。李道纯对动静的论述，对后世道教影响很大。明清之际，精通内丹功法的王夫之在《思问录》中所提出的"静极含动，动不舍静"的观点，当与此有渊源。

---

① 《道藏》第4册，第505页。
② 《道藏》第4册，第505页。

动静是与有无联系在一起的。动静是因无而有、自有而无的转变。在李道纯看来，动静主要是在炼丹的初级阶段，即命功阶段。进入高级阶段，尤其是性功阶段后，就得动静皆忘，回归真静，即自有入无。"炼丹之初，有无互用，动静相须，乃至成功。诸缘顿息，万法皆空。动静俱忘，有无俱遣，始得玄珠成象，太一归真也。性命双全，形神俱妙，出有入无。"①

从上述可见，有无、身心、性命是李道纯丹法的根本。就修炼的原理而言，要有无相合；就修炼的过程而言，要身心相合；就修炼的目的而言，要性命相合。在道教哲学看来，在形而上层次，或者说在先天阶段，一切两两成对的概念均是合二为一的，二者之间没有任何区别。但在形而下层次，或者说在后天阶段，它们则都是一分为二，处于对待流行之中的。它们所指称的事物则处于生灭不已的过程中。人要如先天之道一样永恒不灭，就只能促成这些二元绝待的概念所指称的方面重新合一。

李道纯所说自有入无的"无"，似乎不太好理解。它既是"自有入无"的结果，就应该是无。但他又说这是"动静俱忘，有无俱遣"的结果，这就有了矛盾。实际上，"太一归真"的"真"确实是无，"动静俱忘，有无俱遣"则是就性功修炼的操作原则而言的。作为性功修炼结果的"无"，其实质是道，既有精有性又无形无象，既有静又有动而产生万物的可能。对这一状态，李道纯用"中"这一范畴来描述。

李道纯认为，《太极图》的根本就在于中："中○者，无极而太极也。太极动而生阳，动极而静，静而生阴，一阴一阳，两仪立焉。"② 无极就是道，中则是无极与太极的中介状态。这是就哲理来说。就功夫修炼而言，李道纯与理学家一样，认为"寂然不动"是"中"之体，"感而遂通"为中之用，以中统贯已发和未发。《中和集》说：

> 所谓中者，非中外之中，亦非四维上下之中，不是在中之中……中和为修行之大本。玄关即"中"字。玄关非形体，不可以向身外求。释云："不思善，不思恶，正恁么时，那个是自己本来面目。"此禅家之中也。儒曰："喜怒哀乐未发谓之中。"此儒家之中也。道曰："念头不起处谓之中。"此道家之中也。③

---

① 《道藏》第4册，第499页。
② 《道藏》第4册，第483页。
③ 《道藏》第4册，第498页。

中即澄湛寂然，万念不生。但这不是死静，而是充满了蓬勃生机的真静。所以，中落实到修炼上即一阳萌生时的状态，就实体而言即玄关一窍。李道纯在《中和集》中说："《易》云：复，其见天地之心，且复卦一阳生于五阴之下。阴者静也，阳者动也。静极生动，只这动处，便是玄关也。"① 也就是老子所说的"致虚极，守静笃，万物并作，吾以观复"。修炼时，"但于二六时中，举心动念处功夫，玄关自然见也"②。玄关无定指，既不能拘泥于形体，死守某一具体的穴窍，也不能抛开修炼者之身而向外寻求。顺应自然，致虚守静，在静极而动处体悟，自然能够把握这"至玄至妙之机关"。玄关作为命功修炼中一阳来复之时，是采药的绝佳时机。这样，药物就具有了本体论的意蕴，采药也就成了在心中建构境界的一个阶段。

在性功修炼阶段，李道纯吸收朱熹的中和思想来注释《老子》"常无欲以观其妙，常有欲以观其徼"而阐述了中、和两个概念：

> 《礼记》云：喜怒哀乐之未发谓之中。中也者，天下之大本也，即无欲观妙之义也；发而皆中节谓之和，和也者，天下之达道也，即有欲观其徼之义也。致中和，天地位，万物育，即玄之又玄之义也。③

这是他对"欲发未发作么生"问题的回答。在朱熹那里，"中"是在静定中求喜怒哀乐未发前气象，"和"是在已发中慎其所发。李道纯从内丹修炼的角度对它做了改造，用未发、已发来解释它。未发是指"静定中谨其所存"，心中虚静，无欲无念，守一养丹，所以称为"中"。"发而中节，谓动时谨其所发也，故曰和。"和就是在静而不静、动而不动之时，保持动机、意念的纯正，促使真性袒露而得道。李道纯的中和学说，为在理论上把握动静关系，在实践中处理好它给出了具体的原则。它是内丹修炼中性功阶段的指导原则，也是人在心中建构和提升境界的原则。"诚能致中和于一身，则本然之体虚而灵，静而觉，动而正，故能应天下无穷之变也……中也，和也，感通之妙用也，应变之枢机也。《周易》生育流行，一动一静之全体也。"④ 遵循中和的原则，既可以在静中觉悟，立定虚、灵的大本大源，又可以在动

---

① 《道藏》第 4 册，第 498 页。
② 《道藏》第 4 册，第 498 页。
③ 《道藏》第 12 册，第 643 页。
④ 《道藏》第 4 册，第 483 页。

中守正，机敏神应，妙应万变，游刃有余于一动一静之中而趋达于永恒。

"虚"是性功阶段的核心。这首先是炼神还虚。李道纯在《中和集》中回答何谓七返的问题时说："七乃火之成数。返者，返本之义。只是炼神还虚而已。"[1] 其次是炼虚还道。那虚的内涵究竟是什么呢？

虚是道之体。"是知虚者，大道之体，天地之始，动静自此出，阴阳由此运，万物自此生。是故虚者，天下之大本也。"[2] 虚是描述道的一个范畴。虚作为道之体，既是万物的本源，也是万物的本体。从本源论的角度，虚被李道纯实体化为"太虚"。"问：太极未判，其形若鸡子，鸡子之外是甚么？曰：太虚也。凡人受气之时，形体未分，亦如鸡子。既生之后，立性立命，一身之外皆太虚也。"[3] 不过，李道纯谈论虚，主要是使用虚作为道之体的意义。

在把虚作为道之体的意义上，李道纯往往把虚与静联系在一起作为描述道的两个特征。在万物产生之后，由于道是万物的本体，所以虚与静仍然被作为道的两个特性而相需互用。这可以用天与地的关系来喻说。《中和集》把虚视为天之象，把静视为地之象。"虚者，天之象也；静者，地之象也。自强不息，天之虚也；厚德载物，地之静也。天地之道惟虚与静。"[4] 天之所以运动变化，永远不会停止，是因为虚；地之所以能包容、承载万物，是因为静。天人是一体的，天地具有虚、静的特性，人也应该效法它。"虚者无所不容，静则无所不察。虚则能受物，静则能应事。虚静久久则灵明。"[5] 炼丹当然要促使身心达到这种虚、静的状态。但作为实践的操作活动，为了容易把握，所以往往把虚实化为一个修炼的目标，甚至直接称它为"虚空""太虚"，这又把虚的本源论意义带进来了。"所以脱胎之后，正要脚踏实地，直待与虚空同体，方为了当。""或问：何为了当？曰：与太虚同体谓之了当。"这作为修炼的指引是可以的，但达到了这一阶段后，要把这实体观念打破，以免执着。李道纯赋诗说："三五混一一返虚，返虚之后虚亦无。无无既无湛然寂，西天胡子没髭须。"[6]

---

① 《道藏》第 4 册，第 500 页。
② 《道藏》第 4 册，第 506 页。
③ 《道藏》第 4 册，第 496 页。
④ 《道藏》第 4 册，第 486 页。
⑤ 《道藏》第 4 册，第 486 页。
⑥ 《道藏》第 4 册，第 510 页。

虚是难于言说的。虚具有空的性质，故可以用空来描述。空通过悟就可达到。不过，如果修炼仅仅只是依靠悟，那只能出阴神，不能出阳神。这是因为，空往往被等同于绝对的无，缺乏活泼泼的生机，缺乏神妙精莹的灵性。全真道的虚需要通过出阳神来达到，因而具有空所不能描述的性质。"到这里纤芥幽微悉皆先照，至于如如不动，了了常知，至觉至灵，常清常静，真常之道至是尽矣。"① 既要凝神入空寂以证虚，又要进一步融神出空寂以超越虚。常虚常静的目的是为了常应无碍，生机通畅。所以，哪怕是对一、无、道，道教历来也强调不能执着。虚"便于守一知无一，一无两字尽掀翻，无一先生大事毕"②。李道纯有"粉碎虚空"之说。无即道，但道的本质是不无之无。无所执着，百尺竿头更进一步，不断超越，自强不息，是道教的真精神。

虚是中和的结果。李道纯强调，修道要"效天法地"而"虚"而"静"，要"由虚里做功夫"③。虚、静与中和互为其根。要使得身静心虚就必须致和，要致和就必须守"中"。"守中致和"是功夫操作的原则。"中和"能使本然之体"虚而灵，静而觉"。但对中也不能执着。"全中了，把中来辟破，方是男儿。"④"致虚守静"既是遵循中和原则修炼的结果，又是进一步修炼的原则。"圣人所以为圣人者，用《易》而已矣。用《易》所以成功者，虚静而已矣。"⑤ 把圣人成就事功的法门归结为"虚静"，这是"中和"之论的运用。这里所谓的圣人，实际上是道教中得道的真人。

虚是神的本性。"神本至虚"，神在终极意义上源出于虚。神全则还虚。本心、元神、真性、道，都是同一层次的概念。

虚是清静的直接结果。在《中和集》里有一《委顺图》，由图可知，李道纯把身、心、世、事称为四缘，世俗中人往往为它们所拘缚。洞达之人则能勘破这四者之有为虚幻，所以能够委身于寂然，委心于动然，委世于混然，委事于自然；进而使身顺天命以应人，心顺天道以应物，世顺天时以应变，事顺天理以应机。如此既能委，又能顺，还能应者，则能脱洒四缘，不为外境所拖累而常清常静，从而入于虚。

---

① 《道藏》第 17 册，第 143 页。
② 《道藏》第 4 册，第 510 页。
③ 《道藏》第 4 册，第 506 页。
④ 《道藏》第 4 册，第 517 页。
⑤ 《道藏》第 4 册，第 486 页。

虚实相通是达到形神两全的基本方法。"虚实相通为全形神之大方也。虚为实体，实为虚用。虚实相通，去来无碍。"①内丹修炼到阳神出壳之后，加以进一步的修炼，即可使神与形均达到真正的两全合一、互融互化的境界。

中唐以来《清静经》一系道经强调修炼中必须遵循"清静"的原则，并显示出把清静本体论化的倾向。同时，道教历来用"虚"描述本源与本体的性质，并在修炼中有所反映。但这两方面的关系如何，一直没有说清楚。李道纯清楚地把这两个方面的关系说明了。不仅如此，李道纯还把虚、静与道的关系打通了。其契机是突出作为本体的道恒常应物的品性，把虚、静视为道恒常应物的前提，从而建立起常清常静而常应的逻辑关系。唐代重玄思潮探讨了基于心性论的境界论，提出要通过无所执着、不断超越地提升境界。但重玄思潮没有把这些思想落实到功夫修炼上，它的思想虽然高妙，却沦于玄虚。由于缺少实在的功夫修炼，重玄思潮的高远境界很难建构起来。即便建构起来了，也难以巩固和长久维持。李道纯的上述思想，实际上是把重玄思想无所执着的精神实质内在地吸收进来与功夫境界论完美地结合起来了。基于心性论，把清静、虚与道的关系从理论上给予了清楚的说明，是李道纯对道教哲学的一个重大贡献。

李道纯以虚空为本，从先天与后天两重天地出发，在北宗的自身阴阳（清修）、南宗的自身阴阳、同类阴阳（双修）之外，别立以中脉为实体、以玄关为入手点的虚空阴阳之法，开后世内丹中派之先河，并以此为背景展开了内丹学心性理论的探讨。他的上述思想，是对全真道南北二宗思想的继承与综合，也是对道教心性论哲学思想的发展。在元代儒、佛两家没有出现大思想家，思想较为贫乏的时代，李道纯的心性论思想从一个方面昭示了道教思想发展所达到的深度，显示了中国哲学发展的生命力。当考虑到明代以王阳明为代表的心学思潮及其来源时，李道纯心性论思想的价值就不可低估。

（五）内丹功夫与境界建构

本着上述思想，李道纯在《中和集》卷二中把内丹修炼方法分为二门三乘九品。九品为旁门。其中，下三品，如外丹、房中、三峰采战等为"邪道"；中三品，如辟谷、吞霞采气、想身中三气等，为"外道"；上三品，如存思、吐纳、按摩、闭息行气、屈伸导引、固守丹田、服中黄气等，为"旁

---

① 《道藏》第 4 册，第 506 页。

门"。李道纯认为，这些旁门九品至多只能却病愈疾，都不是正道。丹法正道有三乘，下乘为安乐之道，以"肾前脐后为玄关"；中乘为养命之道，以"泥丸为玄关"；上乘为延生之道，以"无心为玄关"。这三乘是为根器浅薄者所设，为渐门。还有最上乘的"无上至真之妙道"，是为根器优异者所设的顿门。此法是"以太虚为鼎，太极为炉，清静为丹基，无为为丹母，性命为铅汞，定慧为水火，窒欲惩忿为水火交，性情合一为金木并，洗心涤虑为沐浴，存诚定意为固济，戒定慧为三要，中为玄关，明心为应验，见性为凝结，三元混一为圣胎，性命打成一片为丹成，身外有身为脱胎，打破虚空为了当"①。"脱胎""了当"是内丹修炼的最后一步"还虚"功夫。这步功夫完成，就是"形神俱妙，与道合真"，大功告成之时。

社会上根器优异的生而知之者极少，根器劣钝不堪教化者也不多。大多数人处于这二者中间。李道纯对内丹修炼的论述是以中人为对象，实质上仍然是渐门。在《清庵莹蟾子语录·登真捷径》中，他把玄关解释为"中"，以守中为核心，把修炼分为九个阶段：下手、真铅真汞、采药入炉、抽铅添汞、火候周天、持盈固济、固济鼎炉、温养、调神出壳。下手功夫即正心诚意，除情去欲。真铅真汞即身心。李道纯很重视药物，对它做了多方面的论述。他把药物分为外药和内药。外药是交感精、呼吸气、思虑神。内药即先天至精、虚无空气、不坏元神，实即先天一点真阳。外药可以治病，可以长生久视："内药可以超越，可以出有入无。"② 内药无为无不为，外药有为有以为。内药无形无质而实有，外药有体有用而实无。外药色身上事，内药法身上事。外药了命，内药了性。内药是炼神之要，二药全则形神俱妙。修炼应该从外药起，然后内药自知。根器优异、生而知之的人，可以不炼外药而直接炼内药。

由上可见，李道纯虽祖述张伯端内丹理论，但又主张先性后命，而且提出了渐法、顿法二途，既与南宗不同，与北宗也相异，显示了他融会贯通南北二宗内丹理论而进行创新的精神。

李道纯用上述身心性命思想来指导内丹修炼。他认为，金丹之要在于："炼精化气，所以先保其身；炼气化神，所以先保其心。身定则形固，形固

---

① 《道藏》第 4 册，第 492 页。
② 《道藏》第 4 册，第 488 页。

则了命。心定则神全，神全则了性。身心合，性命全，形神妙，谓之丹成也。"① 他认为，炼精化气使身不动，炼气化神使心不动后，还要"炼神还虚"使意不动，然后身、心、意合而为"三家相见结婴儿"②，"婴儿"是金丹的比喻。进一步"粉碎虚空成大觉"③，即得道。所谓"身不动"，就是"保其身"，实际上就是调和气血，修养精神，平衡神经，调动青春活力，以心役身，用一种暗示方法，使全身机能受自己支配，从而达到去病延年的目的。明见本心而使心不动。真性袒露而使意不动，这在李道纯看来，只是性功的结束，并非修炼的终点。性功修炼完毕后，还要兼融命功修炼，使得阳神出壳而回返后，再加以温养之功，促成性命双融，形神俱妙，才能与道为一。所以说："先持戒、定、慧而虚其心，后炼精、气、神而保其身。身安泰则命基永固，心虚澄则性本圆明。性圆明则无来无去，命永固则无死无生。至于混成圆顿，直入无为，性命双全，形神俱妙也。"④

内丹修炼只是建构境界的一个方面。何况，内丹修炼是在现实的社会环境中进行的。境界建构也得在社会生活中体现出来。这方面，李道纯以竹为人生的楷模，主张效法竹的品性立身处世，在心中建构高妙超逸的境界。他说："处事以直，处世以顺，处心以柔，处身以静，竹之节操也；动则忘情，静则忘念，应机忘我，应变忘物，竹之中虚也；立决定志，存不疑心，内外圆通，始终不易，竹之岁寒也；广参至士，遍访明师，接待云水，混同三教，竹之丛林也。"⑤

生死是道教关注的核心问题。得道而长生不死是道教追求的终极目标。但李道纯认为，人的肉体总是要死的，不死的只是人的精神。既然如此，就得参破生死。他认为，学道的人，要懂得死，就先要懂得生。要懂得未来，就先要懂得现在。"欲明末后，究竟只今。只今脱洒，末后脱洒。只今自由，

---

① 《道藏》第 4 册，第 502 页。
② 《道藏》第 4 册，第 489 页。
③ 《道藏》第 4 册，第 507 页。
④ 《道藏》第 4 册，第 503 页。
⑤ 《道藏》第 4 册，第 506 页。这与白居易《养竹记》颇有相类之处，只不过二者的神韵有异。《养竹记》说："竹似贤，何哉？竹本固，固以树德，君子见其本，则思善健而不拔者；竹性直，真以立身，君子见其性，则思中立不倚者；竹心空，空以体道，君子见其心，则思应用虚受者；竹节贞，贞以立志，君子见其节，则思砥砺品行，夷险一致者。夫如是，故君子人多树之为庭实焉。"（《白氏长庆集》第 7 册，文学古籍刊行社 1955 年版，第 1073 页。）

末后自由。"① 只有当下有洒脱、自由的心境，未来才会有洒脱、自由可言。"只今既不得自由生死岸头，怎生得自由去也。"② 这与禅宗所说的"日日是好日"，"年年是好年"有异曲同工之妙，当有受禅宗影响的成分。不过，注重现世的利益，注重当下的逍遥快乐，是道教一贯的态度。李道纯在这里仍然是站在道教的立场上讨论问题的。在李道纯看来，在平常的生活中脚踏实地地修炼，这比什么都重要。"若复有人于平常一一境界观得破，打得彻，不为物眩，不被缘牵，则末后一一境界眩他不得，一一情缘牵他不住。"③ 当下的修炼见到了成效，就为日后的修炼奠定了坚实的基础。这其中重要的就是按照道经所载、老师所教之理消泯欲望，扫除念虑，斩断情缘。"念虑当以理遣，幻缘当以志断。念虑绝则阴消，幻缘空则魔灭，阳所以生也。积习久久，阴尽阳纯，是谓仙也。"④ 念虑灭，幻缘空，则阴尽阳纯，这就是不死之仙。

李道纯认为，内丹修炼，境界的建构与提升，最终必须达到真常之境。"复命曰常，知常曰明。不知常，妄作，凶。师曰：世人会得这些消息，直造真常境界，故曰明。苟或一阳来复，昧而不知，妄有施为，丧身必矣，故曰凶。"⑤

总之，李道纯以道即心，心即道的双向开张，确立了即本体即功夫，即体即用，体用圆成的内丹哲理逻辑。这样做的结果是把本体论、本源论、心性论、功夫论和境界论完美地融合起来了。

（六）三教关系

王重阳创立全真道时就以三教平等为宗旨，但在实践中只实现了"太上为祖，释家为宗，夫子为科牌"⑥ 的权宜局面。七真分宗立派时，这一局面也没有打破。南宗偏重个体修炼，对三教关系虽有探讨，但着墨不多。李道纯把全真道的三教合一宗旨从传教的权宜之计推进到了思想理论上圆融的程度。在他看来，教虽为三，其源则一，三教均以"无极而太极"为核心，都崇尚静定。"释曰圆觉，道曰金丹，儒曰太极。所谓无极而太极者，不可极

① 《道藏》第4册，第504页。
② 《道藏》第4册，第504页。
③ 《道藏》第4册，第504页。
④ 《道藏》第4册，第504页。
⑤ 《道藏》第23册，第473页。
⑥ 《道藏》第25册，第803页。

而极之谓也。释氏曰如如不动，了了常知。易系云寂然不动，感而遂通。丹书云身心不动，以后复有无极真机。言太极之妙本也。是知不教所尚者，静定也。周子所谓主于静者是也。"① 三教皆明卦象未画之前的太极为本。"道之有物混成，儒之中和育物，释之指心见性，此皆同工异曲，咸自太极中来。"② 金丹修炼即循太极之道而逆行之，精、气、神凝结为圣胎而复归无极。太极的本性是虚。"为仙为佛与为儒，三教单传一个虚。"③ 三教功夫均以虚为本。佛教的涅槃与道教的脱胎，是同一个道理。"涅槃与脱胎，只是一个道理。脱胎者，脱云凡胎也，岂非涅槃乎？如道家炼精化气、炼气化神、炼神还虚，即抱本归虚，与释氏归空一理无差别也。"④ 三教的说教，迹异而实同。学理与功夫相结合来探讨三教关系，在深入研究的基础上倡导三教合一，是李道纯对三教理论探讨的特色，这对后世道教学者影响很大。

二、陈致虚汇合南北宗的丹法思想

陈致虚（1290—？）字观吾，号上阳子，活动于元代后期。他在元天厉二年（1329）师承赵友钦⑤，赵则师承北宗宋德方和南宗石泰，兼有南北二宗之学，故陈致虚也兼得南北二宗之学。他在术的具体修炼上倾向于南宗，宗承《悟真篇》，但义理思想上则倾向于北宗，这反映了此时南宗作为一个独立的宗派即将被北宗吞并的情势。此后，他又得青城老仙之秘。陈致虚的著作有《上阳子金丹大要》《上阳子金丹大要图》《上阳子金丹大要列仙志》《上阳子金丹大要仙派》《元始无量度人上品妙经注解》《参同契分章注》《悟真篇注》等。其中最著名的是《上阳子金丹大要》（简称《金丹大要》）。

同宋代的苏轼、苏辙一样，《金丹大要》把道教的内容分为道与术，并用道为体，术为用的观点来处理这二者之间的关系。他说："先哲云：形以道全，命以术延。子书云：鱼相忘于江湖，人相忘于道术。则知道与术二者

---

① 《道藏》第 4 册，第 482 页。
② 《道藏》第 4 册，第 482 页。
③ 《道藏》第 4 册，第 506 页。
④ 《道藏》第 4 册，第 496 页。
⑤ 称为缘督子，著有《金丹真理》《金丹问难》《推步立成》《革象新书》《仙佛同源》《三教一源》《盟天录》。今仅存《革象新书》《仙佛同源》。他对天体、日食、月食均有研究。《革象新书》卷五《小罅光景》记载了他所从事的大型光学实验。参见祝亚平：《道家文化与科学》，中国科学技术大学出版社 1995 年版，第 168－173 页。赵友钦在天文历法等科学技术方面的活动，是全真道北宗此前类似活动的延续。

不可得而离也。术以道为主，道以术为用。要知此道非泛常所言之道，乃天仙之道也；要知此术非泛常所用之术，乃长生之术也。"① 在《元始无量度人上品妙经注解》中有一些天文学的科学内容，当是继承赵友钦在天文学研究方面的思想而来。另外，在众多关于《周易参同契》的注解书中，陈致虚的《参同契分章注》是很有影响的著作之一，其中有一些独到的观点。

陈致虚有浓厚的三教合一的思想。他认为，老子是三教共同的祖师，老子的思想是万法之宗，因而三教的根本是一致的。以此为总纲，陈致虚把内丹之道与儒、释汇通。例如，就道与儒汇通而言，他在《金丹大要》卷二中说："金丹之道，先明三纲五常，次则因定生慧。纲常既明，则道自纲常而出，非出纲常之外而别求道也。"② 与陈致虚同一时期，净明道有先修人道后修仙道，人道以忠孝为本的思想。陈致虚的这一思想，很可能是受净明道的影响。

陈致虚认为，老子是内丹始祖。"老子之道，即金丹之大道也。"③ 在他看来，《道德经》中已经蕴涵丹理，只要人们读它而悟，因悟而得，因得而有为（修炼），有为即可结金丹。在他看来，《阴符经》《悟真篇》都是因读《道德经》有所得而成的著作。"是知《阴符》《道德》《悟真篇》，三书同一事也。"④ 这一思想，得到了后世内丹家们的普遍认可。陈致虚与李道纯一样，非常重视《道德经》。他认为，《阴符经》《道德经》《悟真篇》三书中，《道德经》是根本性的。他继承张伯端的思想，以《道德经》的"上德无为而无以为"来解释内丹的性功修炼，以《道德经》的"下德为之而有以为"来解释内丹的命功修炼。李道纯、陈致虚重视《道德经》，是时代思潮使然。唐末之后内丹学重《道德经》而不重《庄子》，这与唐代《道德经》《庄子》并推而实重《庄子》显然不同。这是因为，《道德经》重在阐发本源论，《庄子》重在阐发本体论。内丹修炼主要是本源论的逆反运用。

陈致虚认为，逆反本源生化万物的顺序，是内丹修炼的基本原理："修大丹与生身受气之初，浑无差别，但有顺逆耳……故顺而生物者，人也；逆而生丹者，圣也。"⑤ 本源生化万物，是自无生有；内丹修炼则是自有入无。

① 《道藏》第24册，第46页。
② 《道藏》第24册，第9页。
③ 《道藏》第24册，第9页。
④ 《道藏》第2册，第1008页。
⑤ 《藏外道书》第9册，巴蜀书社1992年版，第227页。

从本体论来看，万物是后天，是形而下之器；本源是先天，是形而上之道。陈致虚解释说："太极之分，有先天，有后天。何谓先天？形而上者谓之道，以有入无也。何谓后天？形而下者谓之器，从无入有也。"① 在他看来，一般俗人只是知道顺行后天之道，所以跳不出生死轮回，总是一生一死轮转不已。圣人则善于逆用阴阳，反万物产生的顺序而逆用之，所以能炼就金丹，长生不死。这是《周易参同契》"归根返元"思想的发展。他以周敦颐的《太极图》思想具体地论证了这一点。无极、太极因阳静阴动（气静神动）而五行相生、顺生万物，如果逆反这一顺序，阴静阳动（神静气动），五行混合而返归于混沌未分的太极、无极，则结丹成仙。

陈致虚认为，内丹修炼不仅在总体方向上逆反于万物的生化，而且在具体环节上同样如此。他着重阐明了两点，其一是精、气、神之间的关系。他说："精气神三物相感，顺则成人，逆则成丹。何谓顺？一生二，二生三，三生万物。故虚化神，神化气，气化精，精化形，形乃成人。何谓逆？万物含三，三归二，二归一。知此道者，怡神宁形，养形炼精，积精化炁，炼炁合神，炼神还虚，金丹乃成。"② 对人体修炼而言，三即精、气、神；"三归二"即炼精化炁；"二归一"即炼炁化神；然后加以守一温养，即可炼神还虚，炼虚还道。陈致虚对精、气、神之间的逆向关系的阐述，进一步深化了内丹修炼总体上是有生于无之逆的理解。其二是五行之间的关系。陈致虚说："浮沉者，火炎木浮而在上者为主，水降金沉而在下者为宾，此乃人之道也，此谓世间法也，此谓顺五行也。今焉木火虽浮，使之就下而反为宾；金水虽沉，使之逆上而反为主，此谓之仙道也。是出世间法也，是谓水火既济也，是谓颠倒五行也。"③ 他认为，五行有顺有逆。顺五行是火木往上浮而为主，金水下沉而为宾，二者相背，脱离中位之土而为两途。逆五行则正好相反，是以人力夺天工，让本性上炎的火、上浮的木下沉而为宾，让本性下沉的金水往上而为主，进而促使二者以中位之土为核心，实现金木合归、水火既济，五行因此而成为一个有序运行的和谐系统整体。这显然深化了内丹学对五气朝元的理解。

陈致虚的上述思想，是源于张伯端的相关象数思想。《悟真篇》说："三

---

① 《藏外道书》第 9 册，巴蜀书社 1992 年版，第 224 页。
② 《道藏》第 24 册，第 16 页。
③ 《道藏》第 2 册，第 979 页。

五一都三个字，古今明者实然稀。东三南二同成五，北一四方四共之。戊己自归生数五，三家相见结婴儿。"这话不太容易理解。陈致虚对此做了清楚的解释。他说：

> 天三生木，地二生火，火数二，木数三，三与二同性，统为一五；木象于东，法象为青龙，龙之气为汞；火居于南，法象为朱雀，木生火，是木为体，火为所生之气，是故木火为一家。然皆阳中之孤阴，所以异名曰玄，曰无，曰妙者，其有木有火而无金、水、戊土也。天一生水，地四生金，金数四，水数一，一与四同情，结为一五；金居西，法象为白虎，虎之气为铅；水居于北，法象为玄武，金生水，是金为体，水乃金所生之气，故金水为一家。然皆阴中之寡阳，所以异名曰牝，曰有，曰徼者，以其有金有水，而无木火。己，土也，天五己土，地十戊土，戊土居坎，己土居离。戊己分，则二土之数十；戊己合，则二土成圭，而数五。土居中央，是为一五，总而言三五。震木离火，同性为一家，龙为震户，汞产于中；兑金坎水，同情为一家，虎为兑门，铅生于内；离己坎戊，同根为一家；朱雀玄武，相合而生物，是云三家。龙与朱雀，意主生人；虎与玄武，意主杀人，此世间法。若欲出世间法，则必颠倒制之，功归戊己二土也。何哉？金本恋木，慈仁而内怀从事之情，无由自合，木虽爱金，顺义而内怀曲直之性，岂得自媒？欲使媒合，功在二土以通其好。且戊土生金，则欲真金发旺而相胥，己为木克，则先炼己珍重以求丹。若不炼己待时，则不能常应常静。炼己既熟，却与戊合，戊己一合则金木会，金木会则龙虎交，龙虎交则三五合一，三五合一则三家相见，三家相见则铅汞结，铅汞结则婴儿成，无非一气。①

在陈致虚看来，在五行生数中，火数为二，木数为三，木生火，故木火为一家。这是《悟真篇》所说的"一五"，象征着人体内阳中之阴，即钟吕所说的心中正阳之气。水数为一，金数为四，金生水，金水同情而为一家，这就是《悟真篇》所说的"二五"，象征阴中之寡阳，即钟吕所说的肾中真一之水。天五为己土，地十为戊土，土居中央。五行之数仅取生数，故土数为五，这就是《悟真篇》所说的"三五"。三对五中，前两对五为真阴真阳，

---

① 《道藏》第 2 册，第 989 页。

土五为内丹修炼的媒介，即黄婆。陈致虚认为，内丹修炼以出世间为终极目的，所以必须逆反人世的生成法则，使得心火下降，肾水上升，通过戊己中宫之土的媒合，使龙虎相交，金木会合。但是，戊土要发挥出媒介的功能，尚需锻炼己土。只有炼己成熟，一心归入中位，使得戊己相合，才能促使龙虎交媾。所谓己土，就是人的心、情、意、识等。这样，炼己也就是心性修炼。

在内丹功法上，《金丹大要》融南北二宗丹法为一体，在很多方面做了比前人更加系统、精细的阐述。炉鼎、药物、火候是炼丹的三个基本要素。对内丹修炼而言，炉鼎即人身，没有深入研究的必要，所以内丹家们往往重在讨论药物和火候。陈致虚主要讨论了药物。他认为，丹药由精、气、神三宝构成。精、气、神三宝中，精是基础。精有先天与后天之分。后天之精只能健身益寿。炼丹要用先天之精。"其后天地之精属阴，人若宝之，惟能健身益寿而已矣……须此先天地之精属阳，圣人修炼为丹者，此也。"① 元精本身虽属先天，但其中含有杂质。有质之物，不能通过河车路径（脊椎）上升泥丸，故必须与气合炼。气也有先天与后天之分，后天之气即呼吸之气。但炼丹不能用后天之气，必须用先天之气。"惟先天真一之气，可炼金丹，乃是虚无中来。"② 在《悟真篇注》中，他说："是以大修行人，求先天真铅，必从一初受气生身之处求之，方可得先天真一之气，以还其元而返其本也。"③ 元精与气合炼，可转化为精气相合之炁，轻清无质，这样就能够随河车运转。炼精化炁之所以可行，是因为精与气能够相互促进。人只要惜精、保精则气就充裕，气充裕则精满盈。反过来，精与气相合并后，气的聚集可以促使精充盈，精充盈则气盛。巧妇难为无米之炊，炼精化炁首先得有精可炼。所以，保精很重要。精、气二者中，气的能动性更大一些。把精气和合起来，得依靠神。

经过炼精化炁，只余神炁两个成分，构成大药。神是心的功能。"心王乃一身之君，万神为之听命。故能虚灵知觉，作主生灭，随机应境，千变万化，瞬息千里，梦寐百般。"④ 这里的神，不是人格神之神，而是神的本来意义与精、气、神之神两种含义的结合。它依托于形而产生。"夫神者，妙万

---

① 陈冲素、陈致虚：《规中指南　金丹大要》，上海古籍出版社 1989 年版，第 36 页。
② 陈冲素、陈致虚：《规中指南　金丹大要》，上海古籍出版社 1989 年版，第 40 页。
③ 《道藏》第 2 册，第 969 页。
④ 《道藏》第 24 册，第 15 页。

207

物而言，依形而生。"① 形是气的产物。形一旦产生，神与炁就有了关联。这是炼炁能够化神的前提。《金丹大要》以先天真一之气（炁）为丹本，以先天真一之气在外者为黑铅，在内者为黑汞。修炼时，于癸生之时，采坎中黑铅放在离中，用离中真火煅炼，以返纯阳而成金丹，而"金丹乃阴阳之祖气，即太极之先，天地之根也"②。离中真火即心中之神。黑铅即炁。修炼的实质就是神炁相交、相结、相融而成丹胎。

进一步要炼炁化神，即将炁化归神内，只余神一种，构成圣胎，也就是丹。具体的操作是："先以神入乎其气，后气乃包乎其神，神气相结，而意则寂然不动，所谓胎矣。"③ 上述阶段是由有入无的过程。

下一阶段就是炼神还虚，不再称为化而称为还，即返还先天无极。

上述内丹修炼可以概括为修命与修性两个方面。对性命兼修，陈致虚有一个颇为新颖的解释："修行人道用和世法并行，以道用而隐世法，以世法而全道用，是为性命兼修。"④ "道用"即内丹修炼方法；"世法"即外修法，主要是指"精勤诵念而求福""向善"。这与全真北宗所强调的内外日用之说颇有渊源。陈致虚认为，贯穿性命修炼两个方面的是"归一"。"盖道之精微，莫如性命。性命之修炼，莫如归一。"⑤ 所谓"归一"，实即泯灭心中的念虑，使心回到虚无澄湛的状态。这是促使阳长阴消的过程。"盖念虑绝则阴消，幻缘空则阳长。故阴尽阳纯，则金丹药熟。"⑥ 念虑、情感、欲望是阴，虚、静、无是阳。金丹是纯阳。阴灭除而只余阳之时，就是金丹结成之时。

陈致虚认为，"养形炼精、积精化气、炼气合神、炼神还虚"四个阶段可以具体划分为八个阶段：结圣胎、河车搬运、周天运行、沐浴、出胎、哺养、还虚、粉碎虚空。贯穿这八个阶段的核心就是处理精、气、神三者的关系。

陈致虚的丹功似乎倾向于翁葆光一系双修。他的双修功法要点是：气分阴阳，可以彼之气全我之形，男子一身无非阴精之汞，易走失，故须取他家

① 《道藏》第24册，第15页。
② 《道藏》第2册，第977页。
③ 曹雨点校：《黄庭经·慧命经》，中国医药科技出版社1989年版，第5页。
④ 《道藏》第2册，第394页。
⑤ 《藏外道书》第5册，巴蜀书社1992年版，第878页。
⑥ 《道藏》第24册，第17页。

之真铅来制伏。顺交成人，逆交成丹，阴阳合则丹成。可见，陈致虚对双修功法有所发展。

陈致虚在道教史上的另一个重大贡献是，他把北宗祖师王重阳与刘海蟾并列（二人同师吕洞宾），而把南宗尊奉为祖师的张伯端贬低到与王重阳的弟子同等的地位①，明显地含有抬高北宗、贬低南宗的意思。但这种排列真实地反映了当时北宗势强、南宗势弱的现实，又符合元代皇室早已封王玄甫、钟离权、吕洞宾、刘海蟾、王重阳为"真君""帝君"的"皇命"，所以这种谱系能够为南北二宗共同接受，为二宗合并后共祀祖师奠定了基础，从而有力地推进了二宗的合并。

自陈致虚主张南北两宗合并后，丹法也逐渐合流，不再着力强调南宗、北宗的门户系统，而是致力于内丹修炼方法的系统化、精致化。南宗除双修派仍然恪守师传外，清修派则南北不再分立。有明一代，内丹家把南北二宗功法融会贯通，参以禅理，吸收儒家尤其是理学的一部分修养方法，促使丹法进一步系统化、程序化、体系化、精致化。

三、牧常晃融合南北宗丹道的思想

牧常晃是属于南宗的道教学者，他继李道纯之后，把南北二宗的思想做了融合。他的著作主要是《玄宗直指万法同归》。

《玄宗直指万法同归》以汇合三教、齐同万法为宗，直指理、炁、性、命之源。它认为，中甫、真常、常住分别为儒、道、佛三教之极道，千古不易之常理，名异而实同，用异而体同，都是"养之以太极"而分别用之以"治天下""存形神""齐生死"。受李道纯以"无极而太极"解释道教哲学的本源论和本体论的影响，也受从周敦颐到朱熹的儒家理学的影响，牧常晃认为，无极纯粹是理，理生气，太极则是理气混沌的产物："无极者，纯然理之谓也。盖有是理而后有是气，理气混沌，是名太极。此有名万物之母也。"② 然后由太极而生天、地、人三才和万物。他认为，无极是纯而又纯的理，太极则是理与气的混合。性是理的化身，命是气的化身。理气为性命之本。真无为性理之始，妙有为炁命之始。无极阶段，纯然是本来真性。到了太极，性命才两全。在万物出现之后，理之均物者称为性，气之伏物者称为

命，性命"与三才万物相为而无终"。就后天来说，"性始于无，虚灵知觉生焉；命始乎有，流行生灭系焉"①。性源于无，故后天的人只要发挥虚灵的知觉即可把握它。命源于有，通过动静、生灭、变化来表现。就本体论来说，无极是太极之真无，太极是无极之妙有。"大道以无为体，以有为用"，体用归一，理炁互依，有无互涵，动静相因，由此而有千姿百态的种种变化。性与命的关系同样如此。"性者，太极之真无；命者，无极之妙有。"② 这样的性命关系，为处理内丹修炼中的种种关系奠定了坚实的基础。本源论与本体论是紧密联系在一起的。二者之间，本体论占据主导地位。从这一角度来看性命关系，牧常晁认为："性者，天地之先，至静至虚之道也。三才万物莫不因之以出生，乃真阳之祖，真命之源，真神之根，众妙之体也。"③

从上可见，牧常晁继承了李道纯把性、命与形而上的哲理相联系的思想，并发展了它。在李道纯那里，性、命与形而上的哲理相联系是通过身心的先天化而实现的。身心是后天的人的组成部分，实体意味比较浓。心的先天化比较容易，而身的先天化就显得比较困难。再则，修炼中如何处理先天的身与后天的身的关系，要说清道明颇为不易，李道纯事实上也没有说清楚。牧常晁则受传统道教性即道，性即神，命即气的观点的启发，吸收理学用"无极而太极"来构建理气关系的基本框架，直接把性界定为无极，即"太极之真无"，视为理；把命界定为太极，即"无极之妙有"，视为气。这样就实现了性、命与形而上的哲理沟通。这样做，一是显得比较自然合理，二是能与传统的道教思想相衔接，三是直截了当地从哲理的高度为全真道性命双修的主张做了比较圆满的论证。

自张伯端以来，内丹家们已经意识到，性与心、神是一组有内在联系的概念，命与气、精是一组有内在联系的概念。就前者而言，牧常晁在《玄宗直指万法同归》中做了论述：

> 问：心与性只是一个道理，莫是心外别有性耶？答云：性为心体，心为性用。性静也，心动也。心用不动则性体融合。愚人外心求性，智者即性即心，非别有也。④

---

① 《道藏》第 23 册，第 912 页。
② 《道藏》第 23 册，第 924 页。
③ 《道藏》第 23 册，第 930 页。
④ 《道藏》第 23 册，第 937 页。

或问性、神、心三者同异？答云：性者，寂然不动之真空也。神乃真空之中妙有灵逼者，性之神所以感而通也。心者，性之枢，神之机也。枢机静则性神安，动则性神摇，虽曰二用，不离一体。性不自灵，神灵之也；性不自通，神通之也。安其性，存其神，心也，万物莫不由心焉。①

　　在牧常晁看来，性与心是体与用的关系，性是体，心是用。性是静，心是动。心如果不动，则它就是性。性就在心中。修炼的目标就是让心不动而使得性呈现。就性、神、心的关系而言，性寂然不动，是无，但不是空无，而是真空真无，有应对万有的潜力。这一能够至灵地应对万有之感，至妙地应对万有的潜力，就是神。就与外物的关系而言，性本身无所谓灵，是神使之灵；性本身无所谓通，是神使之通。以体用而言，性是体，神是用。但是，性和神都非实体，得依托于心而存在。心是性的枢纽、神的机关，心静则性安宁，神存在；否则性就摇动，神就走失。但是，性、神也制约心的活动。性是心、神的规定性和依据，神是心的功能。性、神、心三者既有区分，又合为一体。这显然把前人关于心、神、性关系的讨论推进了一步。

　　精、气、命是修炼活动的对象，实体的意味比较浓。《玄宗直指万法同归》把它们放在内丹修炼的背景中，侧重从本源论的角度来探讨，说：

　　问：人以形气精神性命为本末，审始终，极于何地也？答云：太极混而为气，气之一者曰精，精之妙者曰神，神之妙者曰性。气降于人是为命，在人则气为形主，气足则精足，精足则神明，神明则性极。性始也，命终也，极于斯矣。②

　　牧常晁认为，当就本源论而言时，太极是宇宙万物的本源，它的内涵是气。气之体为精，精的至灵至妙者为神，神的至灵至妙者为性。这是就先天而言。就后天而言，人出生之后，先天的气、精、神、性仍然存在，只是隐而不发。气落实到人就是命。气是形体的主宰，气足则精足，精足则神明，神明则性达到颠峰状态。从先天的性开始，到后天的命出现，再逆此顺序修炼而至于性的本然状态，这是修道者对生命哲理意义的彰显。

---

① 《道藏》第23册，第926页。
② 《道藏》第23册，第925页。

牧常晁力图把儒、道、佛三教的性理之说融会贯通而用于性命双修。他继承道教传统的"心即道"的思想和吸收理学的"心即理""理一分殊"的思想后认为，心的本然就是理，心摄万象，心惟一理而宰众理。但这与理学的理不同，他的理的内涵不是仁、义、礼、智、信等伦理规范，而是以虚、静为性质的道。为了把握本然的理，心必须安静。金丹修炼同样重在身心清静。他甚至说："六根清静，方寸澄彻，便是真丹。"① 清静的实质是身不动，心不动而无念。他以"一念不生全体现，六根才动被云遮"为修丹之妙。这与张伯端所言"心不留事，一静可期"，"能静则金丹可坐而致也"的观点相合。

牧常晁主张，性的修炼以清虚寂静为本，以忘形去欲为宗，以戒、定、慧为第一义。命的修炼以无为自然为本，专气抱一为宗，以精、气、神为第一义。性命必须双修。戒是为了养精，定是为了养气，慧是为了养神。戒、定、慧依精、气、神而立，精、气、神依戒、定、慧而全，二者相依互用。这显然是受李道纯"先持戒、定、慧而虚其心，后炼精、气、神而保其身"②的影响。但李道纯把戒、定、慧和精、气、神的修炼视为先后的两个阶段，有把二者割裂隔离开来的弊病，牧常晁则直接打通了这二者之间的关系。这是很有意义的。因为此前的性命双修，无非是先性后命或先命后性，在修炼中的一个特定阶段，总是以修性为主而以修命为辅，或者以修命为主而以修性为辅，主与辅的关系落实到操作活动中不容易处理，性命双修也就仅仅是就整个修炼过程而言，修性与修命往往还是被隔绝开来，难以完全避免只修性不修命或者只修命不修性的弊病。在牧常晁看来，所谓性命双修就是性命合一。这样，牧常晁把形而上的性命关系的哲理贯彻到了形而下的修炼实践中，对性命双修做了理论上的完美论证。

牧常晁在《玄宗直指万法同归》卷二中认为，丹法可分为顿、渐二乘，渐法即南宗先命后性之法，顿法即北宗先性后命之法。顿法以顿悟为方法。"不循模范，直证之者，谓之顿悟。"③ 顿悟即对道的整体性感通契合。他认为，根器优异者可用顿法，一般人则只能用渐法。渐法的修炼，仍然以炉鼎、药物、火候为三要素。炉鼎为身体，药物为气，火候为神的运用。这三要素

---

① 《道藏》第 23 册，第 923 页。

② 《道藏》第 4 册，第 503 页。

③ 《道藏》第 23 册，第 928 页。

的结合，仍然离不开性命关系的处理。《玄宗直指万法同归》说："火符至妙，千圣不传。今略而言之，不过调和金火也。金即铅，火即汞；铅即气，汞即神；神即性，气即命；性命融会，金火和光，丹道成矣。"[①]

牧常晁主张三教合一，思想深受理学和禅宗的影响。他认为，儒、佛、道三教都是从心上下功夫，儒家的正心、佛教的明心、道教的虚心是同一个道理。"或问：儒曰正心，佛曰明心，老曰虚心，此三者有同异否？答云：思无邪曰正，反照自己曰明，私欲不蔽曰虚。设曰三心，实一理也。在世人分上，门有同异，到圣人地位则无异同。"[②] 儒家的正心即使得心中无邪念，佛教的明心即反照自己，道教的虚心即不让私欲遮蔽本心。反观内照，除欲祛邪，是三教心上功夫的共同点。在世俗的层次上，修炼的门径有差别，修炼到了高级阶段，这种差别就不存在了。在理学与禅宗二者中，牧常晁受禅宗影响的程度更大一些。他坦率地承认全真道与禅宗很相似，甚至认为，全真道丹功的精髓就是顿法，与禅宗的顿悟一致。"或问：全真道大类于释，何也？曰：老氏之虚无自然，无为清静，未尝不类于释氏也。其存形养命之术，乃圣人不得已。于第二云头捺下一门，盖引渐修之士。上乘一脉，非圣人孰能与于此？全真乃顿修，故类于释。"[③] 在三教关系中，牧常晁力图以道融禅，所以不同意全真道自钟吕以来就坚持的区分道与禅的观点，即认为禅宗缺少修命功夫而只能出阴神不能出阳神。他认为禅宗明心所见之性是超越阴阳、动静等的终极实体。应该指出，牧常晁的这一看法，是着眼于修炼的高级阶段和终极目标而言的。如果考虑到修炼的低级阶段，那么，他的观点就显得偏颇了。

四、《玄教大公案》以道融禅的思想

《玄教大公案》两卷，为苗太素主编，王志道编辑，当成书于泰定甲子年（1324）。该书继承李道纯三教合一论和性命双修的观点，本于朱熹的"禅自道家起"的观点而倡导三教一贯，但倾向于禅宗，是全真道南北宗合流后道教禅的代表作之一。它主张："夫天下犹一身，天道即本心……乃知道在自身，向外求则远矣；明在本心，向外观则昧矣。"[④] 据此，它以禅解

---

① 《道藏》第 23 册，第 924 页。
② 《道藏》第 23 册，第 937 页。
③ 《道藏》第 23 册，第 928 页。
④ 《道藏》第 23 册，第 89 页。

《庄》，把《庄子·齐物论》中的"五未始"解释为"念即身之未始"，"心乃念之未始"，"性乃心之未始"，"命乃性之未始"，"真无（本然慧性）妙有（真空慧命）融一未始"，"是谓玉虚妙体，清静道身，无始之始也"①。该书主张："《南华》五未始，从头追到底，此念自心生，一心从性起，性依命根生，性命同一轨，妙有融真无，玄玄玉虚体。"② 理穷则性尽，理存于心，心虚明则性寂朗，慧命真空与太虚同体，心虚明如空鉴，物来则照，物去则空，悟此虚空，则"忘物省事，反情息心，自然一性圆明"。

第四节　张三丰的隐仙理论

张三丰，据说名通，又名金、全一、君宝、思廉、玄素、玄化等，字君实，又字玄玄、山峰、三峰、铉一等，号昆阳，又号玄玄子。因为他不修边幅，人们称他为张邋遢。关于他的籍贯，有多种说法，但多数人认为是辽阳懿州（今辽宁彰武西南）。他云游四方，行踪不定，遗世独立。他的生卒年代无从确考。《名山藏》说张三丰生于金朝，元初与刘秉忠一同师事海云禅师，明代初年已一百余岁。《三丰全书·芦汀夜话》记载，张三丰自称生于蒙古定宗三年（1248），曾为中山博陵县令，后弃官出家，在终南山遇到火龙真人，被授予丹诀，后赴武当山修炼，不久出走，不知所往。在武当山时张三丰曾对人说："此山异日当大显。"③ 后来明成祖在武当山大兴土木，目的是搜捕建文皇帝和寻找张三丰，这恰好印证了张三丰的预言。不过，一般认为，他出生于元代初期，卒于明代中晚期。张三丰是全真道道士，他精通内丹功法，获得超常的特异功能，能够日行千里，读书有过目成诵的本领，寒暑只是一衲一蓑，一餐能食升斗，也能数月不食。他救济度人，有许多灵异之事。他诗文书画俱精，性格开朗，"善嬉谐，旁若无人"，洒脱不羁，是吕洞宾以来的又一个"活神仙"。他一开始居住在宝鸡，后来到武当山，成为开山祖师。据说他还擅长拳术，创立了武当内家拳。明代皇帝，如太祖、成祖均派遣使者求访，都没有找到，但传说他题写字词回答了这些皇帝。明

---

① 《道藏》第 23 册，第 904 页。
② 《道藏》第 23 册，第 904 页。
③ 《藏外道书》第 5 册，巴蜀书社 1992 年版，第 573 页。

英宗天顺三年（1459）被封为"通微显化真人"，宪宗成化二十二年（1486）被封为"韬光尚志真仙"，世宗嘉靖四十二年（1563）被封为"清虚元妙真君"，天启三年（1623），熹宗因扶乩有灵，加封张三丰为"飞龙显化宏仁济世真君"。帝王的崇仰褒封，道教界的神化，民间的传说，给张三丰蒙上了一层层恍惚迷离的面纱，以至于很难弄清他的真实面目。明代末年都穆在《游王屋山记》中说遇到了张三丰的弟子陈性常，陈说张三丰在正统年间时尚在世。直至清代道光年间，李西月还自称遇到了张三丰。

张三丰的著作有《大道论》《道言浅近说》《无根树》《玄机直讲》《大道歌》《炼铅歌》《琼话诗》《丽春院》《青羊宫留题》《金源还丹歌》《真仙了道歌》等，被汪锡龄于雍正元年（1723）搜辑，李西月补充后于道光二十四年（1844）编为《张三丰先生全集》。但《张三丰先生全集》的内容不完全是张三丰个人的著作，其中不少内容是张三丰弟子的传记、道派承传、后人的著作和灵异事迹等，而且有些题为张三丰所著的篇卷也未必真是张三丰所著，所以这部书实为隐仙派事迹、著述的汇编。但其中的《大道论》《玄机直讲》《玄要篇》，据称就是《明史·艺文志》中所著录的《金丹直指》《金丹秘诀》。

张三丰的思想特点是汇纳三教，以道为主。他认为："儒也者，行道济时者也；佛也者，悟道觉世者也；仙也者，藏道度人者也。各讲各的妙处，各讲各的好处，何必口舌是非哉！夫道者，无非穷理尽性，以至于命而已矣！"[1] 在他看来，三教之道实质是相同的，都是"穷理尽性而致命"，只不过修炼的路径不同罢了。三教都济世度人，只不过手段和方式不同罢了，不必要去争论谁对谁错，孰高孰低。在《正教篇》中，他认为，三教赞应社会治化的实质是一样的："孔之仁民，老之济世，牟尼之救苦，皆利人也，修己利人，其趋一也。"[2] 他进一步从性、理的高度来解释三教修己利人这一共同点，认为"人以性而由天之理"，即人之性可以上达天理，途径则有内外两种。"夫欲由其理，则外尽伦常者其理，内尽慎独者其理。忠孝友恭衷乎内也，然著其光辉则在外也。喜怒哀乐见乎外也，然守其未发则在内也。明朗朗天，活泼泼地，尽其性而内丹成矣。"[3] 儒家尽性的手段是在形之于外的

---

① 《张三丰全集》，浙江古籍出版社 1990 年版，第 3 页。

② 《张三丰全集》，浙江古籍出版社 1990 年版，第 123 页。

③ 《张三丰全集》，浙江古籍出版社 1990 年版，第 6－7 页。

行为活动中遵循伦常规范，道教尽性的手段是在身内默默修养。内外是相通一体的。忠、孝、友、恭等伦常规范的遵循发之于内，但终究要表现于外在的行为活动中。默修慎独功夫中的喜、怒、哀、乐等形之于外，但它的未发状态同样是在身内。儒家和道教上达天理的功夫是一致的。儒家尽性而穷理，道教尽性而成丹，而丹无非是一块天理罢了。张三丰这样就以"性"与"理"一体之说把道教出世的内丹之道与儒家入世的伦理之道之间的隔阂、矛盾消弭于无间。在张三丰看来，全仙道首先要全人道，全人道则要以正心诚意、灭物欲存道本为功夫。《三丰全集》卷二《大道论·下篇》说："修道以修身为大，然修身必先正心诚意。意诚心正，则物欲皆除，然后讲立基之本。"① 这颇近于净明道的思想。他甚至说："学长生者，只要以阴功为体，金丹为用，则天数亦可逃也。"② 所谓"阴功"，即在世俗社会中积功累德。这是以儒家的伦常之道为"体"，以道教的内丹之道为"用"，说明他的思想有浓厚的理学气味。不过，张三丰不是简单地合会理学，他强调，"真心""真意"是忠孝等伦理行为得以出现的前提，至大至纲的伦理节气源于"真气"。道教的修心炼气功夫是儒家伦理实践的基础，不可或缺。他说："若无真心真气，必不能尽忠孝、立大节也。盖忠孝者本乎真心，大节者原乎真气，欲得真心真气，又当以静为主。"③ 要做到以静为主，就要修炼道教内丹。

张三丰认为，道是万物的本源和本体，统无极而生太极，对人而言则是性命的本源。他认为，穷理尽性以至于命虽然是儒家的观点，但道教把它阐发得最为透彻。他确实为此做了努力。他在《大道论》中说，从人的生命历程来看，没有出生之前是一片太虚，这是无极的阶段。无极为阴静，所以阳也静。父母即将生人时，一片灵气投入胎中，这是太极的阶段。太极为阳动，所以阴也动。这样阴阳相推而生八卦，八卦相互推荡，由此乾道成男，坤道成女。具体来说，男女交媾之初，男精女血混成一物，这是人身的根本。此后父精藏于肾，母血藏于心，心和肾通过气脉相互连通，随着母亲一起呼吸，经过十个月的发育，形体齐全，就脱离母亲腹部。人出生之后，"性浑于无识，又以无极统其神；命资于有生，复以太极育其气。气脉静而内蕴元神，则曰真性；神思静而中长元气，则曰真命"④。这时，性浑浑然而没有对外物

---

① 《张三丰全集》，浙江古籍出版社 1990 年版，第 7 页。
② 《张三丰全集》，浙江古籍出版社 1990 年版，第 4 页。
③ 《张三丰全集》，浙江古籍出版社 1990 年版，第 175 页。
④ 《张三丰全集》，浙江古籍出版社 1990 年版，第 1 页。

的认知，心神的状态就像无极阶段的状态一样。命随着气生育人而来，其状态就像太极阶段一样。气脉宁静而内蕴元神，这是真性；心神力图宁静而使元气成长，这是真命。初生的婴儿浑浑沦沦，充满了天性天命。可惜婴儿长大之后，这种状态就被遮蔽、隔绝了。人如果能以这天性复返天命，就能得道。把无极、太极、阴阳的本源论直接与人的身、心、性、命联系起来，把本源论与人的出生直接挂钩，这一思想，虽然前人有些思想萌芽，但没有张三丰阐述得这样具体、系统。这是张三丰思想中的独到之处之一。这一思想，对明清道教内丹学颇有影响。

张三丰进一步把上述无极—太极—阴阳的本源论用于指导内丹修炼，把人在父母未生前归为无极，父母施生之始归为太极。所以，修丹就是率天性以复其命，归根返本。他认为，得道之时，"居不夜之天，玩长春之景，与天地同久，日月同明，此正大丈夫分内事也"①。

张三丰内丹思想的学术渊源是《还丹复命篇》的"只要凝神入气穴"（即意守下丹田），上承全真道南宗丹法强调命的修炼，但在修炼路径上则与北宗类似，"无为之后，继以有为，有为之后，复返无为而已"②。先"无为"即"修心炼性"在先："未炼还丹先炼性，未修大药且修心。"③ 张三丰认为，修道必须首先修心炼性。修心即存心，也就是筑基；炼性即养性，也就是炼己。"大道以修心炼性为首，性在心内，心包性外，是性为定理之主人。心为栖性之庐舍。修心者，存心也；炼性者，养性也。存心者，坚固城郭，不使房屋倒塌，即筑基也；养性者，浇培鄞鄂，务使内药成全，即炼己也。心朗朗，性安安，情欲不干，无思无虑，心与性内外坦然，不烦不恼，此修心炼性之效，即内丹也。"④ 修心炼性要达到情感、欲望不干扰心神，无思无虑，心中清明，性安适宁静，身心内外坦然，没有忧愁烦恼的效果。在他看来，心性的修炼不只在炼己筑基阶段重要，在正式的炼功阶段，即从有为复返无为的阶段，同样重要，其表现形式即在炼功的每一刻都要做到心息相依。在这个意义上，他不同意前人机械地把内丹修炼划分为炼精化气、炼气化神、炼神还虚等阶段的观点。认为炼丹得时时刻刻以静为本，在修炼的每时每刻，

---

① 《张三丰全集》，浙江古籍出版社1990年版，第3-4页。
② 《藏外道书》第5册，巴蜀书社1992年版，第479页。
③ 《藏外道书》第5册，巴蜀书社1992年版，第433页。
④ 《藏外道书》第5册，巴蜀书社1992年版，第480页。

实际上都有炼精化气、炼气化神、炼神还虚的功夫在内。他说:"夫静功在一刻,一刻之中,亦有炼精化气、炼气化神、炼神还虚之功夫在内。"① 这是一个崭新的观点,虽有违于前人的观点,但能成一家之说。

在具体修炼方法上,张三丰对此前全真道的方法多有改进。他重视炼己功夫,把"收心摄念""正心诚意",除尽物欲,排除杂念作为炼丹立基的根本,唤醒"真意""真心""真神",从"凝神调息,调息凝神"入手,以"心平气和"即所谓的"玄关一窍"为要。"凝神"就是心以意守下丹田,"调息"即心引领身中之气汇归于下丹田。张三丰对玄关解释道:"玄关者,气穴也。气穴者,神入气中,如在深穴之中也。神气相恋,则玄关之体已立。"② 玄关有体有用,"寂然不动"是其体,"感而遂通"是其用。神凝息调之后,加以守窍功夫,意守下丹田,调匀呼吸,心息相依,使得呼吸逐渐均匀微细而达到"真息",即"胎息"的状态。然后经过"河车初运""养鄞鄂""冲关荡秽"三个阶段而完成修性功夫,转入摄情归性,锻炼精、气、神而成就小还丹功夫,再炼命功,成就"金液还丹"功夫。此时以药为本,要掌握好火候,及时采药,"内药是精,外药是炁,内药养性,外药养命",以外药求内药,炼精化气,炼气化神,经过"河车真动""五行配合"而成"九转大还丹",再温养十个月,就可"婴儿"出现,然后面壁九年,炼神还虚,阳神脱体,经过乳哺温养后,就可生死自在,成就天仙。

此外,张三丰还擅长"蛰龙法",其法如《三丰全书·渔父词》所云:"蛰法无声却有声,声声说与内心听。神默默,气冥冥,蛰龙虽睡睡还醒。"③ 这是继承北宋陈抟的睡功而有所改进的新的睡功修炼方法。

《玄要篇》是张三丰的内丹歌诀专集,共计收录诗、词、曲、道情二百二十多首,内容通俗易懂,全面地反映了他性命双修方合神仙之道的思想,以及内丹术的观点和方法。

《无根树》是张三丰的另一部很有影响的著作,其中收有《道情》二十四首。它公开提出了"神仙裁接法",主张"无酒无花道不成","女子无夫为怨女,男子无妻是旷夫。叹迷徒,太模糊,静坐孤修气转枯"④,也就是阴阳双修。《无根树》得到了道教中人的高度评价。何西复认为它"与紫阳

① 《张三丰全集》,浙江古籍出版社 1990 年版,第 10 页。
② 《藏外道书》第 5 册,巴蜀书社 1992 年版,第 481 页。
③ 《张三丰全集》,浙江古籍出版社 1990 年版,第 64 页。
④ 《张三丰全集》,浙江古籍出版社 1990 年版,第 67 页。

《悟真》为后先伯仲"①。刘一明为它做注释，并在注末称赞说："吐老庄之秘密，续钟吕之心传。揭示先天妙理，劈开曲径虚悬。鼎炉邪正分判，药物真假显然。空色混为一气，刚柔匹配两弦。噫！丹法始终皆泄尽，火符进退皆写全。二十四词长生诀，知者便成不死仙。"②

张三丰还把少林寺的外家拳改造为内家拳，是武当内家拳的创始人。晚近流传的太极拳、八卦拳、形意拳等，都是从张三丰创立的内家拳演绎而成的。由此可见张三丰对中国武术事业的贡献。

张三丰是一个生机盎然、富有生活情趣的人。《三丰全集·叹出家道情》把他的人生观和生活情趣表达得淋漓尽致：

> 叹出家，倒也高，学了些散淡逍遥，顺逆颠倒通玄妙。一瓢饭能吃多少，三杯酒面像仙桃。华街柳巷呵呵笑，小葫芦常挂在腰，万灵丹带上几包。到处与人行方便，遇缘时美酒佳肴，淡薄时饮水箪瓢。富贵穷通由天造，任凭他身挂紫袍，任凭他骏马金貂，转眼难免无常到，三寸气缥缥缈缈，一家人哭哭叫叫，那管你子贤孙孝。算将来修道为高，延年寿病灾消，无忧无虑无烦恼。等时来到步云霄，会八仙去上仙桥，那时方显玄中妙。③

当然，张三丰并未完全主张出家。他认为，"学道以丹基为本，丹基既凝，即可回家躬耕养亲，做几年高士醇儒，然后入山寻师了全大道"④。得道之后，不要以黄白术到朝廷卖弄，应该"高隐洞天，深藏福地"，"隐显度世，以待天符，白日飞升，不露圭角，此方为无上上品真人"⑤。在明代物欲横流的社会环境中，在明代道教世俗化非常鲜明的背景下，张三丰不以黄白术邀宠求富求贵的信念，是非常难能可贵的。张三丰处出世与入世关系的观点，与南宗张伯端所主张的"未炼还丹莫隐山"在顺序上正好相反，实际上是全真道北宗先性后命的思想路线在处理出世与入世关系上的体现。再则，他把炼丹的首尾两头都放在出家的隐居生活中，这与南宗颇为不同，却与北宗早期的思想很接近。张三丰的这一思想，虽然没有白玉蟾的系统深刻，但

---

① 《藏外道书》第 5 册，巴蜀书社 1992 年版，第 576 页。
② 《藏外道书》第 5 册，巴蜀书社 1992 年版，第 602 页。
③ 《张三丰全集》，浙江古籍出版社 1990 年版，第 86 页。
④ 《藏外道书》第 5 册，巴蜀书社 1992 年版，第 481 页。
⑤ 《张三丰全集》，浙江古籍出版社 1990 年版，第 467 页。

仍然有其价值。它不是简单地主张出世好还是入世好，也不好高骛远地撇开行为的形式而追求心的虚静，而是着眼于一般人内丹修炼的实际情况，把这一问题放到修炼的过程中去进行讨论。这符合道教以实践为本，在实践中探讨理论问题的精蕴。当然，就精神实质来说，张三丰并非不懂得"在家出家，在尘出尘；在事不留事，在物不恋物"①的道理。张三丰在理论上提出这样的主张，在行动上，他也确实身体力行地做到了。

张三丰的内丹功法既有文始派的方面，又有双修的方面，颇具特色，内丹思想也有精湛创新之处，这对后世影响很大。张三丰的内丹思想，既具有心性境界论的鲜明特点，又有程序化、体系化的特点，是宋元内丹思想向明代中期以后内丹思想发展的转折点，具有明显的过渡时期的特点。

张三丰的弟子有丘玄清、卢秋云、刘古泉、杨善澄、周真德等道士，还有沈万三、余十舍、陆德原、王宗道、李性之等世俗之人。

张三丰的思想，经过上述弟子的阐扬，形成以他为祖师、不同于全真道的新道派，被称为隐仙派、隐派、犹龙派、自然派、邋遢派。隐仙派所尊崇的道教经典主要是：《斗姆元尊九皇真经》《三教灵妙真经》《三教灵应真经》《三教灵通真经》《洞玄度人真经》《菩提真经》等。这些经典反映了隐仙派的教义、尊奉的神谱、斋醮科仪等内容。隐仙派中尚有王屋山邋遢派、自然派、三丰派、三丰祖师日新派、三丰祖师蓬莱派、松塔派、隐仙千师仙道派等多个支派。清代李西月的内丹西派也宗承张三丰。

第五节　陆西星的内丹思想

双修派始于南宋时南宗道士刘永年。在陆西星之前有陆墅、陈致虚、戴起宗等。

陆西星（1520—1606），字长庚，号潜虚子，又号方壶外史，扬州兴化人，著有《南华副墨》《方壶外史》《三藏真诠》等，并参与了《兴化县新志》的修纂。另据孙楷第、张政烺、柳存仁等学者考证，陆西星当是《封神演义》的作者。《方壶外史》八卷，收入了《参同契测疏》《玄肤论》《金丹就正篇》等十四种注释或撰写的著作。陆西星生前虽然没有明确的弟子，更

① 《藏外道书》第5册，巴蜀书社1992年版，第554页。

没有创立宗派，但其内丹学说自成一家，有超出宋元内丹南北二宗之处。因主要流行于东部江浙一带，故被李西月等后人尊为内丹"东派"的祖师。

陆西星在外丹式微、内丹兴盛的背景下，提出了天元、地元、人元的三元丹法分类体系，事实上就是把外丹作为内丹的辅助手段。在内丹方面，陆西星虽自称其内丹学出自吕洞宾，但实际上是承袭了宋代全真南北二宗。首先，在内丹修炼方面仍主张"性命双修"，从筑基炼己、摄心修性入手。他秉承传统的"性命双修"理论，提出了"了性"（修性）和"了命"（炼命）两步，或称"玉液炼法"与"金液炼法"，并主张二者须结合修炼而令"形神俱妙"。他主张内丹修炼重"修性"，"修性"之后还须"炼命"，"性"和"命"二者是相互依存的。

其次，受南宗阴阳派影响，陆西星倡导男女双修的基本理论和方法。《金丹就正篇》指出："金丹之道，必资阴阳相合而成。阴阳者，一男一女也，一离一坎也，一铅一汞也。此大丹药物也。夫坎之真气谓之铅，离之真精谓之汞。先天之精积于我，先天之气取于彼。彼，坎也，外阴而内阳，于象为水为月，其于人也为女；我，离也，外阳而内阴，于象为火为日，其于人也为男。故夫男女阴阳之道，顺之而生人，逆之而成丹，其理一焉者也。"① 由此可见，阴阳丹法是以模拟男女阴阳交合、精气互施的生人之道为其理论基础，又称"人元大丹"。生子与炼丹的程序虽有"顺则生人，逆则成丹"之不同，但皆须采取分藏于男女身中的先天之精和先天之气为药物，使之交合为一，取阴补阳，其原理相同。陆西星认为，人禀天地元气，父精母血而生，先天精气分藏于男女，此乃不可移易之事实。因此炼丹采药，精气合会必须男女双修，而不能在孤阴孤阳身中自修而成，此乃自然之理。因此，男子炼丹必须从"他家"身中采取先天真气以为外药，因为"坎中之阳"只藏于"彼体"。他在《玄肤论》中总结阴阳丹法原理说："须知彼我之气，同一太极之所分，其中阴阳之精互藏其宅，尤不可独修者。"②

为此，必需"择鼎"，要求是："人元鼎器必须端正匀停方为美好。"③"人元要择活鼎，活鼎者，谓彼意思伶俐，不畏我忌我而解调。"④"初鼎乃柔弱之火，温和之气，足以长养发生而成大丹。若败鼎则燥烈之火，甚能消铄

---

① 《藏外道书》第 5 册，巴蜀书社 1992 年版，第 368 页。
② 《藏外道书》第 5 册，巴蜀书社 1992 年版，第 361 页。
③ 《藏外道书》第 5 册，巴蜀书社 1992 年版，第 351 页。
④ 《道书辑成》第 44 册，九洲图书出版社 1999 年版，第 489 页。

真气，贼害丹炉……非徒无益，而又害之。"① "择鼎"后，需要"调鼎"，即为准备采外药前的"调弄功夫"。《三藏真诠》说："采药临炉之时，要正心诚意，不得妄起邪淫，专以一真相感，相眷相恋，使彼求而我应，彼动而我静，如此方为合妙。"② 这种择鼎、调鼎之说，显然是受了古代房中术中"相女""临御"等的影响。阴阳丹法虽受房中术影响，但毕竟与专讲御女采战的"泥水丹法"有所不同。正统的内丹双修派所说的双修，并非男女直接性交合炼，而是女性配合的男子独修，即所谓隔体神交或离形交。"男不宽衣，女不解带，敬如神明，爱如父母，皆此凝神聚气而已。"③ 陆西星强调，阴阳双修主要是为先天真元之体已破的中老年男子修炼而设，其法术"无伤于彼"。

修炼者怎样才能采到"他家"之先天药物而归于己身中烹炼呢？关键是要知道"药物"出现的信号，把握好时机，"急采于癸生之初发而用之以一符之顷"④。这个信号（征兆），即女方于"癸生之初"时的一种异常生理状态。如其疏《崔公入药镜》"天应星，地应潮"句言："此药符也。少阳之精，流之为星，大气之动，嘘而为潮。人身之中亦自应之……汛潮将至，白气先驱。"⑤ 陆西星认为，"采药"之功完成后，即须将之归入"玄窍"中，行"十月行火"烹炼之功；功成之后，便可"脱胎神化"而令"身外有身"，最终得道成仙。他认为，玄窍虽说是虚无之中成，却也非无处可寻，这个窍在任督二脉相联处。除此之外，陆西星关于烹炼，即通常所说的"抽添"，与通常视为"有为"之功不同，他主张"抽添"是一种"无为"的"玉炼"之功。"无为"之功不仅是陆西星所倡内丹修炼法的下手处和终结处，甚至也贯穿在"有为"的采药过程中。例如，他强调在采药过程中，须面对女色控制住自己的情欲，防止对境生心而令性动情炽、淫念妄起。不过，这种"无为"非徒以坚忍为静，而应做到"常静常应"。由此可见，陆西星的"无为"与"有为"是相对的、互相结合的。

双修采药只是丹功中的一节而已，此外还有入手（炼己）、调息、守中、用敬，以及炼气化神、炼神还虚等修炼程序，操作方法与清修派大抵相似。

---

① 《道书辑成》第 44 册，九洲图书出版社 1999 年版，第 484－485 页。
② 《道书辑成》第 44 册，九洲图书出版社 1999 年版，第 489 页。
③ 《张三丰全集》，浙江古籍出版社 1990 年版，第 103 页。
④ 《道书集成》第 44 册，九洲图书出版社 1999 年版，第 194 页。
⑤ 《道书集成》第 44 册，九洲图书出版社 1999 年版，第 146 页。

陆西星将宋元以来阴阳双修派的理论系统化，对双修的具体方法做了较为详明的描述，使之更易于入手修行，对道教内丹做出了重要贡献。

第三章
南宋至明代中期的道教思想 （中）

第一节　太一道和大道教的道术思想

　　太一道是金代在北方出现的一个道教宗派。它的创始人是萧抱珍（？—1166）。萧抱珍创立太一教之前就是道士，擅长"太一三元法箓之术"。"太一"最早见于卜辞，是用作人名。后来道家把它提升为与"道"同义的哲理范畴。如《庄子·天下》称关尹、老聃之学是"建之以常无有，主之以太一"。《吕氏春秋·大乐》有"道也者，至精也，不可为形，不可为名，强为之（名），谓之太一"① 之说。后来，人们由此从"太一"引申出"元气"的含义。另外，太一在古代天文学中被作为星宿的名称，从而进一步演变为天神，即秦汉以来的信仰中居北极宫而统御五帝、下临中原的尊神。北宋时，在京城开封内外先后建东、西、中三大太一宫崇祀太一，把它视为中原地区的保护神，有象征北宋皇权之意。这样看来，太一道似乎在初期顺应过中原人民对河山破碎的失落、对外族入侵不满的心理，所以传播很快。太一道的宗旨与"太一"的哲理和信仰的两重意义比较吻合。哲理意义如王鹗《国朝重修太一广福万寿宫之碑》所说："因名之曰太一教，盖取元气浑沦，太极剖判，至理纯一之义也。"② 信仰意义即以太一之神灵行符箓之术。金熙宗皇

---

① 高诱注：《吕氏春秋》第五卷，《四部丛刊》上海涵芬楼藏明刊本，第61页。
② 陈垣：《道家金石略》，文物出版社1988年版，第845页。

统八年（1148），萧抱珍受召见，太一道获得金廷承认。太一道创立之时，内丹学已经很兴盛。第二代祖师萧道熙（1156—?）顺应时势，把符箓斋醮与玄理并重。有人向他请教仙道，他说："做仙佛不难，只依一'弱'字便是。曰：弱者道之用也。"[1] 由此，太一道开始重视内炼，形成内炼修身为主，符箓御世为辅，重视儒家伦理，强调周济贫苦的教旨。第三代祖师萧志冲（1151—1216）更加倾向于老庄，"常静坐无为"。太一道的第四代祖师萧辅道（1191—1252）、第五代祖师萧居寿（1221—1280）、第六代祖师萧全佑、第七代祖师萧天佑都很受金、元统治者的重视。但七祖之后掌教宗师的名字和活动情况就不再见于史籍，可见太一道在元末即衰微绝传。太一道非常强调儒家伦理规范，掌教者一律改姓萧，以示对师徒之间尽父子之礼。这从一个侧面表明太一道具有浓厚的民间宗教的特点，教徒文化、宗教素养甚为低劣。这大概是太一道很快衰亡的主要原因。

与太一教产生几乎同时，在黄河流域出现了另一个新的道教派别——大道教，其创始人是刘德仁。刘德仁（1122—1180），号无忧子，沧州乐陵（今山东乐陵）人，幼年随母迁居盐山（今河北盐山县北）。他在创立大道教之前是儒生。北宋灭亡，他躲到盐山太平乡。据说有一天，一个乘青牛车、白胡须、白头发的老头路过，教他读《道德经》，于是他"玄学顿进，从游者众"。这显然是他自己为了提高传教的威信而编造的谎言。不过，大道教似乎是与此前的道教宗派都没有直接相承关系的一个派别，所以刘德仁读《道德经》有所感悟而创教的说法大体上是可信的。大道教的创教宗旨是让人在谋生活动和伦理实践中"清静其心"，归返"众妙之门"的大道。大道教要求信众"苦节危行"，"不妄取于人，不苟奢于己"[2]，"勤力耕种，自给自足"[3]，不搞符箓斋醮，"结庐舍，联络表树，以相保守"[4]。大道教的戒律颇为简单适用，只有九条：一是视物犹己；二是忠君孝亲；三是除邪守静；四是安贱守贫，力耕而食，量入为用；五是不赌不偷；六是不饮酒食荤；七是虚心弱志，和光同尘；八是守弱谦卑；九是知足知止。这基本上是儒家的伦理规范和处世信条，道教色彩不甚鲜明。刘德仁具有很深厚的内养守神的功夫，但不讲"飞升化炼"和"长生久视"之术；他以祈祷、驱逐鬼神的手

---

① 《秋涧先生大全文集》，《四部丛刊》江南图书馆藏明弘治刊本，第 970 页。
② 《道园学古录》，《四部丛刊》上海涵芬楼藏明刊本，第 845 页。
③ 《景印文渊阁四库全书》第 1197 册，台湾商务印书馆 1982 年版，第 519 页。
④ 《道园学古录》，《四部丛刊》上海涵芬楼藏明刊本，第 845 页。

段为人治病，但不用符箓，不搞斋醮祭祀，仅是"默祷于虚空"和早晚礼拜天地而已。这样的道术清新简易，因而吸引了一大批中下层信众。大定七年（1167），刘德仁受金世宗之召入居天长观，大道教遂得金廷承认，传播速度加快。刘德仁之后，二祖陈师正、三祖张信真相继嗣教。四祖毛希琮死后，大道教发生内讧，分裂为天宝宫、玉希观两派。天宝宫一派以郦希成（1181—1259）为五祖，他于公元1238年左右知见于蒙古，被蒙古宪宗赐号"太玄真人"，大道教被赐名"真大道"。玉虚观一派以李虚安为五祖，到七祖杜福春后，传承遂不明，天宝宫一派于是成为大道教的正宗。大道教实行出家的教团制度，历任掌教多出身贫寒，作风平易朴实，颇有农民乡村自治的味道，这决定了它难以普及到上层社会，在元代初期兵荒马乱刚刚结束时还有一些吸引力，此后就逐渐归并到其他道教宗派中去，到元代末期已难以在史籍中见到有关其活动情况的记载了。

总之，太一教和大道教在教理教义上没有多大的建树，既无系统性，也无深刻性，创新之处也甚少，这是它们很快消亡的重要原因，也是它们在思想史上地位不高的根本原因。至于它们之所以在历史上能够产生一定的影响，主要是因为道教是汉族和少数民族都可以信奉的宗教，金、元少数民族统治者推尊这些道教宗派，可以此来巩固和加强他们对中原地区的统治。

第二节　净明道的真忠至孝之道

净明道是尊崇许逊为教主的一个道教宗派。许逊传说为晋代道士，但他的事迹到唐代才开始盛传。北宋真宗时，关于他的信仰开始被朝廷倡导，到徽宗时就比较兴盛、隆重了。但此时也只有"传孝道之宗""为众仙之长"等说法，很不系统。作为一个严格意义上的道教宗派，即有神谱和神仙传授系统，有教义、仪式和节日，有固定的宗教活动场所和广泛的教区，有众多的信徒，它的产生是在南宋初期。可考的证据最早是南宋初期的道士何守证。他依托于灵宝派而做了一些创教的工作，在教义方面主要是依托于《度人经》和《五篇灵文》。他于1131年撰写了《灵宝净明新修九老神印伏魔密法》，在《序》中提及了以许逊为教主的道教宗派的活动，并解释净明道的含义说："日有光明，月有辉耀。人禀乎静则性达，得乎明则心通。性达心通故交感于日月之宫。道本圆虚。圆者，气之体；虚者，气之用。得圆虚之道，故谓之净明。净明则适正得中，合于有情。至道非情求也。而此言情，诚实生情。情起而道已生，以道者炁也。以心合炁，心动而情遂生。情本生于中也……而知所谓情，则神印者，可易晓也。上士以印为道，道托印以行之尔。"① 净明即得日月之光明，天地之本根。为了达到这一境界，入门法式是运用"赤书玉字"，即"神印"。对此，他做了解释，说："道本气也，合气以为体，散气以为用。大道气之溟漠也，生乎天地之先，散乎有无之表。字因气而结，文因气而成，形因气而聚，声因气而含。"② 用好神印的关键是控制好情。对情的统御则要"无忘八极"。所谓"八极"，《飞仙度人经》说："忠者，钦之极；孝者，顺之极；廉者，清之极；谨者，戒之极；宽者，广之极；裕者，乐之极；容者，和之极；忍者，智之极。"有了八极，才能"集善"，"善立则道备，道备则所闻所见自然廓开，所应所修自然顺适，此得灵宝净明飞仙度人之基也"③。这一派似乎是宋室南渡之年周真公在江西南昌西山玉隆万寿宫附近建坛传度弟子所开创的，其宗旨是以忠孝廉谨等伦理实践为先，次则修持心性，即"以孝悌为之准式，修炼为之方术行持之秘要"的所谓"灵宝净明秘法"。神印实际上是灵宝派首经《度人经》中天书云篆，是对灵宝派旧符箓的改造。这一派也行内丹修炼，其丹法有取于钟吕一系内丹学说，尤重命功修炼的"黄素法"。这一派很快湮没无闻，但留下了《净明忠孝大法》《太上灵宝飞仙度人经法》（简称《飞仙度人经》）、《净明黄素书》等典籍。元代初期，在南昌西山出了个出身儒家的道士刘玉（1257—1308），于至元十九年（1282）、元贞二年（1296）分别称唐代净明法师胡超慧、晋代升仙的许逊下凡，让他复兴净明道。于是他倡导三教并立相辅，化人归善。不过他主要是合会理学，从而打出了"净明忠孝道"的旗帜，把许逊作为第一代宗师，把自己作为第二代宗师。究其实，刘玉的创教活动当受南宋时期净明道活动的影响。刘玉以忠孝为本，以敬天崇道、济生度死为事，对净明道的教理、教义做了多方面的发展，使之达到了系统和成熟的地步。刘玉之后的第三代宗师是黄元吉（1271—1325），第四代宗师是徐慧（徐异）（1291—1350）。徐慧编有《净明忠孝全书》六卷，其中内容主要是刘玉和黄元吉撰写的。此书的编纂和刊布对净明道的发展有重要作用。

---

① 《道藏》第 10 册，第 548 页。
② 《道藏》第 10 册，第 547 页。
③ 《道藏》第 10 册，第 559 页。

徐慧之后，净明道的传承不甚明朗，说明已趋于衰微。

一、欲修仙道，先修人道

净明道认为，无极就是道。"无极而太极，无极者，净明之谓也。"① 它进而把无极等同为净明，以"净明"来解释道。从本源论的角度来说，净明、道都是从"气"派生出来的。"净明，先天大道，原于一气。一气运行，昼夜不息，周流升降，物资以始……天地万化，人民品物，自生自化，自存自亡，昭然一理，孰为主宰？"② 把道视为气的衍生物，这是以气为本原，是道教中早已出现过的观点。但是，净明道仅在本源论的意义上把道视为气的派生物；在本体论上，它仍然以道为本体，并把道具体解释为净明。例如，它说："净明大道，同理同源不同形。同理者，谁能出不由户，何莫由斯道也。同源不同形者，是道生一生二生三，三生万物。万物之中，惟人宝贵，不忠不孝，不如豺狼蝼蚁乎？不能净明者，不如蜣螂饮露乎？"③ 南宋末年以后，理学被作为官方意识形态，在社会上的地位逐渐上升，影响日益扩大。净明道受理学的影响非常深，几乎可以说是理学在道教中的翻版。这在对道、净明的解释上也有体现。与此前的道教宗派对道的高远深奥的解释不同，净明道用具体的道德规划来解释道，认为孝悌是道之本。《太上灵宝净明四规明鉴经》说："道者，性所有，固非外而铄。孝悌，道之本，固非强而为。得孝悌而推之忠，故积而成行，行备而造日充，是以尚士学道，忠孝以立本也，本立而道日生也。"④ 这里所说的道，其实质内容是人道。刘玉认为，人道的内容是忠、孝、廉、谨、宽、裕、容、忍这"八极"，八极的根本是忠、孝。"忠孝，大道之本也。"⑤ 如果不忠不孝，在净明道看来，就连做人的资格也没有了。而且，上天会应这种不忠不孝之感而降下疾病、灾祸："其世间不忠不孝怨怒诸气上至天中黄八极，其气返为水旱疾疫之灾。"⑥ 在刘玉看来，神仙都是既忠又孝的。正如他的弟子黄元吉所说："当知九霄之上，岂

---

① 《道藏》第 24 册，第 634 页。
② 《道藏》第 24 册，第 645 页。
③ 《道藏》第 24 册，第 633－634 页。
④ 《道藏》第 24 册，第 614 页。
⑤ 《道藏》第 24 册，第 633 页。
⑥ 《道藏》第 24 册，第 636 页。

有不净不明不忠不孝的神仙也。"① 在这个意义上，虽然净明道也从事斋醮科仪等法术，但比较起来，忠孝优先是根本。把人道的内容概括为忠孝，这是受儒家思想的影响，其渊源早自葛洪，葛洪之后的道经对这一类思想也屡有阐述。如南北朝时期出现的《正一法文天师教戒科经》说："道以冲和为德，以不和相克，是以天地和合，万物萌生，华英熟成，国家和合，天下太平，万姓安宁，室家合和，父慈子孝，天垂福庆……事师不可不敬，事亲不可不孝，事君不可不忠。"② 不过，在理学把儒家思想发展到哲理化、精致化、体系化的阶段后，仍然把人道的内容仅仅用忠孝这样具体的伦理规范来概括，就显得落后于时代而且粗俗了。

净明道比此前的任何一个道教宗派都更加关心社会人事，更加迷恋世俗生活。刘玉认为："人事尽时，天理自见。"③ 天理就是仙道，尽人事也可成仙道，其间的关系，他认为是："欲修仙道，先修人道。"④ 这个思想固然可以说是对道家、道教和光同尘思想的继承，但和光同尘思想的实质是对世俗社会持一种敬而远之的态度，孤高自立，"独向道中醒"。在刘玉这里，"修人道"变成了"修仙道"的前提，这是对世俗社会的完全投入、认同和融合，清高自立的意韵被大大削减而几无踪影了。

基于人道与仙道关系的理论，净明道认为，修炼"要不在参禅问道，入山炼形，贵在乎忠孝立本，方寸净明。四美俱备，神渐通灵，不用修炼，自然道成"⑤。既然修仙道得先修人道，那么，用不着"殊形异服，废绝人事，没溺空无"，避世绝俗、隐逸山林的修行方法不可取。参禅问道可以忽略，因为这样做没有实在的成效。不把忠孝这一根本打牢靠，用不着去服气炼形、炼精化气修炼内丹、行斋醮科仪等法事，出家更不必要。"忠孝为本，立本以成仙"⑥，在日常生活中以忠孝为行为准则，切切实实立定忠孝这一根本，在世俗生活中就可修炼成仙。净明道认为，每一个人不论高低贵贱，不论能力大小，都能做到这一点。"仙学始乎孝，至道而学成。上士以文立忠孝

———————————
① 《道藏》第24册，第649页。
② 《道藏》第18册，第232页。
③ 《道藏》第24册，第645页。
④ 《道藏》第24册，第620页。
⑤ 《道藏》第24册，第634页。
⑥ 《道藏》第24册，第614页。

中士以志立忠孝，下士以力致忠孝。"① 所谓"以文立忠孝"，就是"以言为天下唱"，通过语言文字著书立说，给普通人讲道理，教化众人；所谓"以志立忠孝"，就是"以行为天下先"，通过实际行动领导人们前进；所谓"以力致忠孝"，就是"以身为众人率"②，以身作则，发挥先锋模范作用，为天下人树立行动的表率。

二、正心修身之学

忠孝的施行必须落实到人的心中，成为人的一种自觉意识。刘玉认为，忠孝人人皆有，"净明忠孝，人人分内有也"③，是人先天具有的良知良能，"忠孝者，臣子之良知良能，人人具此天理，非分外事也"④。只是因为后天被人欲遮蔽了，不能充分显露出来，为此要惩忿窒欲而明天理。这对后来的王阳明当不无影响。刘玉把这称为"真忠至孝之道"，以别于一般修炼精、气、神的内丹术。为了行此"真忠至孝之道"，要"去欲正心"。"奉行道法，皆当平居暇日，存守正念，此即正心之学。"⑤ 存守正念首先要把邪念消灭于萌芽状态之中。为此，刘玉吸收儒家思想，提出了"慎独"和"不欺心"的修持方法。"慎独"就是不欺暗室；"不欺心"就是"仰不惭于天，俯不愧于人，内不怍于心"⑥。他把这称为"正心修身之学"。他用朱熹的正心诚意来诠释行"真忠至孝之道"而获得净明大道境界的方法，说："净明只是正心诚意，忠孝只是扶植纲常，但世儒习闻此语烂熟了，多是忽略过去，此间却务真践实履。"⑦ 在他看来，在正心诚意扶植纲常这一点上，儒家与净明道没有什么差别，如果要说差别，也只是儒家对此熟视无睹，或者只停留于口头上而没有在实践中做到"真践实履"，净明道则是切切实实做到了。如果真是这样，净明道作为道教的特色不复存在，净明道还能作为道教宗派之一存在吗？何况，如果按儒家所说，忠的要求主要是对在职任官者，对无官职者并不适用。对此，净明道的解释是："不仕宦者，亦合念念在于不欺心，不

① 《道藏》第 24 册，第 615 页。
② 《道藏》第 24 册，第 615 页。
③ 《道藏》第 24 册，第 639 页。
④ 《道藏》第 24 册，第 647 页。
⑤ 《道藏》第 24 册，第 637 页。
⑥ 《道藏》第 24 册，第 636 页。
⑦ 《道藏》第 24 册，第 635 页。

昧理，紧要处先自不妄语始，能如前哲所言，方免不为忠之人。为学至此，方谓之能忠。"① 这是把"不欺心，不昧理"，"不妄语"视为忠，与儒家不同。孝也类似。有人问黄元吉："事亲之礼，冬温夏清，昏定晨省，口体之养，无不尽心，可得谓之孝乎？"黄回答说："此是孝道中一事耳。当知有就里的孝道，不可不行持。大概吾身是父母遗体，但向行住坐卧十二时中，善自崇护，不获罪于五藏，方可谓之至孝。"② 他认为，各种邪念、恶念分别获罪于五藏，致使五藏受到伤害。"凡获罪于五藏的人，皆是破裂元气，作挞身己，不行孝道的所为。静思父母全而生之，子全而归之，言语有忝多矣。所以曰：不得罪于五藏，是名能孝。"③ 这是把不爱护五藏，不珍重得之于父母的生命视为不孝。这种对忠孝的解释，显然是基于净明道作为道教宗派的修炼功夫的背景而言的。对此，刘玉的解释很明确。他说："忠者，忠于君也。心君为万神之主宰，一念欺心，即不忠也。"④ "惟不欺为用，小心翼翼，昭祀上帝，是谓真忠；珍啬元气，深知天命，长养道胎，继续正脉，是谓真孝。"⑤ "昭祀上帝"的真忠、"长养道胎"的真孝和扶植纲常是不矛盾的。由此看来，净明道所说的忠孝虽是儒家思想的引申，但区别还是有的。净明道甚至把忠孝上升到本体论的高度，视之为"大道之本"，认为"孝至于天，为日月之明；孝至于地，万物为之生；孝至于民，人道之为成"⑥，赋予忠孝形而上的哲理意义。这与朱熹等理学家把仁、义、礼、智等伦理规范纳入天理的内涵中而赋予它们形而上的哲理意义，在方法上如出一辙。这样一来，净明道的"忠孝"就有了与一般意义上的忠孝不同的涵义："大忠者一物不欺，大孝者一体皆爱。"⑦ 这与儒家的"爱有差等"有区别，近似于墨家博爱、泛爱万物的主张，体现出净明道宗教境界的特色，与《庄子》"至仁无亲""道通为一"的思想颇为接近。

净明道还吸收了理学惩忿窒欲，灭人欲而存天理的思想来充实它的"正心修身之学"。不过，它在吸收的过程中有所改造。刘玉说："何谓净？不染

---

① 《道藏》第 24 册，第 649 页。
② 《道藏》第 24 册，第 649 页。
③ 《道藏》第 24 册，第 649 页。
④ 《道藏》第 24 册，第 635 页。
⑤ 《道藏》第 24 册，第 649 页。
⑥ 《道藏》第 24 册，第 633 页。
⑦ 《道藏》第 24 册，第 635 页。

物。何谓明？不触物。"① 不染不触，就得在念头初萌之处用功夫，"或问：净除邪念有何法度？先生曰：这个却在念头几微处上工夫"②。这就是"治心"。如何"治心"呢？《净明宗教录》说：修行人应时时把"心上从来染习的、偏倚的、执着的、难遣的、易放的二六时中，密加探取，一朝擒定，即便按病下针，不可宽去。丝毫之过必除，细微之功必积。从此万缘斩断，一念真常，永劫绵绵，始无变坏。此是治心之法。""治心"的根本是惩忿窒欲而达到"无欲"。"惩忿"，忿怒嗔恨当然是要消灭的，对"嫉妒，小狭偏浅，不能容物"这样的微小忿嫉，也要"以察察为明，一些个不放过"。"窒欲"，邪淫色欲当然是要断绝的，"但涉溺爱眷恋，滞著事物之间"的一切欲望和胡思乱想的念头，均须剿灭③。

理学尚且要格物穷理，净明道则要求人不与外物接触；理学对情感和人的基本生活需要的欲望并不否定，净明道则否定一切情感、欲望。这是吸收佛教的禁欲主义思想后，大大超越了理学的要求。不过，如果把净明类比于内丹修炼中的丹，把上述要求类比于内丹修炼中性功阶段的要求，那么，净明道的上述观点也是可以理解的。因为，净明道对净明有三种解释：一是"心定神慧，是为净明"④ 的心理稳定的宁静状态；二是"无幽不烛，纤尘不染"⑤ 的心理纯洁的明净状态；三是道德修养的功夫，"净明只是正心诚意"，"不染不触"⑥。确实，净明道是从内丹修炼的角度来解释惩忿窒欲的，与理学不完全相同。"惩忿则心火下降，窒欲则肾水上升，明理不昧心天则元神日壮，福德日增，水上火下，精神既济，中有真土为之主宰（注云：中土即是明黄中之理）。只此便是正心修身之学，真忠至孝之道。修持久久，复其本净元明之性，道在是矣。"⑦ 这是道教人士对惩忿窒欲的一种解释。

但惩忿窒欲仅仅只是破，当然是不够的，还得立，即要通过存心养性做

---

① 《道藏》第 24 册，第 635 页。

② 《道藏》第 24 册，第 639 页。

③ 《净明忠孝全书》卷三说："渐染熏习，纵忿恣欲，曲昧道理，便不得为人之道……所谓忿者，不只是恚怒嗔恨，但涉嫉妒小狭偏浅，不能容物，以察察为明，一些个放不过之类，总属忿也……所谓欲者，不但是淫邪色欲，但涉溺爱眷恋，滞著事物之间，如心贪一物，绸缪意根，不肯放舍，总属欲也。"（《道藏》第 24 册，第 635 页。）

④ 《道藏》第 24 册，第 612 页。

⑤ 《道藏》第 10 册，第 526 页。

⑥ 《道藏》第 24 册，第 635 页。

⑦ 《道藏》第 24 册，第 635 页。

到"明理不昧"。存心养性首先得不让"先天之真性受制于物"，不让"未凿之良心受制于情"①。具体来说，要泯灭心中的妄念，使心不动，性不摇，促使心、性的未发归之于道，已发之性守之为和，内无烦恼，外无是非。为此，要以意摄身，以心摄性，淡泊无为。"妄念不生，正念自得。心性无凿，精神自足。以未发之性，归之太极，内无烦恼；以已发之性，守之太和，外无是非。意摄身而不斋，心摄性而不为。"② 进一步，要忘我忘物，虚静澄湛，万事万物过己身而无所留，心动而能定，应物而不为物所役，应事而不为事所扰。"若人能置此身于太虚，化万物于无有，过而不留，动而能定，与物往来，无营无扰。"③ 做到这一点，欲望就不会产生了。

存心养性的目的在于明理。"心君为万神之主宰，一念欺心，即不忠也……明理只是不昧心天。心中有天者，理即是也。"④ "心天"与"心性"是同一个意思。"天理"包含在"心"中，存心当然可以明理。在《净明忠孝全书》卷四中，刘玉把陆九渊视为"一代宗师"，评价陆九渊是"亲见道体后说出话来，真是俯仰无愧"。刘玉的上述思想，显然是受陆九渊思想的影响。陆九渊说过："宇宙便是吾心，吾心便是宇宙。"⑤ "尽我之心，便与天同。"⑥ 净明道与陆九渊的思想渊源是孟子所说的"尽其心者，知其性也。知其性则知天也"⑦。刘玉认为，"不昧心天"得通过实际行动表现出来。首先是敬爱、孝顺父母，其次是忠君、尊师，兄弟之间做到友恭，朋友之间做到有信义，等等。由此看来，净明道理的内涵，也就是理学的天理，即仁、义、礼、智、信等伦理规范。与理学用公、私之别来判断天理与人欲一样，净明道也是这样来判断是否"昧心天"。他们认为，只要"顾护己私，不顾道理而行事者，皆谓之昧心天"⑧。

"惩忿窒欲""明理不昧"的思想，唐代道教学者司马承祯、吴筠、无能子等已有所表述，后来被周敦颐、张载、程朱等理学家吸收，提出了"存天理，灭人欲"的思想。净明道可谓重新把这一思想捡回道教中来并做了

---

① 《藏外道书》第 10 册，巴蜀书社 1992 年版，第 846 页。
② 《藏外道书》第 10 册，巴蜀书社 1992 年版，第 844 页。
③ 《藏外道书》第 10 册，巴蜀书社 1992 年版，第 846 页。
④ 《道藏》第 24 册，第 635 页。
⑤ 陆九渊：《陆九渊集》，中华书局 1980 年版，第 269 页。
⑥ 陆九渊：《陆九渊集》，中华书局 1980 年版，第 444 页。
⑦ 《孟子》，中华书局聚珍仿宋本，第 102 页。
⑧ 《道藏》第 24 册，第 635 页。

发展。

　　"惩忿窒欲""明理不昧"体现在日常生活中，"克己"和"改过崇行"是重要的方面。刘玉说："《道藏》诸经，无非教人舍恶归善，弃邪归正，所以曰：经者，径也，是入道之径路。每见世人不肯力除恶习，克去私己，却于晨昏诵念不辍，此等圣贤不取，譬能言之惺惺也。我诸法子，要得此心如镜之明，如水之净，纤毫洞照，日以改过崇行为第一义，积种种方便，去道不远矣，胜如念千百卷经也。若不务修德而求道，前程难望有成。"① 刘玉不赞成早晚念诵道教经典的修行方法，而主张在日常生活中改过崇行、行善积德。这纯粹是世俗生活中的修炼方法，与儒家思想几无差别。刘玉坦率地承认，他的这些思想深受儒家影响。他认为，修炼就要"戒慎乎其所不睹，恐惧乎其所不闻"②，一言一行小心谨慎，不贪不义之财，因为"言悖而出者，亦悖而入；货悖而入者，亦悖而出"③。为了做到这一点，首先，要立志，"发深信心，不敢须臾违背"。其次，要"知耻"，即把"人有鸡犬放则求之，有放心而不知求"④ 视为耻辱，确立"夜气不足以存，则其违禽兽不远"⑤ 的信念，收拢放逸散漫之心，行《孟子》"存夜气"的功夫。再次，对孟子等大儒生"感激"之心，按照儒家的教导做功夫，这样才会"庶几有进"，"得些乐处"。他自己就是这样身体力行的。

　　刘玉把上述以伦理实践为本的修炼称为"整理性天心地功夫"。其中可以分为两个部分，"心地上"要"顿悟本净元明"，"性天中"要"力行真忠至孝"。前者是知，后者是行，知与行得合一。通过这两方面的"克己"功夫，"复归本净元明之境"，做到"行己无亏，用心切到，功圆果满，德贵道尊"⑥。显然，这是吸收了全真道的真功真行的思想。

　　在上述意义上，净明道认为，"真忠至孝之道"的"紧要处"就是切切实实地按照三十字规范"践履"，这三十字是："惩忿窒欲，明理不昧心天；纤毫失度，即招黑暗之愆；霎顷邪言，必犯禁空之丑。"⑦ 所谓"禁空之丑"，

---

① 《道藏》第 24 册，第 638 页。
② 《景印文渊阁四库全书》第 120 册，台湾商务印书馆 1982 年版，第 121 页。
③ 《景印文渊阁四库全书》第 120 册，台湾商务印书馆 1982 年版，第 650 页。
④ 《景印文渊阁四库全书》第 195 册，台湾商务印书馆 1982 年版，第 253 页。
⑤ 《景印文渊阁四库全书》第 195 册，台湾商务印书馆 1982 年版，第 250 页。
⑥ 《道藏》第 24 册，第 636 页。
⑦ 《道藏》第 24 册，第 635 页。

是指《度人经》的飞天大丑魔王，他经常飞行于虚空之中，监督检点下界凡间，一旦察知有人口谈邪言，即把该人所拥有的福德收回，降下灾祸。这里强调的是神灵的监督与控制，说明净明道仍然是符箓类道教宗派。再则，这一思想的实质是天人感应。

天人感应是净明道解释天人关系的基本原则。例如，刘玉说："大概有能忠孝立本、方寸净明者，自己心天与上天黄中道气血脉贯通，此感彼应，异时与道合真，如水归海矣。"① 类似地，《玉真先生语录·内集》解释孝行可感动天时说："人子事其亲，自谓能竭其力者未也。须是一念之孝能致父母，心中印可，则天心亦印可矣。如此，方可谓之孝道格天。"② 但是，净明道试图把天人感应与尽心知性知天的思想相调和。刘玉说："中天九宫之中，黄中太一之景，名曰天心，又称祖土，乃世间生化之所由，万事之所都也……散在人之身，谓之丹扃。所以曰人心皆具太极，一切善恶因果所不能逃，如影随形者，盖于二界实相关系故也。所以学道之士，自己心天光明洞彻，自是不昧，言行自然不犯于理，丝毫碍理之事，断断不肯为，只为心明故也。心明则知本性下落矣。既知本性，复造命源。当是时，污习悉除，阴滓普消，升入无上清虚之境、极道之墟，水火风刀之所不及，方得名为超出阴阳易数生死之外。"③ 这里主张，人心来源于天心，人心净明则与天心相印，这样元神就能升入无上清虚之境。这是把儒家的尽心知性知天改造为道教的明心见性而得道的观点了。在孝道的本体论提升和通过孝行而上达于本体的修炼功夫的解释上，净明道也是这样。《玉真先生语录·内集》称："人能敬爱父母，便是不昧此道理（净明），不忘来处，知有本原。"又说："至孝之道，修持久久，复其本净元明之性，道在是矣。"④

刘玉说："净明大教是正心修身之学，非区区世俗所谓修炼精气之说也。正心修身是教世人整理性天心地工夫。"⑤ 净明道虽然重在伦理和心性的修炼，但也没有遗漏修身。《真诠·明善诚身章》说："天下事理之大者，莫大于善；天下珍奇之重者，莫重乎身。若善不知为，身不知修，徒参心性，心

---

① 《道藏》第24册，第637页。
② 《道藏》第24册，第635页。
③ 《道藏》第24册，第637页。
④ 《道藏》第24册，第635页。
⑤ 《道藏》第24册，第637页。

何以神，性何以明。神明未达，何以曰道。"① 修身是伦理和心性修炼的基础。修道的目的就是为了回归本来的"净明忠孝之身"。为了修身炼形，净明道主张修炼内丹，把这作为行持符法的根本。净明道的内丹修炼方法是钟吕一系功法与上清、灵宝一派存思法的结合②。但是，总的说来，净明道认为，整理性天心地才是根本，内丹修炼不能离开这一根本，修身必须上达于这一根本并为之服务。

三、功夫与境界

净明道的理论中有本源论和本体论的内容，它们与心性论是融合在一起的。

> 无极而太极，太极而两仪，两仪而五行，自无而之有，一本万殊也；五行一阴阳，阴阳一太极，太极本无极，自有而之无，万殊一本也。唯反身而诚，复归于一，则万物皆备于我矣。③

这个形而上的哲理框架显然不是净明道的独创。它首先是受周敦颐《太极图说》的无极而太极的观点影响，用自无而有解释万物的生化，用自有而无解释道教的修炼，用"一本万殊"和"万殊一本"说本体论，以本体论统帅本源论。其次，关于"诚"，《孟子·尽心上》说："万物皆备于我矣，反身而诚，乐莫大焉。"④《中庸》把"诚"视为天道的内容，认为它是成己、成人、成物的规范，是人性的内容。周敦颐在《通书》中继承这一思想，把"诚"视为"五常之本，百行之源"。本为儒生的刘玉，受这些儒家著作的影响，把反身切己，从心性上下功夫视为修炼的门径。这样就把本源论、本体论和心性论统一起来。不过，理学家们往往把无极视为太极的形容词，认为本源和本体是太极。净明道则秉承陈抟以来道教的传统，把无极视为最先的本源和最高的本体，把太极视为无极的次生阶段。"先生曰：寂然不动是无

---

① 胡之玟：《净明宗教录》，江西人民出版社 2008 年版，第 174 页。

② 钟吕派传人施肩吾、白玉蟾均在西山居住过较长时间，参见《历世真仙体道通鉴》卷四十五《施肩吾》和《玉隆集》之《逍遥山群仙传》，后者既对内丹术有重大贡献，又受过上清派法箓，属神霄派，擅长雷法。这两人对净明道均有影响。

③ 《道藏》第 24 册，第 645 页。

④ 《景印文渊阁四库全书》第 195 册，台湾商务印书馆 1982 年版，第 287 页。

极，感而遂遍是太极。无极者，净明之谓，三界上者也。"[1] 无极是净明，也就是道。《净明大道说》认为："净明者，无形大道，先天之宗本也。在上为无上清虚，在天为中黄八极，在人为丹元绛宫。此三者同出而异名，同谓之玄，玄之又玄，众妙之门。明此理者，净明也。清则净，虚而明，无上清虚之境，谓之净明。"[2] 与理学相类比，净明大道作为修炼的最高境界是理学的无极，中黄八极作为修炼的核心是理学的太极或理，丹元绛宫作为修炼的着眼点是理学的人心。天立中黄八极而报无上之本，人当忠孝而答君亲之恩，所以修炼要从忠孝开始，由人道而天道，进而达到无上太虚，即无极的先天大道。

净明道既然是道教的一个宗派，当然还是把成仙得道作为修炼的终极目标。不过，由于深受理学影响，净明道的修炼目标与传统的道教宗派有所不同。他们认为，长生不是肉体不死，而是本心、本性的彰显和永恒。"以心达心，以性化性"，修人心达于道心，炼人性达于道性，明心见性，"心性圆融，而自长生"[3]。也就是说，不死的不是肉体，而是精神。刘玉认为："忠孝之道非必长生，而长生之性存。死而不昧（按：指忠孝之心不昧），列于仙班，谓之长生。"[4] 在这个意义上，他们甚至否定长生不死的说法。由于对长生不死有了新的理解，净明道的神仙、真人的内涵与传统道教的观点也有差别。刘玉认为，凡人尽忠尽孝，就可成仙。黄元吉对传统的真人的内涵做了新的阐释："净明道中所谓真人者，非谓吐纳、按摩、休粮辟谷而成真也，只是惩忿窒欲，改过迁善，明理复性，配天地而为三极，无愧人道，谓之真人。"[5] 真人的标准只是"一真无伪，异于禽兽"，"无愧人道"。这样的真人，不就是世俗社会中道德修养比较高的普通人吗？如此可见，净明道已经儒学化、世俗化了。净明道认为，道由心悟，关键是内心的修炼。修炼无非是让人心变为"道心"："传于千世万世，前圣后圣，只是这一个道心为主。"[6] 道德修养高，自然就是神仙。无怪乎刘玉称周敦颐、张载、二程、朱熹为"天人"，"皆从仙师中来"了。这是用理学对道教进行了彻底的改造。

---

① 《道藏》第 24 册，第 647 页。
② 《道藏》第 24 册，第 633 页。
③ 《道藏》第 24 册，第 615 页。
④ 《道藏》第 24 册，第 646 页。
⑤ 《道藏》第 24 册，第 649－650 页。
⑥ 《藏外道书》第 4 册，巴蜀书社 1992 年版，第 819 页。

从这个修炼目标出发，净明道的修炼步骤、所用的法术也与传统道教宗派有所不同。

净明道认为，忠孝是人自无极大道秉赋而得的道性，是"人人分内有"的"良知良能"。所以修炼得从忠孝开始。途径有两条，即忠孝立本和忠孝建功。就忠孝立本而言，"有能忠孝立本方寸净明者，自己心天与上天黄中道气血脉贯通，此感彼应，异时与道合真，如水归海矣"①。这是使心达于净明之境，身中之气与自然界的道气相贯通，重返天人合一之境。这是融合了内丹修炼在内的明心见性功夫。就忠孝建功而言，《太上灵宝净明四规明鉴经》说："忠孝备而成本，可以立功。立功之道，无阳福，无阴恩，无物累，无人非，无鬼责，所以上合于三元，下合于万物也。下士呼符水，治药饵已，人之一疾，救人之一病，而谓之功。非功也，此道家之事，方便法门尔。吾之忠孝净明者，以之为相，举天下之民跻于寿，措四海而归太平，使君上安，民自阜，万物莫不自然以之。将举三军之众，而神于不战，以屈人之兵，则吾之兵，常胜之兵也。以吾之忠，使不忠之人，尽变以为忠；以吾之孝，使不孝之人，尽变以为孝，其功可胜计哉！"② 建功的一项重要内容是救度。救度的主要内容是"济物"，即将忠孝推行天下，让普天之下不忠不孝的人都洗心革面成为忠孝之士，使四海高歌太平，使"万物莫不自然"③。净明道强调，弘教要发扬道教传统的"我命由我不由天"的精神，积极奋进。"以我心之真净，化天下之贪染；以吾心之光明，化天下之蒙昧；以吾愿之必忠，化天下之迷罔；以我力之无怠，扬我教之无边。"④ "济物"的另一个重要内容是"为国王父母资崇福寿"⑤，即普度国君和天下人的父母，使得他们福如东海，寿比南山，使人民进入本然的长寿之域。净明道强调"见他人之父，见他人之母，如我父母"，"矜老恤孤，怜贫悯病"⑥，这与佛教慈航普度，我不入地狱，谁入地狱的大悲誓愿很接近，似乎又回到了《太平经》救世济人、追求太平的立场上去了。净明道的救度是一种利他主义的，不过，这种利他主义的目的是为了个体的升仙得道，从这个意义上说，它是一种合理的

---

① 《道藏》第24册，第637页。
② 《道藏》第24册，第615页。
③ 《道藏》第24册，第615页。
④ 胡之玫：《净明宗教录》，江西人民出版社2009年版，第174页。
⑤ 《道藏》第10册，第523页。
⑥ 《道藏》第10册，第524页。

利他主义。

忠孝立本和忠孝建功之后，接下来就要修炼心性。净明道认为："上士得道之妙在心性。"① 净明道道术的思想仍然是明心见性而得道。这首先是去欲正心，让心恢复其本然的净明。《道元正印经》说："明明了了，识吾本形，形中有神，神中有神，伸而不屈，超达飞升。"② 通过"治心"而让"本心"朗现，立其大本。然后在身中炼神而见性，性显就可得道。

"治心"是对身内而言的；忠孝是对外在的行为而言的。刘玉说："本心以净明为要，行制贵在忠孝。"③ 这样就把身心内外统一起来了。这一思想，可谓其来有自。葛洪已有"内以治身，外以治国"的思想，南北朝以后视道教为"理身理国之道"成为多数道教学者的共识。净明道以明心把净明与忠孝结合起来，是在新时期对道教这一传统思想的发展。

与禅宗不同，净明道的明心见性是与内丹修炼配合在一起的。它认为，内丹修炼首先要炼气。"返真还元，同归太极，而归无形，是为净明大道，先天之宗本也。所以通真达灵，贵在得气之先。"④ 其次要炼神，借后天的思虑神炼成先天的元神。在它看来，这很容易。"只要回光返照，弃舍情识，则思虑神亦为元神。"⑤ 炼成元神，道性即可袒露，无极净明大道的境界就可以达到。

综上所述，净明道的修炼步骤，如刘玉所说："始于忠孝立本，中于去欲正心，终于直至净明。"⑥ 这是三个互相衔接、紧密联系的修炼步骤。

从这样的修炼步骤可以看出，净明道把忠孝落实到了心性的层次，把世俗社会中的忠孝伦理修养与道教的修炼结合起来了。净明道虽在一定程度上认同道教传统的肉体飞升的说法，把修身的内丹、行善的道德修养与心性的参炼结合起来，但更主要的是强调以"真忠至孝"为本的精神超越。刘玉说："净明先天之学，只要了得核中有个'仁'，'仁'中有一点生意，藏之土中，春气才动，根生干长，都出自然。岂曾看天公亲刻枝叶也哉？"⑦ 这是

---

① 《道藏》第 24 册，第 615 页。
② 《道藏》第 24 册，第 512 页。
③ 《道藏》第 24 册，第 536 页。
④ 《道藏》第 24 册，第 644 页。
⑤ 《藏外道书》第 10 册，巴蜀书社 1992 年版，第 855 页。
⑥ 《道藏》第 24 册，第 647 页。
⑦ 《道藏》第 24 册，第 643 页。

说，只要把忠孝（理学用"仁"来概括忠孝等伦理规范）这一根本打牢，就如只要把种子放进土壤中一样，它就会自然而然地生长，根深自然叶茂。从修炼来说，重要的不是行为活动，也不是经书义理，而是顿悟，是以心契道："吾净明大教，先圣后圣，以神合真，以心契道，不堕言诠，不落法尘……欲使学者从博而约，从修而证，回后天而先天，复有名而无名，符净明无为，一也。"① 净明道这一特点，与刘玉深受陆九渊思想影响有关。陆九渊思想的重要特点之一是"先立乎其大"。他说："根本苟立，保养不替，自然日新。"② 陆学直指人心，不注重繁琐的文字训诂和义理推衍等道问学的功夫，而重尊德性。净明道的上述思想与此一致。

上面从纵向讨论了净明道的修炼步骤。这里再从横向来看它的道术系统。净明道的道术，除了上面已经提及的忠孝建功、正心修身、内丹之外，还有斋醮、雷法、符法等。

关于斋醮，净明道主张首先要修德，其次要除欲。《净明道法说》主张："正其内治其外曰正一斩邪……欲正其内，先去其欲，无欲而心自正一，正心而道法备矣。"③ 再次，修斋贵在和淡而欲念平，为此，必须泯灭贪财好色、邪恶狡猾、胡思乱想的念头。最后，要"积诚"。这是净明道强调的重点。刘玉认为，精诚修德才能感通天地，斋醮才能灵验。"古者忠臣孝子只是一念精诚，感而遂通；近代行法之士多不修己以求感动，只靠烧化文字，所以往往不应。"④ 他甚至强调说："万法皆空，一诚惟实。""诚"是《中庸》思想的核心，后来被唐代儒家学者李翱和宋代周敦颐加以阐发后作为人生的至理准绳。在刘玉看来，修斋只有正心诚意，合乎无为，才能与天地同一。为此，不必要花哨的形式，也用不着繁琐的程序。本着这一原则，他对告斗（即向星辰祷告）之法进行简化改革，革除了上章和设斗灯等繁琐的程序。

关于雷法，刘玉认为雷霆的一阴一阳得自于先天无极净明之道，能够诛击世间不忠不孝之人和恶物。这是把忠孝的思想引申到了雷法领域中。

至于符法，净明道强调简易。符箓的书法应该简易，符箓的运用必须简便。《净明忠孝全书》卷四说：

① 《道藏》第 24 册，第 645 页。
② 陆九渊：《陆九渊集》，中华书局 1980 年版，第 64 页。
③ 《道藏》第 24 册，第 634 页。
④ 《道藏》第 24 册，第 639 页。

或问诸家炼度，动是百十道符，完形续体。今净明只是炼度一符，无乃太简乎？先生曰：至道不烦，只是以善化恶，以阳制阴，收万归三，炼消阴滓，身净自然化生。每见后天之法，不曾究竟得一个大本领，搬出许多枝梢花叶，徒为已堕之魂重添许多妄想。①

　　净明道认为，炼度的根本是"以善化恶，以阳制阴"。抓住这一根本行法即可。为此，他们简化了仪式，抛弃了多而无用的符，使得净明炼度（即斋祭亡魂的度化）之法仅为一符。他们认为，先天净明之心是画符念咒的根本，画符诵咒之前，要先体究"一念未动以先"。符箓的灵验，主要取决于行法者的德行。行法者德行不够，那么，符箓的灵验至多是因为前世因缘而偶然得一点果报，这是不能长久的，终究要倒霉的。而且，符箓对外界鬼神杀伐的效果，首先取决于自己心中时时刻刻都可能有的"贪财好色、邪僻奸狡、胡思乱量的念头"②是否除尽，否则外邪的杀伐起不了什么效果。总之，净明道"欲使学者曰博而约，从修而证，回后天而先天"③。它认为，通真达灵，要由博返约，从修而证。它认为，"平常心"就是道，不必崇尚"神怪之事"，不必追求"万殷祥瑞"。符法贵在得先天之气，返真还元，同归太极，而归无形。从这可以看出道教哲理对符箓斋醮科仪的影响。道教哲学对净明道法术的影响还可从刘玉对作为符箓道法之"法机"的剑的阐释中看出。《净明忠孝全书》卷四说：

　　或问许仙真君斩蛟之剑可得闻乎？先生曰：道剑也。智锷慧锋实出一气未发之先，寂然不动，所谓形而上者谓之道；既发之后，形而下者谓之器……今庐陵玄谭观所藏之剑，非铁非石，长不踰尺，实智锷慧锋之渣滓也。④

　　这显然是继承了吕洞宾《纯阳帝君神化妙通记》卷二《密印剑法》中"先天遁神剑"和《吕祖志》卷一中"断贪嗔""断爱欲""断烦恼"三剑的思想。吕洞宾的这些思想，是对葛洪《抱朴子内篇》和司马承祯《上清含象剑鉴图·景震剑序》思想的继承。由现实的利剑到想象的神剑，再到象征层

① 《道藏》第 24 册，第 643 页。
② 《道藏》第 24 册，第 639 页。
③ 《道藏》第 24 册，第 645 页。
④ 《道藏》第 24 册，第 644 页。

次的道剑，是剑的蕴涵扩展的历史轨迹，体现了道与术的融合。道教哲学对符箓斋醮科仪的影响，预示了曾经作为道教主流道术的符箓斋醮科仪在社会上理性主义思潮的影响下，不得不在表现形态上有所变革，在适应社会环境的前提下继续存在。

净明道道术系统的结构是"上品以孝，中品炼形，下品救度"①。"孝"体现在侍奉亲人。但这里是用"孝"代指各种伦理规范，尤其是指忠、孝、廉、谨、宽、裕、容、忍，净明道把它们作为"八极"和"垂世八宝"。它们的核心是忠孝，即敬奉君亲。净明道认为这是成仙了道的根基，所以视忠孝为上品。炼形即修身以拯救自己。救度即济世度人，拯救他人和社会。由于只有自度才能度人，所以把炼形作为中品，把救度作为下品。这三者的关系，用比喻的说法，就是："事亲为骨髓，炼形为皮肉，救度如毛发。"② 净明道强调，忠孝、炼形、救度这三者的轻重不能不分辨清楚，主次不能颠倒。这大体上也是修炼的顺序。"入吾忠孝大道之门者，皆当祝国寿，报亲恩为第一事；次愿雨旸顺序，年谷丰登，普天率土，咸庆升平。"③ 总之，修炼就是"修身济物，积行以为仙"④。

从上可见，净明道的道术系统颇为独特。它把伦理之术、符箓之术、王道之术、内丹术等以心性修炼为核心完整地融合为一体，构成了一个身内身外相结合、个人与社会相贯通、高低层次相衔接的系统。而且，从前面的分析可以看出，这个道术系统是一个真正的道术系统，它从道来衍生术，用道的义理来选择、改造、组合术，用道来指导术的修炼，通过术而上达道，道与术达到了水乳交融的程度。净明道虽然属于灵宝派，但把灵宝派发展到了一个新的阶段，体现了道术圆融时期道教的成熟形态。

四、对净明道的评价

净明道如同这一时期道教的其他宗派一样，高唱三教同一，认为三教在净明之心和化人归善上并无二致，应该并立相辅，缺一不可。它指出，三教都是同一个"一"的表现。"何谓一？太上之净明，夫子之忠恕，瞿昙之大

---

① 《道藏》第24册，第604页。《太上灵宝净明入道品》也说："当至心行持，一孝悌，二炼形，三救度。"
② 《道藏》第24册，第603页。
③ 《道藏》第24册，第640页。
④ 《道藏》第24册，第602页。

乘，同此一也……立言虽殊，其道则一。"① "一"只能"因言以显""因心以契"。刘玉"于三教之旨了然解悟，而以老氏为宗"②。在他看来，净明道的"大中至正之道"融合了道家的"抱元守一"、佛教的"明心见性"和儒家的"穷理尽性"，是"一"，是"千圣不传之秘，出于言语文字之外者"的"心法"。因而，三教在净明道这里可以"道并行而不相悖"。而且，如果说，儒家是有为之学，道家是无为之学；儒家之用是范围天地之内，道家之用是超越天地之外，那么，只有懂得有为之学，才能弄通无为之学。言下之意，学习儒学是学习道教的基础。针对理学对佛、道二教咄咄逼人的攻击，刘玉辩解说："但二氏之教若过盛，则于纲常之教未免有所伤……又二氏真人真僧，皆是人欲净尽，纯然天性，奈何如此者少，末流之弊每多，真儒于是乎出，以实理正学而振饬已。"③ 他认为，佛、道二教均有"救世护生"之功，既维护它们的地位，又劝道教中人对理学家对佛、道二教的抨击"未庸轻议"，并吹捧理学和理学家，认为周敦颐、邵雍、张载、司马光、二程、朱熹等"真儒都是戒慎恐惧中做将出来，亲见道体后说出话来"，有很高的道德修为，他们是羲、文、周、孔之徒，是居于"三界之上，四种民天"而"降生人间，开物成务以教民，庶为民之种"的"种民"④。也就是说，他们是神仙星宿下凡来整饬佛、道二教的末流之弊，然后又复归于天，从而竭力调和儒家与佛、道二教的关系。至于附和理学的真正原因，他不加掩饰地说："今净明大教之兴……每用儒家文字开化，何邪？此是教法变通处。经章符咒开化亦久矣，儒家往往视为虚无荒唐之论。今此都仙真君（许逊）以实理正学更新教法……仰赞化育，所以示此也。"⑤ 这既反映了理学势力强盛，对道教的生存已经构成了威胁，同时反映出，道教此时在哲理创新方面不足，符箓类法术在证验上处于穷境，已经不大能信人信己了。

净明派经刘玉、黄元吉、徐慧三传，传播地域主要是江西及其附近地区，教义传播对象主要是社会的中下层，教徒多为文化程度不高的普通老百姓。此后虽然有赵宜真、刘渊然等传道，但已步入萧条之中。净明道作为道教正一道内部的一个宗派，它的宗教活动并不是很成功，但由于其以道融儒的思

---

① 《道藏》第 24 册，第 645 页。
② 《道藏》第 24 册，第 631 页。
③ 《道藏》第 24 册，第 642 页。
④ 《道藏》第 24 册，第 642 页。
⑤ 《道藏》第 24 册，第 640 页。

想特色，在儒家思想占据主导地位的元明两代，其思想在社会上还是有比较大的影响。元代净明道主要经典《净明忠孝全书》曾先后有六位著名儒学大师（如赵世延、虞集等）为之作序。元明两代的统治者和官僚士大夫对其教义颇为赞赏。明代王阳明心学一系的王龙溪、罗近溪、高攀龙、屠隆等人与净明道过从甚密，对其义理评价很高，如高攀龙认为"仙家惟有许旌阳最正，其传只净明忠孝四字"[①]。高攀龙所创的儒家静坐功夫[②]，深受净明道的影响。

净明道在道教思想史上占有重要的地位，具有重大的意义。净明道的思想也受到佛教禅宗思想的影响，如禅宗六祖慧能认为"自性常清净，日月常明……世人性净，犹如青天，慧如日，智如月，智慧常明"[③]。但是，相比之下，净明道受儒家理学影响的程度更大一些。在这个意义上可以断言，如果说元代的全真道北宗完成了道、佛的合一，那么，净明道则完成了道、儒的合一。刘玉的新净明道是道儒融合的一个典型。明代中晚期之后，道教以道混融三教的局面的形成，是净明道从一个重要方面为它铺平了道路。从思想史来看，净明道以道融儒本无可非议，但它几乎成了理学的道教翻版。道教过分靠拢理学，固然可以迎合儒家而兴盛一时，却势必要丧失自己赖以生存的特色。在道教思想史上，净明道的以道融儒，是道教开始衰落的表现之一。

净明道推崇陆九渊，吸收了他的"先立乎其大"、尚简易、重德性等心学思想，这大大加强了陆九渊思想的社会影响力。陆九渊逝世后，他的思想影响迅速缩小，仅仅局限于江西部分地区。净明道的活动范围正好在江西。净明道作为具有强大势力的正一道的支派之一，它推崇陆学，对陆学在全国范围内的复兴起了很大的推动作用。这为后来王阳明心学的出现奠定了基础。再则，净明道主张忠孝两全、忠孝合一，认为忠孝是人的"良知良能"，是人之为人的根本，奠定这一根本得通过明心见性，并辅以忠孝建功、知行合一等，这些思想，都被后来的王阳明所吸收。从这个意义上说，净明道对催生王阳明心学确实起了不小的作用。从这里可以看出，净明道在中国哲学史上应该占有一席之地。

---

① 《景印文渊阁四库全书》第 1292 册，台湾商务印书馆 1982 年版，第 422 页。
② 见《高子遗书》之《困学记》《静坐吟》《复七规》等篇。
③ 郭朋：《坛经校释》，中华书局 1983 年版，第 39 页。

第三节　杜道坚的王道之术

杜道坚（1237—1318），字处逸，自号南谷子，上清派茅山宗道士，曾经得到元世祖的召见，受命主持杭州宗阳宫，升杭州道录、教门高士，仁宗时被赐真人号。杜道坚著有《道德玄经原旨》（四卷）、《道德玄经原旨发挥》（二卷）、《通玄真经缵义》（十二卷）和《关尹阐玄》（三卷）。交合《易》《老》，融合儒道，重在王道之术的阐发，是杜道坚思想的特点。

在形而上层次，杜道坚认为，《易》与《老》相通相同，都是先天之道。"先天，先天而天者也，其虚无自然无极之道乎。老子曰'无名天地之始'，'道生一，一生二'，是皆形容先天之道，可以意会，而不可以言象求也。《易》曰：'易有太极，是生两仪。'易，太易也，道也，无极也。'易有太极'，'道生一'也；'一生二'，'太极生两仪'也。"① 这是力图把《老子》的"道生一，一生二，二生三，三生万物"与《易》的"太极生两仪，两仪生四象……"融合起来，阐发本源论。在他看来，道即无极，具有虚无、自然的特性。"一"即太极，是"物初混沦之一气"。"二"即阴阳。"二气本乎太极之一气，一气本乎无极之太虚……太极，乃物初混沦之一气；无极，即太极未形之太虚。"② 这样，道生一就是无极而太极，一生二就是太极生阴阳两仪，二生三就是两仪生冲和之气而成天、地、人，即三才，三才立而万物生。杜道坚认为，"变""化"是道的根本特性。他在论述"反者道之动，弱者道之用"的"原旨"时说："道无定体，惟变是体，动则造化流行，万物生焉……道无定用，惟化是用，用则生意发施，万物安焉。"③ 道没有固定不变的体与用，以变为体，以化为用，自无而生有，自然地生化万物而永不停止，就是道的根本。这是对道的性质的一种颇具特色的解释。

天道以虚无、自然为本，人道则是它的翻版。所以，人应该"观天道而修人道"。人道中最重要的莫过于治道。治道的精髓即"无为"。"无为"的涵义，杜道坚认为是"自然"，是"行其所无事"④，"应物而不先物，因其

---

① 《道藏》第 12 册，第 759 页。
② 《道藏》第 12 册，第 756 页。
③ 《道藏》第 12 册，第 741 页。
④ 《道藏》第 15 册，第 790 页。

自然之势而曲成万物"①。也就是不以主观之见扰乱事物，按照事物运动变化的客观规律办事，顺应自然而不勉强。就治理国家而言，杜道坚认为，无为之道是对君主而言的，臣下则必须有为。"君依臣而立，臣依君而行。君无为乎上，臣有为乎下。论是处当，守职明分，臣之事也。君臣各得其宜，即上下有以相使，小大有以相制，故异道即治。举措废置，有关于治乱，为君者不可不审也。"② 总之，君无为而臣有为，上下相通，相互制约，天下才能得以平治。

君道即治道。杜道坚认为，君主治理天下，应该先无为后有为。

> 古之君天下者，太上无为，其次有为，是故皇以道化，帝以德教，王以劝功，伯以力率。四者之治，若四时焉。天道流行，固非人力所能强。然则时有可行，道无终否，冬变而春存乎岁，伯变而皇存乎君，此《文子》作而皇道昭矣。③

这里所阐发的《文子》思想，实为他思想的自白。把治道划分为皇、帝、王、伯四个等级，是脱胎于儒家的王道与霸道之论。杜道坚认为，历史是退化的。太古时期行皇道，上下关系和谐，自然无为；上古时期行帝道，天下开始有为；中古时期行王道，礼乐法度开始兴起；近代行霸道，欺诈、混乱、战争开始出现。历史的进程是每况愈下。他认为，皇道以道为根本，重在生化；帝道以德为根本，重在教化；王道以仁义规劝为根本，重在建功；霸道以智力为根本，重在强取。尽管四种治道有高低层次的不同，但杜道坚认识到，它们正如一年里四季流行一样，不可拘泥，必须根据客观情况进行选择和适时改变。正如冬天的寒冷可以迎来春天的温暖一样，伯道也可以为皇道的到来奠定基础，铺平道路。这一观点，与儒家拘执于褒扬王道、贬低霸道不同，既强调了皇、帝、王、伯四道自优而劣的常理，也考虑了权宜之通变，而常理与通变，都被置于"天道流行，固非人力所能强"这一客观情况的基础上。道教哲学重客观，重通变，强调把常变关系的处理建立在尊重客观情况的基础上。杜道坚的上述观点，是这一思想的继承和发挥。杜道坚把儒家的皇帝、王霸之论与道教的无为、有为之论嫁接在一起，在继承此前

---

① 《道藏》第 16 册，第 799 页。
② 《道藏》第 16 册，第 813 页。
③ 《道藏》第 16 册，第 755 页。

道教学者们对社会历史每况愈下的退化理论的基础上，阐述了他自己关于社会历史的理论。杜道坚大概也知道复古的不可能，所以着力强调君主正己正人的方面。他在阐发"天下柔弱莫过于水"章的"原旨"时说："《玄经》本旨，一皆以正己正人与为人主告，人主正则百官正，百官正则天下之民正。"① 这虽是继承孔子所说的"其身正，不令而行；其身不正，虽令不从"② 的观点，但杜道坚赋予它哲理意义，将其与道教理身理国同道的观点相结合并对其做了发挥。他说：

> 表正景直，源远流长，本末相资之道也。知心为身本，则知君为民本，是故人君之好不可不正。好勇，则劫杀之乱生；好色，则淫佚之难起。惟好德者，精神别于内，好憎明于外，刑罚不用而奸邪服，本根既固，国家自宁。③

以本统末，本末相资，这是哲理。在心、身关系上，心为身本；在君民关系上，君为民本，君主是天下人效法的师表。所以，君主必须处理好身心关系。这首先是必须以心端正嗜好。上之所好，下必从之。君主自身榜样作用的好坏，关系到国家的治乱。君主好勇会导致劫杀之乱，好色会导致淫佚之难，这两种嗜好都必须泯灭。只有好德，才能精固神全，心宁而身定，以心统身。这样，君主作为民之本坚固了，国家才能安宁。这是把道教王道之术重本的无为观与儒家的重德结合起来了，不过主旨仍然是道教的虚、静、无欲、无为。对此，他在阐述"绝圣弃智"章的"原旨"时明确说过，作为君主，"当上推帝皇，思复古道。外见纯素，内包淳朴。正己于上，以劝其下。借曰不能无私无欲。庶几少思寡欲，不为盗贼之行矣。民利既足，孝慈可复也"④。显然，上古之世的无为无欲，不过是一种违背历史事实的幻想，要求社会回归到那样的时代是不可能的，但要求最高统治者以身作则，即使不能做到无私无欲，也应当做到少私寡欲，应该说还是有一定的合理性。少私寡欲的一个重要表现是处理财富在君与民之间的分配问题。从无为而治的基本原则出发，杜道坚主张，国要富首先得民富，民要富首先得解决粮食问

---

① 《道藏》第 12 册，第 757 页。
② 《景印文渊阁四库全书》第 197 册，台湾商务印书馆 1982 年版，第 63 页。
③ 《道藏》第 16 册，第 764 页。
④ 《道藏》第 12 册，第 733 页。

题。所以，君主必须考虑到年岁的丰歉，考量老百姓的虚实，然后决定取奉的多少。这里的基本原则是"视民犹己，取下有节，自奉有度"①。这是强调为政在于得民。

如同儒家一样，杜道坚没有跳出把政治的清明合理建立在君主或者官吏自身的修养上的窠臼，没有想到用法制来保证、警诫和惩罚。当然，在君主专制中央集权的政体下，完全意义上的法制是不可能实现的，君主始终可以超越于法律之外。无奈，杜道坚只能劝说君主模范地带头守法。"先王立法，务适众情，故先以身为检式，所禁于民者，不敢犯于身，是故令行而天下从之。"② 不仅如此，君主执法应当公正，秉循法律面前人人平等的原则。"法者，人主示度量为天下准绳也。法定之后，不二所施。夫犯法者，虽尊贵必诛；中度者，虽卑贱无罪，故私欲塞而公道行矣。"③ 法是度量考校天下人的行为活动的准则，一旦制订，在施行中就必须不折不扣地遵循，立法与执法不能脱节。在执法中，犯法的人，无论地位多么尊贵，按照法律该杀的，仍然必须诛杀。没有犯法的，无论地位多么卑贱，也不能定其有罪。只有把一己之私杜绝，才能公开、公平、公正地执法，才能正名分，明法理，严法纪，用法制达到法治。

杜道坚很清楚，君主的无为而治要得以施行，前提是必须有合格的臣下。这就涉及择人用人的问题。对此，杜道坚的主张是：

> 古者，无德不尊，无能不官，无功不贵，无罪不诛，故官不失人，人不失用。④

没有德行的人，不能尊重他；没有能力的人，不能任用他做官；没有立功的人，不能让他享受富贵。与儒家政治哲学重德轻能不同，杜道坚认为，德与能中，两全是最好的，如果不能两全，则应该重能，因为能是设官分职的基本依据，"百官分职，各以其能"⑤。杜道坚强调，金无赤足，人无完人。每一个人都既有优点，也有缺点。每一个人的能力，既有其短，也有其长。世上自古至今，全才历来少见。木匠求栋梁之材，能够不拘小节，才能得到

---

① 《道藏》第16册，第808页。
② 《道藏》第16册，第812页。
③ 《道藏》第16册，第812页。
④ 《道藏》第16册，第810页。
⑤ 《道藏》第16册，第797页。

大材。君主选择臣下同样如此，应该主要考察其大节而不计较小节，略其短而用其长，不追求十全十美，这样才能选拔出真正的贤才。人才选拔出来后，杜道坚认为，君主应该以能力为标尺，任用贤能，用人有方，创造一个有利于人才发挥其所长的环境，为他们施展才华搭起舞台。在处理人事问题时，杜道坚认为，君主要无私无欲，善于听取臣下的意见，客观地看问题，公平待人，公正处事，对无功之人不可责罚，对无罪之人不能诛杀，奖赏而不至滥，刑罚而不至苛酷。"夫用人之道，以天下之目视耳听则聪明广，以天下之智虑力争则功业大。故贤者尽智，愚者竭力，近者怀恩，远者服德，此三代之所以久，后世元以及之。"① 总之，杜道坚明确提出，"能知贤、爱贤、尊贤、敬贤、乐贤，则求贤、养贤、用贤之道得矣"②。在儒家强调德行至上的背景下，杜道坚的这一思想，颇有价值。因为德行的评价没有客观的标准，具有很大的随意性。一些不学无术，没有真才实学的人，由于颇能针对上层人物在人性上普遍具有的弱点而弄虚作假，巴结逢迎，就往往被评价为有德。任用这样的人行职，往往误国误民。这样的教训，在历史上多得不计其数。

在伦理方面，杜道坚的基本倾向是以道为本，融合儒、道。对《老子》中"绝圣弃智""绝仁弃义"的言词，他认为那并不是真的想抛弃仁义道德，而只是"所恶假其名而行之耳"，即厌恶那些"假圣智以惊愚俗"，"假仁义以舞干戈"，"假巧利以启盗贼"的伦理异化行为③。他认为，道是伦理的终极根源，德是由道派生出来的。德是仁、义、礼、智、信这五常的总名。"五常，五神也，道德存乎中，则神不超乎外，一失所守，神越言华，德荡行伪，鲜不丧于物役矣。"④ 在心中立定道德这一根本，神就不会溢出于身外。否则，把握不住根本，神溢身外，浮华的言词就会出口，虚伪的行为就会出现，在声、色、名、利的诱惑和驱使下，各种伦理异化现象的出现就不可避免了。在他看来，只有以道来界定伦理，才能避免伦理规范的异化现象和消极作用的出现。在这个前提下，他认为，礼、义、廉、耻等伦理规范是不能不用的，治国要以礼、义、廉、耻为本制定各项规章制度，让贤能之人处于官吏的职位上发挥表率和教化作用。只要礼义确实用好了，刑罚就可以不用。那如何让普天之下的人民都懂得"礼义廉耻"并能切实地在行动中表

---

① 《道藏》第 16 册，第 806 页。
② 《道藏》第 16 册，第 811 页。
③ 《道藏》第 12 册，第 733 页。
④ 《道藏》第 16 册，第 763 页。

现出来呢？杜道坚以无为而治为本，吸收理学的"存天理、灭人欲"的思想，提出了自己的观点："自然者，天理；不自然者，人欲。夫清虚而明，天之自然；无为而治，人之自然也。自然则贤不肖齐于道矣。"① 与理学用公私之别来判分天理与人欲不同，杜道坚站在道教的立场上，提出了用自然与否来判分天理与人欲的崭新观点。他认为，清虚而明是天的自然，无为而治是人的自然。禀循天的自然，以无为治理天下，则天下的老百姓，无论贤愚不肖，都会遵循大道。但这是就宏观层次的治理天下而言的。天下的老百姓是否能够真正在行为中贯彻礼、义、廉、耻，主要还是取决于每一个人自己的个人修养。就个人修养而言，天理与人欲的划分是看他的心是道心还是人心。"道心人心，天理人欲之分也。理胜则所为皆天，欲胜则所为皆人，此又君子小人之分矣。理欲相胜，邪正相伤，君子不为，况圣人乎？"② 理学家主张，人的心中，理欲相胜，理胜欲则为天理，欲胜理则为人欲，要成为圣人就必须存天理、灭人欲。杜道坚不赞同这样的主张，因为这样不合于天道清、虚之自然。他主张用道心与人心来判分天理与人欲。道心为天理，人心为人欲。道心与人心不是两个心，而是同一个心的两种表现，合于道时的心就是道心，不合于道时的心就是人心。道心作主，则人为君子；人心作主，则人为小人。人的言语行为，均受心的控制。心为道心，则行为得福得利，否则遭祸遇害。心合于道，在实践中对术的运用则能无所不能，畅通无碍。所以说，"天理人欲，同乎一心；君子小人，由乎一己，亦同出而异名者耶？执一而应万，谓之术；见动而知止，谓之道。言出乎口，行发乎心，夫祸福利害，有如影响，自非至精，孰能分之？可不察诸己而慎诸心乎"？③ 心合于道，自然能够懂得言语行为的合宜、对错与否，懂得及时停止不合时宜的言论和错误的行为，从而免祸获福，趋利避害。要保证心合于道，就得摒弃物欲，保持心室空虚。这说明，在这里，杜道坚虽然吸收了理学的思想，但仍然是站在道教立场上的。

杜道坚在道教内丹修炼理论方面也有一些独到的见解。他基于老子的"有无相生"的观点，以有无关系来解释形（身）与神之间的关系，认为无不害有，有不害无，因而身不伤神，神不伤身。"神依形生，精依气盈，交

---

① 《道藏》第 16 册，第 795 页。
② 《道藏》第 16 册，第 775 页。
③ 《道藏》第 16 册，第 791 页。

相养而不失其和"① 是养生的原则。形神关系是性命关系的基础。在形神关系上主张二者交相养。在性命关系上，杜道坚也持类似的观点。他不同意机械地划分性命修炼的先后的做法，认为道是合神气而言的，神是性，气是命，性命相互依存，缺一不可。性无命，人就不能生存；命无性，则人不可能产生。所以修道必须性与命交相养，才能得道。他在论述"反者道之动，弱者道之用"的"原旨"时说：

> 观其生物者气，则知生气者神，生神者道矣。夫神，性也；气，命也，合曰道。圣人立教，使人修道，各正性命，盖本诸此……尝论性者，吾所固有；命者，天之所赋，生之始也。性不得命，吾无以生；命不得性，天无以赋。性与命交相养，而后尽有生之道也。生之终也，形亡命复，惟性不亡，与道同久。修此，谓之修道；得此，谓之得道。②

就修道的过程而言，性与命确实不能机械地划分先后，确实必须"交相养"。但相对而言，就修道的阶段性来说，在修道的不同阶段，修炼的侧重点应该有所不同。例如，按照南宗的理论，在修道的初期阶段，必须以祛除疾病，提高身体的素质为首要任务，这些是命功修炼所要解决的问题。在这个阶段，以命功为重点是对的。在命功修炼大体完成后，就可以转入更高阶段的修炼。此时虽然还有命功的因素在内，但重点必须变为性功的修炼。而且，按照内丹道教的看法，纯阳之体的获得，主要依靠性功修炼。就修道的最终目的来说，得道是性功修炼的直接结果。所以，道教中人虽然主张性命兼修，但无论是主张先性后命的北宗或者主张先命后性的南宗，都不约而同地强调以修心为主的性功修炼的重要。杜道坚也正是在这个意义上强调心的作用，并把心上升为本体和本源。他在阐发"有物混成"章的"原旨"时说："未有吾身，先有天地。未有天地，先有吾心。吾心，此道也。岂惟吾哉？人莫不有是心，心莫不有是道。"③ 这是对宋代以来道教中"心即是道"，"即心求道"思想的继承和发挥。心是道的枢纽，人的一切行为都要受心的统御调节。因而，就能动性而言，在身体作为既定的存在的情况下，确实是

---

① 《道藏》第16册，第772页。
② 《道藏》第2册，第741-742页。
③ 《道藏》第2册，第735页。

"心为身本"①。在这个意义上，就不难理解杜道坚何以屡屡强调修道中心、神的重要了。

杜道坚继承了前人理身理国同道的观点，认为，谈论修身时，齐家、治国就已经包含在内了。谈论治国、齐家，修身自然也包括在内。在杜道坚看来，道只有一个道，无论是修身还是治国，都得遵循同一的道。而且，"国之本在家，家之本在身。文子问治国之本，老子语以本在治身，则是身治而后家治，家治而后国治矣。身犹国也，国犹身也"②。这样，杜道坚就把治道与修身之道统一起来了。理身理国同道的观点，当然不是杜道坚的首创，而是晚唐之前道教一贯坚持的观点。但是，在内丹术兴盛起来之后，只理身不理国的理论形态逐渐形成，道教中很少有人再强调理身与理国合一的观点。杜道坚在内丹修炼盛行的背景下，以无与有、无为与有为、心与身等范畴对这一观点做了系统的论证，既是对内丹修炼只重一己孤修而忽略社会担待意识偏失的纠正和警醒，又提高了道教王道之术的哲理思辨水平，使得道与术圆融起来，其意义和价值仍然应该得到肯定。

杜道坚的王道之术及其思想，在元代社会矛盾尖锐、激烈，政局动荡的历史条件下，是很有现实意义的。杜道坚在新的历史条件下，吸收理学的思想，把道教的社会政治思想做了新的阐述，是很有学术价值的。尤其是"能知贤、爱贤、尊贤、敬贤、乐贤，则求贤、养贤、用贤之道得矣"③的观点，是一个振聋发聩的口号，可谓把古代重视贤能的思想一语道尽！杜道坚之后，道教中再也没有出现如他这样系统深刻地阐述社会政治思想的人。这样看来，在思想史、哲学史上，杜道坚思想的意义和价值，不可低估。

此外，杜道坚把《文子》之书和散见于其他书籍中的关于文子的事迹搜集荟萃起来，刻版印刷，使得"三代古书遗迹一旦震发于湮没之余"④。这是他对文化学术史的一个贡献。

---

① 《道藏》第16册，第764页。
② 《道藏》第16册，第806页。
③ 《道藏》第16册，第810页。
④ 《四部备要》第1册，中华书局1920年排印本，第1页。

第四节　南宋至元代符箓派道教的宗派分化与合并

正一、上清、灵宝是道教中的三大符箓宗派，在隋唐之后主要流传于江南，分别以江西龙虎山、江苏茅山、江西阁皂山为传播中心，故称"三山符箓"。

天师道经过南北朝、隋唐时期的沉寂后，转变为龙虎宗，也称为正一派。龙虎宗自北宋末年第三十代天师张继先（1092—1126）起，引入钟吕一系内丹术，改造传统的祈禳之术为"正一雷法"，给符箓法术注入了新的活力，使得龙虎宗从北宋末期开始受到统治者的重视，逐渐昌盛起来。张继先是历代天师中学识渊博、著述较多的一位，他的著述后由张宇初编为《三十代天师虚靖真君语录》。该书卷一《心说》说："夫心者，万法之宗，九窍之祖，生死之本，善恶之源。与天地而并生，为神明之主宰。"[①] 在他看来，心超越古今，寂然不动，其大无外，其小无内，与太虚同体，是"空劫以前本来之自己"，与道、真君、真如、真常、神是同一物。为此，修行重在修心。其余六卷涉及修性、内丹、符箓斋醮等内容。张继先总的思想倾向是主张度人与度世相结合。对于内丹之道与雷法的关系，他在回答宋徽宗的提问时说："道本无为而无不为。道，体也；法，用也。体用一原，本无同异。若一者不立，二者强名，何同异之有？"[②] 这个道体法用、体用一源的主张，对后世影响深远。

南宋理宗嘉熙三年（1239），正一派始祖张陵被封为真君，第三十五代天师张可大出任御前诸宫观教门公事，主领龙祥宫，受命统领三山符箓，龙虎宗从此正式成为江南诸派道教的统领。1259 年，元世祖的密使访龙虎山，请张可大卜问天下大势，张可大回答说："后二十年，天下当混一。"[③] 正一派由此与元统治者拉上了关系。二十年后，恰好元一统天下，张可大的预言应现，所以元代统治者对正一道颇为尊崇。借助政治力量，正一道进一步壮大起来。1276 年忽必烈召见张可大之子——第三十六代天师张宗演，以官方

① 《道藏》第 32 册，第 368 页。
② 《道藏》第 34 册，第 827 页。
③ 《元史》，中华书局 1975 年版，第 4526 页。

名义正式承认他的"天师"头衔，命他统辖江南道教，赐银印，次年又封他为"真人"，让他于长春宫主持周天大醮。此后，在整个元代，历代龙虎宗首领都因袭此例享受"天师"称号，赐封"真人"，统管三山符箓、江南诸路道教，可以推荐任免所管辖地区的道录、道观提点，奏请宫观名额、度牒，有权自己出牒度人为道士。元代正一派天师比较受朝廷重视的，除了张宗演外，还有第三十八代天师张与材。他因劾治潮水之患有功，在大德八年（1304）被封为"正一道主"，武宗即位后又封他为国公，授金禄大夫，赐金印，享受一品官禄。第三十九代天师张嗣成，在泰定二年（1325）被授予知集贤院事，掌管天下道教。他著有《道德真经章句训颂》，深受理学影响，有些观点有可取之处。例如，他吸收理学思想，用有无范畴解释理、气关系，说：

> 道者何？理与气耳。因于无者，理；著于有者，气。有此理，道所以名；有此气，道所以形。理常于无而神，故自然而性；气常于有而空，故自然而命。天地万物，无能为者。譬诸路焉，造于此必由于此，故有理必有气，有气必有形。形则为天地万物。所谓：可道之道，可名之名也……天地之始以理言，万物之母以气言。常无欲则寂然不动，所以观未发之理；常有欲则感而遂通，所以观方发之气。同出异名，又玄众妙，皆理气二者相为无有、有无耳。曰妙、曰徼、曰门。又所以示学者，进修之地，于是究之，则万有芸芸。①

这里从本源论和本体论两个角度论述了道、理、气、性、命等五个范畴之间的关系，以很高的理论概括能力阐释了道教哲学的基本原理。在他看来，道就无而言是理，就有而言是气。理气同出于道而互异。自无而生有是气依据理而完成的。理是万物的本体，是万物运动变化的依据。从先天之人、物的角度而言，就是性。气是万物的本源，是万物运动变化的承担者。从后天的人、物的角度来看，就是命。心中无欲，寂然不动，则可以观未发之理。心中有欲，感而遂通，可以观方发之气。生化万物是自无而生有，万物生化后则是自有而归无，因命而见性。

元代正一派道士中，在政治上比较活跃，荣耀有过天师而无不及的道士

---

① 《道藏》第12册，第627页。

有张留孙和吴全节师徒。通过他们的活动，从龙虎宗中分化出一个支派，即玄教。张留孙（1248—1321）是张宗演的弟子。至元十三年（1276）随乃师入朝，用"虚心正身、崇俭爱民以保天下"来回答元世祖的提问，投合元世祖的胃口，被留于朝中。他善于占卜，给皇太子、皇后治好了病，被封为上卿。朝廷为他建崇真宫，让他居于其中掌管祭祀。至元十五年（1278）被授予"玄教宗师、道教都提点，管领江北、淮东、淮西、荆襄道教事"。大德年间，被加封为"玄教大宗师同知集贤院道教事"，追封他的祖先三代为魏国公。接着元武宗加封他为"大真人知集贤院大学士"。仁宗加封他为"开府仪同三司"，加号"辅成赞化保运玄教大宗师"，死后被赠与"真君"的封号①。他门下的高徒七一五人，被封为"真人"并受命任各地道教提点的有七人，何恩荣等九人被任命为宫观提点。张留孙历事元代八帝，有比较高的政治才华，在朝中可谓德高望重。他的理论素养也比较高，曾为元世祖讲黄老道家清静无为的理论，为武宗讲《道德经》，为仁宗讲《南华真经》。佛道二教斗争而道教失败时，张留孙在道教经籍即将被全部焚毁的危急关头，上言皇帝，减少了焚经的损伤。从张留孙开始，从龙虎宗中分化出了一个支派，即玄教。

吴全节（1269—1346）是张留孙的大弟子，大德十一年（1307）授"玄教嗣师"，次年武宗追赠其祖、父母，改其故里名"荣禄乡具庆里"。至治二年（1322）任上卿玄教大宗师，赐真人号，总摄江、淮、荆、襄等处道教，知集贤院道教事。吴全节以侠义著称于士大夫之间，《元史·释老传》说他"推毂善类，唯恐不尽其力，至于振穷周急，又未尝以恩怨异其心，当时以为颇有侠义云"②。吴全节自幼向空山道士雷思齐学《易》，对《易》深有所究。他治儒学颇有功底，比较推崇陆学，曾携《陆九渊语录》入朝，又向朝廷推荐吴澄、阎复等儒臣，得到了一大批儒臣的赞赏。吴全节门户观念不强，思想比较开放。他既向陈日复学雷法，又向东华派林灵真学道法，还向全真南宗的赵淇学内丹。这从一个侧面反映了此时道教各派之间的沟通、交流和学习比较频繁，这促成了诸派之间在思想和法术等方面的交融，推进了道教整体的发展。

玄教第三代宗师为夏文泳，注重吸收理学思想，理论素养较高。他"深

① 《元史》，中华书局1976年版，第4527－4528页。
② 《元史》，中华书局1976年版，第4529页。

明于先儒理学之旨，又尝受《河图》于隐者，有昔人未睹之秘。而于《皇极经世》之说，亦了然胸臆间"①。夏文咏之后，嗣教者为张德隆、于有兴等。张德隆的六世祖张运曾经与南宋理学家陆九渊有密切的学术交往，并请陆九渊教授其子弟。

玄教有严密而庞大的组织体系和独立的领导体制。玄教宫观分布范围很广，传播范围也很大。玄教本是元统治者限制全真道势力过度膨胀的产物，是最纯正的官方道教宗派，因而随着元朝的灭亡而灭亡。玄教存世时间不长，但在道教史上还是有地位的。它参与元代政治生活，在政治上尊宠显贵，有力地促进了元代江南道教诸宗派合并入正一道中。玄教壮大了龙虎宗的势力，为统一的正一道的形成奠定了组织基础。玄教首领作为天师在京的常驻代表和代理人，具体负责联络皇室和江南道教各派，从而有机会协调各派之间的关系，为江南道教诸派最后联合形成正一道做了必要的准备。玄教在教义内容上对儒学、佛教的东西多有吸收，对道教各宗派的法术和思想都兼收并蓄，杂采众家，体现了成熟时期道教的特点，只是他们没有注重做融铸贯通和创新的工作。玄教在道教史上是昙花一现，在道教理论上几无建树，但它在思想史上仍然值得一提，因为它取得了一些与道教自身关系不太大但在思想史上不可忽略的成果。这表现在，它有不少弟子在儒学方面颇有造诣。玄教的许多道士深究易学，推崇以陆九渊心学为主的理学（龙虎山与陆九渊的家乡相近，玄教道士多出于龙虎山天师道），力行忠孝，在思想上儒学化。他们在文学艺术方面多有造诣，如雷思齐工于易学，陈义高、吴全节、朱思本、陈日新、薛玄曦均善于写诗，有诗集存世。其中朱思本在地理学、地方志学方面颇有造诣，著有《舆地图》《北海释》《和宁释》《西江释》等。道士王寿衍发现了马端临《文献通考》并促使它得以刊印流布。

明代中期以前，明代统治者为了利用正一道，对它给予了比较大的扶持。正一道天师在这一时期得到的封赏不少，地位很高。许多正一派道士，如邓仲修、傅若霖、邵元节、陶仲文等，颇受明王室的尊崇。明代第一代天师张正常编写《汉天师世家》，虽然该书有种种不足，但这是道教史上首次对天师道历史进行整理，所以不宜全盘否定其历史价值。入明之后的第二代天师张宇初在道教理论上颇有造诣。他的弟弟张宇清也有一定的才学，继他之后主持纂修《道藏》，参与《龙虎山志》的增订，并著有《西壁文集》若干卷。

---

① 《金华黄先生文集》，《四部丛刊》景常熟瞿氏上元宗氏日本岩崎氏藏元刊本，第557页。

上清茅山派，南宋以来已出现衰颓之势。但在元代仍然有一些影响，朝廷对它也还重视。茅山派第四十三代宗师许道杞（1236—1291）因祈雨应验，受元世祖召见，被赐予宝冠法服。第四十四代宗师王道孟（1242—1314）因祈雨驱蝗被赐予"真人"的称号。第四十五代宗师刘大彬在元佑四年（1317）被封为"茅山真君"。宋末元初的杜道坚是颇为著名的道教学者。

灵宝派在宋代民间颇有影响，入元后呈现衰颓之势。不过，元代统治者也没有冷落它。阁皂山万寿崇真宫第四十六代嗣教宗师杨伯歧受赐"真人"号。该派在北宋末年分化出"东华派"，后传至温州道士林灵真（1239—1302）。

除了上述三大宗派外，南宋至明代中期的符箓类道教宗派还有神霄、清微、天心等小的宗派。

神霄派的创始人，通常认为是北宋末年温州人林灵素和江西南丰人王文卿（1093—1153），但宋徽宗其实也应该算创始人之一。该派的核心经典是《高上神霄玉清真王紫书大法》，用神霄雷法行祈禳劾召之事。林灵素这一派的传人有张如晦、陈道一、薛洞真、徐洪季（与徐必大、卢埜同为薛洞真的弟子）、刘玉等，刘玉之后传承不明。王文卿之后，两宋之际的道士萨守坚、王嗣文、高子羽各开创一个支派。高子羽一系有徐次第、聂天锡、谭悟真、罗虚舟、萧雨轩、胡道玄等续传。此外还有似乎是直承王文卿的邹铁壁一派，这派入元后有莫月鼎、王继华、潘无涯、周玄真、金善信、王惟一等承传。全真道南宗白玉蟾一系也行神霄雷法。神霄派是天师道在两宋之际衍化出来的一个新支派，其中一些分支与上清派的关系很密切，并吸收了东南沿海地区的雷神信仰及其相关的法术，加以系统化、理论化而形成。

清微派据说是唐代末年广西人祖舒创建的。这一派的第十代掌教是黄舜申（1224—?）。他在至元丙戌年（1286）曾经被赐予"真人"之号。黄舜申的弟子分南、北两个支派。南派传人为熊道辉（真息）、彭汝励、曾贵宽、赵宜真等。赵宜真已入明代。北派在武当山传播，开始传播的张道贵（洞渊）、叶云莱、刘道明均是全真道道士，他们兼传全真与清微的道法。此后有张守清，门下弟子众多。

天心派为北宋道士饶洞天所创。他曾经假托神授而著有《天心经正法》。北宋末年南宋初期，道士路时中传天心正法，在社会上颇有影响。他编有《无上玄元三天玉堂大法》《无上三天玉堂正宗高奔内景玉书》等。大约与路时中同时，还有道士廖守真传天心正法。元代，雷时中（1221—1295）从天心派中衍生出一个新的支派，称为"混元六天如意道法"，尊晋代路大安为祖师，以《度人经》为主要经典。这个支派的经典是《混元六天妙一氖如意大法》。该派在元代曾经影响比较大，但后来并入正一道而消失。天心派的法术以三光即日、月、星为根本。他们强调守戒，例如其"升堂大戒三条"是：一戒淫心，二戒尘心，三戒妄意。在守戒的基础上，"内修三光以成道，外运三光以为符"①，内丹与符法并重。他们主张以修自身三光为基础，然后"以在身之三光，合在天之三光"②，实现天人合一，从而获得灵妙圆通的神力。天心正法是从天师道中衍生出来的，但深受灵宝派和内丹术的影响。

东华派的创建可溯源于北宋末年的道士王古和田灵虚（名思真）。但这两人似乎只是做了创建的准备工作，真正创派的是宁全真（1101—1181）。东华派以元始天尊、灵宝天尊为最高神，以《度人经》为主要经典，以斋醮科仪为术。这派南宋时的传人金允中于理宗时曾编有《上清灵宝大法》四十四卷。金允中批评宁全真一系所传灵宝法违格失经，不合古人意，这说明宁全真一系在斋醮之术方面确有创新之处。入元之后，东华派的传人为林灵真（1239—1302），他曾任温州道录，撰有《济度之书》十卷、《符章奥旨》二卷，在斋醮祭炼方面颇有名气。林灵真的后学在其著作的基础上增益扩编为《上清灵宝领教济度大成金书》，全书共三百二十卷。东华派后来并入正一道中而消失。

上述各派的教义、法术差别不大，说明这些符箓派别在逐渐走向交融，向全真道靠拢。就全真道而言，这一时期也大搞符水祈禳。所以，总体来看，元代以后，道教诸派逐渐走向融合。首先是江南道教诸派联合形成正一道。这以元成宗大德八年（1304）封三十八代天师张与材为"正一道主"为标志。正一道的宫观规模比全真道小。正一派戒律不很严格，道士可以不住宫观，可以娶妻生子，被称为"火居道士"。正一道以张陵后嗣为首领，组织比较松散，并入正一道后的龙虎宗、茅山宗、阁皂宗、太一教、净明道、神霄派、清微派、天心派、东华派等各个小支派仍然可以继续承传。正一道以《正一经》为共同信奉的主要经典，主要法术是画符念咒，斋醮祈禳。正一道形成之后，大大发展了道教原有的符箓斋醮之术，而且变出了越来越多的新花样。祈雨、兴云、招雷轰贼、让风停止、让雷消失、预言生死、让天降

① 《道藏》第4册，第1页。
② 《道藏》第4册，第1页。

下黑雨等等，都是正一道道士们的法术。正一道对道教法术的发展，不仅表现为术的种类的增多，而且表现在术的运用范围也扩大了。例如，符箓镇宅不仅管活人，也管死人，用途越来越广。禁咒术等也是如此。

第五节　南宋至明代中期符箓类道教宗派的道术

这一时期，符箓类道教宗派在术的方面有所创新，斋醮之术出现了一些变化，涌现出了炼度、雷法等新的法术。

先来看斋醮。南宋末年正一派道士蒋叔舆（1156—1217）编有《无上黄箓大斋立成仪》五十七卷①。按照蒋叔舆的描述，"今世醮法遍区宇，而斋法几于影灭迹绝"②。在蒋叔舆看来，斋法以忏谢为主，是普通人请求道士为自己、家宅或幽魂举行的法事，至于进一步的祈福或希翼赦宥，则属于醮的范围。这反映了此时斋醮演变的一些情况。这一时期斋醮科仪的知名著作还有明代初年朱权编的《天皇至道太清玉册》，道士宋宗真、赵允中、傅同虚、邓仲修、周玄真等奉朱元璋之旨于太祖洪武七年（1374）编定的御制科仪《大明玄教立成斋醮仪范》。后者首次把斋醮合称，宗旨是把既有的科仪"去繁就简，立成定规"。从这些书中可以看出道教科仪在这一时期确有发展。例如，"通天服""通天冠""结巾""雪巾""网巾"是明代才出现的道教冠服，但前三者均须王者才能使用，这说明统治者的推崇对道教科仪之术有很大影响。这一时期的斋醮之术，由于受世俗利益的诱寻，入世倾向比以前大大增强了，对神的敬畏降低了，神灵成了人们获取现实利益的工具。此外，大量吸收理学思想，是这一时期斋法义理的特点。黄舜申在《清微斋法》卷上说："盖行持以正心诚意为主。心不正，则不足以感物；意不诚，则不足以通神。神运于此，物应于彼，故虽万里，可呼吸于咫尺之间。"③ 天人合一，诚于中，方能感于外；修于内，方能发于外。心诚则神灵，斋法因之而有效。

炼度是这一时期的重要法术之一。南宋时的金允中在《上清灵宝大法·

---

① 《道藏》本实为明代人对蒋氏《黄箓斋仪》增补而成。
② 《道藏》第 9 册，第 378 页。
③ 《道藏》第 4 册，第 286 页。

炼度堂》中说在杜光庭的时代还没有炼度，在北宋晚期成书的《神霄金火天丁大法》① 中才出现，这说明炼度是在北宋末年、南宋初期才出现的一种法术。两宋之交，战争频繁，天灾人祸不断，死亡人数众多，这是炼度出现的外在原因。炼度是从存思和黄箓度亡发展而来的。灵宝斋法的重要传人，阁皂宗道士郑所南（1241—1318）撰有《太极祭炼内法》。它的主要内容是阐述灵宝丹阳一派的祭炼，即炼度的法仪。《太极祭炼内法·序》说："所谓祭者，设饮食以破其饥渴也；所谓炼者，以精神开其幽暗也。"② 祭炼包括忏谢、破狱、炼度三个步骤，目的是为沉沦已久、形体不全的亡魂创立天医院，按照五行治法施行灼艾（火）、针（金）、汤（水）等医疗手法给予治疗，并施予接头、接手、接足、开聋哑等符咒，从而帮助亡魂"仙度成人"，重返阳世。这显然是人世间医学救死扶伤思想虚幻的宗教性表现，是道教一贯关爱生命、凸显生命价值思想的继承与发展。炼度是以行法者的身体模拟天堂地狱，按照内丹精气修炼的方法，开通幽路，引导沉滞的阴魄升度。在修持方法和义理思想上，炼度比存思和黄箓度亡更加系统化。郑所南在书中说，炼度阴鬼的道士必需"志诚为体，慈悲为用"，为了炼度阴鬼，必须先炼化自己。"须常行内炼法，内养精神"，以内炼内养为基础，"合内炼我之阳神与祭炼阴鬼通为一片精密功夫"。他认为，祭炼过程中所祈祷、存想的太一天尊本来就是自己的元神，所诵的咒语是"吾心神之内纬"，"宝箓者是聚吾身中之神光"。这说明，内丹与科仪之术的结合，是炼度在两宋之交出现并在元代得到大发展的内在原因。正因为炼度把内丹修炼和科仪之术结合起来，所以"刘混康先生谓生人服之可以炼神，而鬼魂得之亦可度化，是炼度之本意也"③。内丹修炼只能度己。传统的斋醮科仪之术只能度活着的人。炼度则把道教济世度人的思想向前推进了一步，不仅要度己度人，还要度死去的鬼魂。这大概有受大乘佛教地藏王菩萨度尽一切众生，"地狱不空，誓不成佛"思想影响的因素，但也是道教思想合乎逻辑的发展。这一时期炼度的著作，除了郑所南所著的《太极祭炼内法》外，尚有灵宝东华派林灵真的后学编写

---

① 见《道法会元》，该书为元末明初道士编辑成的一部大型道法丛术，共二百六十八卷，内收宋元时期各派道法的文章一百五十余篇。

② 《道藏》第 10 册，第 440 页。

③ 《道藏》第 31 册，第 582 页。

的《灵宝领教济度金书》①。该书长达三百多卷，是《道藏》中卷帙最多的一部书，对济度之术做了精到细致的阐述。炼度之术，由于所谓的鬼魂、阴间地狱本不存在，所以只能视为道教以信仰为基础的宗教法术。但不可否认，在古代社会，它对于缓和人们失去亲人的心理之痛，缓解人们对死去的亲人的追思之苦，对于净化社会空气，促进老百姓遵循伦理道德规范，维持社会的和谐稳定，都是很有意义的。

雷法起于北宋，兴盛于南宋、金、元。对雷电的崇拜，可谓由来已久。殷商时已有祭祀雷神的仪式，即燎祭。《礼记》《易经》中有对雷神信仰的记载，《山海经》《楚辞》《春秋纬》中则记载了雷神的形象、姓名、主司。这些记载都认为，雷主生化，是上天刑法的执行者。道教的雷法，就是在这些信仰的基础上产生的。它的主要用途是禳灾，尤其是祈雨，这与宋代人口急剧增加、对粮食的需求增长有关，也与宋元两代社会动荡不安、战争频仍的情况有关。雷法的创始者为神霄派的王文卿、林灵素等。雷法产生后，为神霄、清微、全真南宗等宗派传习。东华、天心等正一道宗派亦用。

雷法以自然界的雷电为力量源泉，以役使雷部诸神而促使自然、社会等发生符合人的预期要求的变化为特征。雷法的功用在于治病除邪、救难解厄、安民济世，充分彰接了道教理身理国之道的精神实质。朱执中说：

> 内则超出三界，外则救济万灵。祈祷雨阳，消弭灾祸。制蛟蜃，救危笃，斩妖精。致风雨于目前，运雷霆于掌上，解九玄七祖之罪，消千生万劫之愆。得之者固守，遇之者凤缘。若能秉戒行持，则三界鬼神拱手听命。②

在他看来，雷法对内能够让人超出三界、摆脱五行等自然规律的限制，从自然界获得最大限度的自由；对外能够救济一切有生命的人和动物、植物等；能够让天止雨，防止涝灾；能够消除灾祸，制服一切威胁和危害人类生命的动物和鬼怪妖精，把人从危难中拯救出来；能够呼风唤雨，能够让人具有雷霆般的威力；不仅能够消除祖祖辈辈的罪业，消除千生万劫以来人所犯下的过错，还能让天上、地下、人间的鬼神驯服地听命。撇开其效验是否确

---

① 明代周思德在王契真、金允中所编的《上清灵宝大法》和林灵真后学的这部著作的基础上加以整理、修订，命名为《上清灵宝济度大成金书》。

② 《道藏》第 29 册，第 274 - 275 页。

实不谈,仅就这里的思想而论,雷法充满了战天斗地、改造万物、消灾除难、奋进不懈的昂扬气概,体现了道教力图把握人类命运,追求生命的长寿,力图营造和乐通畅的人际关系,向往和追求太平盛世的理想社会,这不能不说是对人类生命价值的强势肯定。不过,实际的效验显然达不到这一点。雷法即代神作法,是念咒、画符、用剑与立狱的综合。这多是一些类似于魔术的把戏。南宋人储永曾亲眼见过道士咒水自沸、移景纸动、叱剑斩鬼、咒枣生烟,他百思不得其解,就花钱买通道士,揭露了其底细。水沸其实是道士衣袖中装的猪尿泡,念咒时用手一捏,就咕噜噜地"沸"了。移景纸动,不过是"隐像于镜,设灯于旁,灯镜交辉,传影于纸"①而已。叱剑斩鬼,只不过是用一种草木的粉末抹在剑上,作法时含水一喷,由于化学反应生成红色的物质,剑上就有"血"了。咒枣生烟,是先藏了火药在枣里,"拈之则药如烟起,而枣之焦者,藏镜于顶,感招阳精移枣就镜,顷之自焦"②。储永揭露说,所谓通神降灵也是假的:"设土木像,敬而事之,显应灵感,此非土木之灵,乃人心之灵耳。"③在行法过程中,道士们往往用"心诚则灵,心不诚则不灵"来遮掩自己的法术失败。雷法的偶然效验是道士们对天气预测、治疗疾病等方面的一些知识与魔术、幻术结合而产生的效应。

符箓之术施用范围广,涉及面大,但缺乏理论上的解释论证。内丹术以个体修炼为特点,不涉及他人,需要扩大社会影响面。这两方面的互有需要是雷法出现的外在原因。雷法出现的内在原因是道教"理身理国之道"的精神实质在新的历史条件下的体现。对此,王文卿说:"凡求仙慕道之士,不炼内丹,形还外灭;不施符水,不达三天;不积阴功,道果难成。"④按照这里所说,内丹修炼的成效仅局限于一己之躯,符箓之术由行法者施行,成效指向他人。但行法者如果不修炼内丹,符箓之术的成效就难以保证。雷法首先要通过修炼内丹解决生死问题,让生命长存不死。但这不是目的。还要借助于内丹修炼所获得的能力,施行符水,救济苍生,积累阴功,才能真正上达三清天境,得道成仙。所以,用内丹修炼的成效来保证、扩张符箓之术的成效,是雷法出现的内在原因。

雷法把独善其身的内丹术与救济解危的符箓之术结合起来,强调以内丹

---

① 《景印文渊阁四库全书》第 865 册,台湾商务印书馆 1982 年版,第 206 页。
② 《景印文渊阁四库全书》第 865 册,台湾商务印书馆 1982 年版,第 207 页。
③ 《景印文渊阁四库全书》第 865 册,台湾商务印书馆 1982 年版,第 210 页。
④ 《道藏》第 29 册,第 166 页。

为本，以符箓、咒术为用，从而形成丹道为体、法术为用、即体即用、体用如一的体系。之所以能够实现这一点，是因为内丹与雷法有诸多共同之处。第一，内丹与雷法的哲理基础都是天人合一。例如，《道法会元》卷一《法序》谈到雷法时说："五行之妙用，寂然不动，感而遂通。夫天地以至虚中生神，至静中生炁。人能虚其心则神见，静其念则炁融。"① 天道至虚，因而具有神妙莫测的伟大功能。天道至静，因而能够生炁而至动，无所不生，无所不能。人效法天道，心虚则神明，念静则炁融，如此同样会具有超凡的能力。第二，内丹与雷法的修炼均以精、气、神三宝为用，在修炼中都有炼精化气、炼气化神、炼神合道的步骤。朱执中指出，修炼雷法必须先修炼内丹。采取药物，加以火候烹炼而成丹，可以济世安民。"其运用之要，有动之动，出于不动；有为之为，出于无为。不过炼精成气、炼气成神、炼神合道而已。若有作用，似无作用，旨于静定，如龙养珠，如鸡抱卵，可以无心得，不可用心求。可以用心守，不可有心为。"② 第三，内丹与雷法均以性命双修为根本。如《先天雷晶隐书·先天一气论》说："性命者，一气之本，首章言之。有天地之性，有气质之性，人之一身，性命存焉。所以性根命蒂，分乎先天后天。性系生门，寄体于心，自然之道，即先天也。命系肾，寄体于脾，即后天也……性命者，二者不可偏废也。"③ 这与内丹的性命理论几无差别。第四，内丹与雷法都重视真意在修炼中的作用。内丹修炼中把真意作为交通先天、后天的精和神四者的媒介，又把它作为心的化身而贯彻始终。雷法中也类似地把真意称为"使者"，认为其作用渗透到雷法修炼的每一个阶段。如王文卿说："吾果能息缘调气，以身中克应，合天地之秘密，仍以我之真意，注想于所行之事，则天地真气随吾意行，定见执应，此万无一失之事。盖吾所生者，意也。善恶皆从意中出。"④ 第五，内丹与雷法均重视玄牝（玄关）一窍，把它视为"元炁之所由生，真息之所由起"⑤，即白玉蟾所谓的"念头动处"。雷法把玄牝称为雷窍，把它视为"天地交界之间，阴阳混合之蒂"，认为："念头未动，体性湛然，意气才萌，神当主一，万法千经，莫外

---

① 《道藏》第 28 册，第 673 页。
② 《道藏》第 29 册，第 263 页。
③ 《道藏》第 29 册，第 347、348 页。
④ 《道藏》第 29 册，第 233 页。
⑤ 《道藏》第 4 册，第 387 页。

于此。"①

与内丹大量吸收佛教禅宗思想不同，雷法大量吸收了佛教密宗的思想。密宗的正式形成，是唐代开元年间善无畏、金刚智、不空这"开元三大士"创立的。它在教理上以大乘中观派和瑜伽行派的思想为理论基础，在实践中以系统化的咒语、礼仪、本尊信仰为特征，强调口诵真言咒语（语密）、手结契印（手印或身体姿势，身密）、心做观想（意密），三密相印可即身成佛。在吸收密宗语密方面，神霄派大量采用了密宗的真言密咒，如《先天雷晶隐书》收有真言密咒二十余种，其中最重要的"天母心咒"直接取自密宗的"摩利支天真言"。身密方面，汉唐道教有步罡踏斗之法，但忽略了手式的作用，"手诀"的招式很少。雷法兴起之后，吸收了密宗的手印，道教的诀目就逐渐繁多起来，并与步罡、符、咒、存想、布气、内丹相配合，成为整体法术系统和行法流程中的一个有机组成部分。在意密方面，道教主要吸收了密宗的"种子法"和"修本尊法"。本书论白玉蟾雷法思想时所提及的金光秘字即为种子法之一。修本尊法在雷法中被转变为"变神"。传统道教中有"存神"，即存想身神和天地之神。变神与存神的不同在于，存神只是存想神回归己身，变神则需要修道者进入一种特异的精神状态中去，化去自我的存在，转自我为神真，人神合一，从而人的所作所为就是代神运化，人仅仅是神的载体。

雷法的理论深受《阴符经》的影响。《清微道法枢纽》说：

师曰："黄帝云：宇宙在乎手，万化生乎心。"知此道者，我大天地，天地小我。②
雷霆由我作，神明由我召……人皆神其神，惟圣人则不神所以神。③
法也者，可以盗天地之机，穷鬼神之理。④

与内丹中认为人是小天地相反，雷法认为，人才是大天地，天地反而是小我。何以见得呢？因为人为万物之灵，能够认识和把握天地神奥玄秘变化的规律、程序、机理，以此编制出实践操作程序，即法，从而可以按照人的

① 《道藏》第29册，第211页。
② 《道藏》第28册，第675页。
③ 《道藏》第28册，第673页。
④ 《道藏》第28册，第677页。

目的来干预、影响、改造天地。具体地说，就人与神的关系而言，雷法认为，人不是如同传统的斋醮科仪之术一样，只能匍匐在神的面前被动地祈求神，而是反过来，人对神与有主动地位。神的作用的发挥得靠人的感召。"凡炁之在彼，感之在我；应之在彼，行之在我。是以雷霆由我作，神明由我召，感召之机在此不在彼。"① 人之所以能够感召神而神不得不听命于人，是因为天人本为一体，人有精诚之心则与天相应。《道法会元》说："符者，阴阳契合也。唯天下至诚者能用之。诚苟不至，自然不灵矣。故曰，以我之精合天地万物之精，以我之神合天地万物之神，精精相附，神神相依，所以假尺寸之纸以号召鬼神，而鬼神不得不对。"② 雷法继承道教传统的"我命由我不由天"的精神，提出了神灵由我不由天的思想，大大彰扬了人的主动性、积极性和创造性，显示了人性的伟大和崇高。

雷法的法术系统是对汉代以来道教驱鬼、镇妖诸术的更新与补充。雷法的产生，标志着道教之术的发展进入了一个新的阶段。它将内丹与符箓、斋醮祈禳、咒术、禹步、存神、存思等融合起来，是道教众多的术的综合。不仅如此，雷法还吸收了密宗的"修本尊法"和真言密咒，禅宗的"止观双运"，儒学的正心诚意之学等内容，把它们与道教诸术融汇浇铸为一体，是一种集百家众术之精华为一体的新型道术。

下面以神霄派和清微派为例来深入研究雷法的理论。

神霄派的理论大体上是由王文卿建立起来的。他以天人感应和内外合一为理论基础，说："将者，一气也。出吾之气，以合天之气。一气而生诸气。盖人身所有浊气也。吸在天之清气，混合既毕，必须炼之。夫炼气之气，专任运用五水五火之功。盖雷不得受炼，其气不神也。"③ 在他看来，雷法中的将吏实为"一气"的化身。"一气"能够生化诸气，因而将吏可以无所不能。人身中本有的是浊气，吸入天之清气，与身内之气混合锻炼，即可形成神妙莫测的"一气"。这样人就可以招慑、驱役将吏。这是传统文化中同类相从、天人感应思想的积淀。同类相从是先秦道家就有的主张。《庄子·渔父》说："同类相从，同声相应，固天之理也。"④ 此后，《吕氏春秋》进一步把同类相从的原因归结于气，并把这一理论与当时的方术实践相结合。它说："类同

---

① 《道藏》第 28 册，第 673 页。
② 《道藏》第 28 册，第 674 页。
③ 《道藏》第 32 册，第 370 页。
④ 郭庆藩撰，王孝渔点校：《庄子集释》，中华书局 1961 年版，第 1027 页。

相召,气同则合,声比则应。鼓宫而宫动,鼓角则角动。以龙致雨,以形逐影。"① 这一思想孕育了西汉以董仲舒为代表的天人感应论,进而对后来产生的道教发生影响,如《太平经》明确指出天人"以类遥相感动"②。

王文卿认为,雷法的修炼和运用都必须遵循天人、内外合一的原理。

> 斩勘五雷法者,以道为体,以法为用。内而修之,斩灭尸鬼,勘合玄机,攒簇五行,合和四象,水火既济,金木交并,日炼月烹,脱胎神化,为高上之仙。外而用之,则斩除妖孽,勘合雷霆,呼吸五气之精,混合五雷之将,所谓中理五气,混合百神。以我元命之神,召彼虚无之神,以我本身之元气,合彼虚无之气,加之步罡诀目、秘咒灵符,翰动化机,若合符契。运雷霆于掌上,包天地于身中,曰旸而旸,曰雨而雨,故感应速如影响。③

王文卿以人身小天地与宇宙大天地等同合一为理论前提,认为雷法中所召见的神将神吏,都是自身的元神、元气、元精所化。掌上所发出的五雷,是自己身中的五行之气相激搏的结果。内有所修,外才能有所用。雷霆不过是内修之神气发用于外的结果罢了。王文卿的弟子萨守坚在所著的《雷说》中对乃师的思想有所发展,把内炼与外法相结合、天人合一得以实现的关键归结为心,说:"法本诸道,道源诸心。能以吾之精神,融会一气之精神,以吾之造化,适量五行之造化,则道法妙矣。"④ 法以道为本,道存在于心中,靠心去发明。用心所发明的道去驾驭气,作用于五行运化的外物,法自然能够发挥功能。本着这个观点,萨守坚说:"学者无求之他,但求之吾身可也。夫五行根于二气,二气分而为五行。人能聚五行之气,运五行之气为五雷,则雷法乃先天之道,雷神乃在我之神。以气合气,以神合神,岂不如响斯答耶?"身外之物的运动遵循阴阳互化、五行生克的规律,身内之气的运化同样如此。身内身外同道同理。"会此之道,参此之理,则二气不在二气,而在吾身;五行不在五行,亦在吾身。吹而为风,运而为雷,嘘而为云,呵而为雨,千变万化,千态万状,种种皆心内物质之。"⑤ 到身内身外合一之

---

① 陈奇猷:《吕氏春秋校释》,学林出版社1984年版,第1360页。

② 王明:《太平经合校》,中华书局1960年版,第17页。

③ 《道藏》第29册,第165页。

④ 《道藏》第29册,第213页。

⑤ 《道藏》第29册,第213页。

时，人吹气即为风，运气则为雷，嘘气则为云，呵气则为雨，千变万化，种种形态，无非是身内之物作用的表现形态罢了。在萨守坚看来，只要调拨身中的小宇宙，就能左右、统御身外的大宇宙。后来的王惟一同样继承王文卿的思想，做了更为清晰的阐发。他在《道法心传》中说，道法取决于人心，心清静则存在，心秽浊就消亡，所以精住则气住，气住则神住，精、气、神住，道法就完备，如此散而为风云，聚而为雷霆，向外发出就是将吏，向内汇合就是金丹。"精住则气住，气住则神住，三者既住则道法备，散而为风云，聚而为雷霆，出则为将吏，纳则为金丹。"① 王惟一甚至直接把五雷解释为五脏中精、神、魂、魄、意聚合的结果，说："人有五藏，五藏之中有精、神、魂、魄、意，聚以成五雷。"②

不仅如此，雷法修炼的过程中，人体的生理感应与自然界的感应也是一一对应的。王文卿认为：

> 当于呼吸上运功夫静定，上验报应。云之出也，其气蒸。雨之至也，其溺急。雨之夫至也，其气炎而膀胱之气急。电之动也，其目痒，眼光忽然闪烁。雷之动也，三田沥沥而声，五脏悠忽而鸣。行持之士又当急心火以激之，涌动肾水以卫之，先闭五户，内验五行，此其诀也。③

以今天科学的眼光来看，这似乎有神秘和牵强附会的味道。但是道教认为，内丹修炼达到一定程度后，修炼中的体验与自然界的变化具有一定的相关性。雷法据此编制了预测天气晴朗和阴雨的方法。例如预测天晴的方法是："身中之验，极为紧切。当从戊己运转一番，使元气一周，再暮后而静定，看内炼如何。如是觉得套报，则心火上炎，胆水沥下，遍身烦蒸，喉中微痒，则天道必晴齐矣。"④ 王惟一认为，登坛祈禳的诀窍就在于激发自己身内的阴阳之气交感，阴阳升降而成雨，阴阳激搏而成雷，阴阳凝流而为电，阴阳邻和而为雪。但激励身内阴阳、感应身外阴阳的根本还在于自己心中的"元神"，它"统御万灵"，是三界的主宰。要使元神常明，就要修炼内丹。

神霄派认为，雷法的灵验与否，取决于行法者内丹修炼的成效。正如

---

① 《道藏》第 32 册，第 413 页。
② 《道藏》第 32 册，第 423 页。
③ 《道藏》第 32 册，第 394 页。
④ 《道藏》第 32 册，第 394 页。

《道法心传》所说："法何灵验将何灵？不离身中神、炁、精，精炁聚时神必住，千妖万怪化为尘。"① 按照这种理论，似乎人可以为所欲为，只要心到气就到，就能立刻作用于外物。事实当然不是这么简单。邹铁壁在《雷法秘旨》中说过："有心感神，神反不灵，无心之感，其应如响。"② 这就是说，行使雷法的心，是"无心"之心，不是"有心"之心，凭"有心"之心行使雷法，只会徒劳无功。他强调："但无妄念，一片真心，不知不识，心与雷神混然如一，我即雷神，雷神即我，随我所应，应无不可。"③ 无心之真心，实即元神。在上述诸人看来，道法的灵验取决于内丹修炼的功力，符反而是次要的。如果不修内丹而纯粹用符，那么，所谓的灵验仅仅只是侥幸于万一，如瞎猫碰上死老鼠。那么，内丹与符结合的雷法究竟是什么样呢？以祷雨为例：

> 祷雨紧（按："紧"当为"秘"）诀，若在书符遣将后，吾当坛上或静室中趺坐调息，存吾心中如未开莲花，有红炁直下两肾中间，其两肾中间存见一泓真水，想心中红炁下降，其水沸腾，包却红炁，由肝历自舌根出。只见吾口中云气勃勃然出在吾面前，转过巽户，渐渐大如车轮，运转升天，其云弥满六合，耳畔有风雷之声轰轰然分明。却定息呵气九次，又如前行持九次，已觉此身肾水已升，小遗紧急，不可去。如去了，则泄肾水，雨不降矣。直候风雨到坛大作，然后起身，渐渐小遗，则大雨至矣。只此行持，万无一失，可不慎之哉。④

按照这里所说，画符遣将后，仍然得运作丹功，设想心中红气下交于肾中真水而生云，意想风雷促成云落地上，于是肾水逐渐增多，以小便增多为征兆。到小便紧急、风雷兴起时，到坛上按照符法运作，即可使大雨倾盆而下。这里，符的运作仅仅存在于起始和结尾的形之于外的阶段，中间阶段的雷法实是取坎填离的内丹功夫，而且是最为重要的阶段。

清微派的理论大体上与神霄派的雷同，但理论方面显然更胜一筹。《清微元降大法》宣称："师曰：有道中之道，有道中之法，有法中之法。道中

---

① 《道藏》第32册，第416页。
② 《道藏》第29册，第276页。
③ 《道藏》第29册，第276页。
④ 《道藏》第29册，第231页。

之道者，一念不生，万物俱寂。道中之法者，静则交媾龙虎，动则叱咤霍霆。法中之法者，步罡、掐诀、念咒、书符，外此则皆术数。"① 我们知道，术有民间、道教、佛教三大系统。民间的方士、巫师所用的命、相、轨革、推步等诸多种类的占验方术在中国社会上一直流传不绝，影响很大。其中拉道法为虎皮者实在不少。由于行术无验，故多有败坏道教声誉者。道教中人不能不表示自己的态度，强调自己所行所为正法，其余术数则不足道。北宋以来道教以法称术，当与道门内贬抑术数的这种用意有关。当然，在道教之外，仍然有人称道法为方术，道士为方士的，这又是另一回事了。

对于雷法，《道法会元》卷八《清微祈祷内旨·祈祷说》阐述其理论框架说："所谓天地大天地，人身小天地，我之心正则天地之心亦正，我之气顺则天地之气亦顺矣。故清微祈祷之妙，造化在吾身中，而不在乎登坛作用之繁琐也。"② 当然也有些差异。例如，它把神霄派的"元神"替换为"本性灵光"，也就是把行法的根本由心进一步深入到性。"夫清微法者，乃元始一炁，父母未生前，混沌妙明之性也。不垢不净，无欠无余，空洞清虚，自然而然……《清静经》云 ‘人能常清静，天地悉皆归。’无想无存，自然而然，寂然不动，感而遂通。若有想、有存、有作用，即后天之法，非先天清微道法。"③ 在清微派看来，道法既是生化万物的本源之气，又是万物得以存在的最终依据的本体，即道。就人而言则是与道合真的本性。道寂静不动，感而遂通。人对道法的把握，同样得自然而然，无想无存，如此本性才能彰显，道法才能呈现。道法既为人的本来真性，那么，如何解释法中用符呢？《清微元降大法》卷二十五说："符者，天地之真信，人皆假之以朱墨纸笔。吾独谓一点灵光通天彻地，精神所寓，何者非符？可虚空，可水火，可瓦砾，可土石，可草木，可饮食，可有可无，可通可变，是谓道法。"④ 符无非是道作用于万物，信实无妄，丝毫不爽的表现，只不过人借助于朱墨纸笔把它表现出来罢了。只要自身"一点灵光"能够通天彻地，那么，心意所向之处，哪里不是符？"一点灵光"就是真炁，也就是本性、真性，实为道在人身中的化身。符无所不在，则清微道法无所不及，无所不能。获得"一点灵光"

① 《道藏》第 4 册，第 274 页。
② 《道藏》第 28 册，第 715 页。
③ 《清微祈祷奏告道法》末署名"青山无影道人序"之文，《道法会元》卷二十九，《道藏》第 28 册，第 838 页。
④ 《道藏》第 4 册，第 275 页。

的途径是内丹修炼。

黄舜申著有《清微斋法》《清微元降大法》《清微神烈秘法》，是清微派的理论家和清微雷法的集大成者。他认为，"将吏只在身中，神明不离方寸"①。"将吏""神明"都是施行雷法时所役使的神，他们就存在于人身内、人心中。人之所以能够召令它们，是因为人的心诚意正和有深厚的内炼功夫。雷法运用必须正心诚意，内丹修炼同样得首先做到正心诚意。所以，清微派把正心诚意视为雷法的根本。"正己诚意，神气冲和，故道即法也，法即道也。"②

既然把正心诚意视为雷法的根本，那么，与内丹修炼相比，画符祈禳，就只可能是外在的仪式，不可能是法术的实质，当然应该以简易为好。所以，清微派强调以简易为本。这与强调正心修身的净明道颇为一致。清微雷法"其法简易，不若有为，不落无作，不贡存想，无泥虚文，无祭祀，无祷祝"③，清微雷法不推崇有为，但也不沦于荒疏；不重视存想，也不拘泥于繁琐无用的虚文；既没有祭祀，也没有祷祝。这确是对传统道教符箓之术的大胆革新。

清微派认为，只有内丹修炼达到一定程度，才谈得上雷法的行使。内丹修炼以了心复性为目标。清微雷法使用时"以心为主"，但修炼则不能仅仅了心，还得进一步复性。清微派认为，在"平时行住坐卧"之中能"收敛身心，万缘顿息，存无守有，专一无二，守无所守，存无所存，一念真常"④，达到"心田无秽，性地绝尘"的程度，就可以为雷法的使用打下基础。这是因为，在清微派看来，人的本来真性与天道同体同变，二者完全吻合。雷霆虽然是天的功用，但由于人的真性与天道一致，天道无所不有，故人性也无所不备，天地五雷自然也是人性本有的东西，是人的本来真性形之于外的表现。如《清微道法枢纽·法序》说："雷霆者，乃天之功用也。且夫人身与天地合其体，太极合其变，天地五雷，人本均有，是性无不备矣。"⑤ 人的本来真性既然与天道一致，而作为本体的天道与作为本源的先天之炁是二而一、一而二的关系，这就保证了内丹修炼与雷法的一致性。道士的内丹修炼达到

---

① 《道藏》第 4 册，第 286 页。
② 《道藏》第 4 册，第 964 页。
③ 《道藏》第 4 册，第 135 页。
④ 《道藏》第 4 册，第 132 页。
⑤ 《道藏》第 28 册，第 674 页。

比较高的程度后，登坛作法时，就可以把气调运出来："耳热生风，眼黑生云，腹中震动即雷鸣，汗流大小皆为雨，目眩之时便火生。入息静定良久，神息既调，直待内境不出，外境不入，但觉身非我有，天地虚然入定光中……次复收敛运一炁七遍之妙……酿成五事。临坛之际，拨动关捩，随窍而发也。"① 临坛时，"一点灵光"随意发用，信手画符，以我之元神合雷神将帅之神，自然能够相互感应，进一步升降、运转、激荡身中阴阳二炁，往外发出，便可成为风、雨、云、雷、火②，具有轰天震地、令山岳崩颓、令一切邪魔精怪粉身碎骨、无所不能的强大能量。正如《清微丹法》所说："我禀阴阳二炁，出则轰天震地，神归山岳摧崩，煞去精邪粉碎。"③

　　清微派认为，雷法是否灵验取决于行法者的神是否灵。行法者的神要灵，则其心必须灵。《清微宗旨》说："法灵须要我神灵，我神灵后法惊人。祛禳祈祷凭神将，神将何曾有定形。此说尽矣。夫神者，我之神也，即我之心也。我之心神灵明不亏，真一不二，举目动念，即是天真神将，何往不可。盖我之神灵，即可以感召天真雷将矣。何必吁呵呼吸，取外将来合气，我只自然而然，中理五炁，混合百神矣。《枢纽》云：法法皆心法，心通法亦通是也。"④ "法法皆心法，心通法亦通"，这是宋元时期道教心性境界论运用于雷法中必然会得出的结论。

　　继黄舜申之后，清微派最著名的道教学者是元末明初的道士赵宜真（？—1382）。由于其思想有独到之处且不限于清微雷法，故把他从清微派中提出来单独讲述。赵宜真号原阳子，著有《玉宸登斋内旨》《玉宸经法炼度内旨》，编述了《灵宝归空诀》，刊印有《仙传外科秘方》等。《原阳子法语》是他的弟子所辑的言论。成书于他逝世后至《正统道藏》始刊（1444）之间的《道法会元》，搜罗他的文论最多，这说明他对宋元时期的符箓之术确实做出了很大的贡献。赵宜真是元末明初正一派道士中颇有才学的一位。他师承多门，既是全真北宗的重要传人，又被净明道推为第五祖，还是清微派的祖师之一。他的思想因而有兼容并包的特点。他把清微派的理论、全真道内丹之学、净明忠孝之道、外丹烧炼等做了融会贯通的阐发，是道教成熟时期颇有代表性的道教学者之一。他的《灵宝归空诀》讲述修道者临死时超

① 《道藏》第4册，第962页。
② 《道藏》第4册，第135页。
③ 《道藏》第4册，第963页。
④ 《道藏》第28册，第689页。

脱生死的诀要，其出神法与佛教密宗的中阴成佛法相类，可能与元初传入内地的藏传佛教有关。赵宜真以心性的修炼为本，把道教的术做了通贯的阐述。

赵宜真还保留有对外丹的信仰，认为修炼中外丹与内丹无非缘遇不同，功用则是一致的，不应该互相排斥。他认为，日月精华炼成丹药点化肉身能使得人形神俱妙，白日飞升。"冶炼外丹，虽属有作，得而服之，全无所为。不须修习，即形返太无，神归大定，复还太极混沌之初而与道合真矣。"① 赵宜真反对内丹中的双修之法，不遗余力地对它做了抨击。

赵宜真的内丹思想本于全真道北宗，以摄情还性为入手功夫，以"自性法身"为内丹之本，以无为为采炼药物的原则，以忘为诀窍，以"粉碎虚空"为终极目标。"摄情还性归一元，元一并忘忘亦去，囊括三界入虚空，粉碎虚空绝伦伍。"② 他还本着"天心本与我心同"的观念，把内丹与雷法结合起来。他的雷法的独到之处，一是引入佛教的法身思想与雷法的变神理论相结合，认为"自性法身"是雷法修炼的终极目标；二是强调雷法的效验，务求实证。他解释这一修炼思想说："自性法身本来具足，不假于外，自然之真。其进修之功则摄情归性，摄性还元，有为之为出于无为，无证之证所以实证。"③

赵宜真的雷法理论与宋元清微派的理论基本一致，但在一些观点上阐述得更清晰、透彻。例如，《道法会元》卷八收录他的《祈祷说》，其中提及："清微祈祷本无祭坛……所谓天地大天地，人身小天地，我之心正则天地之心亦正，我之气顺则天地之气亦顺矣。故清微祈祷之妙，造化在吾身中，而不在登坛作用之繁琐也。"④ 赵宜真对雷法的阐述，比宋元时期更有系统性。

赵宜真继承了郑所南等人的炼度思想并做了发展。他认为，炼度之术取决于行法者的内炼功夫，不依赖于仪节的繁琐。经过内炼而具有纯阳之气，才有点化纯阴之鬼魂的能力。"炼度之法，盖……运吾身纯阳之道气，而点化纯阴之鬼魂，则是以我之阳，而炼彼之阴，阴阳交感，幽显潜通，其超度可必矣。"⑤ 他认为，炼度就是阳世之人去感应阴间的鬼魂，祛除鬼魂的过错罪业，使他们得以超度，重返阳世而做人。阳世与阴间本为一体，人与鬼魂

---

① 《道藏》第 24 册，第 80 页。
② 《道藏》第 24 册，第 82 页。
③ 《道藏》第 24 册，第 80 页。
④ 《道藏》第 28 册，第 715 页。
⑤ 《道藏》第 33 册，第 772－773 页。

息息相通。要让鬼魂去邪归正，则行法者也必须是正人君子，通悟天理。超度鬼魂，最重要的是心要诚。心诚，才能感应鬼魂。"矫鬼神之于人，非可以声色相通，惟可以心诚相感。若我悟，他亦悟；我迷，他亦迷……我能修持正道，则鬼神感悟，亦返邪归正矣。"① 他认为，炼度之术应该是"外而讽扬经法，开悟幽冥；内而涵育精神，摄炼魂魄。体用兼备，详略得宜"②。确实，在经过他的融铸改造工作之后，炼度已经不再只是纯粹的"术"，而是具有了深厚的哲理，基本上成为有步骤、有系统的"学"了。

在伦理思想上，赵宜真深受理学思想影响，提出用日记作为自我反省的方法，鞭策自己改过迁善，使自己"心与理融，天人合德"，使自己的行为"合于理则合于天心"③。

这一时期其他符箓派别的理论，大体上都像神霄派、清微派一样以天人合一、内外一致为理论核心，深受钟吕金丹派的内丹修炼思想的影响，把内丹修炼作为外行符箓的基础或前提，把元神用事作为符箓祈禳是否灵验的关键，如《灵宝领教济支金书》卷三二零强调召神劾鬼必须用"元始之灵光"，"以运神为主，至于歌章吟偈，乃科仪耳"④。这些宗派的符箓理论往往也是以内丹修炼理论为模板建立起来的。例如，茅山宗的萧应叟著有《元始无量度人上品妙经内义》五卷，融合了一部分理学思想，以内丹解释符箓。

第六节　南宋至明代中期符箓类道术的思想

上面分别考察了斋醮、炼度、雷法三种术。但它们只是南宋至明代中期三种典型的正一道法术，并非全部。所以，下面对这一时期法术思想的一些重要方面做一综合性的整体考察。

法术得由人来施行，由于法术是道教团体受人之托而举行的，为了保证其权威性和有效性，就必须对行法者进行选择。首先，是行法者的资格认定。只有受过箓的道士才有资格被秘密授予法术，在对法术掌握熟练后才有资格

---

① 《道藏》第33册，第772-773页。
② 《道藏》第33册，第772页。
③ 《道藏》第24册，第87页。
④ 《道藏》第8册，第819页。

施法。其次，行法者必须在宗教修炼方面已经取得了一定的成就。如果行法者修炼没有达到一定的程度，精神不完，或阴德有亏，即使依样行法，也被认为不会灵验。

行法者在行法前，必须斋戒沐浴，保持身、口、意的清洁宁静。行法时，必须虔诚，聚精会神，对符、篆、图、咒、剑、印、镜、令牌、法水、药石、炉鼎、青词①等的操作使用符合规范，演法的手段、进程准确无误，存想体内各部位的诸神，指派他们到身外执事。同时，借助于虔诚的存想，领略真神降临、持法力战胜妖邪的威力。

行法与戏曲表演颇有类似性。二者都有固定套路，是程式化的，一招一式都有特定的涵义。行法者必须如演员进入角色一样，全身心投入。与演员不同的是，行法者的表演不只关涉自己的身家性命，还涉及祈请者的身家性命，关系重大，容不得一丝一毫的马虎和虚假，也容不得出错，必须非常虔诚、真诚地投入。道教崇拜神灵，对神迹同样十分礼敬，常常亦步亦趋地效法和模拟，企图以此为中介与神交通。神灵本为玄奥莫测的自然变化之实体化。所以对神灵、神迹的崇拜实际上是对天道自然的模仿。例如，在行步罡踏斗之术时要求道士"法乎造化之象，日月运行之度……一时三月九旬，是以一步一交，三迹象一时也，并足象天地交也"②。所穿法服同样要按自然现象做出规定，如要求"上清法服"的内帔广四尺九寸，"以应四时之数"，长五尺五寸，"以法天地之气"③。当然，在这其中，行法者并非完全被动，可以发挥自己的创造性，主动积极地表现自己，让神宽恕自己和他人的罪恶，帮助自己清除神仙路上的障碍，快捷地达到目的地，这就提高了自我和他人生命的价值。费尔巴哈曾经说过："宗教的整个本质表现并集中在献祭之中。献祭的根源就是依赖感——恐惧、怀疑、对后果对未来的无把握、对于所犯罪行的良心上的咎责，而献祭的结果、目的则是自我感——自信、满意、对后果的有把握、自由和幸福。"④通过斋醮行法与神沟通、交流，行法者和祈

---

① 即道教交通天神的表奏。作青词的大多是达官显贵乃至皇帝，因而青词往往文辞典雅。唐代以后，国君颇为重视青词。北宋时，每遇节庆和皇帝本命日，都预先一月降入，马递各处宫观。若是临时建道场，即命翰林学士现场草词。明代国君，如明世宗同样很重视它。

② 《道藏》第30册，第1页。

③ 《道藏》第36册，第413页。

④ 费尔巴哈著，荣震华等译：《费尔巴哈哲学著作选集》下卷，三联书店1962年版，第462页。

请者对未来的结果都有了把握，消除了担忧与烦恼，恢复了自信，获得了满意、幸福与自由。

符、箓、咒等是人神沟通的媒介，是天神权力的象征。为什么有这样的功能呢？《太上灵宝净玥飞仙度人经法·释例》解释说："字者炁所结也，符者字之精也，咒者字之理也，含者字之音也。以丹染纸，字之与符，托此而形容也。以口念咒，由此而感召鬼神，炁之灵也，炁之和也。"① 符是以丹在纸上写字而成的。这与平常写字看似没有什么区别，可是道教认为，符上所写的字并不是通常所写的字，而是元炁的凝聚体。咒是字之理，嘴巴发出的是字的音，以口念咒，这本身就是元炁在发挥作用。箓是道士或天神的名录，上面同样写有字，因而箓的作用与符相似，并常与符配合使用。"以道之精气，布之简墨，会物之精气，以却邪伪，辅助正真，召会群灵，制御生死，保持劫运，安镇五方。"② 符既然是元炁的载体，万物都是元炁的衍生物，符与万物的同源性保证了它们之间能够此感彼应。所以说符是"三光之灵文，天真之信也"③，具有无所不可、无所不能的莫大功效。正如《道法会元》卷六十九解释符的原因时说："符无正形，以炁为灵也。灵者，祖炁也。"④ 元炁既是万物的本源，也是人的本源。在这个意义上，元炁又称为祖炁。这样，符既能够有效地作用于万物，又能够作用于人，有治病等诸多功能。正如《道法会元》卷一《清微道法枢纽》说："治病以符，符朱墨耳，岂能自灵。其所以灵者，我之真炁也。故曰符无正形，以炁而灵。"⑤ 符、箓、咒是元炁的载体，这就为符、箓类法术与内丹相通奠定了基础。

根据这一理论，道士们花了很大精力研究画符的方法。《道法会元》卷四叙述说："天以龙汉开图，结炁成符，人以精神到处，下笔成符，天人孚合，同此理也。书符之法，不过发先天之妙用，运一炁以成符。"⑥ 道教认为，天以元炁凝结为符，人以精神所到之处下笔画符，这是天人合一的表现。所谓画符，不过是先天元炁的妙用罢了。按照这一理论，《道法会元》卷四制定了画符的方法，即"先澄澄湛湛，绝虑凝神，使其心识洞然，八荒皆在

---

① 《道藏》第 10 册，第 600 页。
② 《道藏》第 2 册，第 143 页。
③ 《道藏》第 22 册，第 317 页。
④ 《道藏》第 29 册，第 230 页。
⑤ 《道藏》第 28 册，第 574 页。
⑥ 《道藏》第 28 册，第 692 页。

我闷，则神归气复，元神现前，方可执笔。以眼瞪视笔端，思吾身神光自两规中出。合乎眉心，为一粒黍珠在面前，即成金线一条，光注毫端，便依法书篆。存如金蛇在纸上飞走，定要笔随眼转，眼书天篆，心悟雷篇"①。之所以要到元神显现才能执笔，是因为元神与元炁是同一存在的不同侧面，或者说，只有元神显现，元炁才会产生。这一方法，除了执笔依法书篆外，几乎与内丹修炼没有什么两样。"一粒黍珠"实为内丹修炼的丹。

符、篆、咒的作用对象是神。道教的神，从《太平经》以来就可分为两类，即身外之神和身内之神。大致说来，灵宝派倾向于前者，上清派倾向于后者。内丹术兴盛起来后，就总体上而言，道教符篆斋醮之术受其影响，越来越倾向于后者，并把神视为元炁凝聚的结果。如《太上老君元道真经·元道中篇》说："人者万物之中至灵，与天地俱生于虚无之始。元炁结而成形，形既将立，则十天神降在人身中化为神矣。"②体外之神本质上是一种看不见摸不着的气，与生俱来，而且可以任意出入人身，而人常常对此不能觉察。它们进入人体后就化为身神。

这些身神对于人有什么作用呢？《上清经秘诀》引《九天生神经》云："人受生于胞胎之中，三元育养，九气结形，九月神布，气满能声，身尚神具，九天称庆，太一执符，帝君品命，主录勒籍，司命定算，五帝监生，圣母卫房，天神地祇，三界齐临，亦不轻也。"③道教认为，人尚未出生，众多神灵已经知道，于是九天庆贺，太一神以符保佑，帝君为之品鉴命运，主簿将之登入命籍，五帝监护他的出生，圣母在产房护佑，天神地祇人仙三界神灵全部降临，为出生保驾护航，可见人是多么的不凡！人的生命多么来之不易！多么崇高、伟大！而且，这些神灵不是在人出生后就离开了，而是居住于人身中，成为身神。《云笈七签》卷三十引《九真中经天上飞文》也说过："夫人生，结精积气，受胎敛血，所以凝骨吐津，散布流液，忽尔而立，恍尔而成，罔尔而具，脱尔而生，于是乃九神来入五藏，玄生父母唯知生育之始，而不觉神适其间也。"④有如此之多的神灵居住于人身之中，而且，这些大大小小的身神还要为人展开全方位的服务。身神的功能无比巨大，作用范围无边无际，不受时间、空间乃至任何条件的限制。不过，道教主要强调三

---

① 《道藏》第 28 册，第 692 页。
② 《道藏》第 17 册，第 206 页。
③ 《道藏》第 32 册，第 732 页。
④ 《道藏》第 22 册，第 218 页。

点：一是护卫人体，不仅担负生理功能，而且可以治病疗疾，使人长生不死。二是监督人的思想和言行。《太上洞玄灵宝三元品戒功德轻重经》称："人身行恶，身神亦奏之三官；人身行善，则度其仙名。生死罪福，莫不先由身神，影响相应在乎自然也。'① 三是为道士作法服务。例如，道士在行斋醮科仪时必须请出自己身中的神（即"出官"），指派他前往各处执行使命（即"遣官"）。

符、箓赋予人指挥神的权力，也是神听命于人并为人服务的凭据。《太上三五正一盟威箓》卷六宣称受太上正一八卦护身符后，能够出现一般人想象不到的众多奇迹："天帝生我，皇天养我，日月照我，北斗辅我，山川导我，百神侍我，阴阳通我，风伯送我，天厨供我，紫云盖我，神药活我。往来无穷，入海则出天门，入河即出地户。司命举我，何求不得，何指不测。一食千岁，连命日月，与天地无穷。登升天机，驾魁乘刚，所指者亡。"② 与符、箓常常一起合用的咒也如此。《太上正一咒鬼经》宣称："咒金金自销，咒木木自折，咒水水自竭，咒火火自灭，咒山山自崩，咒石石自裂，咒神神自缚，咒鬼鬼自杀，咒寿寿自断，咒痫痫自决，咒毒毒自散，咒诅诅自灭。"③ 符、箓、咒本身的能量在很大程度上决定了人在施用它们后所能表现出来的功能。

由于斋醮之术均用到符、箓、咒等以字为主体内容的法器，所以，斋、醮、祈祷等科仪之术，也具有无限的法力，能够满足道士们的一切愿望。那么，道士们通过符箓类科仪之术主要是想实现哪些愿望呢？《徐仙真录》卷二表达的十个愿望是：

> 一愿当今皇帝寿，寿与天齐万万春；二愿臣僚资禄位，风云千载庆嘉亨；三愿儒冠多富贵，名登天府作公卿；四愿农民勤稼穑，自今岁岁喜三登；五愿百工精技艺，待诏班门听玉音；六愿生财有大道，千户封君可比伦；七愿风调并雨顺，普天率土贺升平；八愿香火常隆盛，千年庙貌显威灵；九愿九天加锡命，玉佩跄（锵）趋拜紫宸；十愿十方诸信善，皈依三宝各虔诚。④

① 《道藏》第6册，第879页。
② 《道藏》第28册，第457页。
③ 《道藏》第28册，第368页。
④ 《道藏》第35册，第545页。

《灵宝领教济度金书》卷十一记载的"早朝十愿"是：

> 一念为道四大、合德斋主、七世父母，免堕幽苦，上升天堂，衣食自然；二念帝王国主，道化兴隆，庠序济济，皇教恢弘，威仪翼翼，普天所瞻，民称太平，四夷宾伏，妖恶自灭，圣贤自生；三念法师，功德大建，教化明达，俱获飞仙；四念同志学人，早得仙道，更相开度；五念九亲和睦，好尚仁义，贵道贱财，行为物范；六念损己布施道士及饥寒者，天下人民各得其所；七念蠕动蚑行，一切众生咸蒙成就；八念赦宥前生今世罪对，立功补过；九念家门隆盛，宗庙有人，世生贤才；十念尊受经师，不敢中怠平等，一心广度，克获上仙，白日登天，拜见太上，永成真人，云车羽驾，与道合真。①

《灵宝领教济度金书》卷十一所载的"晚朝十愿"是：

> 一愿大道流行普天怀德，二愿一切有生咸皆悟道，三愿九夜悲魂一时解脱，四愿孤魂无依咸得受生，五愿天下太平五谷丰熟，六愿臣忠子孝君仁父慈，七愿四海通同冤亲和释，八愿潜胞处卵咸得生成，九愿积疾新疴旋即痊愈，十愿孤露众生丰衣足食。②

这些众多的愿望，归纳起来主要有几项：一是希望全社会君、臣、民各阶层，士、农、工、商各行业中人都能满足其愿望，实现其理想；二是希望自然环境良好，动植物茁壮成长，气候风调雨顺，没有自然灾害；三是希望社会环境良好，没有战争，伦理秩序和谐，社会心理氛围融洽，所有过错、罪业、冤仇均得到排解，天下欣乐融融；四是希望道教兴盛，天下之人都皈依道、经、师三宝，三界神仙保佑，学道者早日得道。在道士们看来，所有这些愿望，都是通过符箓类科仪之术能够满足、实现的。正如《上清六甲祈祷秘法》所说："凡所欲之物，皆得如意也。"③

符箓类法术的主旨是"行符治病，济物利人"④，在民间有比较广泛的影

---

① 《道藏》第 7 册，第 96 页。
② 《道藏》第 7 册，第 97 页。
③ 《道藏》第 18 册，第 205 页。
④ 《道藏》第 28 册，第 679 页。

响和比较普遍的社会性，因而能够得到历代统治者的支持。上述诸符箓派别往往把自己的法术吹嘘得神乎其神，万应万灵。但比较实事求是的金允中在其《上清灵宝大法》中说："盖于身中升降运用，极于泥丸，成者可以却疾延年，失者未免动神损志。然专修此法，近年成就者亦希。非可以通天彻地而成真者也。若夫火枣内药①，阴魔外绝，与道为一，身外生身，升神而面朝九清，洞视而遐观万汇，此则灵宝中见玉清圣境之时，形神俱妙，隔绝嚣尘，俟数待期，径登金阙。得至此者必不行科应世，身入宅坛。既能躬觐天真，则章表文移，折旋音韵，一切不用。此又非默朝上帝例矣。"② 也就是说，单纯炼内丹，成就者稀少。希图内丹与符箓共用而得道成仙，面见上帝，实也幻妄。何况治病、救人、济物这样的目的是可以在现实中，在不长的时间内加以核查、验证的。法术的灵验与否，关系着道教的声誉，关系着行法道士的名望和现实利益，道士们当然不能不重视。道士们认为，符箓的灵验首先取决于佩符施术者心是否诚，"心诚则灵"。心不诚，存有二心、疑心，感应的效果就大打折扣，符箓就很难灵验。《中庸》云："不诚无物。"不诚失真则不能"尽物之性"。道教引儒家之诚以通神。占验符箓所重者殆重主观之诚信作用，可谓源渊有自。其次取决于画符是否掌握诀窍，符画得是否准确。最后取决于用符者是否能"解识之"。实在无法解释，就干脆"莫问灵不灵，莫问验不验，信笔扫将去，莫起一切念"③，取消了对符箓灵验与否的考校，余下的当然只有迷信了。但是，核查、验证法术的灵验，不只是道士一方，比道士更关注法术灵验与否的，是祈请的世俗中人。他们对法术本身没有多少了解，也未必有兴趣去深究它，他们关心的仅仅是祈请的实用目的达到与否。从长时段和大范围的宏观来看，祈请的世俗中人对法术的灵验与否是左右法术生存与否、发展快慢的根本力量。就今天的眼光来说，即使内炼功夫再怎么深厚，符箓类法术总体来说，都不可能达到道士们吹嘘的无所不能的灵验程度。不过，《道法会元》卷十四载有物验术，其中有一些物候学知识。这为法术偶然的应验提供了可能。法术总体上说达不到他们自己吹嘘的那样灵验，这是它们在明代中期以后迅速衰落的根本原因。

在道的方面，总的看来，这一时期的江南符箓类道教宗派建树不多，但

---

① 按：指内气炼得周身暖和，热气腾腾。
② 《道藏》第31册，第327页。
③ 《道藏》第28册，第673页。

其中仍然有一些宗派和学者在历史上具有一定的影响。上清派茅山宗道士杜道坚的思想，与符箓斋醮关系不大，故本书单独设节讲述。元代初期，正一派道士雷思齐（1231—1303）著有《易图通变》五卷、《易筮通变》三卷，对易学有独到的见解。他还著有《老子本义》《庄子本义》，可惜已佚。他与吴澄、袁桷等名儒交往甚多，在社会上有一些影响。《易图通变》本于陈抟所开创的图书之学，把陈抟所传的河图之说加以改造后运用到易学筮法的解释中，认为河图之本是"大衍之法"，河图之数是"大衍之数"，即四方四维四十之数为"本数"，"天五地十虚用，以行其四十"①。雷思齐的图说合于筮法，筮法也合于图说，图筮合一。筮法本身包含着数，推演数就可导出河图来，这就把占筮之学与《易》的宇宙发生论统一起来了。《易筮通变》认为，九、六起源于"参天两地"，是为占变之事而设，九、六与七、八之间可以相互转化，从而理清了筮法中七、八、九、六四个数的关系。雷思齐的两部书是宋元道教象数学的代表作之一，它对道教法术和教理的建设起了一定的推动作用。

宋代以来，符箓类道教宗派的术多称之为"法"。"法"不仅包括各种术，而且更多地偏重于仪式。这些符箓类道教宗派各自有自己的法，如天心派的玉堂大法，东华派的上清灵宝大法，净明派的净明忠孝大法，神霄派的神霄雷法等。这些法甚至是各个宗派得以成立的基础。南宋后期天师道之外的各道派没有授箓权，只能以这些法标榜自己的独特身份，进而与社会相沟通，获取生产和发展的资源。这是各个道派生存发展的重要前提。因此，"法"成为这些宗派赖以存在的基础。

对道与术（法）的关系，这一时期的符箓类道教宗派做了比较深刻的思考。他们认为，"道者，灵通之至真；法者，变化之玄微"②。道是至真无假的，能够灵妙圆通地应对一切。法则是促成事物发生精细微妙变化的技术。至于道与法之间的关系，《道法九要序》认为，法"本出乎道。道不可离法，法不可离道，道法相符，可以济世"③。它认为，道与法相互依存，缺一不可。只有二者相符，才能够发挥出济世利人的功效。实际上，二者间是你中有我，我中有你。因为，道教的种种道术都有某种神学信仰或哲学观念作支

① 《道藏》第20册，第336页。
② 《道藏》第28册，第673页。
③ 《道藏》第28册，第677页。

撑。在道术中，神学信仰或哲学观念已转化为形而下的形态并具体表现于道术的操作程序和方术中。如符箓类法术的仪式的实象性曲折地暗示了特定的哲学观念和宗教信仰，它是一种以感性存在方式体现其宗教观念和信仰的象征。道士们还以体和用这一对范畴来解释道与法之间的关系。《灵宝玉鉴》为宋元间灵宝派斋醮仪法之集成，编者可能为吴全节（1269—1346）。该书卷二十二说："道一变而为法，盖法为道之用也。然道为法之体者，亦无在而不在也，日用而不知耳。"① 《道法会元》也说："道乃法之体，法乃道之用。"② 以此而论，道统率法，法又把道的功能在形而下的层次落实了。这是从本体论的角度来说的。

道与法的关系还可以从本源论的角度来看。道教学者们吸收了宋代理学的"体用一源，显微无间"的思想，用无与有、微与显等范畴来考察二者间的关系。"道体法用，道无法有，道微法显。故用不出于用而出于体，有不出于有而生于无，显不兆于显而兆于微。"③ 有生于无，显来自于微，法出于道。从本源论的角度来看，法是由本源之道，即"先天一炁"产生出来的。"法出先天一炁，如何谓之道法？和合神炁，谓之道法。"④ 法从先天一炁即道产生出来，为什么后天的人能够用法呢？他们认为，这是因为人与生俱来就具有先天的道性，只不过它在人心中处于潜伏状态罢了。"性系生门，寄体于心，自然之道，即先天也。"⑤ 为此，只要做好炼心功夫，就可以使得道性彰显出来。道性一旦彰显，由道所生之法自然就出现了。道是绝对，是唯一；法则是相对，是众多。了心见性，自然可以通万法。"了一心而通万法，则万法无不具于一心。返万法而照一心，则一心无不定于万法。"⑥ 这样，"道因法以济人，人因法以会道，则变化无穷矣"⑦。道凭借法而能够济人，人借助于法可以上达于道，如此可以促使万物发生无穷无尽的变化。基于道与法的关系，在这一时期的符箓类道教宗派看来，风、云、雷、雨、电、晴等自然现象，可以通过存思、内丹制造出来。呼风唤雨、翻江倒海，一一只

---

① 《道藏》第 10 册，第 303 页。
② 《道藏》第 28 册，第 674 页。
③ 《道藏》第 28 册，第 675 页。
④ 《道藏》第 29 册，第 410 页。
⑤ 《道藏》第 29 册，第 347 页。
⑥ 《道藏》第 28 册，第 673－674 页。
⑦ 《道藏》第 28 册，第 673 页。

在指顾之间。人的精神不仅可以感通天地，影响自然，而且可以主宰天地，创造自然。这显然是在宗教信仰的前提下把存思、内丹的作用做了过分的夸张和神化。

符箓类法术的哲理在于，天地与人体的结构相类似，天与人能够相互感应，道体与人体相通，本真的人性即道性，万物均来源于气而受道的控制，气的聚散形成了符图的结构形态，人借助于符箓就可以如本源之道一样生化万物，如同道一样无所不在，无所不能。符箓祈禳、斋醮科仪、祭炼度亡所涉及的法器、空间布置、时间流变、操作的程序、动作等，都蕴藏有人神沟通、天人感应的涵义。其以具象化的方式，曲折地映衬出道教哲学的原理，具有天人合一的象征性意义，具有宗教信仰前提下的心理暗示功能，可从宗教心理学的角度做深入的研究。这也印证了比较宗教学的一个观点：宗教早期的一切具体禁忌或者仪式，在其后的发展阶段会成为与心灵有关的东西，甚至完全是精神的象征。外部的客观法则经过一段时间会成为人内在的信念。

如其他道教宗派一样，这一时期的符箓类道教宗派大讲特讲伦理。它们伦理思想的特点是，把外在的神与内在的心合二为一，用这说明欺心即欺神，心的善恶伴随着吉凶之神的降临，把动机与效果结合起来，认为心善可以使神明安定，使过错、罪孽消除，使福气到来。正如《关圣帝君觉世经》说："人心即神，神即心，无愧心，无愧神。若是欺心，便是欺神。"① 那如何做到无愧于心呢？《云笈七签》卷九《释太上上皇民籍定真正箓》认为，道是无为，心不能做到无为，就应该感到惭愧；不能报答父母的养育之恩，不能习术使父母不死而成为神仙，也应该感到惭愧。此外，违背师训，不能尽忠，没有遵守伦理规范，没有脚踏实地地修炼，如此等等，都应该感到惭愧。有了惭愧之心，心就能安定下来，"定由惭愧。惭愧既立，常在心中。心中有惭愧，俯仰思道。思道不忘须臾，则神明定乎内"②。心安定下来，就能思道。思道不止，一旦神明"内定则罪去，罪去则福来，福来则成真，成真则入道"③。这里，惭愧之心的内容是纲常名教，这是第一步。心神的安定则是最重要的第二步，到了这一步才能见到德性涵养的效果。这就是通过道德认识确立道德信念，进而把道德信念与作为终极真理的道结合起来，如此心中

_____

① 《藏外道书》第 4 册，巴蜀书社 1992 年版，第 120 页。
② 《道藏》第 22 册，第 53 页。
③ 《道藏》第 22 册，第 53 页。

必然充满了行善的动力。心与神始终是合二为一的，这是内在与外在，他律与自律的统一。神实际上是自己的异化，其实质内容是伦理德性。以神的面目出现，可以为德性伦理主体树立起权威与尊严。

符箓类法术还具有文化传承的历史意义。神仙崇拜是符箓类法术的重要内容。神仙崇拜在南宋至明代中期继续得到发展。在宋理宗让龙虎宗统领三山符箓之后，法与箓分离，在地化即地方化成为符箓类道教宗派发展的方向。在各地生存的道士为了得到当地民众的认可，往往在仪式中吸纳地方神灵，让这些地方神灵进入道教的神仙谱系。这在地方道教中很常见①。在扩大道教影响力的努力下，一大批民间俗神涌入道教，道教自己也源源不断地改造、塑造了一批新神。例如，文昌帝君是这一时期道教为了增强对士大夫知识分子的吸引力而成功地从原有神灵中改造成的一个神。道经中原有的文昌是一个能够击碎人的脑袋的神，唐代以后逐步演变为专司科举考试的神，而且，其原形也被替换为晋时的张亚子，道教原来意义上的文昌反而泯灭不彰了。南宋理宗景定五年（1264）开始对文昌有封制，元仁宗延祐三年（1316）正式进入太常祀典，标志着道教的这一旧神改造运动的最终成功。道教的神多起源于民间，开始时往往带有浓厚的"祖先崇拜"和"精英崇拜"的色彩，尤其是后者。这反映了死亡对民间社会的困扰和民众对死亡的思索，然后民间自发地把这些祖先或精英封为神，立像建庙供奉。到其社会影响比较大，扩展到多个地区时，官方往往从安定民心的角度给予敕封、承认。分析这一类例子有助于我们洞察宗教现象与社会结构的关系，以及民间宗教所凸显的精英阶层与乡民阶层的社会文化互动等。精英是传统社会秩序化的中坚力量。精英之死（多为非正常死亡）在一定意义上是社会与个体间关系失范的极端化的表现。精英被敕封为神从一个侧面表达了民间对社会和个体间关系"秩序化"的渴求。从文化学来看，秩序化意味着俗文化与雅文化（精英文化）之间的良性互动。从宗教学来看，秩序化意味着民间的祖先和精英崇拜力图向制度化宗教靠拢而寻求政治承认，获得社会地位。儒家不是严格意义上的宗教，佛教的神谱则是封闭的。别无选择，民间的非制度化宗教就只能向道教靠拢并寻求义理解释。从外在的社会生活层面来看，秩序化意味着民间社会与国家政治力量的良性互动，体现了社会结构的变化。就内在的个体生命而言，秩序化表征了对终极关怀的境界的关注与追究。民间宗教反映了民众

---

① 李志鸿：《道教天心正法研究》，社会科学文献出版社 2011 年版，第 7 页。

对生命的探索，对价值的追求等，民间宗教到制度化宗教的演变反映了民间社会对世俗世界与神圣世界相互关系的思索，反映了民间社会对融入神圣世界的渴求。

类似的例子还很多。宋代武宗元的《朝元仙杖图》中只有八十七个神仙，而到了元代，泰定年间绘于山西芮城永乐宫三清殿的巨幅壁画中则有二百八十多个神仙，增加了两百个左右。从神话到鬼话，从巫术神谱到宗教神谱，既有文化素养不高的下层老百姓因原始思维的遗留而不自觉地改造神祇的贡献，也有佛教东传的影响，但最重要的还是道教理论家们的自觉行为。张果、孙思邈、钟离权、吕洞宾、王重阳、王文卿、萨守坚等名道士或道教宗派首领等，或由民间推崇，或由官方敕封，都先后变成了神仙。神谱一旦构成，道教中的哲理就被掩盖了，神仙的天真浪漫、逍遥自在的色彩也减退了。可悲的是，神仙成了道士对人的行为进行诱导、规范、控制的工具、画符，成了"供桌上的冷猪肉"。神谱的不断改写，反映了道教义理思想顺应时势的变化。

宋代以来，符箓类道教宗派往往通过法介入世俗生活。法中不同的符咒、行持方式和与儒家、佛教尤其是密宗、地方性神灵崇拜、巫术等文化资源配置的结构不同①，形成了不同的道法体系。除了前述的几个宗派之外，还有赵侯南法、闾山派道法等各种地方性道法体系。这其中，巫术与道教的关系是值得多加关注的问题。

白玉蟾的《海琼白真人语录》卷一有记载说："巫者之法，始于娑坦王，传之盘古王，再传于阿修罗王、复传于维陀始王、长沙王、头陀王、闾山九郎、蒙山七郎、横山十郎、赵侯三郎、张赵二郎，此后不知其几。昔者巫人之法，有曰盘古法者，又有曰灵山法者，复有曰闾山法者，其实一巫法也。巫法亦多窃太上之语，故彼法中多用太上咒语。"② 巫术并没有因道教产生而消亡。在道教产生后的历史发展过程中，道教逐渐向精英文化和官方意识形态的方向发展，巫术则仍然居于文化最底层，尤其存在于经济文化较为落后的地区，如少数民族地区。二者虽然判分为二，但仍然有相互影响的关系，

---

① 王承文：《东晋南朝之际道教对民间巫道的批判——以天师道和古灵宝经为中心》，《中山大学学报》（社会科学版）2001年第4期；雷闻：《论中晚唐佛道教与民间祠祀的合流》，《宗教学研究》2003年第3期；刘黎明：《宋代民间巫术研究》巴蜀书社2004年版，第85-133页。

② 《道藏》第33册，第113-114页。

只不过道教影响巫术的方面占据主导地位。闾山法是受道教影响很深的一种巫术，也可以说是巫术痕迹很重的道教宗派之一，其最早的记载就是白玉蟾这里。闾山九郎以下诸传人，都是南方民间神坛供奉的祀神。闾山法形成于宋代之前闽、浙、赣地区，其起源是巫术与以东晋道士许逊为本的信仰融合体，接着吸收了唐代以来福建民间女神陈靖姑信仰并以其为主体，进而吸收了正一道的科仪之术和佛教密宗的瑜伽法术，从而成为遍传南方各省的最具有典型性的道教民间宗派，它在各地有或多或少的地方特色，因而有不少子教派，但它们的根本是相同的，即以闾山法——闾山夫人教为本。

与闾山法类似的例子还有梅山教等遍及大江南北的有一定体系的法教和各地广泛存在的不成体系的巫术①。要对这些问题有准确的判断，就必须深入地研究"法"。

符箓道法在道教道术的历史演变中，不断地远离幼稚的巫觋之术和方术，在道的义理制约和其他术的影响下改变了形式和内容。就形式来说，主要是体系化和程式化。它的仪式和方法不再是零散、杂乱、没有头绪的，不再是巫觋、方士随个人的喜好而随意拼凑组合，而是用道教义理的框架筛选、蒸馏、整理而形成的具有内在统一性的体系。它所奉崇的神祇也不再是有浓厚祖先崇拜、氏族崇拜色彩的图腾和有浓厚地域崇拜色彩的地方神灵，而是依据宇宙演化的秩序而形成的等级森严、秩序分明、层次井然的神灵谱系。这样，法术本身形成了前后衔接、环环相扣、步骤严密的程式。就内容来说，符箓之术的种类越来越多，用途越来越广。从上述可以看出，元代江南符箓诸派在理论创新方面确实做了比较多的工作。虽然属于完全独创的东西不多，但移植其他宗派的理论，在消化的基础上融会贯通而丰富自己，这也是一种创新。这一时期的符箓类道教宗派把哲学、神谱、科仪和其他道术汇融贯通、整合统一，使得符箓道法逐渐形成一个庞大而彼此关联的体系。这一时期，受中唐以来科学技术进步、经济发展的影响，人们比较重视身外之物，对世俗利益的追求比较强烈。对实用的强调导致道术在这一时期被称为法术。这一转变说明，道与术不再是两块皮，而是体与用的关系，二者达到了圆融的程度。道与术的圆融反映了道教的哲学和义理已发展到了即体即用的圆融程度。这在道教哲学史上是有意义的。把这放到整体的中国思想史来看，同样

① 《梅山教与道教的关系——兼顾道教的扩展研究》，《广州大学学报》（社会科学版）2018 年第 6 期。

是有意义的。雷法等符箓类法术把道教和传统文化中一切可资利用的资源几乎都动用起来了，对它们做系统的集成与综合，使得中国传统文化发展到了一个新的阶段。它们力图最大限度地增强人战胜自然、改造社会的能力，发掘生命潜力，提升生命质量，增大人的自由，使得传统文化注重实用性的特点发展到了登峰造极的地步，其价值和意义不可低估。

从今天科学实证论的角度来看，符箓类法术有不少巫术和迷信的成分，有人甚至把它视为阻碍中国科学技术进步的因素。但是，对符箓类法术的研究，如上所述，可以采用文化人类学的方法，不能用唯理性主义的方法①。对符箓类法术的评价，应该把它放到它据以存身的历史背景中考察。按照美国哲学家梯利（Frank Thilly，1865—1934）的观点，西方在近代科学兴起之前，在文艺复兴时期，巫术和迷信同样很盛行。热衷于此的欧洲人希望通过这些秘密的技术和神秘的方式，同精灵交通，发现自然界的奥秘，进而征服自然。梯利认为，这种思潮荒诞而迷信，但它标志着进步。它面向未来，试图研究和控制自然，是近代科学的先驱。随着时间的推移，其中的迷信成分逐渐被离析出去，炼金术演变为化学，占星术演变为天文学，巫术演变为实验②。在中国出现的情况，与梯利的分析颇为一致。宋明时期，由于内丹的普及，内丹与符箓的融合，人们普遍认为，神灵并非天成，而是由人修炼成的。神灵的地位比以前大大降低了。此时，道教的斋醮符箓之术，虽然仍有信仰的成分，但这些成分越来越成为只具有装饰作用的面具，充斥于其中的理性的成分越来越多。这反映了社会上兴起的理性主义思潮，已经对道教产生了巨大的冲击。斋醮符箓之术的效验和存在的价值，已开始受到怀疑。理性主义成分的滋长，是道教法术向科学方向转变的一个有力的促进因素，只是明代中期至近代中国社会的其他因素的制约，没有为它成为中国近代科学先驱提供充分发展的条件。

道教与巫术、法教的关系问题的背后，涉及宋代之后道士身份的认定。宋代以来法与箓分离，以法演道、以法立教的色彩颇为明显。这样以来，任何人只要宣称认同道教信仰，掌握一点法术，就可以从事类似道士的工作，

---

① 唯理性主义的观点，龚鹏程先生概括得很好。他认为主要是三点：一是把理性视为人存在之本质，二是理性被看成人了解及掌握世界的唯一的方法，三是理性可以作为价值判断的依据。参见龚鹏程：《道教新论》，台湾学生书局1991年版，第20页。

② ［美］梯利：《西方哲学史》上册，商务印书馆1975年版，第265－267页。

甚至可以宣称自己是道士。符箓类道教宗派的地方化，必然加速道士来源的多元化。例如，《无上黄箓大斋立成仪》的作者蒋叔舆是一个官员，东华派宁全真的很多传人都是普通的俗人。在很多地方传承至今的师公，同样是俗人。以法演道、以箓传教固然扩大了道教的影响，但也会带来道教的世俗化，尤其表现为道士的功利化、职业化、庸俗化。明代中期以后道士被边缘化、丑化、妖魔化就是这一原因。

第四章
南宋至明代中期的道教思想 （下）

第一节　张宇初"造乎天人一致之工"的思想

张宇初（1359—1410），字子璿。他的著作有《道门十规》《道门定制》《道门科范大全》《元始天尊无量度人上品妙经通义》《龙虎山志》，诗文集有《岘泉集》，并编辑有《三十代天师虚靖真君语录》。他的思想有鲜明的儒家心学色彩，这与他曾经从彭孟悦习闻陆九渊性理之学，并与倪子正切磋讨论它，"十余年犹一日"[1] 有关。在形而上层次把太虚、道和心合三为一而以之为本源和本体，在形而下层次强调"造乎天人一致之工"，是张宇初思想的根本。

在形而上层次，张宇初以太虚为本体和本源。他认为，"虚"与"实"互相依存，"实"存在于无形的"虚"中，并因"虚"而得以生生化化，所以万物以"太虚"为本体。这固然是继承李道纯、陈致虚等道教学者们的思想，但也与他读过张载的书，受张载思想影响有关。与张载一样，他把虚与气联系起来，主张"弥满六虚皆气"。这样，"实居于虚之中"也就是"位乎气之中"，"以太虚为体"也就是"气为万有之母"。张宇初把有形的"实"视为"有"，无形的"虚"视为"无"。这样，他就顺理成章地引入有、无范畴来深化对"虚""实"的理解。"世之具形气者，有生于无，而无复归于

---

① 《道藏》第 33 册，第 210 页。

有"，天地万物的运动变化"皆有无自相生化者也"①。这显然是对《老子》中"有无相生"，"天下万物生于有，有生于无"思想的发挥。把"有"和"无"描述为"形"和"气"，可以看作是对"实"和"虚"的论述的深化。这表现在太虚本体同时被作为本源，具有了化生万物的功能。"万物皆祖于虚，生于气。气以成体，体以受性，性以辨名，名以立行，行以俟命。故虚者，物之府也。"② 太虚生气，气生万物和人。人禀太虚而成性，性通过语言文字而辨明，并指导人的行动。人通过行动来趋达于本该有的极限，即命。这一思想，同样主要是渊源于张载。张载曾经说过："太虚无形，气之本体，其聚其散，变化之客形尔。"③ 又说："知虚空即气，则有无、隐显、神化、性命通一无二。顾聚散、出入、形不形，能推本所从来，则深于《易》者也。"④ 张宇初这一思想的内核，与张载一样，是儒家本有的穷理尽性致命的思想。但张宇初作为正一道的首领，为了论证宗教信仰的意义和斋醮符箓之术存在的合理性，不得不肯定上帝和神的主宰作用的存在，说："天也者，积气也，上帝则天之主宰也……虚无之界无穷，轻清之炁无体，而宰制之神亦无方也。"⑤ 确实，不把上帝、神凌驾于太虚之上，正一道的神谱和符箓道法就失去了存在的合理性。

张宇初把太虚一气的浑然状态解释为太极，认为太极是宇宙的整体和大全，是本体之道的体。道则是万有和万有存在、运动的总过程。

> 太极者，道之全体也，浑然而无所偏倚，廓然无得形似也，其性命之本欤？性禀于命，理具于性，心统之之谓道，道之体曰极。⑥

这样，太极与太虚实为一体二名。太虚既是本源，也是本体。太极同样如此，"兼有无，存体用，涵动静，为万化之源，万有之本"，并"妙合二五之精"⑦。"二"即阴阳二仪，"五"即五行。阴阳、五行、万物均是太极衍生出来的，它们的性质互不相同，所以说万物各自具有一个太极。"五行一

---

① 《道藏》第 33 册，第 212 页。
② 《道藏》第 33 册，第 182 页。
③ 张载：《张载集》，中华书局 1978 年版，第 7 页。
④ 张载：《张载集》，中华书局 1978 年版，第 8 页。
⑤ 《道藏》第 33 册，第 187 页。
⑥ 《道藏》第 33 册，第 188 页。
⑦ 《道藏》第 33 册，第 188 页。

阴阳也，阴阳一太极也。太极散而为万物，则万物各一其性，各具一太极。"① 阴阳、五行、万物之中的太极虽然各个不同，但这只是着眼于分，是立足于万物来看。如果着眼于合，立足于作为本体的太极来看，则万物只有一个太极。"而阴阳五行经纬错综，合而言之，万物统体，一太极也；分而言之，一物各具一太极也。"② 这一思想，基本上是程朱理学所主张的"理一分殊"的观点，无非是把"理"替换为"太极"罢了。从"道为太极"的观点出发，张宇初认为，太极有理、气"二实"，阳变阴合而生化万物，这与佛教不同。他指责佛教"凡有形气者皆虚空幻妄也，故虚无空寂而失理气之实也"③。这与张载对佛教的批判基本一致。张宇初认为，太极作为道之全体，是性命之本。与道教传统的命源于性的观点不同，张宇初受理学家的影响，认为性本于命，天理存在于性中，心统性命而成为道。但与程朱理学不同，张宇初由"心统性情"上推出了"心为太极"的命题。他说："知道者，不观于物，而观于心也。盖心统性情而理具于心，气囿于形，皆天命流行而赋焉。曰虚灵，曰太极，曰中，曰一，皆心之本然也。是曰心为太极也，物物皆具是性焉。"④ 性表现于外则为情，心统性情，则心为性情之体。心统性命而为道，太极为道之全体，如此可推出"心为太极"的命题。张宇初这种心统性命而为一太极的观点，既继承了道教"修道即修心，修心即修道"的观点，又是合会周敦颐、二程、邵雍、朱熹、陆九渊等理学家的思想的结果。张宇初引证上述理学家之说，认为他们都是从不同角度来解释太极，说的是同一个道理："周子曰：中焉止矣。程子曰：太极者道也。邵子曰：心为太极。朱子曰：太极者理也。陆子曰：中者天下之大半，即极也。理一而已，合而言之曰道也。"如此一来，就有"心为太极"和"道为太极"两种观点，岂非矛盾？张宇初并不认为这是矛盾，他的解释是："且鸿濛溟滓之初，则元气为万物根本。其体谓之理，其阴阳流行不息者气也。是故未分之前，道为太极；已形之后，皆具是理，则心为太极。"⑤ 他认为，"道为太极"是就天地未分之前的先天而言的，"心为太极"是就天地已分的后天而言的。就后天而言，张宇初强调，"易曰心学"，这是由于后天的万物都禀赋于理，而

---

① 《道藏》第33册，第188页。
② 《道藏》第33册，第188页。
③ 《道藏》第33册，第197页。
④ 《道藏》第33册，第181页。
⑤ 《道藏》第33册，第188页。

理存在于心中。"万事万化皆本诸心，心所具者天地万物不违之至理也。"①一切变化都是由心产生的，心中完满无缺地具有万物运动变化之理。人的运动变化与万物的运动变化相一致。"人道之始于阳，成于阴，本于静，流于动，与万物同也。"②换句话说，"心为太极"和"道为太极"是统一的，人道与天道完全一致。这样，认识万物的运动变化只要发掘本心即可。

从后天修炼的角度来说，张宇初比较推崇邵雍"心为太极"的观点。太极是至虚至无的"中""一"，修道必须效法它。"为道之宗，莫过精神专一，澹足万物，去健羡，黜聪明为要，是以虚无为本也。"③内圣外王之用，各种修炼之术，都是这一原理的具体运用。例如，内丹与外丹都是遵循这一点。就内丹而言，正确的修炼方法是"无视无听，抱神以静。是以忘形以养气，忘气以养神，忘神以养虚而已"④。就外丹而言，"盖外丹之传，采五金八石之精粹，按火候阴符而烹炼，与内丹升降进退之道无异。故内外之运用一也"⑤。总之，是"虚元为本，因循为用"。在张宇初看来，人只要以本虚之心来契合天地万物之体，即虚灵之太极，就可"以方寸之微而能充乎宇宙之大"，达到"心虚则万有皆备于是矣"的效果。不仅如此，虚中守一还能够"原始返终""复命归根""与太虚同体""与天德同符"，从而"造乎天人一致之工"。在这过程中，只要"特冲气以和，顺物自然而已矣"⑥。

在人性论上，张宇初深受儒家的影响。他赞成孟子的性善论，对荀子的性恶论和扬雄的善恶混说做了批驳。他赞同《中庸》"天命之谓性"的观点，吸收了张伯端和张载把性分为天命之性和气质之性的观点，对人性进行了探索。他说："子思之谓'天命之谓性'，天之命于人者为性，知率其性则谓之道，孟子之谓性善是也。人心统乎性情，本无不善，所谓天命之性也。其具仁义礼智，不假为而能也，即继之者善也。盖天之命于物为性，善所固有；其恶也，所谓气质之性也，即性相近也，由乃感于物、动于欲、弊于习而然。"⑦本然的性是天命之性，本无所谓善，但相对于后天的善恶而言，又只

----

① 《道藏》第33册，第189页。
② 《道藏》第33册，第189页。
③ 《道藏》第33册，第186页。
④ 《道藏》第33册，第187页。
⑤ 《道藏》第33册，第207页。
⑥ 《道藏》第33册，第182页。
⑦ 《道藏》第33册，第196页。

能是善。天命之性内在地包含仁、义、礼、智等人与生俱来就能够遵循的伦理规范，当然是善，因为它是遵循性而在行为中表现出来的，所以说是"继之者善"。气质之性存在于后天，为物所感，被欲望所诱惑，为习气所污染，因而是恶。但即便如此，也不影响人性的本然是善。只要能保持本然之性的灵明纯正，人就能够"得乎天秩天序"，一切行动无不合乎"天理"。这与理学的观点没有什么大的差别。张宇初十分赞同周、程的观点，说："独周子曰'性焉安焉之谓圣'，程子曰'天所赋为命，物所受为性，性即理也'，可谓著明矣，是足以继孟氏者周、程而已矣，其度越诸子概可见矣。"① 他如理学家一样，把天理与人欲对立起来，主张在心中灭人欲而存天理，认为这样即可尽性致命。他说："天人之道一，故道之至精至粹，理之至幽至微，人之不能与天地并行而不违者，不能辨夫天理人欲之一间耳，是以不能尽圣贤之心也；能尽其心，则尽性致命之道得矣。"② 这些观点的内在理路，实际就是孟子所说的"尽其心者，知其性也；知其性，则知天也"③。朱熹对孟子的这一观点注释说："程子曰：心也，性也，天也，一理也。自理而言谓之天，自禀受而言谓之性，自存诸人而言谓之心。张子曰：由太虚有天之名，由气化有道之名，合虚与气有性之名，合性与知觉有心之名。愚谓尽心知性而知天，所以造其理也。"④ 可见，张宇初在很大程度是移植朱熹的思想。不过，张宇初的这些观点与理学家的尚有一些差异，这表现在，他比较强调泯灭人欲，恢复心的本然状态，让人性回复到本然之性，从而实现人道与天道吻合无间，天人合一。实现了天人合一，又可以促使人在更高的程度上尽人、尽物的本然之性，让人、事、物所处的宇宙归于"太和"之境。"故非造天人一致之工，未足尽事物本然之性也。"⑤ 这说明，张宇初人性论思想的底蕴，仍然是道教的。以"造天人一致之工"为"尽事物本然之性"的标志，是张宇初思想的独到之处。这一观点的背景是务实致用。明代早期，心学思潮逐渐昌盛，商品经济萌芽，道教世俗化，正一道专注的斋醮符箓之术不得不因应形势而服务于人们追逐利益的需要。张宇初的这一思想，是受这些情况的影响而得出的。

---

① 《道藏》第 33 册，第 196 页。

② 《道藏》第 33 册，第 197 页。

③ 《孟子》，中华书局聚珍仿宋本，第 102 页。

④ 《景印文渊阁四库全书》第 197 册，台湾商务印书馆 1982 年版，第 182 页。

⑤ 《道藏》第 33 册，第 216 页。

张宇初认为："能造乎天人一致之工，则致中和，存诚明，穷事物之理，尽人物之性。然后位天地，育万物，裁成天地之道，辅相天地之宜，是以智周乎万物，而道济乎天下也。"① 只有天人合一，才能致中和，存诚明，穷事物之理，尽人物之性，安定乾坤，养育万物，赞应天地之道，辅助天地归于顺畅合宜。进一步以智慧遍周万物，以道救济天下。张宇初认为，老子之道就是"造乎天人一致之工"的道，它既是仙道，又是经国治世之道。因为国"本诸身"，治国与修身遵循的是同一个道理，都要效法天道，都追求天人一致。修道者如果不能把握《老子》的道德性命之本，就不可能有大的成效。为此，他对当时道教徒中种种不合于这一点的表现进行了严厉的批评。从他所说的"颓风陋俗（习）流而不返，挽而不止，日益滋炽"② 的情况来看，他的批评应该说是对症之药，可谓一针见血，入木三分。张宇初掌教时，正一道"玄纲日堕，道化莫敷，实丧名存"③，斋醮符箓之术的衰落迹象已经显露得很充分了。张宇初对此做了理论上的回应，主张老子是道教教主，老子思想的根本是内圣外王之道，其核心是"无视无听，抱神以静"。其后"黄老之书出而吾道兴"。他认为，黄老道家是道教的骨髓。他引司马谈《论六家要旨》而论道教的宗旨说："吾闻诸史氏曰：道家者流，使人精神专一，动合无形，澹足万物。其为术也，因阴阳之大顺，采儒墨之善，撮名法之要，与时迁徙，应物变化，立俗施事，无所不宜。指约而易操，事小而功多。至于大道之要，去健羡，黜聪明，释此而任术，则无所取焉。"④ 在他看来，道教的一切术都应以这一宗旨为统率，否则就只是巫术、方术而不是道术。他认为，道教"盖其本则三洞九霄诸经品道藏者，其用世之说则内圣外王之道，盖公、曹参以清静而治是也。其要也，使有归于无，实返于虚，顺元气之流行，而深根固蒂，返本还元，则性命混融，守其一真，复超乎无而已矣"⑤。这里强调的只是王道政治之术和内丹之术的原理。外丹术没有提及，是因为他认为"金石草木徒杀身取祸"；符箓禁咒、祈禳斋醮没有提及，是因为它们"犹末事耳"，而且正一道运用它们的弊端陋习使得他对这些已经不得不进行排斥了。他甚至认为"寇杜葛陆之徒"所行的符箓祈禳是邪门歪

① 《道藏》第 33 册，第 183 页。
② 《道藏》第 33 册，第 184 页。
③ 《道藏》第 32 册，第 146 页。
④ 《道藏》第 33 册，第 134 页。
⑤ 《道藏》第 33 册，第 206－207 页。

道。他对正一道历来只重视符箓科仪的宗风进行了批判。他认为，斋戒沐浴和陈列供品等仅是为了表达诚意，关键是要修德。至于"道之设象"和"科范仪典之制"，仅仅只是"致敬竭诚之端耳，使瞻礼之皈，斯有格也"。但后人"弃本逐末，舍真竞伪"，"不究诸内，惟眩诸外"，"惟声利是趋"①，沉溺于陋习而不醒悟，背离了正道。为此必须正本清源，以黄老之学为其宗本，以"虚无、清静、无为"为原则，对道教进行整顿。这一方面是倡导道士们"收习身心，操持节操"，遵守戒条，对道士的个人和团体生活进行整顿，着力提高道士的宗教素质。为此，他著《道门十规》，提出道士应该遵守的十条戒规，企图仿照早期全真道的真功、真行来整顿正一道的纲纪。另一方面是对道教的术进行取舍，重组道术系统。他认为元代流行的御女采战之术虚妄不实，只会导致"丧身亡命"。草木云霞、按摩导引之术则只是入道之资。如果把它们作为修道的根本，那是缘木求鱼，负薪救火。他倡导全真道性命双修的宗旨，要道教徒们注重研究《石壁记》《龙虎经》《参同契》《悟真篇》等丹书，以静定为基，行"百日立基，十月胎圆，三年圆毕"②的渐进丹法，了彻性命。

张宇初除了熟谙符箓道法外，还从刘渊然学净明道法，向丹鼎派学习内丹。他把内丹修炼思想引入到斋醮科仪之术中来，说："科教之设，亦惟性命之学而已。若夫修己利人、济幽度幽，非明性命根基，曷得功行全备?"③这显然是引入了全真道的性命双修和功行两全的思想。他强调必须以内炼金丹为根本，把内炼与外用、内丹与符箓统一起来，主张通过正心诚意的功夫，使得人与天一致，心与天一。这样，心中之法，用而无所不在；心中之神，用而无所不能。"真中有神，诚外无法……则混乎天人一致之工，神明与居，心与天一，吾心即天也。"④为此，他认为，修学道法首先得炼内丹，悟明性天心地，然后再学符箓道法。不仅如此，符箓道法的灵验也取决于内丹修炼的成效。他说："苟能晨夕炼神养气，修持不息，与神明交格，言行无慊，何患法之不灵，将之不佑?"⑤不仅如此，张宇初还引入理学思想解释符箓道法中的鬼神。他说："夫天积气也，地亦气之厚者，形而上者是也。气行形

---

① 《道藏》第33册，第188页。
② 《道藏》第32册，第148页。
③ 《道藏》第32册，第148页。
④ 《道藏》第33册，第188页。
⑤ 《道藏》第32册，第149页。

之内，即天命之流行也。以其流行不息，必有宰之者焉。程子曰：主宰谓之帝，妙用谓之鬼神。又曰：鬼神者，造化之迹，二气之良能。盖阴阳之运，迹不可见而理可推焉，理之显微有不可窥测而神居焉。"① 形而上之气是形而下的万物的主宰，从人运用的角度来看，它显得灵妙不已，所以被称为鬼神。鬼神并非人格神，而是形而上之道以万物变化之理的形式在生灭变化中所表现出来的神秘莫测的功能。所以，只要人心安定宁静，就能够明道明理，一切出入往来的变化，都不能超出心之外，都可以为心所把握。人只要以精诚之心去感天，就能够把鬼神玩弄于股掌之间。他说："夫心存，则道明而理著焉。其为阴阳之机，出入往来，非外乎吾心也……惟诚其心以感天。天感则发乎其机也。以不可见、不可知者则曰神存其间也……是以虽有恶人，斋戒沐浴，可以事上帝鬼神享于克诚。惟知诚其心，则足以事天矣。"② 这里对鬼神的解释，不是从信仰着眼，而是用理性进行解释。

从上述可以看出，张宇初把理学、全真道的思想与正一道的斋醮科仪融合起来，促进了斋醮科仪之术的发展。他力图综合、汇通道教各派的道与术，重构正一道的道术体系，在当时具有一定的意义。他针对当时道教发展中出现的问题，力图补偏救弊，在一定程度上促进了道教的健康发展。但是，应该看到，张宇初虽然有一些独到的观点，但他对传统的道教经典却基本上还是全面肯定继承。他在《道门十规》中说："凡习吾道者，必根据经书；探索源流，务归于正。勿为邪说淫辞之所汩，遂乃递相鼓惑，深失祖风。"③ 这与他的一些创新的观点有矛盾之处。这充分说明了张宇初作为官方册封的天师对正统道教的维护和他依托于政治势力所具有的保守性。

作为官方袭封的天师 张宇初以治身治国、修己利人为思想路线，在思想渊源和学派关系上比较重视与儒家的关系。他认为，儒、道有同一个来源，是道同而迹异。异只异在儒家是入世的，而道教是出世的："道不行则退而独善，以全其进退于用舍之间而已矣。故高举远引之士，将欲超脱幻化，凌厉氛垢，必求夫出世之道焉，则吾老庄之谓是也。"④ 在他看来，儒家隐逸之高士即道士。换言之，道家中人大部分是先儒后道，先入世而后出世。小吏不得志而归隐，即实现了儒家向道家的角色变换。当然仅仅如此尚不能称为

---

① 《道藏》第 33 册，第 197 页。
② 《道藏》第 33 册，第 197 页。
③ 《道藏》第 32 册，第 147 页。
④ 《道藏》第 33 册，第 183 页。

严格意义上的道家，还需要进行以全生利物为目的的修养。"内而修之，抱一守中，所以全生也；外而施之，不争无为，所以利物也。"① 张宇初以黄老道家的宗旨解释说："惟处乎大顺，动合自然，慎内间外，而纯粹不杂，静一不变，澹然无极，动以天行，乃合乎天德者也。虽用于世，以慈俭谦约为用，不过固守退藏，不为物忤，一返乎虚无平易，清静无为，柔弱素朴。"② 张宇初的这一观点，是三教合一的历史潮流在他思想中的反映。

永乐四年（1406），张宇初曾奉旨"纂修道典，入阁通类"，即为编《永乐大典》服务而纂修道教经籍。此时，武当山道士任自垣也在主持重编《道藏》。张宇初在后期似乎曾接替任自垣主持此事。英宗正统九年（1444），《道藏》编纂完成，是为《正统道藏》。参与者有天师张宇清和林复真、李玄玉、袁止安等道士，以正一派道士居多。这部《道藏》仍按照传统的三洞四辅十二部的分类方法入书。但《正统道藏》毫无根据而入错位的书却不少，说明了明代道士中精通本教典籍者已不多，编辑者水平比较有限。不过，它对保存道教经籍的贡献不容抹杀。万历时第五十代天师张国祥编成《续道藏》。正、续《道藏》是保留至今的道教经典文献的大全。

第二节　南宋至明代中期道教的劝善书及其伦理思想

南宋至明代中期，科学技术发展，经济发达。儒、释、道三教合流成为时代潮流，加入道教的儒士比此前增多。受这些因素和道教历史传统的影响，加之自身发展的需要，道教的入世倾向大大增强了。与此紧密相关，这一时期是道教伦理大发展的时期。成书于唐代中期的《太上老君说报父母恩重经》已经提倡孝顺父母，开宋代以后道教伦理之术的先河。北宋以前，道教的戒律仪范主要是为了整顿与约束道士。其中的伦理要求，大部分是来源于儒家和佛教。这些伦理要求大体上是借助于儒家的伦理道德规范框架来容纳佛教的禁欲主义的内容，再加上一些道教的独特要求，如救危除难等，总体上来看，显得不伦不类，雕琢之气太浓。《老君说一百八十戒》的不得写草书给人、不能站着小便、不能瞪大眼睛看人，《中极戒》中的第三十四戒不

---

① 《道藏》第33册，第184页。

② 《道藏》第33册，第184-185页。

得鞭打六畜，第五十一戒不得求知军国大事，第五十九戒不得向北小便，第六十九戒不得偏众独食，第一一三戒不得高声发笑，如此之类的烦杂苛刻的要求，对一般老百姓是不会产生什么影响的。道教在三教中总是居下的地位迫使它进一步顺应深受传统文化影响的普通老百姓的心理，不得不在伦理要求上进一步向儒家靠拢，与儒家的伦理规范融会贯通。北宋末年，在政府大肆强化伦理纲常的大气候下，道教炮制了《太上感应篇》和《阴骘文》，把儒家的伦理纲常与道教的鬼神信仰结合起来，把自己的伦理内容变得简洁、明确、通俗、适用，并推向世俗世界，获得了意想不到的极大成功。《太上感应篇》自南宋朱熹的再传弟子真德秀给它作序以后，受到宋理宗、明世宗、清世祖等皇帝格外重视。在官府弘倡和民间传播相互促进之下，《太上感应篇》风靡宋、元、明、清，刻本、抄本"汗牛充栋"。这一时期道教伦理术方面比较著名的著作还有成书于金大定十一年（1171）的《太微仙君功过格》，简称《太微功过格》。

功过格的思想实质是把行善与得道之间的关系直接化、量化。本来，《太平经》虽然要道教徒"常怀慈仁之施，布恩有惠，利于人众"①，并把行善作为白日升天的条件之一，但并没有把积善成仙功利化。首先这样做的是葛洪。他引《玉钤经中篇》说："立功为上，除过次之。为道者以救人危，使免祸，护人疾病，令不枉死，为上功也。欲求仙者，要当以忠、孝、和、顺、仁、信为本。若德行不修，而但务方术，皆不得长生也。"他进一步补充说："人欲地仙，当立三百善；欲天仙，立千二百善。""若不服仙药，并行好事，虽未便得仙，亦可无卒死之祸矣。"② 类似的思想，《真诰》中有记载，接着《无上秘要》卷兀《灵官升降品》认为，神仙官制是按照功过考核而"随格进号"的。唐代官吏考课的依据是官吏当年的"功过行能"。《钟吕传道集·论证验》有"于紫府朝见太微真君，契勘乡原名姓，校量功行等殊，而于三岛安居，乃曰真人仙子"③ 之说。接下来，又玄子于金大定辛卯（1171）梦游紫府，朝礼太微仙君，得受功过格，梦醒写成《太微功过格》。它与《太上感应篇》一样认为，上天之神无时无处不在监视着人的一举一

———————————

① 《道藏》第 24 册，第 575 页。

② 《道藏》第 28 册，第 180－181 页。类似的思想也见于《抱朴子内篇·微旨》所引的《赤松子经》中。六朝时成书的《赤松子中戒经》对此有发挥。

③ 《道藏》第 4 册，第 682 页。

动，行善则记功，作恶则记过，功多则给予褒奖而延年益寿，少病少祸，过多则予以惩罚而减损寿命，多灾多难。《太微功过格》与《太上感应篇》不同的是，它进一步明确了神记录功与过的标准，把它量化打分。本来，唐末五代道士杜光庭的《道门科范大全集》卷七十三中就提到了"善恶之二书""功过之两薄""功过式"，稍后的《太上灵宝净明入道品》也提到了"日录"，但都没有具体说明按照什么标准记录功过。《太微功过格》则提出了标准："功格三十六条，过律三十九条，各方四门，以明功过之数，付修真之士，明书日月，自记功过，一月一小比，一年一大比，自知功过多寡。"① 这与"上天真司考校"用的功过格"照然相契"。天上记，自己也记。上天记的当然是不爽丝毫的，所以自己必须老老实实地记，否则可以欺骗自己却欺骗不了天。在功过格中，"过格"中的每一项对恶的计算，总是多于"功格"中所对应的对善的计算，这意味着要使功格与过格在计算时达到平衡，殊非易事。这正是功过格设计者们的刻意所为，目的是增强功过格对人们的思想行为进行规范、劝善止恶的效力。

除了《太上感应篇》《阴骘文》外，这一时期还有一大批劝善书纷纷涌现出来。例如《关圣帝君觉世宝训》《文昌帝君戒士文》《西王母女修正途》等等。为了便于向普通大众传播，劝善书对传统的道教思想进行了大量的简化处理，摒弃了许多繁冗的神学成分，只保留了天人感应论和承负报应论，把整个的体系结构定位于面向一般老百姓进行社会性的道德说教，也就是把宗教伦理转变为世俗伦理。这极大地张扬和凸显了道教的世俗伦理思想。"大传统的仁义道德不仅不能符合升斗小民的现实世界，而且距离太远，没有实践的可能，无法促成行善的动机。劝善教化内容的通俗化，正是劝善书之所以出现的理由。"② 劝善书出现后，相应地出现了与它义理实质相同但读者对象不同的劝善诗词等传播形式。它们进而被通过宣讲、演唱等手段大规模地向社会群体传播，寓教于乐，在传播道德信息、引导社会舆论、提供文化娱乐等方面起了极大的推动作用。

充斥于这些劝善书中的内容，主要是：维系血缘家族制、强化君主专制中央集权的政治制度、处世哲学、社会一般生活中的公共道德规范、社会经

① 《道藏》第3册，第449页。
② 朱瑞玲：《台湾民间善书的心理意涵：从传统到现代的转折》，《本土历史心理学研究》1992年第1期。

济生活中的公共道德规范、心中行善的动机控制、道教的方术和戒律等。与早期的功过格相比，这一时期的功过格有自己的特点。一是内容变得繁杂精细，遍及人的活动所及的一切方面。例如，对于处理人与自然界的关系，道教认为："野外一切飞禽走兽、鱼鳖虾蟹不与人争饮，不与人争食，并不与人争居。随天地之造化而生，按四时之气化而活，皆有性命存焉……不杀胎、不妖夭、不覆巢，皆言顺时序、广仁义也。如无故张弓射之，捕网取之，是于无罪处寻罪，无孽处造孽，将来定有奇祸也。戒之，戒之。"① 具体的，有不得"射飞逐走，发蛰惊栖，填穴覆巢，伤胎破卵"，"决水放火，以害民居，紊乱规模"，"用药杀树"，"春月燎猎"② 以及"禁火，莫烧山林"，"勿登山而网禽鸟，勿临水而毒鱼虾"，"勿宰耕牛"③ 等规范。在日常生活中，有不得"对北恶骂"等规范。如此之类，不胜枚举。二是道德自律被极大地强化了。十指所指，两目所见，都有感应，道德自律的观念可谓登峰造极。三是道德他律被大大地强化了。这些劝善书借鉴现实政治中君主专制中央集权的政治体制，也建构了一套自下而上、层层严密控制的道德监督体系。这就是：灶神监视人们行为的善恶并写出材料，由土地神整理后上报县城隍，县城隍上报都城隍，都城隍上报东岳大帝，东岳大帝上报玉皇大帝。玉皇大帝则根据上报材料决定人的生死祸福。四是善行恶行都可以用积累增减的方法来处理。与此前不同，这一时期善恶的积累，不再只是关涉个人的寿命，而且关涉功名福利、妻财子禄等人生追求的一切方面，无所不包，无所不能。所有这些方面都可以依据功过格的规定，自己考察升降迁变。也就是说，善恶增减计算的标准是公开的，计算的结果和最后应验的结果都是公平、公正的。自己的命运，归根结底由自己来主宰。

这些劝善书要达到的效果，正如宋徽宗注《西升经》"罪有公私，明有忏密"时说："为不善于显明之中，人得而诛之；为不善于幽暗之中，鬼得而诛之。天网恢恢，疏而不失。曾何忏密之遗哉！"④ 在这些劝善书思想的影响下，"善恶之报，如影随形"；不是不报，时候未到；"近报在身，远报儿孙"，这些观念被灌输到人们内心深处。人们从内到外被各种有形无形的礼

---

① 《藏外道书》第 28 册，巴蜀书社 1994 年版，第 91 页。
② 《道藏》第 27 册，第 59—62 页。
③ 《藏外道书》第 12 册，巴蜀书社 1992 年版，第 418—419 页。
④ 《道藏》第 11 册，第 502 页。

法戒律像粽子一样层层包裹起来,举手投足都可能动辄得咎。如此一来,人的活力没有了,道教本有的鲜活的生机也消失了。这些劝善书对维护伦理道德,促进社会稳定固然发挥了比较大的作用,但也束缚了人们发展的活力,而且导人入于迷信。

这些劝善书的伦理思想,从表面看来是利己的,为了自己长生不死,为了现实中的名利,等等。但实际上,从遵循这些伦理规范的结果来说,也有利他的方面。英国功利主义学派的代表人物约翰·穆勒主张,尽管追求个人幸福是实现公共幸福的前提,但个人还是要有自我牺牲精神,以促进一切人的可能的最大幸福,要把个人利益与他人利益结合起来。道教的伦理思想,与此是一致的。

这些劝善书的思想对佛教、儒家都有深刻的影响。例如云栖袾宏的《自知录》实为禅师所倡导的功过格。再如反对道教的刘宗周,其《人谱》实际深受道教功过格的熏陶。这些劝善书在社会上流传很广,发生了越来越大的影响,辐射到偏远的云南彝族等少数民族中去,甚至飘洋过海,远传日本,对江户时代的日本社会各阶层产生了深刻的影响。

这一时期的道教各个宗派都极力倡扬伦理道德。全真道讲"孝谨纯一"①。大道教讲"苦行危节"②。净明道讲"忠于君""孝于亲""正心诚意""扶持纲常"③,并要求弟子以一小册子每日记录所作所为,自我反省欺心之事④,这与功过格的做法是一致的。作鬼弄神的萨真君西河派也讲"遏恶扬善"⑤。这是道教的信仰性质决定的。"宗教中无论任何方面,也无论任何信条,都不能没有其伦理方面的相配部分。永生信仰是由人与人之间的关系和感情而发生的,并且,它的整个仪式的判定,在信条与仪式两个方面,也同样有道德的方面。各种形式的自然崇拜,都有合作的——也就是利他的或伦理的——一方面。"⑥ 伦理渗透于社会生活的方方面面来调节人与人之间的关系,无所不包的道教道术中自然也会对此有所反映。

理学的"存天理,灭人欲"有鲜明的禁欲主义色彩,加之佛教以禁欲主

---

① 《道藏》第 19 册,第 726 页。
② 《元史》,中华书局 1976 年版,第 4529 页。
③ 《道藏》第 24 册,第 635 页。
④ 《道藏》第 10 册,第 523 页。
⑤ 《牧斋初学集》第 22 册,《四部丛刊》集部,上海涵芬楼景印本,第 14 页。
⑥ [英] 马林诺夫斯基:《文化论》,中国民间文艺出版社 1987 年版,第 78 页。

义为特色的伦理思想的影响，这一时期道教伦理思想的禁欲主义色彩比此前更浓厚了。这一时期，道教伦理思想中的性恶论基本上消失了，儒家的性善论被道教接纳过来成为其伦理思想的主流。在德性的涵养方面，内丹学更倾向于接受孟子、陆九渊一系的心学思想，从本心入手，发明自己的良知良能，以诚为操作的基本原则，在生命体验的实践中了证善的价值。这一时期，道教伦理思想达到了系统化并基本定型。道教伦理之术的发展，道教徒的本意是顺应传统文化的社会心理和政治需要求得道教的大发展，但结果却完全相反，道教失去了自己的特色，消融于儒学之中。

这一时期道教的各宗派都异口同声地大力宣扬"忠孝"，把这作为了证生命存在的先决条件。但这何以可能呢？杜光庭以来的道教把伦理作为得道成仙的一种术能够成立吗？进一步来说，遵守伦理规范与人的现实和未来的利益乃至人的生命质量的提升有必然联系吗？这是道教产生之前，早在先秦时期人们就开始思考的问题。《论语·雍也》说："贤哉，回也！一箪食，一瓢饮，在陋巷，人不堪其忧，回也不改其乐。"[1] 在儒家看来，君子忧道不忧贫，颜回并不因为贫困而不行仁德，富贵幸福与君子的德行并无必然联系。孟子更是把德与福对立起来。《孟子·滕文公上》引阳虎的话说："为富不仁矣，为仁不富矣。"[2] 孔孟的这一思想后来形成了知识分子安贫乐道的信念。司马迁以一个历史学家的睿智质问道，为善天降百祥，作恶天降百殃，"天之报善施人，固如是耶？"陶渊明以诗抒怀："积善云有报，夷叔在西山。善恶苟不应，何事立空言。"[3] 这已明确指出善恶报应不灵。人们常常怀疑："纵有因缘如报善恶，安能辛苦今日之甲，利益后世之乙乎？"[4] 关汉卿《窦娥冤》则发出了凄厉的呼号："天地也只合把清浊分辨，可怎生糊涂了盗跖、颜渊！为善的受贫穷命更短，造恶的享富贵又寿延！"[5] 祸福报应说在历史长河中被诸多相反的事例冲击得千疮百孔，道教却顽固地坚持这一观点，显示出道教伦理思想的保守性。社会不能没有道德，但在社会运作机制不能符合生命本真的情况下，伦理道德很容易被异化为强势者压迫、剥削非强势者，维护既得利益的工具。再则，法律与伦理混融在一起，本该进行强势肯定甚

① 《景印文渊阁四库全书》第195册，台湾商务印书馆1982年版，第580页。
② 《景印文渊阁四库全书》第195册，台湾商务印书馆1982年版，第119页。
③ 《景印文渊阁四库全书》第1053册，台湾商务印书馆1982年版，第492页。
④ 颜之推：《颜氏家训》，北京燕山出版社1995年版，第163页。
⑤ 关汉卿：《窦娥冤》，浙江古籍出版社1998年版，第18页。

至强制所有社会成员遵守的规范被弱化，另外一些不很重要的礼仪规范却被不适当地强化了。一些本来只是个人私生活中的禁忌被纳入伦理规范中去，导致个体的独立性和人格的完整性、人权的神圣性非常容易受到侵犯。上述种种情况导致真正该强调的社会公共伦理规范往往落了空。遵守伦理规范与人的现实和未来的利益之间，之所以没有一一对应的因果关系，是因为遵守公共规范只能保证个人追求自己的利益的合法性、合理性、正当性、对他人的无害性，却不能保证利益追求活动的成功与否，也无法保证成效的多少。遵守伦理规范与追求个人利益，二者之间确实没有直接的联系。但为什么人们会把这二者直接关联起来呢？从经验层次来说，这是因为人如果仅仅只考虑自己的个人利益而不管他人，违背了平等的原则，影响了别人追求利益的活动，甚至通过种种有形无形的手段来剥削甚至强制地掠夺他人的利益，这必然会引起他人的不满和报复，最终让自己追求利益的活动不能获得预期的成效。由此看来，遵守伦理规范与追求个人利益，二者之间间接的联系还是存在的。那么，道教把遵守伦理规范与人的生命质量的提升直接联系起来，把伦理作为得道成仙的一种术，是不是就毫无道理可言呢？当然不是。在道教看来，遵守伦理规范，只是外在的形式。德性的涵养既表现于外，也表现于内，内外两方面是一致的，但外在的方面所取得的成效只有落实到内在的心性中才能巩固下来，并形成人的自觉意识。所以，内在的方面更重要。内在方面的德性涵养，最终要达到与"道"并行的"德"。也就是说，在道教看来，德同道一样是处于形而上的层次。作为本体的道，其内涵中本来就有德；作为本源的道，其功能的发挥就是德。由于形而下的伦理规范有了形而上的根源和依据，那么，遵守伦理规范与提升生命质量就有了直接的联系，因而，德性涵养能够得道成仙，伦理作为一种术具有存在的合理性。

但是，对这种合理性的程度不能夸大。从理论上说，伦理只是人的生命活动所涉及的众多方面中的一个方面，不能以偏概全地认为提升生命质量只有遵守伦理规范一途，也不能对遵守伦理规范的局限性视而不见，一厢情愿地以为遵守伦理规范就可以解决提升生命质量的所有问题。道教伦理之术恰恰就是这样在理论上夸大了伦理作为一种术的合理性，又忽略了伦理之术的施行必须与社会现实相结合的特点，这导致企图通过伦理之术而得道成仙的努力必然落空。这是就个人的修行而言。就社会作用而言，道教劝善书等书籍宣传人们的一切愿望都可以通过行善来实现，无疑过分夸大了行善的作用。不仅如此，它们往往还夸大制作、讲解、流通劝善书的作用。总之，道教伦理之术过分夸大道德作用，形成了道德万能论，企图唯一地通过道德进步来推动社会进步，这是脱离社会现实的，必然会对社会的正常发展产生诸多负面作用，对后期中国社会的发展产生很大的消极影响。

伦理成为一种道教得道成仙之术说明，道教伦理思想在这一时期发生了根本性的变化，道德理想主义、道德绝对论甚嚣尘上，从而与宋代以来的儒家理学的伦理思想趋同。本来，在伦理思想方面，道家和宋代以前的道教一直是作为儒家伦理至上论在社会生活中以解毒剂的面目而出现的。道家以价值相对主义直接否定了儒家道德与理性的本质同一性，并以境界的个体性和体极至真的智慧本质，反衬出儒家圣人理想的社会标准的非普遍性特征。也就是说，天道并非人道的道德境界，而是包含一切而抽象后的纯粹精神境界。道教产生于儒家已经把道德理想主义贯彻、普及到社会生活中去的东汉中后期，为了自身的生存和发展，不得不从这一纯粹精神境界引申出天道的伦理内涵，由此接通了社会的道德实践要求。但行善的伦理实践只是修道者在社会中生存的权宜之计，至多只是修道的辅助手段，没有成为独立的得道成仙之术，也没有道德绝对论、道德理想主义的论调。但是，这一情况从唐代安史之乱开始发生了转折。在唐代，道教在社会生活中的实际地位超越了儒家和佛教。但从安史之乱开始，社会失序、道德失范给社会造成的动乱和深重灾难让人触目惊心。这一状况，发生于道教几乎作为国教的时期，即从晚唐经五代十国至北宋而南宋，历时四百多年，对此，道教难辞其咎。其间道教在北宋时期曾一度辉煌，但状况依旧，这就说明道教在建构、延续、维护社会伦理秩序方面确实有先天的不足。而此时，以伦理至上论为鲜明特色的儒家理学也正经历着催生、创立、成熟的过程。正是在这一背景下，晚唐的杜光庭首先把伦理行善作为得道成仙的一种术，接着是道教界内以劝善书等形式出现的道德理想主义、道德绝对论喷薄涌溢，并向道教其他诸术中渗透，进而以净明道的诞生为标志，改变了道教伦理思想的性质。

不过，就整体而言，这一时期的道教仍然没有像理学那样把伦理规范作为道的唯一内涵，得道并不是克己复礼可能达到的道德境界，也不是通过道德教化可以达到的普遍目的，而是一种可以证知的抽象的精神境界。也就是说，道教通过区分道性与伦理而否定了儒家身份性的社会规范。它关注的，仍然是个体道德理想的实现，而不特意强调道德理想的社会实现。因而，这一时期的道教伦理思想，只是与宋明理学趋同，但并没有等同，也没有混同。

第三节　南宋至明代中期道教与佛教的关系

　　大体上来说，佛教到了禅宗，儒家到了理学，道教到了全真，基本上都以各自不同的方式比较圆满地解决了安身立命、超越生死的问题。从这个根本问题的解决可以看出，三教有很多共同之处。最高境界的相通相同促使人们继续思考三教各自通往这一最高境界的途径及其义理解释与别家的异同关系，以期促使本派的义理更加凝炼精深。于是，南宋之后，三教融汇的进程大大加快了，融汇的程度加深了。这种融汇，不只是士大夫知识分子的自觉努力，还有来自最高统治者的鼓励与提倡。例如，南宋孝宗不仅采取了一些政治措施推进这一活动，而且与唐代韩愈的《原道》针锋相对，自作《原道论》，认为三教的基本思想是一致的，那些主张三教各异的人是"三教末流，昧者执之，自为异耳"。他的最终结论是："以佛修心，以道养生，以儒治世，斯可也。其惟圣人为能同之，不可不论也。"① 这一思想虽然未必是首创，但对后世影响很大。

　　南宋到元代，"三教圣人"这一名词非常盛行，甚至普及到了元曲的台词中去②。"三教归一"观念的普及，在很大程度上应该归功于三教中门户观念最弱的道教。南宋的夏宗禹、萧应叟（观复），元代的李道纯、卫祺、林辕（著作为《谷神篇》）等，均在自己的著作或道教经典注疏中阐发三教归一的观念。例如夏宗禹著《三教归一图说》，把它刻在他的《阴符经讲义》的正文之前。萧应叟在《度人经内义》中，把杨龟山、邵雍语录和佛教《圆觉经》语录并用，继承南宋孝宗的观点，强调"儒曰存心，仙曰修心，佛曰明心"③，标榜心学，提倡三教相融。三教归一的观念到了明代，由于得到明太祖在观念上和实际政治活动中的倡导，更加兴盛。道教界乘风造势，更加卖力地鼓吹这一观点。例如，洪武二十五年（1392）混然子王道渊在所著《还真集》内的《惩忿窒欲论》和一首名为《沁园春》的词中，阐发"三教一理"。他的朋友，第四十三代天师张宇初在注《度人经》时，常用三教经

---

① 《古今图书集成》神异典第五十七卷二氏部，巴蜀书社 1985 年影印本，第 60493 页。
② 参见《陈季卿误上竹叶舟》第一折，《元曲选》第三册，中华书局 1961 年版，第 1044 页。
③ 《道藏》第 2 册，第 374 页。

典的见解互相比较和发挥。

道教与佛教的关系，从南北朝时期以来，一方面是道教吸收佛教的思辨方法和思想来提升其义理思想水平，另一方面是佛教吸收道教的实践修炼手段充实自身。就后一方面来说，主要表现在：《楞严经》卷九中有类似于道胎的"魔人"的论述；天台宗《童蒙止观》的修行方式和密宗的修炼，深受道教内修之术的影响；禅宗在晚唐之后，在思想上与《庄子》思想非常接近，在实践中普遍修炼胎息等道教内丹术。这些给力图把佛教与道教调和、强调三教合一的道教学者以论证的素材，李道纯、陈致虚等全真道的学者们就是这样。他们这样做，主要目的是为了传教，可以视为他们为改变道教势力弱于佛教的局面所做的一种努力。

不过，全真道很清楚，佛教与道教的差别是很大的。对这种差别的分判，道教中人往往是从两个层次着手的。一是从修炼过程对道教与佛教进行分判，认为佛教只修性不修命，道教则是性命双修；二是从修炼结果对道教与佛教进行分判，认为佛教只能出阴神，道教则可以出阳神。这两种分判的源头，早自唐代晚期。

内丹术产生之前，道教学者们只是意识到，佛教以修心求定为功夫，道教则以修命求玄为功夫。"崇释则离宫守定，学道则水府求玄。"[1] "离宫"即心，"水府"指肾。这种认识，尚只停留于皮象上。到了内丹术即将产生之时，道教学者们对道教与佛教的差别的认识，已经深刻多了。五代时的彭晓作诗说：

> 大道生吾真，阴阳运吾质。寄生天地间，生死互经历。死生终有门，二路各分一。一门阴静中，于中有虚寂。修成阴中神，此是西胡术。别有阳中道，道秘在仙籍。劲指天地根，此根号真一。[2]

他认为，人因道而生，因阴阳而有形体，有生就有死。但人拥有道，可以通过自己的努力死而复生。途径有两条：一是从属于阴的心性入手追求虚无寂灭，修成阴神，这是佛教所走的路；一是从属于阳的方面入手，直接返本还源，这是道教所走的路。彭晓在《还丹内象金钥匙》中把道、佛二教分判为阳丹与阴寂，判言它们"有优劣，非等伦也"：

---

① 《道藏》第 45 册，第 541 页。
② 《道藏》第 22 册，第 489 页。

> 阴寂之法，易阴之形，空中有空，有中不有，为乐空寂之形，不可
> 服丹，故阴教无丹药也。此义昭然，贤达可见。但性理凝寂，绝相离言，
> 即真为空，妙有而已。修阴之人，得此言之为心印，过此以往，无别
> 义也。①

他认为，佛教执着于阴，有中求无，空中求空，追求空寂，不需要服丹，
故没有丹药。但佛教性理凝滞沉寂，绝相离言，强把真作为空，至多只是妙
有，不是真无。与佛教追求空寂不同，道教修养的根旨是体证生命的根源和
根本，以此契入生生不息的造化之机，这才是真无。所以，道教优于佛教，
二者不可同等看待。

北宋张伯端继承彭晓的思想，进一步指出佛教只修性不修命，只能出阴
神不能出阳神，因而不能摆脱生死轮回。他的思想对后人颇有影响。这在宋
代的《丹经极论》中有体现，它把性命双修的观点做了富有哲理性且颇为精
到的论证，说：

> 乾道变化，各正性命。夫变化之道，性自无中而有，必籍命为体；
> 命自有中而无，必以性为用。性因情乱，命逐色衰。命盛则神全而性昌，
> 命衰则性弱而神昏。夫性者道也，神也，用也，静也，阳中之阴也；命
> 者生也，体也，动也，阴中之阳也。斯二者相需，一不可缺。孤阳不立，
> 孤阴不成，体用双全，方为妙道。吕真人曰："了明空性不修丹，万劫
> 阴灵难入圣。"窦真人曰："参禅尽欲言间悟，见性宁知梦里非？却似狂
> 猿捞水月，如何捉得月光归？"②

在《丹经极论》看来，道生万物，各个自足性命。它以阴阳、体用界定
性命，称性为阳中之阴，为用；命为阴中之阳，为体。修道应阴阳互合，体
用双全。这是因为，在人的生命运动变化过程中，性是自无中而有，所以必
须以命为体；命则是自有中而无，所以必须以性为用。性因情感的困扰而迷
乱，命因色欲的耗损而衰亡。性命相互依存，相互影响。命盛则神全，神全
则性强。命衰则性弱而神昏。性是道的化身，通过神而发挥作用。道的本性
是静，性也同样，但性需要动而为用，所以性是阳中之阴。命是道生化万物

---

① 《道藏》第 22 册，第 489 页。
② 《道藏》第 4 册，第 346 页。

的结果，是体，是动，所以命是阴中之阳。对后天的人而言，动静相需互涵。离开了阴，阳自身无法存在；离开了阳，阴自身也无法存在。命是体，性是用。离开了用，体也就不成为体；离开了体，用也不可能发挥作用。佛教禅宗只修性不修命，即使能够见性，也只是像狂妄的猿猴企图捞出水中的月亮一样，终究是虚幻的海市蜃楼，不是真正的见性。

这一思想，在道教中可谓一种共识。例如，萧道存《修真太极混元图序》说：

> 堪笑今之学徒，不悟大道之源，止求空寂，认为了达。虽能入定求神，奈何精神属阴，宅舍难固，岂能聚三花而回五气，绝阴换骨，驾景乘鸾而纯阳之仙乎？然而情明性寂者，则为清灵之鬼仙也。[①]

萧道存指出，精神属阴，若只修心性，难于保命。命既不存，性就失去了存身之所。只修心性，至多只能成为最低等的鬼仙，不能上达于地仙、人仙、天仙。《还丹歌诀》卷上《古神仙身事歌》进一步指出，只修心性，只能出阴神而尸解，不能出阳神，也不能形神俱妙、长生不死，不可能超越生死轮回，不能上达于妙有真空之境。它说：

> 或论出神修定观，妙有真空元未见。谩云借舍与投胎，四生随想还轮转……又有薄知禅吾者，心头万象元难舍。一日行尸身暴亡，众云迁化并尸解。大道达真理不然，上升拔宅古今传。迷徒术误还身死，却话神仙形不仙。[②]

这一观点，得到了全真北宗丘处机、马丹阳的认可。他认为，出阴神不能截断生死轮回，出阳神就能列于天仙。"师曰：不生不灭见如来，悟了之时免却再投胎。丘君曰：此乃出阴神，若到天庭忽有天花飞，云出阳神，此乃初地也。"[③]

对心性修炼只能出阴神的机理，《洞元子内丹诀·序》指出：

> 近代迷谬之徒，才运小乘，便云得道，惟求想脱，称是神仙。殊不

---

① 《道藏》第 3 册，第 93－94 页。
② 《道藏》第 4 册，第 885－886 页。
③ 《道藏》第 23 册，第 701 页。

知想脱之途悉为神乱，未若神仙炼神为仙也。①

它认为，这是因为心性修炼是纯粹主观的臆想，主观的"想脱"不但不能成为神仙，反而导致"神乱"。

那么，阴神、阳神与心性修炼中所用的神是什么关系？阴神与阳神究竟有什么差别？牧常晃在《玄宗直指万法同归》中对此做了分辨。他说：

> 或问：神一也，有曰阳神、阴神，愿闻其义。答云：阳神者，非思虑妄念之神，此神清净圆明，周遍法界，靡所不通，故虽出之不离根本智……阴神，存思想化之神，此神随用殊致，触处滞碍，故出之必离根本智，多与鬼神为邻。阳神，天之道也；阴神，鬼之道也。阳为灵觉虚玄，阴为梦想颠倒，学士可不辨之？②

他认为，神只有一个，但有阴神与阳神两种表现形式。阳神不离根本智，清静圆明，虚玄灵妙，无所不在，无所不通，实际上是性，是人秉赋于道的体现。阴神离开了根本智，是思虑妄念之神，如同梦想颠倒没有定形，随其运用而有种种表现形态，运用中往往凝滞不畅，遭遇障碍。牧常晃对佛教深有研究，他的论述是很精湛的。不过，从牧常晃的话似乎可以引申出，阳神是先天元神运用的结果，阴神是后天识神运用的结果。这样来看，就无异于说，佛教的修炼仅仅只运用了识神。这是佛教断断不会承认的。其实，问题的根本并不在这里。按照道教内丹学的看法，元神是炼精化气之后再行炼气的结果。这当中识神仍然得使用，因为元神得依托于识神而存在，修炼只能借后天修先天，借识神之假修元神之真。这就是说，是否与精气合炼，修炼是否有命的基础，是否性命双修，才是道教与佛教争论的根本实质。

佛教的形神观主张形灭而神不灭，因此在生死观上相应地要追求精神不死。与此不同，道教坚持的是形神统一论，这决定了它在生死观上主张形神相离则死，形神相合则生。正如《紫阳真人悟真篇三注》卷一所说："形神俱妙，与道合真，步日月无影，入金石无碍，变化无穷，隐显莫测，或老或少，至圣至神，鬼神莫能知，蓍龟不能测者，天仙也。"③ 所以，道教的阳神

---

① 《道藏》第24册，第234页。
② 《道藏》第23册，第934页。
③ 《道藏》第2册，第975页。

是形神统一的，是二者兼修的结果。诚如陈致虚所说："形化为气，气化为神，是曰婴儿，是曰阳神。"①

内丹术以阳神出窍为达到高级阶级的标志，这容易让人误认为道教已经改变了形神不离的主张，追求单纯的精神解脱。一些学者用道教受佛教的形神分离观的影响来解释这一现象。其实，这是对内丹术的误解。内丹与外丹都同样主张形神不离。不同之处在于，外丹认为形体可以直接随着神飞升，内丹则认为形体要通过一系列中间步骤的转化，与神在一"虚"的境界中实现合一。精和气是凝聚成形的物质基础，故可归为形。所以内丹修炼中的炼精化气、炼气化神实际上就是转形入神，形神相融。这一点，道书中多有论及。《钟吕传道集·论还丹》说："炼形成气，炼气成神，炼神合道。"② 翁葆光注《悟真篇·西江月》说："十月功足，形化为气，气化为神，神与道合而无形，变化不测。"③ 这说明形在内丹修炼的各个阶段都参与了转化，形神并未分离。阳神出窍时，形神同样没有分离，正如陈致虚《金丹大要》所说："形化为气，气化为神，是曰婴儿，是曰阳神。"④ 只不过二者的相合没有合为实在之物，而是合为虚。当然，内丹修炼有先命后性与先性后命之分，但那只是修炼重点在阶段上的先后之别，不是有无之别，性命兼修是两种主张都共同强调的。后世的《性命圭旨》说："若双修性命者，所出乃阳神也。阳神出则有影有形，世所谓天仙是也。故曰道本无相，仙贵有形。"⑤ 所以，性命是否兼修，这是形神是否分离的分水岭。性命兼修则形神不离，性命分离则形神分离。佛教主张形神分离而且神不灭，故实际上是只修性不修命。

道教主张形神不离，追求形神俱妙，二者合一。这个"一"，是虚。翁葆光在《悟真直指详说三乘秘要》说："原其至真之躯，处于至静之域，实未尝有作者。此乃神形性命与道合真，而同归于究竟寂空之本源也。"⑥ 后世的《仙佛合宗语录》也说："炼其能变化之神而还虚合道，则曰天仙。天仙者，体同天之清虚，德同天之空洞无极。"⑦ 但这个虚，不是无，是形神实实

① 《道藏》第24册，第24页。
② 《道藏》第4册，第672页。
③ 《道藏》第2册，第954页。
④ 《道藏》第24册，第24页。
⑤ 《藏外道书》第9册，巴蜀书社1992年版，第588页。
⑥ 《道藏》第1册，第1020页。
⑦ 《藏外道书》第5册，巴蜀书社1992年版，第710页。

在在存在于其间的。《唱道真言》说："夫道之要，不过一虚，虚含万象。世界有毁，惟虚不毁。道经曰形神俱妙，与道合真。道无他，虚而已矣。形神俱妙者，形神俱虚也。"① 在道教看来，形神合同于虚当然不是生命消失，而是生命的能级层次提高了，甚至转化为另一种更高级的生命形态，如道一般能够永恒长存。

着眼于修炼结果，全真道以出阳神和出阴神来判分本宗与禅宗。就修炼过程而言，道教认为，性命双修是根本的原则。从理论上说，包含命功在内的性功和包含性功在内的命功修炼，都是性命双修的方法。只要不偏修性而忽略修命，或者偏修命而忽略修性就行。只修性不修命，性功修炼就会偏于精神的解脱而难于形成纯阳"仙体"，只能出阴神，成为"鬼仙"；只修命不修性，则命功只是一般的身体锻炼，不可能达到得道成仙的超越境界，只能停留在地仙的程度。只有性命双修，才能成为形神俱妙的天仙。不过，内丹学对禅宗的批判难于服人。因为内丹学的性命概念不是禅宗所证悟的"真如本性"。禅宗的"真如本性"里万法本具，命自然已在其中，所以，禅宗的修炼当然不是内丹学所批判的"只修性不修命"。着眼于修炼的终极目标，道教中人往往把禅宗视为最上一乘丹法。上品丹法实际上已暗合禅宗顿悟超越之义，也不是如某些禅师批判内丹家所说的"只修命不修性"。不过，真正顿悟了的禅师，往往视丹道为多余。从开悟的境界来看，有所"见"则有所"执"，有所"修"则有所"障"，有所"得"则有所"迷"，我不可执，法不可执，一切本来清净，当下即是，无迷无悟。内丹有为之气脉修炼，易着身见，易生我执法执，难得涅槃解脱，难证真如实相②。但是，毕竟开悟境界的到来非一朝一夕之功，顿悟只是开悟最后一刹的表现，是渐修由量变到质变飞跃的表现。何况内丹学在性功的最后阶段，已经纳入重玄的意趣，完全破除了我执身见，与太虚同体，与禅宗之"实相""法身"相通。所以，修炼内丹者绝非一些禅师所批评的"守尸鬼"。但是，禅宗的顿悟对一般人来说确实很困难。佛教和禅宗的修持虽然归于定学，其中必然有身心气脉的变化，但因为没有明言，人们往往难于自我察觉到并在行动中体现出来。从这一点来看，内丹家对禅宗的批判是有道理的。但一些内丹家把这作为分判

---

① 《藏外道书》第 10 册，巴蜀书社 1992 年版，第 777 页。

② 释道安说过："佛法以有生为空幻，故忘身以济物；道法以吾我为真实，故服饵以养生。"（《广弘明集》卷八，《四部丛刊》上海涵芬楼藏明刊本，第 186 页。）

道禅优劣的标准，把道教抬到了高于佛教的地位上，这显然从情感上会引起佛教的不满。为了缓和道教和佛教的矛盾，全真学者们多以佛教经典中受老子、庄子思想和道教的道与术影响的地方作论据，认为佛教对他们的观点不满是因为后世僧人遗失了佛教经典中早有的思想和实践，从而为自己的观点进行辩护。如清代的柳华阳认为，六祖慧能的"见性成佛"之见中也有"慧命道胎"的内容，只是他对后者秘而不传，只以"明心见性"的方面示人①。应该指出，这些论据并非佛教本有的内容。

由于禅宗甚少言及身心气脉的修炼与变化，所以，在佛教后来的发展历程中，就完整地处理身心、性命关系而言，不得不让位于深受道教影响的密宗②。密宗开始公开讨论气脉的修持。密宗明白，破身见之执是一回事，转化色身又是一回事，不能因为要破身见就不转化色身，就不进行身体的修持。其实，破身见就是转色身，只有转化了色身才真正破除了身执。由此出发，密宗的基本思想主要是"身土不二"和"心气不二"两个方面。"身土不二"指修行的目的，即打开身心秘密藏，以身心契法界，进入无边法性华藏海，成就"空明不二"的法身。"心气不二"指修行的途径，包括明心见性和修三轮七脉两个方面。这是两个相互依存、相得益彰的方面。不见性不能彻底打通七脉，不通气脉不能真正明心见性。气脉修炼的关键是阴阳双运，身心交媾，证成"空乐不二"的报身③。身土不二就是天人合一，心气不二就是身心合一。在密宗看来，虽然修持的最后结果不依赖于肉身，但精神的超越只有在解脱色身的制约之后才能实现。身心是相互作用、相互影响的，精神进入定静之境后必然有色身的转化在其中，也只有真正转化了色身，精神的超越才有可能。色身的变化、气脉的畅通归根结底要靠精神在定境中完成。身体修炼的成果要用心性修养的成果来衡量，而心性修炼的效果只有反映到色身气脉的变化上才能最终得到巩固。所以，从密宗的实践可以看出，道教内丹学身心兼顾、形神并重、性命双修的原则，无论在修炼的哪一个阶

---

① 《藏外道书》第5册，巴蜀书社1992年版，第885－888页。

② 对此，卿希泰认为，道教"魏晋南北朝时期即已传入云南、广西、新疆等地的少数民族当中，并从云南传入印度多民族聚居的迦摩缕波，与当地宗教融合为密教后，于唐代又传回西藏、云南、内蒙、青海、四川和甘肃等地的少数民族当中，这些少数民族通过密教又间接接受了某些道教文化因素的影响"。（张桥贵：《道教与中国少数民族关系研究·序言》，四川大学出版社1998年版，第2页。）

③ 戈国龙：《从性命问题看内丹学与禅之关系》，第二届国际道家文化学术讨论会交流论文，1998年。

段，无论以道还是佛的方式进行修炼，都是不可否定的。其实，内丹学并不把追求肉身的永恒作为唯一的终极目标，阳神并不是肉身，而是由肉身转化而来的色身。但阳神出现只是炼神还虚阶段取得圆满成效的标志，并不意味着内丹修炼的最终结束。阳神出现后，还有出窍、乳哺、温养等属于炼虚还道阶段的修炼步骤，通过这些步骤，最后把作为色身的阳神转化成为"法身"，即成为道，这才是修炼的最终结束。

基于性命双修的必要性和可能性，我们尚可更深一层地从形而上的哲理来讨论道教与佛教在这一点上的异同关系。

在佛教看来，万物是动，迁移流转，变动不息，方生方灭，生死轮回不已。万物的存在都是暂时的。如此看来，在这种纷纷芸芸变化的背后，万物都没有固定不变的本性。质言之，万物都是因缘和合的产物。因缘聚合则物存在，因缘消散则物灭亡。佛教把这称为空。佛教认为，空就是世界的本质，就是世界的本体。本体是绝对静止的，如如不动，既无所谓生，也无所谓灭，因而是永恒的。宇宙中只有空才是永恒的。除此之外的一切事物的存在都是暂时的，都摆脱不了因缘聚散的恢恢罗网，都必然要归于灭亡。因此，佛教哲学没有宇宙发生论，没有历史观。超越因缘聚散的束缚，摆脱动静变化的牢笼，直接趋近、证验永恒的空，是佛教修行者的根本追求。

与产生于印度的佛教不同，中国传统思想强调只有在运动中才能显现永恒。作为中国传统文化的重要组成部分，道教也是在生生不息的运动中追求永恒、绝对、圆满。这就是道教的终极实体——道。道是通过生成式的循环运动来展现自身，因而内在地包含着生成的本性。这决定了道教的性就是道化流行的原初状态，具有道体生成的时间意义，具有动态、生成的性质。与道教不同，佛教的终极实体是超绝一切对待，孤迥湛寂的空。这决定了禅宗的性主要是一种湛寂、静止的意义。由于道教把道体展开之初的状态视为一种完满的状态，而且认为随着道化的流行，原初、完满的朴必定要消解离散为器，因而人性的堕落是不可避免的。既然如此，人性的修养就是必要的。而且，道教强调生成，因而，道便被赋予了元气的涵义，从而兼具本体和本源的双重角色。人作为道的生成功能发挥的结果之一，表现为命。对生生不息的追求表现在后天的修炼对象上，命被指实为气；从修炼结果的验证的角度，命被指实为寿命，即生命存在的时间长短。由于道教的终极实体具有本体和本源的双重身份，所以，为了证验本体，必须修性；为了证验本源，必须修命。合而言之，必须性命双修。这注定了道教的返性修道只能是渐修。

佛教的终极实体是单一的本体，所以只需要修性即可。不过，从禅宗的终极实体出发，很难对性做什么正面的描述，因而禅宗对性只能提供一些否定性的信息。事实上，禅宗极少谈人性的修养。在它看来，只需要时时刻刻在心中把握终极实体就行了。这注定了禅宗的修养只能是顿悟。

第四节　从三一教看三教混融中的道教

三一教是明代后期出现的，但为了以之为典型考察明代中期前后三教混融局面中道教的情况，本书把它放到这里加以讨论。

林兆恩（1517—1598），字懋勋，别号龙江，道号子谷子，福建莆田人，门人称之为三教先生、三一教主，尊号为"夏午尼氏"。"夏"即大；"午"即悟，会合交通的意思。"尼"则是孔子仲尼之"尼"、老子清尼之"尼"、释迦牟尼之"尼"，会三尼而代表三教。所以，这一尊称代表了汇融三教的意思。林兆恩出身于儒门官僚望族，早年习儒，因乡试屡屡不第而出入于道观、佛寺。他的弟子卢文辉等将他的著作汇编成《林子三教正宗统论》三十六册、《夏午尼经》三十六卷、《夏午经纂》四卷、《夏午经训》一卷等，作为三一教的主要经典。

林兆恩有自觉的哲学本体论意识，他独出一格，以"夏"为本体。但夏的性质均来源于道家、道教对道本体的描述。首先，"夏也者，大也"①。大意味着广大，浩荡无边。这与道家、道教描述道的作用范围是很类似的。其次，夏就是光明。"光明藏者，夏也。"② "日月有明者，本体也。容光必照。"③ 本体能照，就在于它本身就是光明。这一思想，与佛教的光明藏思想和道教的灯仪思想有渊源。再次，夏混混沌沌，恍恍惚惚，杳杳冥冥。"先天一炁，混元至精者，本体也。"④ 最后，夏是超越的、无限的、绝对的。"塞乎天地之内，超乎天地之外，先乎天地之始，后乎天地之终。"⑤ 也就是无边无际，无始无终。"在六极之先而不为高者，此本体也。在六极之下而

---

① 《四库禁毁书丛刊》子部第 18 册，北京出版社 1997 年版，第 62 页。
② 《四库禁毁书丛刊》子部第 18 册，北京出版社 1997 年版，第 62 页。
③ 《四库禁毁书丛刊》子部第 18 册，北京出版社 1997 年版，第 57 页。
④ 《四库禁毁书丛刊》子部第 18 册，北京出版社 1997 年版，第 57 页。
⑤ 《四库禁毁书丛刊》子部第 18 册，北京出版社 1997 年版，第 62 页。

不为深者，此本体也。先天地生而不为久，长于上古而不为老者，此本体也。"① 这话源于《庄子·大宗师》，其中说："夫道，有情有信，无为无形；可传而不可授，可得而不可见；自本自根，未有天地，自古已固存；神鬼神帝，生天生地；在太极之先而不为高，在六极之下而不为深，先天地生而不为久，长于上古而不为老。希韦氏得之，以挈天地；伏羲氏得之，以袭气母；维斗得之，终古不忒；日月得之，终古不息……傅说得之，以相武丁，奄有天下。"② 由此可见，林兆恩的夏本体论实为脱胎于老庄的道本体论。如同道家、道教用道来解释宇宙万物的统一性，林兆恩也认为，千差万别的宇宙万物都统一于夏。正因为如此，夏本体才能运转虚空，生天、生地、生万物，才能由形而下趋致于形而上，整合儒、道、佛三教。林兆恩对此阐述道："我之本体，其太虚而太空者乎？唯其太虚而太空，故能运虚空。我之本体，其先天而先地者乎？唯其先天而先地，故能生天地。我之本体，其下而大者乎？唯其下而大也，故能儒而圣也，道而玄也，释而禅也。"③

受道教心本体论和王阳明心学的影响，林兆恩把夏归结为心。其中的联结点在于，夏是光明的，心是常明的，所以，夏与心均为常明。"常明也者，心性常明也，常明心性也。心性常明者，本体也。常明心性者，功夫也。"④ 心的常明显然在这里有两层涵义：一是说心的本然是常明的；二是说后天的心被灰尘蒙住了，就要擦掉它，使它恢复本来的常明。林兆恩没有严格区分心与性。在他看来，"常明之心"就是"天心"。未常明之心就是人心。天心是先天的，人心是后天的。但是，"先天之理，夏备之矣。先天也者，天之先也，生天、生地、生人，而为天之先者"⑤。所以，先天之心就是夏。正是在这个意义上，林兆恩如儒家王学主张"宇宙便是吾心，吾心便是宇宙"一样，强调"天地之夏在我矣"⑥，认为"寂然不动者，本体也，而感而通之者，利于用矣"⑦。也就是说，夏就在心中。这与道教的修道即修心，修心即修道的观点是相通的，也与禅宗"菩提本无树，明镜亦非台，本来无一物，

① 《四库禁毁书丛刊》子部第 18 册，北京出版社 1997 年版，第 58 页。
② 《庄子集释》，中华书局 1961 年版，第 246 - 247 页。
③ 《四部禁毁书丛刊》子部第 17 册，北京出版社 1997 年版，第 677 - 678 页。
④ 《四库禁毁书丛刊》子部第 18 册，北京出版社 1997 年版，第 60 页。
⑤ 《四库禁毁书丛刊》子部第 18 册，北京出版社 1997 年版，第 62 页。
⑥ 《四库禁毁书丛刊》子部第 18 册，北京出版社 1997 年版，第 62 页。
⑦ 《四库禁毁书丛刊》子部第 18 册，北京出版社 1997 年版，第 57 页。

何处惹尘埃"，"心生种种法生，心灭种种法灭"，"即心是佛"的观点相吻合，所以林兆恩特作《心镜指迷》说："镜之所以能镜者，以未始尘之也……心之所以能镜者，以未始尘之心也。"夏就在心中，那么，从心上下功夫就可以把握天地之心。所以林兆恩有"而以其人之心能心天地之心也，而以其人之心即天地之心，而后能心天地之心也"① 之说。

林兆恩之所以提出以夏为心的主张，是因为在他看来，儒、佛、道三家均以心为宗。他说：'心宗者，以心为宗也，而黄帝、释迦、老子、孔子非外也，特在我之心尔……心一而已矣。心一道一，而教则有三，譬支流之水固殊，而初泉之出于山下者一也。"② 三教之所以都以心为宗，是因为心即道，道即心，心只有一个，道也只有一个。天下无二道，圣人无两心。心中本有万理，万理均曰心而衍生。"窃以人之一心，至理咸具，欲为儒则儒，欲为道则道，欲为释则释，在我而已，而非有外也。"③ 在他看来，儒、佛、道三家均是心之迹，而不是心之本。

与道同等的心，就是"未始尘之心""天地之心""本心""真心"。为了把握真心，林兆恩汲收了道教性命论和王阳明心学思想来深化其学说。他说："性而心也，而一神之中炯。命而身也，而一气之周流。故圣人之学，尽性而致命也；贤人之学，存心以养性，修身以立命也。"④ 无论是圣人的"尽性而致命"，还是贤人的养性立命，都要归趋于真心。"真心也，命由此立，性由此出，故混性命于中心者。中心，爻之中也。"⑤ 由此可见，林兆恩是以儒融道而与禅相通。

那么，如何转人心为真心而归于夏本体呢？林兆恩提出了立本、入门、极则的功夫三部曲。

立本即遵守他规定的一百零六条戒条，以三纲五常为日用，入家则孝，出门则悌，在四民（士、农、工、商）常业中踏实践履。"余所谓三教之大旨者，盖欲合道释者流而正之以三纲，以明其常道而一之也；合道释者流而正之以四民，以定其常业而一之也。"⑥ 三代圣人无儒、释、道之异，这是本

① 《四库禁毁书丛刊》子部第18册，北京出版社1997年版，第53-54页。
② 《四库禁毁书丛刊》子部第17册，北京出版社1997年版，第676-677页。
③ 《四库禁毁书丛刊》子部第17册，北京出版社1997年版，第660页。
④ 《四库禁毁书丛刊》子部第18册，北京出版社1997年版，第439页。
⑤ 《四库禁毁书丛刊》子部第18册，北京出版社1997年版，第439页。
⑥ 《四库禁毁书丛刊》子部第18册，北京出版社1997年版，第407页。

来的合一。人为的三教合一，是要以儒家宗旨统合道、释，使人在四民之业的生计历程中遵守以三纲为本的伦理规范。就立本的内容而论，林兆恩与儒家的伦理规范没有多少区别。由于道教基本上认同儒家的伦理规范，所以也可视其与道教伦理规范雷同。不过，就思想意趣而言，林兆恩的立本之论主要吸收了道教伦理之术的思想。因为，林兆恩宣传忠、孝、仁、义、信这些"世间法"，实际是为"出世间法"做准备的。他说："以处世间，而能以出世间法与世间法教人者，其上也。不知出世间法，而专以世间法教人者，其次也。若或弃去世间法，而专以出世间法教人者，又其次也。"① 林兆恩强调"以世间法为重"，强调在世而不离世，把世间法作为出世间法的基础，这种思想与道教的"欲修仙道，先修人道"的思想是一致的。

入门即通过忠孝等伦理规范"正念"，进而以神促进元精产生元气，促进体内身心平衡，祛病强身。极则即实现内在的超越，趋至物我两忘的境界。入门和极则这两步是紧密联系在一起的，其中又可细分为九个步骤：一是艮背，以念止念而求心静；二是周天，效法乾坤而立根；三是通关，肢窍通达以炼形；四是安土敦仁以结阴阳；五是采取天地以收药物；六是凝神气穴以媾阳丹；七是脱离生死以身天地；八是超成天地以升太虚；九是虚空粉碎以证极则。其中，一至八为入门功夫，九是极则功夫。这九步功夫实际上是道教内丹修炼的翻版。体现九序功法的内景图，尤其是《水火升降图》，是按照唐末五代以来道教内丹修炼的原理绘制出来的。这九步功法的演替过程也与道教内丹修炼步骤完全吻合。炼精化气、炼气化神、炼神还虚是道教内丹修炼的三大步骤。林兆恩的九序功法也有"三变"。第一变，收三归一。"三"指精、气、神。收三归一即以神御精，促精合气，混而成一。这是炼精化气。第二变，汇二为一。这是把收三归一所结的阴丹与天地之正气相合，身内身外之气相感通混，转阴丹为阳丹。这是炼气化神。第三变，凝一入虚。一身内外之气相合，结于窍中，"温养既久，气足神全，自能超出形骸之外，与天地同用，而为天地之身"②。此时，物我两忘，只余绵绵若存之气，于虚凝澄湛之中返于至虚之夏。这就是炼神还虚。最后，太虚也要忘掉，"自然

---

① 《四库禁毁书丛刊》子部第 19 册，北京出版社 1997 年版，第 313 页。

② 陈智达：《三教初学指南九序大略》，大济生云分阁复印 1992 年版，转引自林国平：《林兆恩与三一教》，福建人民出版社 1992 年版，第 93 页。

虚空粉碎，露出全身"①，同归于虚。这类同于内丹学的炼虚还道。其实，以三而二，二而一来解释内丹修炼也不是林兆恩的独创，元代的李道纯、陈致虚等对此早已有论述。

对吸收三教之学，林兆恩是直言不讳的，但他并不是搞拼凑，制造大杂烩，而是以三教之学皆为我所用的态度对待它们。"儒亦虚也，而仲尼之道在我矣。道亦虚也，而黄帝老子之道在我矣。释亦虚也，而释迦之道在我矣。"② 这是以我为本进行综合创新。这也是三一教在思想史上有一定地位的原因。

三一教汇融三教，但对三教并非同等看待。"三教合一，归儒宗孔。"③ 这说明三一教本质上仍然是儒家。其次，三一教看重的是道家、道教，最后才是佛教。那么，林兆恩是以什么为指导思想，如何合三教为一呢？他说："余之所以合三氏之教而一之者，非他也，三纲四业而为教之始也；见性入门而为教之中也；虚空本体，而为教之终也。合始、中、终而大之，述而非作，而变而通，似有出于一人之所建立者，不知有儒，不知有道，不知有释，而为教之一也。非今非古，无是无非，此余三教合一之本旨。"④ 以遵守三纲伦理为始，以养命修性为中，以虚空无住为终，即以儒家为始，以道家居中，以佛教为终。当然，这只是大致而言，不可拘泥，因为林兆恩强调一以贯之、合汇三教是体现在每一阶段的。只不过初始阶段是统合有形迹的三教，终结阶段是统合无形的三教。无形的三教就是将儒家的"天何言哉"、道家的无形无名、释家的无住无滞统合为一虚空。求与此虚空为一，即达致终极本体虚。这是最后的修养目标。由此看来，黄宗羲对林兆恩的思想轨迹总结所说的"兆恩之教，儒为立本，道为入门，释为极则"⑤ 是有一定道理的。不过，如果从横向来看，林兆恩的思想应该概括为：以儒为形迹，以道为内容，以佛为神韵。

---

① 陈智达：《三教初学指南九序大略》，大济生云分阁复印 1992 年版，转引自林国平：《林兆恩与三一教》，福建人民出版社 1992 年版 第 93 页。
② 《四库禁毁书丛刊》子部第 18 册，北京出版社 1997 年版，第 62 页。
③ 见《林子三教正宗统论·非三教小引》"林子曰：三教合一者，合而一之以孔子之儒也。"（《四库禁毁书丛刊》子部第 19 册，北京出版社 1997 年版，第 309 页。）
④ 《四库禁毁书丛刊》子部第 17 册，北京出版社 1997 年版，第 675 页。
⑤ 《黄宗羲全集》第 10 册，浙江古籍出版社 2005 年版，第 560 页。

第五节　南宋至明代中期道教的总体特点

隋唐时期有两股思潮：其一是重玄思潮，它着力探讨了本体论和境界论；其二是修心炼气的实践，这使各种内修方术理论化。这两股思潮在五代北宋时期合流为性命双修的生命哲学。生命哲学初步建立。到南宋金元时期，生命哲学达到完全成熟，形成形上学（包括本源论和本体论）、境界论、功夫论各方面都圆融无碍、自成其说、三者又融为一体的完备体系。

接下来，南宋至明代中期，道的阐释更富有形而上的玄理韵味，对真常之道的阐释有明显的向老庄道家复归的色彩。当然，这种复归不是简单的重复，而是否定之否定。与晚唐至北宋时期不同，这一时期道的表现形态，不再是自然心性论，而是以内丹修炼的实践为背景的心性境界论。这种心性境界论吸收了更多儒、佛的思想精华，变得更加圆融了。例如，这一时期，融汇三教的程朱理学，尤其是吸纳、融汇了不少道家、道教思想精华在内的朱熹哲学，在南宋末年以后地位逐渐升高而成为官方意识形态。受其影响，道教学者们的理论成果几乎达到了专业哲学家的水平，对道的阐释变得完全成熟了，道的圆融程度提高了，道教理论达到了巅峰。不过，从思想层面来说，这一时期的三教融合，实质上变成了儒学为主，佛、道为辅。道教在基本理论、法事仪节、修养方法等方面的很多东西已难以说清楚哪是儒的，哪是释的，哪是道的，要指出三教在细微之处的互相吸收，将变得颇为琐碎和困难。与此相联系，道教的特色淡化了，道教的衰败也就随之开始了。

这一时期，术在整合中得到了精深化的发展。这可以从几个重要的术的情况来看。

这一时期，外丹术继续衰落。外丹烧炼虽然已经不占主导地位，但并未绝迹，而且有所发展。从元代或明代所编的《庚道集》所记载的丹法来看，这一时期的外丹烧炼广泛使用了植物药，剂量往往是以两、钱为单位。这说明当时对植物类药物的药理、药性已经有了比较深刻的认识，金属类药物的主导地位已经逐渐为植物类药物所取代。这些丹法中还广泛使用了米醋。米醋是用米发酵制得的。这表明随着酿造行业的出现和发展，参与黄白术实验的有机酸的质量有了提高。此外，这一时期的外丹，除了黄白术、炼丹术之外，还有一个逐渐兴盛的方向，即炼丹术与传统医药学紧密结合的医用丹药，例如，出现了众多有鲜明炼丹术色彩的医方，"丹"成为中药的剂型之一。

内丹术是这一时期道教法术的主流。它深刻地影响到道教说理体系，促使道教理论体系面貌焕然一新。例如，南宋萧应叟以内丹义理诠释《度人经》，把元始天尊解释为内丹修炼的元神："元始天尊即法身之祖炁，所谓本来面目，不坏元神，名曰真铅者也。当说是经者，明祖炁为丹之体。"① 这样一来，元始天尊就从天宫下堕到了人世间，构成人的生命要素之一，成了修炼的对象。道教学者们同样用内丹义理诠释《道德经》《阴符经》《周易参同契》等道教经典。不仅如此，内丹义理渗透到其他术中，促成了新术，如炼度、雷法等的诞生，还促成了符箓斋醮等旧术的改造。全真道南宗在南宋时期已经基本完成了神气与性命这两对范畴的统一，从而把在此之前道教的炼气、修心的各种术融合在一起了。全真道南北宗统一后，性命先后的争论在理论上得到了解决。内丹术形成了系统完备的有理论、有实践方法、有修炼程序的体系，内丹学基本上形成了。此外，由于受理学的影响，儒家的性善论被大部分道教学者接受，内丹学中心性修炼的思想与伦理思想相结合，从而使内丹术与伦理之术有了嫁接融合的基础。这在净明道那里表现得很鲜明、充分。

这一时期，随着君主专制中央集权的加强，以及程朱理学变成正统的官方意识形态，道教的王道之术没有存在的土壤和发展的氛围，道教学者们逐渐失去关注和发展它的兴趣。丘处机曾经使道教传统的王道之术有一次实际运用的机会，此后这样的机会再也没有出现过。杜道坚在这方面提出了"皇道帝德"的观点，用理学思想解注《老子》，企图以虚、静、诚来"正"人主，按照自然之道来治理国家。这虽然是针对元初的政治状况提出的，但就理论意义来说，创新不多。一部分与统治者关系密切的道教首领处理社会、政治问题时，用的并不是道教传统的王道之术，而是儒家的政治哲学。张留孙、吴全节、夏文咏就是典型的例子。这促使道教的王道之术不得不与伦理之术结合起来，隐藏地发挥其作用。

在重视伦理的思想影响下，这一时期的房中术难以按照闭精不泄、还精补脑、采阴补阳的路子发展下去，于是主导倾向转变为探讨子嗣优生问题，其中比较著名的著作是元代李鹏飞所著的《三元延寿参赞书》等，这对后世医学的发展做出了贡献。

---

① 《道藏》第 2 册，第 338 页。

这一时期，符箓斋醮等神道设教之术有了比较大的发展。

斋醮之术在一段时间失势之后，因天师道—正一道系统在元代和明代受到重视而有了发展的机会。尤其是明代统治者热衷于奉行道教的斋醮法事和符箓等道术，对推动道教继续修订其道法科仪、扩大道法在社会上的影响都起了极大的促进作用。符箓斋醮之术在这样的大好形势下确实也有很大的发展。根据《正统道藏》和《藏外道书》统计，仅这一时期诞生的斋戒科仪经典就有三百多种，著名的就有《道法会元》《天皇至道太清玉册》《上清灵宝济度大成金书》《大明玄教立成斋醮仪范》《道门十规》等。南宋至明代中期道教斋法的特点是，从道教的立场出发，三教融通混一，以道为体，以法为用，内丹修炼为本，内炼与外法相结合。例如，这一时期灵宝派斋醮仪法之集大成的著作《灵宝玉鉴》在《宿启朝醮门》篇中说："宝珠神化，太一含真，五气朝元，三花聚顶，此内景之谓也；飞章列符，行科演道，誊词进表，忏谢礼方，此外景之谓也。故凡外景之设，实本乎内景之妙。"①　本来内术与外术多是就内丹与外丹而言的，在外丹已不成气候的情况下，符箓祈禳之术就取代其地位变成了外术。外术以内术为本被落实到心性层次。《神虎追摄门》篇说："行灵宝上道，贵在炼气存神，一如元始天尊真身法性，同此慧力，方遂感召。"②　上章、召将、飞符、破幽、炼度等各个环节，无不有赖于行法者在心性方面的内炼功夫和所达到的程度。外术以内术为本成为道教各派的共识，说明道教关注的重心，已经不再是身外的世界，而是收敛为身内的心灵世界了。

代神立言的扶乩、求签，南宋时期已经被道士正式纳入道教中来，归并入符箓类道教宗派中而得到一定的发展。《道藏》正一部收有《四圣真君灵签》《玄真灵感宝签》《大慈好生九天卫房圣母元君应宝灵签》《洪恩灵济真君灵签》等几种灵签类书，基本上都是元代或明代初期的作品。

雷法是两宋之际出现的。除此之外，这一时期的新法术还不少，例如，净明道道士驱邪时的登刀梯，道士超度亡灵时的水火炼度，吐火，等等，比以前更加热闹，更有吸引力。

这一时期，斋醮科仪之术的变化、神谱的重构都与伦理之术发生了紧密的联系。这首先表现在，斋醮祭炼科仪与伦理之术紧密结合，将人生的冤怼

---

①　《道藏》第 10 册，第 228 页。

②　《道藏》第 10 册，第 199 页。

概括为十种，即"十伤"：杀伤、自缢、溺水、药死、产死、伏连、冢讼、狱死、邪妖和积生等，谋求消解。《上清灵宝济度大成金书》卷二十三提出的消解冤结的原则是："解冤释结之旨曰：兴心发念，是为恶业，则有冤仇之执对；泯心忘物，则为道本，普受解释之深恩。我执彼亦执，我忘彼亦忘。两边不着于物，自然还于无为之天，冤结不待解释而自解释。"[①] 这把道的本源论、本体论、心性论与伦理之术、斋醮之术融会贯通，企图在阴间与阳世之间，在阳世的人与人之间，通过泯心忘物，破除法我两执而建立和谐融洽的关系。其次表现在，神学伦理发生了比较大的变化。这一时期，人们在社会生活中频繁举行斋醮活动，以祈保人类现世利益为主旨的斋醮科仪经书顺应时势而大量涌现出来。在这些斋醮科仪经书中，人在神人关系中的权利得到了加强，神在神人关系中的责任和义务也得到了加强。这与以劝善书、功过格为代表的世俗伦理得到发展在实质上是一致的。在这一现象背后的道教的神学伦理，因之有了很多变化。一方面，人在现实社会生活中的道德水准是道教徒侍奉神灵的重要条件。道德水准越高，所能侍奉的神灵的等级也越高。另一方面，与在此之前的时期相比，这一时期道教举行斋醮科仪的目的，更多地是为了向彼岸的神灵索取人在现实社会中的利益，希翼神灵们为下界凡人尽更多的责任和义务。再一方面，神与人之间的关系变成了实质上的以利益为背景的伦理契约关系，人不遵循神的伦理规范就得不到神的保佑，不能为人谋福利的神也将不再得到人的崇拜。人在遵循神的伦理规范上做得越好，就能得到更高层次、威力更大的神的保佑；能够为人带来更多福利的神，他在神谱中的地位就越高，受人崇拜的规格就越高。

这一时期，道教文学艺术得到了比较大的发展。以《老子》为代表的道家思想在汉代以后对文学艺术的现实主义创作产生了很大的影响，而以《庄子》为代表的道家思想则在汉代以后为浪漫主义文学艺术的发展起了推动作用。伴随着知识分子进入道教，文学艺术也随之与道教相互影响。这在魏晋隋唐时期均有广泛的表现。不过，把文学艺术当作占领人心的一个强有力的手段，严格来说是从王重阳创建全真道北宗时开始的。当然，这只是一个方面。道教的发展也对文学艺术产生了深刻的影响。《封神榜》是纯粹的道教小说。《西游记》则是以道教思想为主，佛教思想为辅的内丹小说。诗、词、曲、赋、戏剧、音乐等领域同样充溢着道教思想的趣味。例如，元杂剧中有

---

① 《道藏》第 10 册，第 461 页。

演绎张陵、马丹阳故事的《张天师断风花雪月》《马丹阳度脱刘行首》等。道教对文学艺术的影响从一个侧面说明了道教向民间普及的程度提高了。

总之，在术的方面，这一时期最主要的特点是因应新的政治、社会形势而进行整合与深化。在这一过程中，由于对修道之术系统的选择、改造的不同，产生了不少新的道教宗派、派系。这些宗派、派系之间在生存实践中为历史所选择、淘汰，或被合并，或分化，或消失。这从一个侧面说明了术的精深化。

在道趋于圆融，术趋于精深的同时，道与术之间的关系变得更密切了。

《道藏》的继续编撰为密切道与术的关系创造了良好的条件。金代章宗时，修成《大金玄都宝藏》，收道经六千四百五十五卷。元代初期，全真道修成《大元玄都宝藏》，收入道经七千八百余卷。后来，佛道二教斗争而道教失败，宪宗、世祖三次焚毁道教经典，对道教文献造成了很大破坏，加之接踵而至的元末明初的战乱，使道教文献的存世雪上加霜。明代英宗正统十年（1445），修成《正统道藏》，明代万历三十五年（1607）又编成《续道藏》，二者共涵纳道经五千四百八十五卷。这是迄今为止道教经籍的最后一次大规模编辑，道教经籍编辑至此完全定型。此后，五十代天师张国详（？—1611）主持编写了《道藏经目录》和《续道藏经目录》。以此为基础，明代天启年间有《道藏目录详注》问世，是正、续《道藏》的总目提要。

唐代中期以后，易学与道教的结合是一个普遍现象。金元之后，道教吸收《易》理，不仅是受程朱理学的影响，也是其理论创新、圆融的一种表现。《易》理从各个方面与内丹修炼结合起来，而且随着内丹学说影响的扩大而渗透到符箓诸派中。易理与道教结合的表现是《阴符经》《周易参同契》的注解以及北宋以陈抟、邵雍为代表的象数图书学派对道教的影响。正如宋道士陈显微在《周易参同契解》中说："大道形于造化而造化至难窥测也。苟能窥造化而测其机，则能探道妙而盗其用。……于是仰观俯察于天地之间，而显造化之妙用者，莫大乎日月；旁求于经书之中，而载造化之妙理者，莫出乎易卦。而又将日月往来盈亏之迹，校易卦爻画变动之理，莫不相参而一致，是则《参同契》所由作也，谓参大易之理，同造化之妙，契大丹之道也。"① 这一时期，图书学派的《先天图》《太极图》及其思想广泛影响到道教的方方面面。道士们的法衣、法器上普遍绘上了太极阴阳图案。于是太极

---

① 《道藏》第20册，第275页。

阴阳图成了"道"和道教的标志。而且，随着道教的厌禳祈祷活动而流传扩散到民间，不少家庭把太极阴阳图挂于门框和厅堂之中，作为驱邪之用。

这一时期的道教易学家可谓人才辈出。他们继承了《周易参同契》《阴符经》和陈抟、邵雍的思想，又揉合周敦颐、程颐、朱熹的易学思想，对其进行了合乎道教需要的改造，并把它们贯通到内丹、符箓、卜筮等道术中去。俞琰（1253—1316）、雷思齐、杜道坚等都是杰出的人物。雷思齐、杜道坚前已述及，这里简单介绍一下俞琰的思想。俞琰是出儒入道的道教学者。他的易学著作，目前尚能看到的有《周易集说》《读易举要》《易外别传》《玄牝之门赋》《周易参同契发挥》等。他的易学既继承了朱熹的易学思想，又有创新和发展。《四库全书总目提要》认为："其初主程朱之说，后乃于程朱之外自出新义。""其覃精研思，积三四十年，实有冥心独造，发前人所未发者，固不可废者也。"[1] 俞琰这些著作的特色重在把易学与内丹术结合起来。他认为，太极一动一静，分阴分阳，阳中有阴，阴中有阳。天地造化与人的生命运动遵循同样的规律和机理。人的首脑居于乾卦的部位，与天相应；人的腹肚居于坤卦的部位，是元气的大本营，与地相应；人体则以心为本。这样，天、地、人与首、腹、心对应。他还把自然界的精、气、神与目、心、肾对应，认为人体内阴阳之气交感的关键在于神。他认为，人的生命运动同天的运动一样，"上有天关，下有地轴。若能回天关，转地轴，则上下往来，一息一周天也"[2]。他认为，要弄清生命的奥秘，首先必须思考生命的来源。要追求长生不死，首先得弄清生命产生的机理。"夫欲求长生，须求吾未生以前此身缘何而得，然后可以论养性延命之道。"[3]"吾未生以前"就是先天。"先天"的概念被具体化为未生之前，从而本源论被指实为"无中生有"，即人出生的程序描述，本体论则被转化为"有"中涵"无"的心性体验论。"夫神仙之修丹，以阴阳为感，神气交结，于无中生有，与男女胎孕之理实同。其十月温养功夫，真息绵绵，昼夜如一，亦与婴儿未生以前无异。"[4] 先天的本源和形而上的本体以虚、静为特性，故后天的修炼也得致虚守静。"虚极静笃，则元阳真气自复也。"致虚守静，以心加以观照之功，实际上就

---

① 《四库全书总目提要》，海南出版社 1999 年版，第 25 页。
② 《道藏》第 20 册，第 317 页。
③ 《道藏》第 20 册，第 233 页。
④ 《道藏》第 20 册，第 233 页。

第四章　南宋至明代中期的道教思想（下）

323

是返本还源。这是修炼的要旨。"返本还原，回光内照，乃修炼之大端。"①这就把本源论和本体论内化为修炼的指导原则，也就是把形而上与形而下紧密融合起来了。

易学与道教的结合，道教学者们对易学的研究，极大地促进了道教诸术的融会贯通，促进了道与术的圆融。

这一时期的道士们对道与术之间双向影响的关系有了自觉的意识。南宋时的金允中对此有专门的论述。他认为，教门承传，度人接物，都要用法（术）。法出自于经，经中涵有玄妙的道。要因法术而读经，通过读经而悟道。他在《上清灵宝大法》中说："立科垂教，度人接物，以法为用，但法出于经而经涵道妙，岂独区区于斋修禁咒之间而已哉。倘能深彻玄机，稍窥灵奥，要须因法以知经，因经而悟道，知道中之道，则超三界六极之外也。"② 心性境界论作为道的表现形态，对术有广泛而深刻的影响，甚至在道士的早晚功课中都有体现。例如，柳守元在《太上玄门功课经·序》中说："功课者，课功也。课自己之功者，修自身之道也。修自身之道者，赖先圣之典也。诵上圣之金书玉诰，明自己之本性真心，非科教不能弘扬大道，非课诵无以保养元和，是入道之门墙、修仙之径路。"③

这一时期的中后期，道教的圆融促使各种宗派的分化逐渐停止，汇归为全真和正一两大派。这种圆融大大增强了道教对社会各阶层的适应性，增强了道教的社会功能。例如，以劝恶扬善而论，《蕉窗十则》一语中的："遇上等人说性理，遇下等人说因果。"笤溪闵顶玉在《蕉窗十则注解》中就此论述说："上等之人，其质高，其学深，与之阐性理之微奥，洵有如时雨之化……下等人，其质愚识暗，须以善恶之因缘果报警之劝之。至于为善未必得福，为恶未必得祸，亦当告以'为恶而得富贵，必前世为善之报也，使竟不为恶，富贵当不止是'，'为善而得贫贱，必前世为恶之报也，使竟不为善，贫贱当不止是'。此不但为下乘说法，并可使恶而富贵者及早回头，善而贫贱者牢把脚根立定也。"④ 这种圆融还表现在处理三教关系上。南宋至明代中期的统治者处理三教关系的原则是以佛修心，以道修身，以儒治世，三

---

① 《道藏》第20册，第205页。
② 《道藏》第31册，第356页。
③ 《藏外道书》第29册，巴蜀书社1994年版，第466页。
④ 《藏外道书》第12册，巴蜀书社1992年版，第677-678页。

教并用，三教归合于维护自己的专制统治。道教本着顺应统治者的方针，为了促使自己在社会上得以存在和发展，一方面强化鬼神信仰，与来源于佛教的因果报应观念相结合，以儒学的伦理纲常为内容，以"善有善报，恶有恶报，不是不报，时候未到"，"做了亏心事，天打五雷轰"为原则，向基层民间扩展，务使老百姓恪守礼法。另一方面，也不放弃斋醮、符箓、禁咒、祈禳、炼丹等手段，迎合人们满足欲望的心理。总之，南宋至明代中期，三教合一在道教之外和道教内部达到了完全一致的统一。

这一时期道教的圆融，最根本的表现是道、学、术的圆融。在道的方面，道教向老子回归，追求真常之道，融汇禅宗，以清静空寂、修心复性养命，通过自我修炼、自我完善来求得内心的和谐宁静和理想的实现。就内容而论，可概括为两个方面，即无极—太极的本源论和本体论、主静去欲的方法论。在学的方面，主要是性命双修的内丹学和符箓科仪之学。在术的方面，就自身的修炼而言，道教以儒家的三纲五常涵养道德，以佛教禅宗的因定生慧为功夫，以道教的金丹结成为得道的终极目标。道、学、术之间，形成了以学为中介，体用相需、即体即用的圆融局面。这尤其突出地表现在，全真道已经成为一套道、学、术相结合的体系。就道的方面来说，主要是道的本源论和本体论、道气宇宙观、阴阳五行物质观、形神合一的生命观、天人感应原理、乐生恶死的人生观。学则是贯穿着宇宙论的整体养生观、以出世态度处理入世问题的道教伦理理论和逆修返源的仙道理论。后者强调归根返元，包括时间论意义上的归根返元和本体论意义上的归根返元两重意思。术则是一整套"修行"体系，具体而言，其修行目标是全真而仙，修行法门是性命双修、了达性命，修行指南是三教圆融、三教合一，即仙佛合一的成仙信仰、道禅融合的明心见性说、性命双修的内丹之说、头陀式的僧侣禁欲主义及三教合一的宗教伦理。

这一时期，道教已经传播到南方少数民族地区并很盛行①。道教在增强多民族统一的中华民族凝聚力方面，确实发挥了不小的作用。

总之，南宋至明代中期，道的圆融，术的整合与精深，以内丹术为核心，以内丹学为思想背景，以真常之道为立场，道教进行了又一次义理体系化的重构，道与术之间达到了圆融，这是南宋至明代中期道教发展的总体特点。

---

① 参见张桥贵：《道教与中国少数民族关系研究》，四川大学出版社1998年版；郭武：《道教与云南文化》，云南大学出版社2000年版。

结　语

当我们把宋明道教思想以历史为线索做了纵向的考察之后，不妨把它作为一个整体，从横向上来看一看它在中国哲学史、中国思想史、中国文化史上的地位和意义。

在中国哲学史上，宋明时期的道教哲学在继承唐代道教哲学的基础之上，可以说发展到了一个新阶段。与唐代道教学者们侧重于以庄解老不同，这一时期的道教学者们侧重于以老解庄。形上学阐发范式的转变带来了思想的创新。在本体论上，以真常之道的阐发为范例，比唐代道教哲学更圆满、更深刻、更系统。在本体论上，已经形成了道本论、气本论、心本论三派，这对同一时期的儒学产生了很大影响，促使宋明理学也大体上形成了理、气、心三派。在本源论上，宋明时期的道教哲学把本源论与人的生命发生过程做了更加紧密的结合，从而为本源论的运用找到了一块坚实的地盘。由于以术和实际的修炼为背景，这一时期的道教哲学把本体论与本源论结合得更加紧密了。此外，这一时期的道教哲学在吸收佛教，尤其是禅宗的思想上做得更加圆融。道教学者们站在道教的立场上以天道观和生机论为本，对佛教的思想进行了充分的消化和吸收，早期对佛教的那种简单的拿来主义和拼凑的痕迹已经不复存在。

在心性论方面，这一时期的道教哲学在继承唐代道教心性论的基础之上，发展到了系统精深的地步。它以天道观为本，在吸收佛教心性论思想的基础之上，站在中华民族文化本位的立场上，以道、性、命、心、神、情、欲等范畴及其相互关系的阐述为核心，形成了适合于中华民族精神气质的心性论思想体系。与本体论、本源论实现了紧密的结合，是这一时期道教心性论的鲜明特色。这一时期的道教心性论为中晚明王阳明心学思想的形成与发展做好了铺垫，从而成为阳明心学一个直接的思想来源。

内丹术是这一时期道教发展的一个亮点和主旋律。道教学者们吸收了佛教明心见性的思想，用以充实自己对内丹术的理论解释。随着对以性命修炼为主线的争论与探索，道与内丹术得到了很好的结合，道教的内丹逐渐由术向学转变。其他的术也与道得到了很好的结合。总体上来看，这一时期的道教哲学把中国哲学自古以来即体即用、体用不二、体用圆融、知行合一的精神发展到了极致，代表了中国传统文化的基本内涵和精神特质。

此外，在这一时期，道教的科仪之术、王道之术、内丹术等都已经具有了丰富多彩的思想内涵，把中国文化的思想传统在继承的基础之上加以开发创新，从而把中国思想史推进到了一个新的阶段。在伦理思想方面，这一时期的道教把以儒家为代表的中国传统的伦理思想和规范加以改造后整合到自身中去，使道教伦理思想具有了较强的系统性，使道教伦理规范具有了很强的可操作性。这一时期的道教伦理已经成为道教的术的一种。它把自律与他律有机地、紧密地结合起来，在促进人们自觉遵守伦理规范方面发挥了重大作用。以劝善书为主体的道教伦理思想的普及运动在这一时期广泛地渗透到社会各阶层，对巩固和发展中国传统的伦理规范起到了极大的促进作用。

宋明时期的道教把中国传统文化中几乎所有的方术都搜罗进道教中来，并在道教的哲理指导下进行了改造，从而使方术转化为道术。同时，道教也创制了一些新的道术。道教的术在这一时期渗透到中国文化的各个领域中去，对其他文化部门都产生了广泛而深刻的影响。对于这一时期正一道的思想，过去学者们往往从科学实证论的角度简单地斥之为粗俗的封建迷信。从文化学、人类学的角度深入研究后可以看出，情况不是这样。正一道的雷法等法术包含有丰富的文化内涵，在贯通道教哲学与实践上有多方面的内容值得挖掘，它在思想史上有一定的地位和意义。这一时期，以文字哲学为指导，道教科仪之术已发展到非常成熟的地步，道与术的结合已经达到了很圆满的境界，因而科仪从术转化为学，成为道教中除外丹学、内丹学之后的第三种学。这一时期的科仪之术，在民族屡遭内忧外患、动荡不安的社会环境中，发挥了凝聚民族精神、整合民族力量、调节民族心理、促进中华民族统一的作用。这一时期的王道之术与传统黄老道家的思想和伦理思想相结合，进而深入到身心性命的层次，使传统道教的理身理国的思想在实质内涵上发展到了一个新的阶段。在几次社会动乱结束之时，这些思想转化为现实的政策，减少了人民生命、财产的损失，让人民休养生息，保证了社会的稳定，对社会的发展起到了积极的作用，因而无论是在现实中还是在理论上都做出了独特的贡献。道教的文学艺术在这一时期得到了极大的发展，文学艺术几乎成为道教的一种术。它在宣传道教思想、满足人民的情感需要、调节人民的心理方面发挥了较大的作用。同时，道教的思想也渗透到教外从事文学艺术工作的人们的思想中去，对这一时期的文学艺术创作产生了深刻的影响，这一时期的众多文学艺术作品因而深深地打上了道教的烙印。此外，道教在这一时期，在医药、体育、天文、历法、地理等领域也做出了不可忽视的贡献。如内丹术对增进人们的身体健康、提升人们的思想境界、促进人生命的整体和谐发展起了重大的作用。这一时期的道教还渗透到边疆少数民族地区中去，对这一时期少数民族的文化、生活产生了较大的影响，增强了少数民族与汉族的凝聚力，促进了我国多民族国家的统一和团结。此外，这一时期的道教还广泛传播到朝鲜、日本和越南等东南亚国家，对周边国家的文化产生了一定的影响，从而提高了中国文化在国际舞台上的地位。

总之，宋明时期的道教思想在中国哲学史、中国思想史、中国文化史上都具有重大的意义，是中国传统文化经过清代向近代演变的思想渊源。

随着几十年中国传统文化研究的深入，人们发现，要想真正解决传统文化与现代化这一时代课题，只限于儒学的研究是远远不够的，只有从儒道互补的深层结构中，进一步揭示道家、道教文化的意蕴及其现代意义，才是最佳选择。这就必须从集儒、道思想之精华为一体的、代表中国哲学发展高峰的宋、元、明时期入手。深入地研究宋明时期的道教思想，对于弄清楚中国传统文化在近现代的发生、变革和转变并在未来继续发展的规律是有重大意义的。此外，对宋明时期道教思想的研究显然有利于理解新儒家与正在酝酿中的新道家的关系，这对当代中国哲学的发展及精神文明的建设，应该说是有一定现实意义的。但是，对这些问题，我们只能另文加以阐述。